마르크스의 생태학

존 벨라미 포스터 지음
김민정 · 황정규 옮김

유물론과 자연

마르크스의 생태학

MARX'S ECOLOGY materialism and nature

유물론과 자연

존 벨라미 포스터 지음
김민정·황정규 옮김

인간사랑

차례

일러두기

1. 이 책은 존 벨라미 포스터(John Bellamy Foster)의 *Marx's Ecology: Materialism and Nature* (Monthly Review Press, 2000)를 옮긴 것이다.
2. 단행본, 정기간행물, 신문에는 겹낫표(『 』)를, 논문과 책의 장 제목에는 홑낫표(「 」)를 사용했다.
3. 원서에서 이탤릭체로 강조한 부분은 고딕체로 표기했다.
4. 원서에서 미주는 각주로 처리했다.

옮긴이 서문

1

『마르크스의 생태학: 유물론과 자연』을 '새롭게' 번역해서 출간한다. 이 책은 마르크스가 자신의 사상을 정립하는 과정에서 찾아볼 수 있는 생태학적 논의에 관한 발전사를 세밀하게 분석한다. 또한, 마르크스 이후 마르크스주의 내부에서 벌어진 논쟁이 자연에 관한 탐구에 어떠한 영향을 끼쳤는지를 보여준다. 나아가 이 책은 마르크스의 사상에 입각한 생태학적 견해를 체계화한다. 그리고 책의 부제에서도 알 수 있듯이, 유물론을 바탕으로 인간과 자연 사이의 관계를 모색한다.

그동안 마르크스의 사상은 현재 인류가 직면한 생태위기를 설명할 수 없다는 지적에서부터 심지어 반(反)생태학적 논의라는 비판까지 받아왔다. 1980년대부터 마르크스주의 이론으로 생태 문제를 설명하려는 흐름이 형성되었지만, 여전히 마르크스주의 외부의 생태 이론을 수용해야

한다는 견해가 주류였다.

그러나 1999년에 폴 버킷의 『마르크스와 자연: 적록 전망』(Marx and Nature: A Red and Green Perspective)과 존 벨라미 포스터의 『마르크스의 생태학: 유물론과 자연』이 출판되면서 마르크스주의 생태 논의는 새로운 전기를 마련했다. 버킷과 포스터는 마르크스의 사상 자체에 강력한 생태학적 통찰이 존재한다는 점을 발견했다. 이러한 저간 사정은 이 책 서문에 자세히 언급되어 있다. 일례로, 포스터는 연구 시작 단계에서는 "마르크스와 생태학"으로 책 제목을 정했으나, 탐구 과정을 통해 마르크스 이론 안에 깊이 있는 생태학적 사상이 있다는 점을 인식하고 "마르크스의 생태학"으로 바꿨다.

마르크스주의 생태론을 올바르게 이해하기 위해서는, 앞서 언급한 두 책의 번역 출간이 절실하게 필요하다. 안타깝게도 마르크스주의가 사회 운동적으로나 학문적으로 열악한 한국의 상황에서 다소 난해한 내용을 담고 있는 책들을 발간하기가 여의치 않았다. 여전히 버킷의 책은 번역되지 못하고 있다. 반면 『마르크스의 생태학』은 2010년에 출판되었지만 오류가 많았다. 그러던 차에 옮긴이들은 새로이 책을 번역·출간하게 되어서 기쁘다.

2

이 책의 주요 내용은 다음과 같다.

● 마르크스의 사상 전체를 관통하는 핵심이 '유물론적 자연관'이라는 점을 분명히 드러낸다. 마르크스주의 내부에서는 서구 마르크스주의

의 영향과 소련 및 동유럽 사회의 실패 때문에, 유물론과 변증법을 자연에 적용하는 것이 잘못된 것처럼 인식된다. 다른 한편, 생태주의 운동에서는 마르크스의 사상이 인간과 자연을 이분법적으로 나누고 자연에 대한 인간의 일방적 지배를 상정하는 인간중심주의 사상인 것처럼 제기된다. 그러나 포스터는 이러한 인식이 사실이 아니라고 비판하고 마르크스의 사상은 초기부터 유물론적 자연관에 바탕을 두고 있다고 주장한다. 또한 마르크스(와 엥겔스)의 유물론적 역사관(역사 유물론)은 유물론적 자연관과 긴밀하게 결합하여 발전해왔다고 강조한다. 이와 관련해 이 책은 "자연 변증법"으로 대변되는 엥겔스에 대한 잘못된 이해를 깨뜨린다.

● 생태위기에 대한 마르크스의 구체적 분석을 상세히 설명한다. 현재 인류가 직면한 생태위기와 비교하여 그 폭이나 깊이는 덜하지만, 자본주의의 등장과 더불어 심각한 생태위기가 19세기에 이미 발생했다. 바로 자본주의 농업위기가 그것이다. 이러한 농업위기는 자본주의의 약탈적 성격으로 인해 토양 영양분 순환의 파괴라는 형태를 띠었고, 당대 많은 정치경제학자와 과학자들이 이러한 현상을 주목했다. 예를 들면 리비히로 대표되는 농화학의 발전은 농업위기와 깊은 연관성이 있다. 마르크스는 농업위기와 이와 관련된 학자들의 분석을 기초로 "물질대사"를 핵심 개념으로 언급했고, 인간과 자연 사이의 물질대사 관계에 균열이 발생한 것으로 생태 문제를 인식했다.

이 책의 장점은 다음과 같다.

● 고대 유물론, 특히 에피쿠로스의 유물론을 자세히 언급한다. 마르크스가 박사학위 논문에서 고대 유물론을 다뤘다는 사실은 많이 알

려졌지만, 실제 어떠한 맥락에서 어떠한 내용을 연구했는지는 잘 알려지지 않았다. 이 책은 이러한 내용에 대한 훌륭한 길잡이를 제공한다.

● 고대 유물론이 브루노, 베이컨, 가상디 등을 필두로 한 근대 계몽주의 철학과 근대 자연과학에 끼친 영향을 논의한다. 이 책을 읽다 보면, 엥겔스가 왜 지금까지의 철학 역사를 유물론과 관념론 사이의 투쟁으로 묘사했는지를 생생하게 이해하게 될 것이다.

● 마르크스의 사상이 당시의 사회 및 사상 발전 속에서 어떻게 형성되었는가를 상세하게 다룬다. 예를 들면 마르크스와 헤겔, 포이에르바하 등 기존 철학 사이의 관계, 리비히, 다윈 등 당대 자연과학에 대한 마르크스의 지속적 관심, 후기 마르크스의 민족학 연구 등이 논의된다. 마르크스의 사상 자체에 관심이 있는 독자들은 이 책을 통해 도움을 받을 수 있다.

● 마르크스가 살았던 당시의 주요 정치경제학자, 자연과학자들에 대한 세세한 내용을 담고 있다. 특히 『인구론』을 썼고 현대 생태사상에 적잖은 영향을 끼친 맬서스를 통렬하게 비판한다. 아울러 다윈의 진화론이 마르크스의 생태 사상(유물론적 자연관) 형성과 관련하여 비중 있게 논의된다. 이를 통해서 자연 신학과 성직자 자연주의가 정치경제학과 결합하는 과정과 다윈의 진화론이 당시 사회에 끼친 영향, 다윈이 진정으로 제시한 진화론의 핵심을 배울 수 있다.

3

되돌아보건대, 마르크스주의 생태론에 대해 심한 갈증을 느끼고 있던 와중에 접한 『마르크스의 생태학』은 이를 해소하기에 충분한 내용을 담고 있었다. 옮긴이들은 사회과학 세미나 네트워크 '새움'에서 2010년과 2012년에 "마르크스의 생태학" 세미나를 진행하여 함께 공부했고, 2015년 11월부터는 번역원고의 검토 세미나를 시작했다.

책의 번역은 집단적 노동의 '우애'를 통해 진행되었다. 황정규가 서문, 서론, 1장 후반부, 2장, 4장, 6장을, 김민정이 1장 전반부, 3장, 5장, 후기를 초역했다. 초역 원고를 황정규가 다듬었고 번역 검토 세미나에서 원고의 완성도를 높였고, 이렇게 정리한 원고를 김민정이 마지막으로 윤문했다. 역자들은 원문을 어색하게 직역하기보다는 원문의 의미를 최대한 살리면서 가독성도 높일 수 있도록 번역하는 것을 원칙으로 삼았다.

이 책은 역어 선택에서도 신중을 기했다. 예를 들면 오랫동안 '종말목적', '최종 목적' 등으로 잘못 해석한 'final cause'란 아리스토텔레스 철학의 용어를 '목적인'으로 번역했다. 자본주의적 농업의 성격을 드러내기 위해 (다소 어색하지만) 'farmer'를 '농업가'로 옮겼다. 주요 개념인 'improvement'는 문맥에 따라 '개선', 혹은 '개량'으로 번역했고, 중요 개념인 'anticipation'은 칸트 저작 번역서를 참조해서 '예취'로 옮겼다.

이 책이 나오기까지 많은 분의 도움이 있었다. 우선 어려운 출판 환경에서 재번역, 출간을 결정한 인간사랑 출판사의 용단에 감사드린다. 원고 검토 세미나에 참여하여 도움을 준 권순욱 님, 박준규 님과 원고를 검토해준 김민재 님께도 고마움을 전한다. 더 나은 번역을 위해 노력했지만, 번역 과정에서 발생한 문제점을 완전히 피할 수는 없을 것이다. 번역의 오류는 모두 옮긴이들의 책임이다.

자연과 사회로부터의 인간 소외를 극복하고 노동자를 착취하고 자연을 황폐화하는 자본주의를 변혁하고자 했던 마르크스의 사상은, 이상기온으로 지구가 몸살을 앓고 심각한 경제위기 속에서 우리에게 설득력 있게 다가오고 있다. 이 책이 마르크스의 생태논의에 관한 통찰을 주고, 유물론적 자연관·유물론적 역사관을 이해하는 데 도움이 되며, 사회변혁과 지속할 수 있는 생태 사회를 향한 투쟁에 보탬이 되기를 바란다.

2016년 4월

김민정, 황정규

서문

나는 애초에 책 제목을 『마르크스와 생태학』으로 하려고 했다. 그러나 탐구의 결과 몇 가지 이유에서 『마르크스의 생태학』으로 바꾸게 되었다. 제목의 변경은 지난 몇 년 동안 마르크스(그리고 생태학)에 관한 내 생각이 극적으로 변화했음을 나타낸다. 이 변화가 일어나기까지 수많은 사람들의 역할이 있었다.

마르크스는 종종 반(反)생태학적 사상가로 규정되어 왔다. 그러나 그의 글들에 매우 익숙해 있었던 나는 이러한 비판들을 진지하게 받아들일 수 없었다. 내가 알기로 마르크스는 저작의 많은 지점들에서 깊이 있는 생태학적 깨달음을 보여주었다. 하지만 내가 『환경과 경제의 작은 역사』(*the Vulnerable Planet: A Short Economic history of the Environment*, 1994)를 썼을 당시만 해도, 나는 여전히 다음과 같이 믿고 있었다. 마르크스의 생태학적 통찰들은 그의 사유 안에서 다소 이차적이다. 이러한 통찰은 우리가 살고 있는 현재의 생태학 지식 자체에 새로운 것이나 본질적인 것을 전혀 보태지 못했다. 그리고 생태학의 발전에서 있어서 마르크스의 이념이 지니는 중요성은 일반적으로 몰역사적이고 맬서스주의적 관념에 빠져있는 생태학이 매우 필요로 하는 역사적·유물론적 분석을 제공한다는 사실에 있다.

확실히 나는 마르크스를 다른 방식으로 해석하는 것, 즉 마르크스 사유의 중심에 생태학이 있다고 이해하는 것이 가능하다는 점을 깨달았다. 친구인 아이라 샤피로(Ira Shapiro) 덕분에, 1980년대부터 이러한 생각이 조금씩 싹텄다. 그는 뉴욕의 이민자로 농부이자 목수이며, 노동자 계급의 철학자였다. 그리고 그는 당시 내 수업을 듣던 학생이었다. 마르크스에 대한 통속적 해석 전반에 반대하던 아이라는 마르크스가 농업과 토양 영양분 순환 문제들을 다루는 문단들을 지적하면서, "이걸 보세요"라고 말하곤 했다. 그 당시 나는 상냥하게 듣기는 했지만 그 이상의 의미를 완전히 파악하지 못하고 있었다(이 시기 나는 아이라와는 달리 이 주장에 주저하고 있었음은 의심할 여지가 없다. 이는 내가 농사일을 실제로 해본 경험이 없었다는 사실에 기인했다). 비슷한 시기에, 친구 찰스 헌트(Charles Hunt)는 나에게 엥겔스의 『자연 변증법』(*Dialectics of Nature*)에 더 많이 익숙해져야 한다고 이야기해주었다. 급진운동가이자 사회학자인 그는 비전임 교수로 일하면서 양봉을 전문적으로 치고 있었다. 『자연 변증법』에는 과학과 자연주의가 포함되었기에, 그는 이런 제안을 한 것이었다. 이때에도 나는 주저하며 듣기만 했다. 『자연 변증법』은 출발부터 잘못된 책이 아니었던가?

내가 여러 해 동안 배워왔던 마르크스주의가 생태학적 유물론으로 가는 길을 막아서고 있었다. 나의 철학적 지반은 헤겔과 실증주의적 마르크스주의에 맞서 반란을 일으켰던 헤겔주의적 마르크스주의였다. 이것은 1920년대에 루카치, 코르쉬, 그람시의 연구에서 시작하여 프랑크푸르트 학파와 신좌파에 이르게 된다(이 흐름은 1890년대부터 1930년대 그리고 그 이후까지 유럽의 지적 생활을 지배했던 실증주의에 반대해서 일어난, 훨씬 더 거대한 반란의 일부였다). 여기서 강조점은 마르크스의 실천적 유물론이었다. 이 실천적 유물론은 마르크스의 실천(praxis) 개념에 뿌리를 두고 있었다. 여기에 더해 미국 『먼슬리 리뷰』(*Monthly Review*) 전통의 정치경제학과 영국의 E. P. 톰슨(E. P. Thomson) 및 레이몬드 윌리엄스(Raymond Wiliams)의 역사·문화 이론이 내 사유 속에 결합되었다. 그렇지만, 이러한 종합물 속에는 자연과 자연·물리 과학의 쟁점들을 마르크스주의적으로 접근할 여지가 거의 존재하지 않았다.

영국의 톰슨이나 윌리엄스, 미국 『먼슬리 리뷰』에 결합하고 있던 스위지(Paul Sweezy), 바란(Paul Baran), 맥도프(Harry Magdoff), 브레이브먼(Harry Braverman)과 같은 사상가들이 모두 마르크스주의를 더 넓은 자연·물리 영역과 연결시키는 것이 중요하다고 강조했다. 그들은 각자 자신의 방식으로 생태학적 사유에 기여했다. 그러나 내가 속해 있다고 생각한 루카치와 그람시의 이론 전통은 변증법적 사유 양식을 자연에 적용할 수 있다는 가능성을 부정했다. 따라서 이 전통은 본질적으로 자연·물리 영역을 모두 실증주의에 양도했다. 이 당시 나는 이와는 다른 대안을, 즉 현대 생명과학 분야에 존재하는 보다 변증법적 전통을 거의 알고 있지 못했다. 이 전통은 현재 리처드 르원틴(Richard Lewontin), 리처드 레빈스(Richard Levins), 스티븐 제이 굴드(Stephen Jay Gould)와 같은 주요 사상가들의 연구와 관련이 있다(이를 깨닫자 마침내 서광이 비춰오기 시작했다. 이것은 오랫동안 마르크스주의 전반을 자연·물리 과학과 다시 연결시키고자 노력해왔던 『먼슬리 리뷰』의 성과이기도 했다). 마찬가지로 나는 아직 로이 바스카(Roy Bhaskar)의 비판적 실재론도 제대로 알지도 못했다.

문제를 더욱 어렵게 만든 점이 있었다. 바로 (이러한 역사가 일부 존속되어왔던 생물학 분야를 제외한) 대부분의 마르크스주의자처럼, 나에게도 유물론의 실제 역사에 대한 지식이 없었다는 점이다. 나의 유물론은 전적으로 실천적, 정치경제적 성격을 띠었다. 이것은 철학적으로, 헤겔주의 관념론 및 헤겔에 맞서 포이에르바흐가 일으킨 유물론의 반란에 근거했다. 그러나 나는 철학과 과학 속에 존재하는 더 커다란 유물론의 역사에 대해서는 무지했다. 이 점과 관련해, 마르크스주의 전통 자체는 후대로 가면 갈수록 상대적으로 큰 도움이 되지 않았다. 그들은 마르크스가 유물론자로 남아있으면서도 기계적 유물론과는 단절했던 토대를 제대로 이해하지 못했기 때문이다.

내가 마침내 마르크스의 세계관이 매우 생태학적이라는 점, 그리고 그의 생태학이 (현재 이 용어가 사용되고 있는 가장 적극적인 의미에서) 체계적이라는 점, 이러한 생태학적 전망이 그의 유물론에서 나왔다는 점을 결론으로 내리게 된 단계들을 다 설명하기란 (아마도 뒤에 이어지는 논의를 제외한다면) 불가능할 것이다. 만약 내 사고에서 단 하나의 전환점이 있었다면, 『환경과 경제의 작은 역사』가 출간된 직후, 친구 존 메이지(John Mage)가 내 책과 후속 논문에 한 가지 오류가 있다고 이야기했을 때였다. 그는 급진적 변호사이자 고전 학자로 『먼슬리 리뷰』의 동료였다. 그 당시 나는 책과 논문에서 잠정적으로 낭만주의적 녹색 시각을 채택했다. 다시 말하면 자본주의의 반(反)생태학 경향이 상당 부분 17세기 과학혁명, 특히 프란시스 베이컨(francis Bacon)까지 거슬러 올라갈 수 있다는 것이다. 존은 마르크스와 베이컨 사이의 관계와 17세기에 등장했던 "자연 지배" 관념의 역사적 의미를 제기했다. 나는 점점 과학과 생태학이라는 주제 전체를 처음부터 검토해야만 한다는 사실을 깨달았다. 고민하게 만든 문제들 중에서는 다음과 같은 질문이 있다. 왜 일반적으로 베이컨은 녹색 이론에서 '**적(敵)**'으로 등장했는가? 왜 다윈(Darwin)은 (단순히 사회다윈주의적 사고와 맬서스주의적 사고를 그의 탓으로 돌리는 것을 넘어서) 19세기 생태학에 관한 논의들에서 사주 무시되었는가? 그리고 이 모든 것들과 마르크스 사이의 관계는 무엇인가?

나는 이러한 과정 속에서 일찌감치 다음과 같은 결론을 내렸다. 한편에서는 녹색 이론을 마르크스에 접목하고 다른 한편에서는 마르크스를 녹색 이론에 접목하려 했던 "생태사회주의자들"의 시도가, 이제는 반드시 필요하게 된 유기적 종합을 전혀 만들어내지 못했다. 이 점에서 나는 "우리는 낡은 것에 새로운 것을 덧붙이거나 접목하는 방식으로 과학 지식이 진전할 수 있을 것이라고 헛되이 기대할 수 있다. 우리가 한없이 제자리만 맴돌다가 하찮고 거의 경멸할만한 진보나 만드는 것을 원치 않는다면 새로운 출발(instauratio, 혁신)이 이루어져야 하며, 이 출발은 그것의 토대들에서부터 시작하여야 한다"(『신기관』(*Novum Organum*))는 베이컨의 유명한 격언을 보고 충격을 받았다. 그렇다면 문제는 유물론의 토대들로 되돌아가는 것이었다. 이에 대한 답들은 점점 다음의 과제에 놓여 있는 것 같아 보였다. 우리의 사회이론, 그리고 그것이 생태학과 맺는 관계를 처음부터, 다시 말해 그것의 **발생**을 변증법적으로 재고찰하는 것이다.

놀랍게도 내가 발견한 내용은 문자 그대로 추리소설 같았다. 여기서 다양한 각가지 단서들은 굽힘없이 단 하나의 놀라운 원천으로 이어졌다. 이 경우에 베이컨과 마르크스의 유물론뿐 아니라 (덜 직접적이긴 하지만) 심지어 다윈의 유물론까지도 공통의 기원으로 거슬러 올라갈 수 있었다. 그것은 바로 에피쿠로스(Epicurus)의 고대 유물론 철학이었다. 고대의 위대한 계몽가로서 에피쿠로스의 역할—베이컨, 칸트, 헤겔, 마르크스 등 서로 다른 사상가들은 그의 저술에 담긴 견해를 공유했다—을 이해하게 되자, 나는 최초로 세계 정의(定義)를 둘러싼 변증법적 투쟁이라는 맥락에서 유물론적 생태학이 출현하게 되었다는 일관된 그림을 얻게 되었다.

서로 긴밀하게 연관된 연구 과정 속에서, 나는 다음의 사실을 발견했다. 마르크스는 맬서스주의에 대해 비판한 것이 계기가 되어 독일의 위대한 농화학자 유스투스 폰 리비히(Justus von Liebig)의 저술을 체계적으로 연구했고, 그 와중에 자연에 대한 인간의 관계에서 일어난 "물질대사의 균열"(metabolic rift)이라는 중심 개념—자연의 소외에 관한 마르크스의 성숙한 분석—을 만들게 되었다. 그렇지만 이것을 완전히 이해하기 위해서는 토양의 퇴화에 관한 역사적 논쟁을 재구성할 필요가 있었다. 토양의 퇴화는 "제2차 농업 혁명"과 관련하여 19세기 중반에 발생했지만 지금까지도 지속되고 있는 문제이다. 여기에 마르크스가 생태학 논의에 가장 직접적으로 기여한 지점이 존재한다(5장을 볼 것). 길버트 부인이 번역한 리비히의 「서론」(「Einleitung」)을 이용할 수 있게 해준 헛포드셔 대학, 로담스테드 경작용 곡물연구소(LACR–Rothamsted)의 리즈 알소프(Liz Allsopp)와 그녀의 동료들에게 깊이 감사드린다. 이 자료는 로담스테드 연구소 문서고에 있었다. 『이윤에 굶주린 자들』(*Hungry for Profit*)이라는 제목으로 『먼슬리 리뷰』 1998년 7–8월 특별호—이것은 책의 형태로 발전했다—를 공동편집하면서 프레드 맥도프(Fred Magdoff), 프레드 버텔(Fred Buttel)과 긴밀한 협조를 했던 것이 이 연구를 수행하는데 도움이 되었다. 또한 『조직과 환경』(*Organization & Environment*)의 공동 편집자인 존 제르마이어(John Jermier)의 지원을 받았다. 이 연구의 일부는 덜 완성된 형태로 『조직과 환경』 1997년 9월호와 『미국 사회학 저널』(*American Journal Of Sociology*) 1999년 9월호에 먼저 실렸다.

이 책이 해명하려고 시도하는 복잡한 지성사, 그리고 겉보기엔 서로 떨어져 있는 고대 철학과 근대 철학이라는 영역을 향해 여정을 떠나려고 한다는 점을 감안할 때, 나에게 분명히 특출한 재능을 가진 대화상대가 필요했다. 이 역할을 처음부터 끝까지 해준 것이 존 메이지였다. 그의 지식에 대한 **모범적** 접근과 엄청난 역사적·이론적 이해 수준이 변호사의 능숙한 변증법과 결합했다. 이 책에서 존의 꼼꼼한 질문 대상이 되지 않았던 곳은 한 줄도 없다. 이 책에는 큰 장점들이 많은데, 그것들은 그에게 내가 빚진 것들이다. 그러나 이 저술에 남아 있는 결점들은 그것이 무엇이 되었든 분명히, 그리고 확실하게 나의 불찰이다.

폴 버킷(Paul Purkett)의 권위 있는 저작, 『마르크스와 자연: 적록 전망』(*Marx and Nature: A Red and Green Perspective,* 1999)은 이 책을 쓰게 된 배경 중 하나일 뿐 아니라 본질적으로 여기서 제시된 분석을 보완하는 책이기도 하다. 만약 때때로 마르크스의 생태학이 지닌 정치경제학적 측면들을 충분히 전개하는 데 소홀히 했다면, 그것은 이 책의 존재가 이를 불필요하거나 중복되게 만들었기 때문이다. 여러 해 동안 폴과의 대화는 자극이 되었고, 뒤에서 나올 분석을 날카롭게 하는데 많은 도움이 되었다.

나는 『먼슬리 리뷰』의 세 명의 편집자인 폴 스위지와 해리 맥도프, 그리고 엘렌 메익신스 우드(Ellen Meiksins Wood)에게 큰 빚을 졌다. 그들은 나에게 용기를 주었으며 모범을 통해 힘을 주었다. 폴이 환경 분석을 시도한 것이 내가 이쪽 방향으로 가게 된 주된 요인이었다. 먼슬리 리뷰 출판사의 편집 이사로서 처음부터 이 책과 인연을 맺었던 크리스토퍼 펠프스(Christopher Phelps)는 수많은 중요한 방식으로 나에게 도움을 주었다.

사랑과 우정이 진정 모든 창조적인 활동의 본질이라는 점을 이야기하지 않을 수 없다. 이제 내 꿈들을 나와 함께 나누고 있는 로라 탬킨, 그리고 솔과 아이다에게 고마움을 전한다. 또한 빌 포스터(Bill Foster)와 밥 맥체스니(Bob McChesney)에게도 고마움을 전한다. 솔과 아이다, 그리고 이 아이들이 속해 있는 모든 어린 세대에게 이 책을 바친다.

서론

> 설명되어야 하는 것 혹은 역사적 과정의 결과는, 자연과 인간이 물질대사에 관한 교환을 하는 자연적 조건·무기(無機)적 조건들과 살아서 활동하는 인간 사이의 **통일**, 따라서 자연에 대한 인간의 전유가 아니라 인간존재의 무기적 조건들과 이러한 활동적 존재의 **분리**이다. 이 분리는 오직 임금노동과 자본의 관계 안에서 완전하게 드러난다.
>
> — 칼 마르크스, 『그룬트리세』[1]

책의 논지는 생태학의 기원을 이해하기 위해서는 자연에 대한 새로운 시각을 공부하는 것이 필요하다는 매우 간단한 전제에 토대를 두고 있다. 이러한 새로운 시작은 17세기에 시작하여 19세기를 거치면서 유물

1 Karl Marx, *Grundrisse* (New York: Vintage, 1973), 489.

론과 과학의 발전과 함께 등장했다. 무엇보다, 이때의 강조점은 현재의 녹색 이론들에서 공통적으로 드러나는 생각처럼, 단순히 그 이전 시기 자연관을 더 바람직하다고 간주한 후 유물론과 과학을 적(敵)으로 묘사하는 것이 아니다. 강조점은 유물론과 과학 양자의 발전이 어떻게 생태학적 사유방식을 촉진—사실상 가능하게—했느냐는 점이다.

책의 전반적인 논의는—19세기 가장 위대한 두 명의 유물론자인—다윈과 마르크스의 저작을 중심으로 구성되었다. 하지만 오늘날 굉장히 중요한 혁명적 생태학에 대한 견해를 이해하고 발전시키는 것이 목적이기 때문에, 이 책이 주로 초점을 맞추고 있는 사람은 후자이다. 마르크스는 사회 변혁을 현재 우리가 생태학적이라고 생각하는 방식으로 자연과 인간 사이의 관계를 변혁하는 것과 연결시켰다. 나의 주장은 이렇다. 마르크스 사유의 핵심은 당시 존재하던 유물론 및 자유에 관한 에피쿠로스의 전통을 발전시키고 변형시킨 방식에 있다. 이 전통은 상당수의 근대 과학적·생태학적 사유가 등장하는 데 필수불가결했다.[2]

서론에서, 이러한 쟁점들을 다음 방식으로 명료화할 것이다. 일단—비록 이 연구의 모든 요점이 유물론과 생태학의 양자가 필연적으로 연관되었다는 점이지만—두 문제를 분리하여 다룬다. 그 후 이 비판적

2 리비히와 다윈의 중요성뿐 아니라 마르크스의 생태학에 있어서 에피쿠로스의 중요성은 수년 전 마르크스의 생태학적 견해의 발전을 다룬 놀라운 개요 속에서 지적된 적이 있었다. 이것은 장 기 배양쿠르(Jean-Guy Vaillancourt)가 저술한 것이다. 배양쿠르는 이 책이 제공하고 있는 것과 마찬가지의 분석 방향을 명확히 지적하고 있다. Jean-Guy Vaillancourt, 「Marxism and Ecology: More Benedictine than Franciscan」, in Ted Benton, ed., *The Greening of Marxism* (New York: Guilford, 1996), 50-63을 볼 것.

분석이 궁극적으로 대상으로 삼고 있는 현재의 사회생태학의 위기라는 문제를 간략하게 논평한다.

유물론

사물의 본성에 관한 이론인 유물론은 그리스 철학의 출현과 함께 등장했다. 버트란드 러셀(Bertrand Russell)은 20세기 초에 다음과 같이 진술했다. "그것은 살아남아 우리 시대에까지 내려왔다." "뛰어난 철학자들 중 매우 적은 수만 그것을 옹호했다는 사실에도 불구하고 말이다. 그것은 많은 과학적 진보와 관련되어 있었으며 어떤 시대에는 과학적 사고방식과 거의 동의어이기도 했다."[3]

가장 일반적인 의미에서, 유물론은 존재하는 것은 무엇이나 그 기원과 발전이 자연과 "물질"에, 다시 말해 사유에 앞서 독립하여 존재하는 물질적 실재 수준에 의존하고 있다고 주장한다. 영국의 과학철학자 로이 바스카(Roy Bhaskar)처럼, 복잡한 세계관인 합리적인 **철학적 유물론**이 다음과 같이 구성된다고 말할 수 있다.

(1) **존재론적 유물론**. 사회적 존재가 생물학적(보다 일반적으로 물리학적) 존재에 일방적으로 의존하며 전자의 등장은 후자로부터 비롯된다고 주장한다.

3 Bertrand Russell, 「Introduction」, in Frederick Albert Lange, *The History of Materialism* (New York: Humanities Press, 1950), v.

(2) **인식론적 유물론**. 과학적 사유대상 중 적어도 일부는 독립적으로 존재하며 초사실적(transfactual)[즉 인과적이고 준법칙적(lawlike)] 활동을 하고 있다고 주장한다.

(3) **실천적 유물론**. 사회 형태들의 재생산과 변형에서 인간이란 변형적 행위자가 구성적 역할을 한다고 주장한다.[4]

마르크스의 유물론적 역사관은 주로 "실천적 유물론"에 초점을 맞춘다. "자연에 대한 인간의 관계들"은 "처음부터 실천적이다. 다시 말해 행위를 통해 확립된 관계들"이다.[5] 그러나 그는 보다 보편적인 유물론적 자연·과학관을 가지고, "존재론적 유물론"과 "인식론적 유물론"을 모두 포용했다. 마르크스의 시각에서 볼 때, 이러한 유물론적 자연관은 과학을 추구하는 데 있어서 필수적이다.

다음을 이해하는 것이 중요하다. 마르크스가 파악했던—그리고 그가 살던 시대의 이해에 따른—유물론적 자연관은 반드시 기계론(즉 기계론적 유물론)과 같이 고정된 기계적 결정론을 의미하지 않았다. 유물론에 대한 마르크스 고유의 접근법은 고대 그리스 철학자인 에피쿠로스의 저작에서 상당한 정도로 영감을 받았다. 이것은 그의 박사학위 논문 주제였다. 러셀의 말에 따르면, "에피쿠로스"는 "유물론자였지만 결정론자는 아니었다."[6] 에피쿠로스의 철학은 사물 본성에 대한 유물론적 견해가 어

4 Roy Bhaskar, 「Materialism」, in Tom Bottomore, ed., *A Dictionary of Marxist Thought* (Oxford: Blackwell, 1983), 324.

5 Karl Marx, *Text on Method* (Oxford: Basil Blackwell, 1975), 190.

6 Bertrand Russell, *A History of Western Philosophy* (New York: Simon & Schuster,

떻게 인간의 자유를 이해할 수 있는 본질적 토대를 제공하는지를 보여주는 데 집중하고 있다.

초기 종교와 계몽 철학에 관해 연구할 때부터 에피쿠로스에 대한 마르크스의 관심이 성장했다. 이 당시 마르크스는 베이컨과 칸트에게서 영향을 받았다. 이들은 자신들의 철학 발전의 근본에는 에피쿠로스가 있었다고 지적했다. 마르크스는 헤겔과 조우하면서 더 큰 자극을 받았다. 헤겔은 에피쿠로스를 "경험적 자연과학의 발명자"로 보았고, 고대에 존재했던 "이른바 계몽" 정신의 화신으로 보았다.[7] 그리고 이것은 유물론 학설들에 새롭게 관심을 가지게 되면서 더욱 강화되었다. 유물론 학설은 이미 1830년대 초반 포이에르바하를 시작으로 상당수의 청년 헤겔학파 사이에서 등장하고 있었다. 엥겔스가 『루트비히 포이에르바하와 독일 고전철학의 종말』(1888)에서 설명했듯이, "청년 헤겔학파의 많은 주요 인물들은 기성종교와 맞서 싸워야 한다는 실천적 필요 때문에, 영국·프랑스(Anglo-French)의 유물론으로 떠밀려 갔다." 다시 말해 그들은 영국과 스코틀랜드의 베이컨, 홉스, 로크, 흄, 프랑스의 라메트리, 디드로, 홀바흐와 같은 사상가들에게로 떠밀려 갔다. 이 사상가들의 유물론에 존재하는 공통적 토대는 에피쿠로스의 철학이었으며, 마르크스는 이를 잘 알고 있었다. 에피쿠로스주의는 무엇보다도 반(反)목적론적 관점을 지지했다. 그것은 목적인(final cause), 즉 신성한 의도에 의거한 자연 해석을

1945), 246. 또한 George E. McCarthy, *Marx and the Ancients* (Savage, Md.: Rowman & Littlefield, 1990), 42-43을 볼 것.

7 Georg Wilhelm Friedrich Hegel, *Lectures On the History of Philosophy* (Lincoln: University of Nebraska Press, 1995), vol. 2, 295-98.

완전히 거부하는 것이다. 바로 이 대목에서 유물론과 과학이 일치하게 된다.

이 모든 것의 함의를 이해하기 위해서는, 한 가지 문제가 19세기 초반 모든 철학 논의들의 최전선에 존재했음을 인식하는 것이 중요하다. 엥겔스가 이야기했듯이,

> 신이 세계를 창조했는가 아니면 세계는 영원한 옛날부터 거기에 존재하는가? 이 문제에 어떻게 대답하느냐에 따라 철학자들은 두 개의 큰 진영으로 갈라졌다. 자연에 대해 정신의 본원성을 주장하고 따라서 어떤 종류든 결국 세계의 창조를 받아들인 철학자들—그런데 이 창조는 흔히 기독교의 경우보다 예컨대 헤겔 같은 철학자들의 경우 훨씬 더 복잡하고 허황되다—은 관념론 진영을 이루었다. 자연을 본원적인 것으로 여긴 그 밖의 철학자들은 유물론의 다양한 학파에 속한다. 관념론과 유물론이라는 두 표현은 본래 이것 말고는 다른 것을 의미하지 않으며, 여기서도 다른 의미로 사용되지 않는다.[8]

목적론적 해석에 반대한 이러한 유물론은 인간의 인식론 중 감각론 및 경험론 모두와 공통으로 관련되어 있었다. 그러므로 유물론과 감각론은 대개 관념론과 유심론의 반대편에 위치했다. 1830년대 초 위대한 독일 시인(이자 산문작가)인 하인리히 하이네(Heinrich Heine)의 진술에 따르면 이것은 다음과 같다. "유심론"(spiritualism)은, 순수한 철학적 의미에

8 Friedrich Engels, *Ludwig Feuerbach and the Outcome of Classical German Philosophy* (New York: International Publishers, 1941), 17, 21.

서, "정신이 자신만을 홀로 찬양하면서 물질을 짓누르거나 적어도 물질을 비방하고자 하는 정신의 간악한 억측"이라고 정의할 수 있다. "감각론"(sensualism)은 이와 반대로 "물질을 복권시키고 감각의 권리를 옹호하는 것을 목적으로 하는 강력한 저항"으로 정의할 수 있다. 첫 번째 것의 또 다른 이름이 "관념론"(idealism)이고, 두 번째 것의 또 다른 이름이 "유물론"(materialism)이다.[9]

그렇지만, 유물론과 관념론은 둘 다 데이비드 흄(David Hume)의 경험론과 임마누엘 칸트의 초월적 관념론 철학에서 공통적으로 나타나는 회의주의(skepticism)에 대해서는 반대하고 있었다. 사실 칸트는 실재가 우리의 감각을 넘어 존재한다는 점을 인정했다. 그러나 그것은 오직 우리의 감각을 통해서만 지각될 수 있을 뿐 직접적으로 지각하는 것은 불가능하다는 것이다. 칸트에게 이 실재는 "본체"(noumena) 혹은 "물자체"(Thing-in-itself)의 영역에 있었다—그리고 불가지(不可知)하고 초월적인 것이었다. 따라서 칸트에게서는 확실성을 담보할 필요성이 요구된다. 이것은 우리가 결코 확신할 수 없는 **귀납적** 지식(경험에 근거한다)에 의존한다는 점뿐 아니라, 논리학의 문제로서 우리의 경험이 가능하기 위해 의지해야만 하는 일정한 **선험적** 지식(공간과 시간과 같은 인간 오성의 범주들에 근거한다)에 의존해야 한다는 점을 필요로 한다. 칸트는 "물자체"의 인과규정력에 의존하는 견해를 비판하는데, 이러한 견해는 일관된 유물론 철학을 구성하려는 어떠한 시도도 어렵게 만드는 것으로 보인다. 감각에 나타나지 않는 물질의 실제 구조와 힘들(고대 유물론자들의 "원자", 혹은 실재하지 않는 것 같지만 실재하는 물질의 구성요소와 힘을 규정하려는 다른 모든

9 Heinrich Heine, *Selected Prose* (Harmondsworth: Penguin Books, 1993), 238-40.

시도들)은 칸트 합리론의 희생물이 되었다. 사유와 존재의 동일성을 가정하는 절대적 관념론자들의 시도들도 모두 마찬가지였다. 『순수이성비판』(*Critique of Pure Reason*) 말미에 있는 짤막한 「순수이성의 역사」에서, 칸트는 "에피쿠로스는 가장 중요한 감각의 철학자라고 부를 수 있으며, 플라톤은 가장 중요한 지성의 철학자"였던 반면, 칸트 자신의 비판 철학은 이 양자를 동시에 초월하려는 시도였다고 썼다.[10]

마르크스(와 엥겔스)의 입장에서 보았을 때, 게오르그 빌헬름 프리드리히 헤겔(Georg Wilhelm Friedrich Hegel)의 변증법적 철학이 지닌 중요성은, 그가 관념론의 입장에서 가능한 방식으로 물자체에 존재하는 칸트의 딜레마에서 빠져 나오는 길을 보여주었다는 점이다. 그는 다음과 같은 주장을 통해 이것을 실행했다. 대상화(objectification)와 소외(alienation)가 인류를 외부 세계로부터 분리시키고 그 결과 인식의 문제를 제기한다. 이 대상화와 소외는 역사 속에서 정신이 발전하는 것을 통해 극복되는 과정에 있다.[11] 세계에 대한 우리의 견해가 올바르다는 것, 즉 우리의 이성을 확증하는 것은 우리가 세계 안에서 세계와 우리 자신을 변혁하는 과정에서 수립된다. 이러한 모순과 초월의 과정, 소외의 제거가 바로 변증법의 본질을 이룬다. 그러나 헤겔에게 이 모든 것은 사유의 발전이라는 영역에서만 발생하며 결국 관념론적(사실상 종교적) 관점을 강화하는

10 Immanuel Kant, *Critique of Pure Reason* (Cambridge: Cambridge University Press, 1997), 702-3과 *Critique of Practical Reason* (Cambridge: Cambridge University Press, 1997), 117.

11 칸트의 물자체를 초월하는 데 있어서 헤겔 변증법의 역할에 대해서는, Charles Taylor, *Hegel and Modern Society* (Cambridge: Cambridge University Press, 1979), 47-49를 볼 것.

것으로 귀결된다. 헤겔이 자신의 『논리학』에서 쓴 것처럼, "유한자는 관념적인 것이라는 명제"와 유한자는 그것 자체로 저절로 실체를 가지지 않고 오직 사유를 통해서만 존재한다는 명제가,

> 관념론을 이룬다. 철학의 관념론은 유한자가 어떠한 참된 존재도 아니라고 인식하는 것에 지나지 않는다. 모든 철학은 본질적으로 관념론이며, 설령 그렇지 않다 하더라도 그 원리로 관념론을 지니고 있다. …… 이것은 종교와 마찬가지로 철학에서 진실이다. 종교도 마찬가지로 유한을 참된 존재로, 무언가 궁극적이거나 절대적인 것으로, 혹은 무언가 기본이 되고 창조되지 않은 불멸의 존재로 인식하지 않기 때문이다.[12]

그러나 마르크스는, 물질적 실재(reality)/실체(existence)를 사유 아래로 포섭하려는 이러한 시도가 헤겔의 관념론 철학의 특징이며 정확히 종교적 세계관으로 유물론과 함께 인간주의를 부정하고 만다고 보았다. 따라서 정말로 의미 있는 내용이 나오려면, 총체성을 생성의 과정 속에서 변증법적으로 파악하는 헤겔의 방식이 실천적 유물론적인 맥락 속에 자리매김 되어야 했다. 이를 위해서는 계몽적 유물론을 희생하여 17세기의 형이상학을 변증법적으로 회복하려고 했던 헤겔의 기획 전체를 넘어서야 했다.[13] 마르크스에 따르면, 우리는 행동을 통해, 즉 물질적 실천을

12 Georg Wilhelm Friedrich Hegel, *Science of Logic* (New York: Humanities Press, 1969), 154–55.

13 Karl Marx and Friedrich Engels, *Collected Works* (New York: International Publishers, 1975), vol. 4, 125.

통해, 세계와 우리의 관계를 변혁하고 우리의 세계로부터의 소외를 넘어선다. 그리고 이를 통해 우리만의 뚜렷한 **인간적·자연적** 관계들을 만들어낸다.

칸트에 따르면, 철학의 유물론 진영과 관념론 진영은 자신들의 가장 중요한 대변자들로서 에피쿠로스와 플라톤을 보유하고 있었다. 반면 마르크스에게 있어서, 그것은 에피쿠로스와 헤겔로 대변되었다. 마르크스의 견해에 따르면, 고대 유물론자 에피쿠로스는 실재에 대한 변증법적 파악이 형성되는 데 결정적인 역할을 했다. 에피쿠로스가 "현상을 현상으로, 즉 본질의 소외로 파악한," 그리고 "인간의 자기의식을 가장 높은 신성으로 인정한" 최초의 인물이었기 때문이다. 마르크스는 단언한다. "단 한 방울의 피가 세계를 복종시키고 절대적으로 자유로운 심장을 고동치게 할 수 있는 한, 철학은 적수들에게 다음과 같은 에피쿠로스의 외침으로 대답하는 데 결코 지치지 않을 것이다. '군중이 숭배하는 신들을 부정하는 사람이 아니라 군중이 믿고 있는 방식으로 신들을 긍정하는 사람이야말로 진정 불경한 사람이다.'"[14] 여기서 불경하다는 것은 **인간의** 자기 결정과 자유를 모두 부정하며, **필멸**(mortal)인 생명의 물질적 토대를

14 Marx and Engels, *Collected Works*, vol. 1, 30, 64. 마르크스는 페르디난트 라살레에게 보낸 편지에서 순수 철학에 있어서 "더 쉬운" 에피쿠로스를 포함한 고대인 중 아리스토텔레스와 헤라클레이토스를 좋아한다고 언급했다. 그렇지만 마르크스가 "특별한 연구"에 헌신한 것은 에피쿠로스였으며, 이것은 에피쿠로스의 "[정치적]" 중요성—아마도 에피쿠로스의 자유 개념 및 계몽과의 연관성—때문이었다. Marx to Lassalle, December 21, 1857 and May 31, 1858, in Marx and Engels, *Collected Works*, vol. 40, 226, 316. (위에서 인용한 "정치적"이란 단어에는 대괄호([ ])가 쳐져 있다. 이것은 편집자가 재구성한 것이기 때문이다. 마르크스가 사용한 실제 단어는 수고의 훼손으로 말미암아 분명치 않다.)

부정한다는 뜻이다.

에피쿠로스의 유물론은 세계의 필멸성(mortality)과 모든 생명과 존재의 과도적 성격을 강조했다. 그것의 가장 근본적인 원리들은 '어떠한 것도 무로부터 비롯되지 않는다'(nothing comes from nothing)와 '어떠한 것도 파괴되었다고 무로 되돌아 갈 수 없다'(nothing being destroyed can be reduced th nothing)는 점이었다. 모든 물질적 존재는 상호의존하고 원자로부터 생겨났으며, 새로운 실재들을 만들어내는 끝이 없는 경로들 속에서 조직된다. 마르크스에 따르면, 에피쿠로스 유물론의 깊이는 다음의 사실에서 드러난다. 이 철학 안에서—그리고 원자라는 개념 자체에서—"자연의 죽음은 그것의 불멸하는 본질이 되었고 루크레티우스가 정확히 외친 것처럼 '죽음이 다가오면 불멸은 그의 필멸하는 생명을 앗아간다.'"[15] 그러므로 에피쿠로스의 철학은 아리스토텔레스의 목적인을 필요로 하지 않는다. 오히려 강조점은 자연 자체 안에서 일어나는 끊임없는 배열의 변화에 있으며, 이것은 필멸하는 것이자 과도적인 것으로 이해된다(죽음의 불멸성(mors immortalis)).

청년 헤겔학파인 루트비히 포이에르바하가 헤겔에 가한 유물론적 비판은 『철학 개혁에 관한 예비테제』(*Preliminary Theses on the Reform of Philosophy*, 1842)에서 가장 강력하게 등장했다. 그것은 마르크스가 에피쿠로스에 관한 박사학위 논문에서 이미 발전시킨 비판과 내용이 겹친다. 마르크스는 학위논문을 그 책이 나오기 일 년 전에 완성했다. 포이에르바하

15 Marx and Engels, *Collected Works*, vol. 1, 62; Lucretius, *On the Nature of the Universe* (Oxford verse translation) (New York: Oxford University Press, 1999), 93 (1.865–70).

의 초기 저작 『베이컨에서 스피노자까지의 근대 철학사』(*History of Modern Philosophy from Bacon to Spinoza*, 1833)는 마르크스의 에피쿠로스에 관한 논문에서도 언급되었다. 포이에르바하는 이 책에서 유물론적 입장을 발전시키고자 투쟁했다. 그렇지만 그는 홉스와 데카르트(그의 물리학이 여기에 해당한다)의 추상적이고 기계적인, 즉 "순수한 유물론"을 거부하고자 했다. 포이에르바하는 기계적 유물론을 헤겔의 관념론의 대립 항으로 보았고, 기계적 유물론의 대안을 발전시키려고 했다. 이러한 포이에르바하의 각오는 결국 『에비테제』에서 감각론을 강조하는 것으로 이어졌다. 이 책에서 그는 변증법적 발전(과 물자체의 초월)의 핵심으로 인간의 본질을 제시하고, 이를 정신이라는 추상적 본질에 대비시켰다. 그럼에도 불구하고, 마르크스가 『포이에르바하에 관한 테제』에서 주장했듯이 포이에르바하의 유물론은 모든 앞선 유물론의 형태들, 그중에서도 특히 에피쿠로스의 유물론과 마찬가지로 순수한 관조적 유물론으로 전락했다(어떠한 실증적·윤리적 내용도 완전히 결여하고 있었기 때문에, 사실상 에피쿠로스보다 더 추상적이고 관조적이었다). 마르크스에 따르면, 여기서 필요했던 것은 실천의 방향으로, 활동적(active) 원리로 유물론을 변화시키는 것이었다.[16]

16 여기서 "활동적 원리"에 대한 언급은 이것이 **실천적** 유물론과 관련이 있으며, 유물론의 보다 **관조적** 형태에 대해 반대한다는 것을 의미한다. 이것은 자연이 인류에게 단지 "수동적"인 관계들을 강요한다거나, 『유물론에 관하여』에서 세바스티아노 팀파나로가 채택한 용어처럼 "경험 속의 수동적 요소"가 있음을 시사한다는 의미가 아니다. 유감스럽게도 이 책은 이것만 빼면 귀중한 비판이었을 것이다. 이 오류는 팀파나로의 사고 속에 존재하는 변증법적 대립 항에서 찾을 수 있다. 그는 자연 자체를 어느 정도 "수동적"인 것으로 보고, 인류를 제한하는 조건들의 집합으로 환원하려는 경향이 있다. 이러한 가정들의 결정론적 특징은 팀파나로의 시각을 규정하는 극단적 비관주의를 부채질한다. S. Timpanaro, *On Materialism* (London: Verso,

그렇다 하더라도, 중요한 이해지점은 마르크스가 유물론을 **실천적**으로 만드는 과정에서 결코 유물론적 자연관, 다시 말해 **존재론**과 **인식론**의 두 범주에 있는 유물론에 대한 신념 전반을 포기하지 않았다는 점이다. "사회적 존재가 생물학적(보다 일반적으로 물리학적) 존재에 일방적으로 의존하며 전자의 등장은 후자로부터 비롯된다"는 의미의 유물론과, "과학적 사유대상 중 적어도 일부는 독립적으로 존재하며 초(超)사실적 활동을 하고 있다"는 의미의 유물론은(바스카가 말한 처음 두 가지 구성요소를 언급한 것이다) 마르크스의 분석에서 본질적인 것으로 남아있었다. 이것의 이면에는 모든 목적론적 사유형태들에 대한 급진적인 유물론적 비판이 놓여있다.

이와 관련하여 마르크스는 사유로부터 독립해 있는 물리적 외부세계의 존재를 강조했고, 현재에는 "실재론적" 존재론 입장이라고 간주될 만한 견해를 취했다. 여기서 언급해야 할 것이 있다. 바스카가 명명한 합리적 유물론의 처음 두 가지 구성요소가 사실상 그가 제시한 "비판적 실재론"의 존재론적, 인식론적 출발점을 이루고 있다는 점이다. 따라서 마르크스는 명백히 유물론적 견지에서, 실재론적이면서 관계론적인(즉 변증법적인) 접근법을 채택했다. 이미 살펴보았듯이, 헤겔은 변증법이라는 수단을 통해 칸트의 물자체가 표현하고 있는 이율배반을 극복하고자 했다. 그러나 바스카에 따르면, 헤겔 철학 속에서 이것은 다음 내용과 관련된다.

1975), 34; Raymond Williams, *Problems in Materialism and Culture* (London: Verso, 1980), 107-9; Perry Anderson, *Considerations of Western Marxism* (London: Verso, 1979), 60, 91을 볼 것.

> 정확히 말해 물질이 **자율적인** 존재라는 점을 부정하는 것. 다시 말해, 정신의 발전, 절대이념의 자기실현에서 한 계기가 되는 경우 외에는 그것의 존재를 부정하는 것. 이와는 반대로, 마르크스에게서 "사유도 언어도 …… 자기 고유의 영역을 형성하지 않는다. 그것들은 오직 실제 삶의 **현시(顯示)**일 뿐이다." …… 따라서 "의식은 결코 의식된 존재 이외의 어떤 것일 수 없다."[17]

이후 철학 및 사회과학의 발전과 관련하여 이러한 접근법이 지니는 중요성은 아무리 강조해도 지나치지 않는다. 그것은 실재론의 한 형태이며, 자연과학과 사회과학 사이의, 물질적·자연적 세계에 대한 파악과 사회라는 세계에 대한 파악 사이의 부단하고 긴밀한 연관을 주장한다. 이러한 이유에서 마르크스는 계속 자신의 유물론을 "자연사적 과정"에 속한 것으로 정의했다.[18] 동시에, 그는 사회의 역사가 변증법적·관계론적 성격을 지니고 인간 사회가 사회적 실천 속에 싸여 있다는 점을 강조했다. 따라서 그는 유물론을 자연의 영역으로부터 분리하려고 하거나 자연·물리 과학으로부터 분리하려 하는 시도를 처음부터 일체 거부했다. 이와 동시에 사회적 영역에서, 마르크스의 유물론은 독특하고 실천적 성격을 띠었다. 이는 인간의 역사 안에 존재하는 자유(와 소외)를 반영하는 것이었다.

17 Roy Bhaskar, *The Possibility of Naturalism* (Atlantic Highlands, NJ: Humanities Press, 1979), 100.

18 Karl Marx, *Capital*, vol. 1 (New York: Vintage, 1976), 92.

이 모든 것에 논쟁의 여지가 없는 것처럼 보일 수 있다. 그러나 가장 큰 중요성은 바스카가 "자연주의의 가능성"이라고 부른 것, 다시 말해 "자연과학과 사회과학 사이에—이 영역들이 아무리 서로 다를지라도—본질적인 방법론의 통일이 존재한다(혹은 존재할 수 있다)는 테제"를 수립했다는 사실에 있다. 이것이 중요한 이유는, 사회과학을 한편으로는 "초(超)자연주의적 실증주의"로, 다른 한편으로는 "반(反)자연주의적 해석학"으로 만드는 이원론적 분열로부터 벗어날 수 있게 해주기 때문이다.[19] 서구의 비판적 마르크스주의(현대의 철학과 사회과학도 상당 부분 마찬가지이다)는 조야한 19세기 실증주의에 대한 거부로 규정될 수 있다. 이것은 기계론적·환원론적 세계관(사람들은 과학이 발전하면서 이룬 몇 가지 주목할 만한 성과 때문에 이 세계관을 신뢰하게 되었다)을 사회적 존재의 영역으로 이전시키려고 시도했다. 그렇지만 마르크스주의자들을 포함한 인문과학의 사상가들은 사회다윈주의 변종인 기계론적 생물학주의와 같은 기계론을 거부하는 와중에, 점차 실재론과 유물론을 거부했고, 사회 세계의 관계들이 전부 인간의 실천으로 구성된다는 견해를 채택하게 되었다. 따라서 그들은 독립적으로 존재하는—그중에서도 특히 사회 세계를 침범하는 자연의 여러 측면들을 포함한—지식의 대상들(인류와 사회적 구조물들과는 별개로 자연 속에 존재하는 지식의 대상들)을 쉽사리 부정했다.

마르크스주의 안에서, 이러한 상황은 관념론으로 방향전환이 일어났음을 의미한다. 특히, 이것은 대개 엥겔스에 반대하여—마르크스주의

19 Bhaskar, *The Possibility of Naturalism*, 3; Roy Bhaskar, 「General Introduction」, in Margaret Archer, Roy Bhaskar, Andrew Collier, Tony Lawson, and Alan Norrie, eds., *Critical Realism* (New York: Routledge, 1998), xiii.

안에 존재하는 유물론적 자연관에 대한 책임이 마르크스가 아닌 엥겔스 혼자에게만 있는 것처럼 말한다—변증법은 오직 실천과 관련이 있으며 따라서 오직 사회·인간 세계와 관련이 있다는 주장으로 등장했다.[20] 비록 과학 내부의 마르크스주의 전통이 사실상 별도로 계속 존재해왔지만, 이러한 연유에서 마르크스주의 사회과학자들은 점점 과학으로부터 멀어지게 되었다. 그리고 이것의 연장선상에서, 자연사 분야에 모든 역량을 쏟으며 유물론적 역사관과 유물론적 자연관을 결합시키는 분석은 이성에 대한 모독이라고 선포되었다. 이것이 『자본론』에도 명백하게 표현된 마르크스 자신의 이상(理想)이었음에도 불구하고 말이다.

마르크스주의의 비극적인 결말은 유물론 개념이 점점 더 추상적이고 아무 의미 없는, 단지 '말뿐인 범주'가 되었다는 점이다. 그 결과, 레이몬드 윌리엄스가 언급했던 것처럼, 최종심급에서 관념과 같은 '상부구조적' 요소들에 대한 생활의 생산 및 경제적 존재의 우위라는 식의 말로

20 이것은 게오르그 루카치의 위대한 저작, 『역사와 계급의식』(1922)에 명백히 서술되어 있다. 루카치의 말에 따르면, 변증법에 관한 엥겔스의 서술에서 생긴 오해는 본질적으로 엥겔스가 헤겔의 잘못된 예에 따라 변증법적 방법을 자연에까지도 확장한다는 데 기인한다. 변증법의 결정적인 규정들, 즉 주체와 객체의 상호작용, 이론과 실천의 통일, 사유 변화의 근본 원인으로 범주 기저에 있는 현실의 역사적 변화들은 우리의 자연에 대한 지식 속에는 존재하지 않는다. 이 지점들에서 중요한 점은, 루카치 저작이 낳은 결과가 사회과학을 자연과학으로부터, 그리고 역사를 자연으로부터 근본적으로 분리시켰다는 점이다. 마치 자연·물리의 영역은 실증주의에 양도될 수 있는 것처럼 말이다. Georg Lukacs, *History and Class Consciousness* (London: Merlin Press, 1971), 24. 바스카의 말을 빌리자면, 이러한 방식으로 루카치는 "과학 자체를 과학에 대한 실증주의의 잘못된 해석과 혼동하는 마르크스주의 내의 오래된 전통을 출범시켰다." Bhaskar, *Reclaiming Reality* (London: Verso, 1989), 139.

환원되었다.[21] 이렇듯 유물론은 유명한 토대·상부구조 은유라는 물화된 파악과 분리할 수 없는 것이 되었다. 그리고 마르크스주의 이론가들은 이것을 없애 보려 했으나 헛된 일이었다.

얄궂게도, (적어도 구조주의적 전통 밖에 있는) 비판적 서구 마르크스주의는 대부분 토대·상부구조 은유에 빈대했으니, 보다 깊이 있고 보다 철저한 유물론을 갖고 있지 못했기 때문에—유물론을 조금이라도 견지하고자 한다면—이 은유에 의존하지 않을 수 없었다. 깊이 있는 유물론적 시각은 오직 생산적 존재와 관련된 유물론을—감각의 영역을 포함하여—현실의 자연적/물리적 조건들에 연결시키고, 더 큰 자연세계에 연결시킴으로써만 가능하다. 오직 이러한 방식을 통해서만, 삶과 죽음, 재생산, 생물권에 대한 의존과 같은 근본적 쟁점들을 제대로 다룰 수 있다.

레이몬드 윌리엄스가 1978년 쓴 것처럼, "현재 한 세대동안 마르크스주의와 자연과학 사이에는 이상한 불편함이 있었는데," 안타깝게도 "지식 상의 격차가 존재하거나 그것이[마르크스주의가] 발전하는데 실패했기 때문만이 아니라 이러한 격차들이 양쪽 방향에서 유물론의 적(敵)들이 쏟아져 나오게 만들었기 때문이다."[22] 과학 안에서 생물학주의, 즉 극단적인 사회다윈주의가 재생하고 있다. 이것은—리처드 르원틴, 스티븐 제이 굴드와 같은 위대한 자연과학자들이 철저하게 보여준 것처럼—유물론적 역사관과 연계를 유지하고 있는 비(非)기계론적이고 비(非)환원론적인 비판적 유물론을 통해서만 효과적으로 싸울 수 있는 문제이

---

21 Williams, *Problems in Materialism and Culture*, 104.

22 같은 책, 105. 또한 E. P. Thompson, *Making History* (New York: New Press, 1994), 98을 볼 것.

다.[23] 사회과학에서도 마찬가지이다. 실재를 내재적 관념들의 영역과 추상화된 문화주의 개념들(이는 레이몬드 윌리엄스의 문화적 유물론과는 다른 종류이다)로 환원하는 관념론적 시각에 맞설 수 있는 유일한 실질적 방어책은, 물질 존재의 자연적·물리적 측면들을 부정해 유물론을 빈곤하게 만들지 않는, **강력한 역사 유물론**을 발전시키는 것이다.

따라서 마르크스는 과학이 정말 과학답고자 한다면 유물론적이야 한다고 과학에 요구한다. 이러한 시각에서 보면, 역사발전의 변화와 그 가능성들에 대한 어떠한 연구도 자연·물리과학 연구와 무관할 수 없다. 따라서 마르크스는 전 생애에 걸쳐 과학 내부의 발전들에 뒤떨어지지 않기 위해 혹독한 노력을 했다. 자연·물리과학 연구는 엥겔스만 지녔던 강박이었고 마르크스는 그렇지 않았다는 오해가 만연해 있다. 그러나 이러한 오해는 엄청난 양의 증거에 의해 반박된다. 마르크스의 과학 노트들이 추가로 출간되면서, 현재 우리에게 이 사실은 10년 전보다 훨씬 더 명백해졌다.

생태학

마르크스는 생태학에 관심이 없었다고 매도해온 역사는 오래되었다. 그러나 수십 년간의 논쟁을 통해, 이러한 견해가 실제 증거와 부합하지 않

23 Stephen Jay Gould, *The Mismeasure of Man* (New York: W.W. Norton, 1996); R.C. Lewontin, Steven Rose, and Leon J. Kamin, eds., *Not in Our Genes* (New York: Pantheon, 1984)를 볼 것.

는다는 사실이 너무나도 명백해졌다. 오히려 이탈리아 지리학자 마시모 콰이니(Massimo Quaini)가 설명한 것처럼, "마르크스는 …… 근대 부르주아적 생태의식이 생겨나기 이전부터 자연의 약탈을 비난했다."[24] 처음부터 인간의 노동 소외에 관한 마르크스의 생각은 인간의 자연 소외를 이해하는 것과 연관되어 있었다. **역사적** 설명을 필요로 했던 것은 무엇보다도 바로 이 이중의 소외였다.

따라서 마르크스에 대한 가장 적의에 찬 비판자들조차 결국 마르크스의 저작에 주목할 만한 수많은 생태학적 통찰들이 포함된다는 사실을 인정하지 않을 수 없었다. 이렇다보니, 이제 비판자들은 별 생각 없이 단순히 마르크스를 비난하기보다는 서로 연관된 다음의 여섯 가지 주장들을 이용하는 게 상례가 되었다. 첫 번째, 마르크스의 생태학적 진술들은 그가 남긴 저작의 주요 부분과는 체계적 관계를 전혀 갖고 있지 않은 "눈부신 잡담"일뿐이라고 무시당했다.[25] 두 번째, 이러한 생태학적 통찰들은 소외에 관한 그의 초기 비판에서 간간히 나오고 있을 뿐이라는 식으로 이야기되었다. 그리고 그의 후기 저작에서는 이마저 상당히 불분명하다는 것이다. 세 번째, 우리는 마르크스가 (자연 착취를 자신의 가치이론과 결합시키는 것에 소홀하여) 궁극적으로 자연 착취를 다루는 데 실패했고, 그 대신 "프로메테우스적"(친기술적, 반생태적) 견해를 채택했다는 주

24 Massimo Quaini, *Geography and Marxism* (Totowa, N.J.: Barnes & Noble, 1982), 136.

25 David Goldblatt, *Social Theory and the Environment* (Boulder, Colo.: Westview Press, 1996), 5.

장을 듣곤 한다.[26] 네 번째, 이 주장에 따르면, 마르크스의 견해 속에서 이 "프로메테우스적" 주장은 다음과 같은 결론으로 귀결된다. 자본주의적 기술과 경제 발전이 생태학적 한계들이 낳은 모든 문제들을 해결해왔고, 연합한 생산자들의 미래 사회는 풍요로운 조건 속에서 존재할 것이다. 따라서 경제학자인 알렉 노브(Alec Nove)의 말에 의하면, 이른바 마르크스의 논리를 따른다고 반드시 "희소자원의 할당 문제를 진지하게 고려"하거나 "생태학적 의식을 가진" 사회주의를 발전시키는 것은 아니라는 것이다.[27] 다섯 번째, 마르크스는 과학 쟁점들이나 환경에 대한 기술의 영향에 대해 거의 관심을 가지지 않았고, 그렇기 때문에 생태학적 쟁점들을 분석하기 위한 진정한 과학적 토대를 전혀 지니고 있지 않다는 주장이 존재한다. 저명한 영국의 사회학자, 마이클 레드클리프트(Michael Redclift)와 그래햄 우드게이트(Graham Woodgate)에 따르면, 마르크스는 자연 환경과 인간의 상호작용을 사회적인 것이지만, "편재(遍在)하고 변화하지 않은 것이며 사회적 실존의 매 단계에 공통된 것"으로 제시했다고 한다. 그러나 "이러한 전망은 기술의 역할과 그것이 환경에 끼치는 영향들을 완전히 인정한 것이 아니다"라는 것이다.[28] 여섯 번째, 마르크스는

26 Anthony Giddens, *A Contemporary Critique of Historical Materialism* (Berkeley: University of California Press, 1981), 59-60. 또한 Ted Benton, 「Marxism and Natural Limits」, *New Left Review*, no. 178 (November-December 1989), 51-86을 볼 것.

27 Alec Nove, 「Socialism」, in John Eatwell, Murray Milgate, and Peter Newman, eds., *The New Palgrave Dictionary of Economics*, vol. 4 (New York: Stockton, 1987), 399.

28 Michael Redclift and Graham Woodgate, 「Sociology and the Environment」, in Michael Redclift and Ted Benton, eds., *Social Theory and The Global Environment*

인류를 동물들로부터 철저히 단절시키고, 후자가 아닌 전자의 편에 선 "종차별주의자"였다는 주장이 있다.[29]

이러한 모든 비판들은 이 책에서 다루는 분석과는 완전히 모순된다. 이 책의 분석은 마르크스의 생태학 사상을 체계적으로 재건할 것이다. 위의 비판 중 상당수는 마르크스가 비판했던 다른 사회주의 이론가들과 마르크스를 혼동한 데에 기인한다. 이러한 방식으로 마르크스를 비판하는 것은 오랜 시간 동안 형성된 전통이다. 장 폴 사르트르(Jean-Paul Sartre)의 말을 빌리자면, "반(反)마르크스주의적 주장은 단지 전(前)마르크스주의적 관념이 겉모습만 새롭게 바꾸고 등장한 것일 뿐이다."[30] 예컨대 마르크스는 기술론적 "프로메테우스주의"로 간주되어 공격을 받는다. 마르크스 본인이 글을 써가면서까지 프루동의 『경제적 모순의 체계』(*System of Economical Contradictions*)를 비판하고, "프로메테우스적" 견해에 맞서 매우 강력한 공격을 퍼부었는데도 말이다. 마찬가지로 마르크스는 부에 대한 자연의 기여를 인식하는데 실패했다는 비난을 받는다. 마르크스가 노동을 부의 유일한 원천이라고 보는 "초(超)자연적" 견해를 채택하여 자연의 기여를 무시했다는 이유로, 독일 사회주의자 페르디난트 라살레(Ferdinand Lasalle)를 날카롭게 비판했는데도 말이다.

그렇지만 무엇보다 비판 대부분이 근본적으로 문제를 삼는 것은 마

(New York: Routledge, 1994), 53.

29 Anna Bramwell, *Ecology in the Twentieth Century* (New Haven, Conn.: Yale University Press, 1989), 34.

30 Jean-Paul Sartre, *The Search for a Method* (New York: Vintage, 1963), 7. 또한 John Bellamy Foster, 「Introduction」, in Ernst Fischer, *How to Read Karl Marx* (New York: Monthly Review Press, 1996), 7-30을 볼 것.

르크스의 유물론이다. 예컨대 마르크스가 생태학적 **가치들**을 옹호하기 보다는 일종의 "베이컨적" 자연 지배와 경제 발전을 강조하게 되었던 것은 바로 그의 유물론 때문이었다는 것이다. 따라서 마르크스는 자연을 숭배하는 토리당에 반대하는 일종의 급진적 휘그당의 대변자, 다시 말해 낭만적 생태중심주의에 반대하는 공리적 인간중심주의의 대변자가 된다. 이러한 비판에는 문제점이 존재한다. 현대 사회경제학 사상의 상당수가 그렇듯이, 이 비판이 인류와 자연 사이의 **상호작용**에 담긴 근본적인 본성을 인식하는 데 실패했다는 점이다. 생태학의 질문은 무엇보다도 우선 특정 **가치**를 선택하는 문제로 환원되었다. 그 결과, 인류와 자연 사이에서 **진화해가는 물질적 상호관계들**(마르크스에 따르면, "물질대사적 관계들")을 이해한다는 훨씬 더 어려운 문제가 완전히 사라지고 만다. 일관된 유물론 입장에서 보면, 이 물음은 인간중심주의 대 생태중심주의의 문제가 아니라—이러한 이원론은 우리가 생물권(biosphere) 안에서 계속 변화하는 현실적 인간 존재의 물질 조건들을 이해하는데 별로 도움이 되지 않는다—**공진화**(coevolution)의 문제이다. 단순히 생태학적 **가치들**에 초점을 맞추는 접근법들은, 철학적 관념론, 그리고 보다 일반적으로는 유심론과 마찬가지로 이러한 복잡한 관계들을 이해하는 데 별 도움이 안 된다. 이러한 견해처럼 "천상에서 지상으로 하강하는" 것이 아니라 "지상에서 천상으로 상승하는" 것이 필요하다.[31] 다시 말해, 우리는 지구와 우리가 맺는 정신적 연결들을 포함하여 정신적 사고가 우리가 살아가는 지구의 물리적 조건들과 어떻게 관계 맺고 있는지 이해해야만

31 Marx and Engels, *Collected Works*, vol. 5, 36.

한다.

물론 이것은 마르크스란 사람 한 명으로는 풀 수 없는 더 큰 문제이다. 자연과 인간존재에 대한 유물론적 접근법들의 역사 전반이 진정 문제가 되고 있는 것이다. 현대 녹색사상 안에서는, 생태학적 퇴보 과정 전체를 무엇보다도 17세기 과학혁명의 등장 탓으로 돌리는 경향이 강력하게 발전해왔다. 이 과학혁명은 프란시스 베이컨(Francis Bacon)의 공적으로 대변되었다. 베이컨은 "자연 지배"의 주된 주창자로 묘사되었다. 이 주장은 대개 그의 사상을 체계적으로 고찰하지도 않은 채 특정 경구들만 인용하는 식으로 전개되었다. 그러므로 "자연 지배"라는 관념은 단순하고 노골적인 인간중심주의적 시각이며 기계론의 특징을 갖고 있다고 간주된다. 이것의 반대편에는 낭만적·유기체론적·생기론적인 탈(脫)근대적 견해가 존재한다.[32]

그러나 기계론과 생기론 혹은 관념론 사이의 충돌에 초점을 맞추다 보면(그리고 유물론의 보다 근본적인 쟁점을 놓치게 되면), 이 범주들이 각각의 일면성을 가진 채 변증법적으로 연결되어 있으며, 이 둘 모두 초월되어야 하는 범주들이라는 점을 인식하지 못하는 이원론적 파악에 머무르게 된다. 왜냐하면 이 범주들 둘 다 자본주의 사회의 소외를 표현하기 때문이다. 1930년대에 영국에서, 의심의 여지없이 당대 가장 위대한 사상가였던 크리스토퍼 코드웰(Christopher Caudwell, 1907-1937)이 말한 것

32 이것의 훌륭하고 고전적인 사례로는 Carolyn Merchant, *The Death of Nature* (New York: Harper & Row, 1980)를 볼 것. 이 책은 베이컨적인 전통을 일면적으로 다루고 있음에도 불구하고 17세기 과학의 상당수가 보이는 기계론적·가부장적 경향에 대해 깊이 있는 비판을 보고자 할 경우 빼놓아서는 안 될 서적이다.

처럼, 기계론자는 "경험에 대한 반성 과정에서 반대 극으로 내몰린다. 그런데 이 반대 극은 단지—목적론, 생기론, 관념론, 창조적 진화 등, 무엇이든 부르고 싶은 대로 부를 수 있지만 쇠퇴하는 자본주의에서 유행하는 이데올로기임이 분명한—동일한 환상의 다른 측면일 뿐이다."[33]

이러한 이원론적 시각의 지속은 현대 녹색이론 중 상당수에서 나타나는 고유한 특징이다. 그리고 이것은 현대 녹색이론 전통이 때때로 계몽주의 및 대부분의 혁명운동들뿐 아니라 거의 모든 근대과학을 조야하게 거부하도록 만들었다. 이러한 경향은 상당수의 현대 탈(脫)근대 사상이 보이는 반(反)합리주의로 흘러 들어갔다. 이러한 입장에 따르면, 일부 시인, 예술가, 문화 비평가들을 제외한 17세기부터 20세기까지의 거의 모든 사상가들이 반(反)생태학적 가치들을 옹호하고 진보를 신성화했으며, 따라서 비난받아야 할 위치에 있다.[34]

오직 가치 문제로 접근하는 이러한 이상한 관념론의 맥락에서, 현실의 역사적·물질적 쟁점들은 사라지고, 거대한 역사적이고 지적 투쟁들은 단순한 문구들로 환원된다. 인간의 "자연 지배"라는 관념이 인간중심주의로 빠지는 경향이 존재하는 것은 사실이지만, 그것이 반드시 자연이나 자연 법칙에 대한 극단적 경시를 의미하지는 않는다. 비록 마르크스는 이것이 대체적으로 부르주아적 발전의 필요에 자연을 순응시키려는 "계략"이라고 비난했지만, 그럼에도 불구하고 이 정식은 인간의 조건

33 Christopher Caudwell, *Scenes and Actions: Unpublished Manuscripts* (New York: Roudedge & Kegan Paul, 1986), 199.

34 예를 들어, Wade Sikorski, *Modernity and Technology* (Tuscaloosa: University of Alabama Press, 1993)를 볼 것.

이 지닌 진정한 모순을 표현한 것이었다.[35]

따라서 코드웰은 『환상과 현실』(*Illusion and Reality*, 1937)에서 "자연의 정복"이라는 개념에서 출발하여, 다음과 같이 쓰고 있다.

> 인간이 자연과 투쟁하는(즉 자유를 위한 인간의 투쟁) 과정에서, 인간은 이 자유를 쟁취하기 위해 일정한 상호관계들 속으로 들어간다. …… 그러나 인간은 자신을 변화시키지 않고서는 자연을 변화시킬 수는 없다. 이렇게 인간과 자연의 반사운동이 서로 상호침투하며, 사회라고 알려진 필연적이고 계속 발전해가는 관계들이 이것을 매개한다는 점을 완전히 이해하려면, 자연 속에 존재하는 필연성뿐 아니라 우리 자신, 따라서 사회 속에 존재하는 필연성을 인식해야 한다. 객관적으로 보면, 이러한 활동적인 주체·객체 관계가 과학이다. 주관적으로 보면, 이것이 예술이다. 그러나 이것은 실천과의 적극적인 결합 속에서 등장한 의식이라 할 수 있으며, 단지 구체적 삶—개체들과 자연으로 이루어진 하나의 세계 안에서 인간 개체가 노동하고 느끼고 생각하고 행동하는 모든 과정—일 따름이다.[36]

이렇게 "반영성"(reflexity)을 강조하는 변증법적 파악에서, 이른바 "자

35 베이컨으로부터 비롯된 "자연 지배"라는 개념의 복잡한 본성과 마르크스가 이것을 이해한 훨씬 더 복잡하고 변증법적 방식에 대해서는 William Leiss, *The Domination of Nature* (Boston: Beacon Press, 1974)를 볼 것. 베이컨 식의 "계략"(ruse)에 대한 마르크스의 비판에 대해서는 Marx, *Grundrisse*, 409-10을 볼 것.

36 Christopher Caudwell, *Illusion and Reality* (New York: International Publishers, 1937), 279.

연 정복"은 끝없는 변증법적 상호작용 과정이 된다. 따라서 『환상과 현실』이 나온 직후 초고를 작성했지만, 1986년이 될 때까지 반세기동안이나 출판되지 않았던 저작 『유전과 발달』(*Heredity and Development*)에서, 코드웰이 다윈과 마르크스로부터 비롯된 인간·자연 관계들에 대한 공진화적 접근을 강력하게 주장했다는 점은 전혀 놀랄 일이 아니다.

일단 위의 주장에서처럼, "자연 정복"이라는 단순한 관념과 지속가능성(sustainability)이라는 개념 사이에 어떤 필연적이고 근본적인 모순이 존재하지 않는다는 것을 인식하게 된다면, "정복"과 "지속가능성"이라는 개념들이 모두 베이컨적 전통에서 나왔다는 사실을 알게 되어도 놀라지 않을 것이다. 베이컨적 "개선자"(improver)들 중에는 지속가능한 발전을 옹호한 최초의 인물들을 포함하고 있었고, 이것은 전혀 우연한 일이 아니었다. 예를 들면 존 이블린(John Evelyn)은 『숲』(*Sylva*)에서 삼림(森林)을 훌륭하게 옹호하고, 『매연대책론』(*Fumifugium,* 1661) — 지금까지 쓰인 대기오염에 대한 글 중 가장 뛰어난 유물론적 비판 — 에서 공기오염을 공격했다. 이블린은 베이컨적 개선자일뿐 아니라 에피쿠로스의 유물론(이것은 마르크스 유물론의 출발점이었다)을 노래한 걸작 시인 루크레티우스의 『사물의 본성에 대하여』(*De rerum natura*)를 일부 번역했다. 이블린은 여기서 다루는 문제들이 매우 복잡한 문제임을 보여준다.[37]

사실 19세기 전반동안 생태학 사상의 진화에 있어서 가장 커다란 발전들은 유물론적 자연관과 변화하는 역사적 조건들이 상호작용하면서 크게 진전된 결과로 나왔다. 중세 시대에서 19세기에 이르기까지, 사

37 John Bellamy Foster, 「Introduction to John Eveyln's Fumifugium」, *Organization & Environment*, vol. 12, no. 2 (June 1999), 184-87.

실상 지배적 세계관은 '거대한 존재의 사슬'(나중에 자연신학의 수정을 거치게 된다)과 같은 목적론이었다. 이것은 우주의 만물을 신의 섭리로 설명한 다음, "인간"을 위해 신이 지구를 창조했다고 설명했다. 그리고 모든 종이 따로따로 창조되었다. 지구는 우주의 중심이었으며, 시간과 공간은 제한되어 있었다. 이러한 관점에 대한 최대의 적이 애초부터 고대 유물론, 특히 에피쿠로스의 유물론이었다. 이것은 르네상스와 계몽 과학 안에서 되살아났다.

스콜라적·아리스토텔레스 식 관점에 의문을 표했던 유물론은 이 목적론의 중심에 있던 인간중심주의에도 문제를 제기했다. 지구는 우주의 중심이라는 자리에서 쫓겨났으며, 시간과 공간은 무한하다는 점이 발견되었다(지구의 역사조차 시간의 "깊은 심연"과 관련이 있다는 발견이 이루어졌다). 그리고 마침내 인류는 유인원과 같은 조상을 공유하며 동일한 진화의 나무에서 뻗어 나온 가지로 비춰지게 되었다. 이러한 과학의 성장은 유물론의 성장과 동일시되었다. 과학이 성장하는 각 지점마다 신은 물질적 우주로부터—태양계로부터, 지구의 진화로부터, 궁극적으로는 생명 자체의 진화로부터—쫓겨났다. 따라서 근대 과학의 시각에서 신은 에피쿠로스의 신과 마찬가지로 점점 더 물질적 우주와 전혀 관계 맺지 않고, 사실상 '천체간의 공간'(intermundia) 속에서, 즉 세계의 '기공'(氣孔) 속에서 살게 되었다. 물질적 진화의 전 과정에서 인류가 지구와 상호 의존한다는 큰 발견이 이루어졌다는 점—이것은 생태학적 분석의 본질이다—이 또한 중요하다. 이제 더 이상 인류를 '거대한 존재의 사슬' 속에서 저열한 생물과 고귀한 천사들(혹은 신) 사이의 중간에 자신만의 고정된 지위를 점하고 있는 지배적 혹은 우월한 존재로 볼 수 없었다. 그 대신 인간이 그 일부로 존재하는 물질세계와 인간 사이에서 일어나는 상호작용의 본성을 문제 삼기 시작했다. 자연에 대한 인간의 관계는 베이컨이 강조했듯이 **자연사**에서 일어나는 현상 중 하나이며, 아니면 다윈이 강조했듯이 자연선택의 장구한 과정에서 일어나는 현상 중 하나였다.[38]

다윈만의 고유한 자연 진화 설명은 (자연세계와 관련된) 그의 근본적이고 비(非)타협적인 유물론에서 나왔다. 그것은 동시에 (마르크스가 강조했던) "목적론의 죽음"과 반(反)인간중심주의적 관점의 성장을 대변했다. 근대 생태학이 19세기 중반에 출현했다고 말할 수 있다면, 그것은 바로 다윈의 생물사 저작을 토대로 삼았다. 그리고 독일의 위대한 농화학자 유스투스 폰 리비히와 같은 과학자들의 생물물리학 상의 발견들이 이것을 보충해주었다. 리비히는 토양 영양분들의 순환과 이것이 동물의 물질대사와 맺는 관계를 강조했다. 비록 다윈주의가 또 다른 기계론적 사고방식으로 뒤바뀌는 경우가 종종 있지만, 코드웰이 쓴 것처럼 "다윈의 글들에서 발견되는 다윈주의"는,

> 그 당시 발견되고 있던 무수한 새로운 생물학적 사실들과 접촉하여 나온 신선한 결과였다. 그것은 이전처럼 유기체를 환경에 무미건조하게 대립시키지 않았으며 오히려 생명의 망이 다른 실재와 유동적으로 상호 침투하는 것으로 보았다. …… 다윈이 전개한 생명의 변화, 역사, 충돌, 이 화려한 행렬이 보여주는 놀랄만한 풍부함은 그의 글과 헉슬리와 같은 그 이후 추종자들의 글에 저항적이고 혁명적인 힘을 부여했다.[39]

38 베이컨의 '개선'(improvement)과 17세기 "자연사" 개념에 대한 역사적 분석은 Charles Webster, *The Great Instauration* (London: Duckworth, 1975)을 볼 것.

39 Caudwell, *Scenes and Actions,* 187–88.

오늘날 우리에게 다윈의 분석이 갖는 중요성을 강조한 사람은 다름 아닌 레이첼 카슨(Rachel Carson)이었다. 그녀는 다음과 같이 썼다. "오늘날 진화의 사실들을 부정하는 교육계 인사를 찾기 어렵다. 그러나 우리 중 매우 많은 사람이 진화에서 나오는 명백한 결론을 부정한다. 다시 말하면 인간 역시 진화의 끈들로 연결되어 있고, 다른 수천 종들의 생명을 모두 통제하는 환경작용들의 영향에 받는다."[40]

이 말 속에 담긴 보다 포괄적인 함의와 생태학적 사상의 발전에서 유물론이 갖는 전반적인 의의를 현대 생태학의 견지에서 더욱 분명하게 이해하고자 한다면, 배리 커머너(Barry Commoner)의 유명한 생태학의 네 가지 "단순 법칙"(informal laws)을 살펴보면 된다. 이 법칙들은 다음과 같다. (1) 모든 것은 다른 모든 것과 연결되어 있다. (2) 모든 것은 어디론가 가야만 한다. (3) 자연이 가장 잘 안다. (4) 어떠한 것도 무로부터 오지 않는다.[41]

이 "단순 법칙" 중 앞의 두 법칙들과 마지막 법칙은 에피쿠로스의 물리학 원리들로 이어진다. 이것은 에피쿠로스 철학을 시의 형태로 소개하려는 시도였던 루크레티우스의 『사물의 본성에 대하여』 1권에서 강조했던 내용이다.[42] 세 번째의 "단순 법칙"은 일견 자연주의적, 목적론적

40 Rachel Carson, *Lost Woods* (Boston: Beacon Press, 1998), 245.

41 Barry Commoner, *The Closing Circle* (New York: Knopf, 1971), 37-41. 비록 커머너 자신은 네 번째 단순 법칙을 "공짜 점심 같은 것은 없다"로 정리했지만, 러시아의 생태학자 알렉세이 야브로코프(Alexei Yablokov)는 이것을 보다 일반화하여 "어떠한 것도 무로부터 오지 않는다"로 번역했다. Rolf Edberg and Alexei Yablokov, *Tomorrow Will Be Too Late* (Tucson: University of Arizona Press, 1991), 89.

42 에피쿠로스(그리고 루크레티우스)와 커머너 사이의 긴밀한 연관성은 Vaillancourt,

결정론을 함축하고 있는 것처럼 보인다. 그러나 커머너가 주장한 맥락으로 볼 때, 이것은 "진화가 가장 잘 안다"는 뜻으로 이해하면 가장 잘 이해한 것이다. 다시 말해 진화의 과정에서—이것은 고정된 결정적, 목적론적 과정이 아니라 모든 단계마다 엄청난 정도의 우연성을 포함하고 있는 과정으로 이해하는 게 적절하다—인간을 포함한 종들은 고유한 변이들을 낳는 자연선택 과정이라는 수단을 통해 자신의 환경에 적응해간다. 이것은 수백만 년이라는 시간규모로 일어난다. 이러한 견지에서 보면, 우리는 주의해서 근본적인 생태학적 변화들을 만들어야 한다. 만약 우리가 오랜 진화의 산물이 아닌 새로운 합성 화학물을 환경에 들여놓는다면, 그것은 불장난을 하고 있는 것이다.

궁극적으로 인류는 자연 조건들(에피쿠로스의 말을 빌자면, 그것은 죽음 외에 "우리에게 아무것도 아니다")에 의해 전적으로 구속되지 않는다. 실제로 인간 자유의 요소, "휘어짐" 능력이 존재한다. 그렇지만 그것은 항상 물질적 조건들이라는 토대 위에서 존재한다. 물질적 조건들은 이전부터 존재해왔으며 인간에게 일정한 제약을 부여한다. 그러므로 에피쿠로스가 강조했듯이, 인류는 적응할 수 없는 종들의 멸종(다윈적 의미의 완전히 발전한 자연선택 이론과 혼동해서는 안 된다)이 지배하며 인간관계의 발전은 생존을 목적으로 한다고 규정할 수 있는 세계 속에서 존재한다. 이 모든 것은 우연성에 종속되며, 인간의 경우에는 윤리적 선택에 종속된다. 여기에는 사회계약들의 형성이 포함된다. (이것은 모두 루크레티우스가 지은 위대한 시의 제 5권에서 찾아볼 수 있다.)

■

「Marxism and Ecology」, 52에서 강조되었다.

마르크스는 적어도 어느 정도는 어린 시절부터 이 근본적 유물론 철학과 씨름해왔다고 할 수 있다. 헤겔에 대해 전혀 일면식도 없었던 김나지움 학생시절부터, 마르크스는 종교적 세계관에 대한 에피쿠로스의 비판을 이해하고 있었다. 그 후 에피쿠로스주의는 박사학위 논문의 주제가 되었다. 동시에 이것은 그가 초창기 유물론 이론들에, 즉 인간의 자유에 대한 그들의 생각, 계몽의 원천, 헤겔의 자연철학이 지닌 문제, 종교비판, 과학의 발전 등의 주제에 집중할 수 있도록 해주었다.

마르크스에게 있어서, 에피쿠로스 철학의 중요한 한계는 이 유물론이 너무 "관조적"이었다는 사실에 있었다. 이는 나중에 포이에르바하에게서 다시 등장하는 문제였다. 마르크스는 헤겔의 철학과 변증법에서 능동적인 요소들을 받아들인 뒤, 실천 개념에 근거한 실천적 유물론을 발전시켰다. 그러나 그의 저작 어느 부분을 찾아봐도, 이것이 그의 사유 속에 계속 내재되어 있는 더 깊은 유물론적 자연관과 결코 분리되지 않았다. 이것은 통상적으로 생각되는 것 이상으로 마르크스의 저작에 크나큰 이론적 힘을 주었다. 마르크스가 리비히와 다윈 두 사람의 저작이 지닌 중요성을 매우 빨리 알아보았다는 사실은 이를 통해 설명할 수 있다. 앞으로 알게 되겠지만, 무엇보다 이러한 내용은 마르크스가 어떻게 리비히의 저작에 근거한 지속가능한 발전과 다윈에 의거한 공진화를 이해할 수 있었는지 아는 데 도움을 준다.

철저한 생태학적 분석은 유물론적이고 변증법적인 입장을 필요로 한다. 유심론적·생기론적 견해는 자연세계가 어떤 목적론적 의도에 순응하는 것으로 보는 경향이 있는 반면, 유물론자는 진화를 그 끝이 열려있고 우연성의 지배를 받지만 합리적 설명에도 열려있는 자연사적 과정으로 본다. 마찬가지로 자연을 변증법적으로 파악하는 유물론적 관점

(즉 비(非)기계론적 유물론)은 진화를 절대적인 구분을 일체 배제하는 상호 연관성의 맥락에서 형태변형 과정으로 본다. 레이첼 카슨이 누누이 강조했듯이, 생명(유기체들)과 물질세계는 "고립된 구획들" 속에서 존재하는 것이 아니다. 오히려 "유기체들과 환경 사이에는 놀라운 통일"이 존재한다.[43] 변증법적 접근법은 유기체 일반이 자신의 환경에 단순히 적응만 하는 것이 아니라는 점을 인식할 수 있게 만든다. 유기체는 또한 자신의 환경에 다양한 방식으로 영향을 주며, 이러한 영향을 통해 환경을 변화시킨다. 따라서 유기체와 환경의 관계는 상호적인 것이다. 예를 들어 "토양은 그곳에 자라는 식물들의 활동이 낳은 직접적 결과로 인해 거대하고 지속적인 진화적 변화를 겪는다. 그리고 이 변화들은 역으로 유기체의 생존조건들에 되먹임(feedback)을 한다."[44]

따라서 생태학적 군집과 그것의 환경은 변증법적 전체로 보아야만 한다. 이 속에서 상이한 수준의 존재들이 존재론적 의의를 지닌다. 이 군집들을 이끄는 전반적인 목적도 전혀 존재하지 않는다. 이른바 인간의 보편적 목적들조차 제한적 성격을 지닌 것으로 의문시 될 수 있다. 마르크스가 언급했듯이, 인류는 그들이 생산한 "재화"에 보편적이고 "유용한" 특성들을 부여한다. "비록 드물지만 양들의 '유용한' 속성 중 하나가 인간에게 잡아먹힐 수 있다는 점에 있다는 식으로 이 동물을 바라보는 경우로 나타날 수 있지만 말이다."[45] 생태학적 관계들을 이해하는 데 있

43 Carson, *Lost Woods*, 230–31.

44 Richard Levins and Richard Lewontin, *The Dialectical Biologist* (Cambridge, Mass.: Harvard University Press, 1985), 134.

45 Marx, *Texts on Method*, 191. 이러한 복잡하고 변증법적인 전망은 전통적인 클레멘

어서 이런 식의 변증법적 복잡성은 모든 일면적이고 환원론적인 입장을 초월하는 것을 목표로 한다.

리처드 레빈스와 리처드 르원틴이 『변증법적 생물학자』(*The Dialectical Biologist*)에서 설명했듯이,

> 생물학의 내적인 이론적 욕구와 우리의 계획 하에 있는 자연과의 상호작용을 규정하는 사회적 요구는 모두 복잡성의 이해를 중심 문제로 삼는 것을 필요로 한다. 생태학은 상호의존성과 상대적 자율성, 유사점과 차이점, 일반과 특수, 우연과 필연, 평형과 변화, 연속과 불연속, 모순적 과정들을 다뤄야만 한다. 그것은 더욱 더 자기 철학에 대해 자각해야만 한다. 그리고 그 철학은 유물론적일수록, 그리고 변증법적일수록 효과적일 것이다.[46]

사회생태학의 위기

환경문제들에 대한 현대 사회과학의 분석들은 대부분 널리 믿고 있는 사실인, 자연과 인간 사이의 관계에서 발생한 지구적 위기와 이 위기에 대한 대응이라고 이해될 수 있는 것에 초점을 맞추고 있다. 그렇지만

츠식 생태학과 구분되는 것이었다. 클레멘츠의 생태학은 기계론적이고 목적론적인 체계 이론으로 생태계를—안정성과 다양성을 향해—단선적인 방향으로 진화하는 초(超)유기체로 정형화 했다.

46 Levins and Lewontin, *The Dialectical Biologist*, 160.

이론적 수준에서 보면, 사회과학의 논법에는 관련 문제들의 중요성을 부실하게 다루는 경향이 존재한다. 최근까지 일반적 이론 분석 대부분은 녹색 사상 전반에서 눈에 띄게 나타나는 두 가지 쟁점을 중심에 두고 있었다. 인구 팽창에 대한 자연의 한계라는 생각과 인간중심주의 관점 대 생태중심주의 관점의 문제이다. 환경사회학자들은 전통적으로, 고전 사회사상(주로 19세기부터 내려 온 사회사상)을 비난했다. 그것이 자연세계의 존재론적 우선성을 부정하고 자연을 인간발전의 산물로 인식하는 "급진적 구성주의"의 한 형태라는 것이다. 이는 뿌리 깊은 인간중심주의, 자연에 대한 도구주의적 접근, (성장의 한계를 포함한) 자연의 한계를 고려하지 못한 점을 반성하는 것으로 비춰진다.[47]

이러한 비판의 미덕은 그것의 내재적 실재론에서 나온다. 다시 말

47 현대 환경사회학은 윌리엄 캐턴과 릴리 던랩이 "인간 면제주의 패러다임"(원래는 "인간 예외주의 패러다임"이라고 쓰였다)과 "새로운 환경 패러다임" 사이의 구분을 도입하면서 등장했다. 그들은 인간 면제주의 패러다임이 제2차 세계대전 이후, 사회학 대부분을 규정했으며 인류가 자연에 의존하고 있다는 점을 부정했다고 말했다. 그들이 제안한 새로운 환경 패러다임은 인류의 자연 의존을 인식하는 것이다. 전자는 자연에 대한 인간의 관계와 관련해 급진적 구성주의의 한 형태로 이해되었다. 얄궂게도 최근 미국의 환경사회학을 특징짓는 이러한 실재론은 유럽에서 확산된 보다 극단적인 구성주의 설명(급진적 문화주의 사상과 탈근대주의 사상의 성장을 반영하는)과의 관계에서 자신들이 방어적 위치에 있다는 것을 알게 되었다. 이것은 미국의 환경사회학이 스스로를 (유럽의 강한 구성주의에 대립하는) 약한, 혹은 "신중한 구성주의"로 재정의하도록 만들었다. 지금까지 이 논쟁이 전체적으로 놓치고 있는 점은 인류와 인류의 자연적·물리적 환경 사이의 상호작용이 지니는 변증법적이고 공진화적 본성을 이해하려는 진지한 시도가 없다는 점이다. William Catton and Riley Dunlap, 「Environmental Sociology: A New Paradigm」, *The American Sociologist*, vol. 13, no. 4 (November 1978), 252–56.

해, 그것은 자연세계에 대한 존재론적 (그리고 물질적) 우선성을 단언하고, 돌이킬 수 없는 변화의 존재(시간의 화살)를 이해한다. 궁극적으로 이 비판은 우리가 지구와 인간 사이의 관계에서 전환점에 서있다는 점을 주장한다. 환경사회학자들은 사회이론이 여전히 튼튼한 물질적 기반 없이 형성되어 왔다는 점을 강조한다. 사회이론이 환경에 대한 인류의 의존에 관해 어떤 의미 있는 이론도 만들어 내지 못했기 때문이다.

그러나 이렇게 두드러진 비판에도 불구하고, 환경 사회이론은 사회이론을 보다 생태학적 의식을 지닌 실재론의 방향으로 재건하기에는 아직까지 충분히 유물론적이지도, 역사적이지도, 변증법적이지도 않았다. 전형적인 환경사회학자는 머리와 몸통이 다른 동물인 켄타우루스와 같은 실존상태에 처해있다.[48] 사회학자로서, 그들은 마르크스, 뒤르켐, 베버에게서 비롯되어 우리 세대에까지 내려 온 위대한 고전적 전통을 고수한다. 환경주의자로서, 그들은 "자연을 중시하지 않으며" 발전해온 것이라며 이 전통을 부정한다.[49] 반면 이 사상가들 중 상당수의 경우에는, 역사적으로 사회이론의 뿌리에까지 되돌아가서, 무엇을 놓쳤고, 무엇을 되찾아야 하는지, 게다가 무엇을 변증법적으로 초월해야 하는지를 발견하는 복잡한 과제가 사라져 있었다. 이것은 그들의 비판에 지적 전통이 결

48 이 논의는 John Bellamy Foster, 「Marx's Theory of Metabolic Rift: Classical Foundations for Environmental Sociology」, *American Journal of Sociology*, vol. 104, no. 2 (September 1999), 370에서 보다 완전하게 전개된다. 환경사회학의 일반적 상태에 대한 논의는 Fred Buttel, 「New Directions in Environmental Sociology」, *Annual Review of Sociology*, vol. 13 (1987), 465-88을 볼 것.

49 Raymond Murphy, *Sociology and Nature* (Boulder, Colo.: Westview Press, 1996), 10.

여되어 있는 데 기인한다. 따라서 환경사회학 내부의 논쟁은 구성주의(주로 문화주의) 시각과 반(反)구성주의(심층 생태학) 시각 사이의 분열로 인해 수렁에 빠진 상태에 있다. 반면 이 이원론을 극복하려는 시도로, 단지 "신중한 구성주의"(cautious constructionism)라는 개념이 만들어졌을 뿐이다. 이것은 중요한 결과물이긴 하지만, 그것에는 어떤 본질적인 내용도, 명확한 이론적 지향도 존재하지 않는다.[50]

그 결과, 원을 그리며 끝없이 맴도는 경향이 생겼다. 이렇다보니 분석은 출발점에 머물러 있고, 나중에 나온 분석이 처음의 분석보다 환경과 사회의 실제 문제들을 더 잘 다루는 것도 아니다. 수많은 연구들이 인간중심주의 대 생태중심주의에 대해 썼다. 이 연구들은 이런 저런 사상가가 이런 저런 문화와 문명이 많게 혹은 적게 인간중심주의적이라고 주장했다.[51] 비록 때때로 이것이 지나치게 자주 경시되어 왔던 사안들에 대한 우리의 시야를 넓혀주곤 하지만, 이원론적 시각의 지속은 지식의 진정한 발전이나 의미 있는 실천을 봉쇄하기 십상이다. 실제로 이런 견해들에 구현되어 있는 이분법은 수많은 방식으로 문제의 원인인 "인간 대 자연"이라는 파악을 지속시키는 경향이 있다. 예를 들어 "자연 지배"라는 개념이 근대 서구 사상의 변치 않는 주제였다는 사실을 부정할 수 없지만, "자연 지배"라는 개념 자체는 결코 그렇게 단순한 것이 아니었

50 Riley Dunlap, 「The Evolution of Environmental Sociology」, in Michael Redclift and Graham Woodgate, eds., *International Handbook of Environmental Sociology* (Northampton, Mass.: Edward Elgar, 1997), 31-32.

51 예를 들어 Robyn Eckersley, *Environmentalism and Political Theory* (New York: State University of New York Press, 1992)를 볼 것.

다. 이 용어를 채택한 사람들조차 이것을 왕왕—상호작용의 본성과 관련된—복잡하고 변증법적인 방식으로 이해했다. 그러나 만약 이것이 사실이라면, '인간중심주의 대 생태중심주의'와 같은 구분은 텅 빈 추상임이 드러난다. 그것은 인간의 '자연 정복 대 자연 숭배'와 같은 낡은 이원론을 반복하여 진술하는 것에 불과하다.

마찬가지로 서구 문화에 들어온 자연의 한계와 "성장의 한계"라는 문제는, 커다란 정치경제학 상의 논쟁들 속에서, 그리고 19세기에 이해되었던 방식의 농업 및 토양 문제 속에서, 이 문제가 수세기에 걸쳐 역사적으로 등장해온 과정을 분석하지 않고서는 이해할 수 없다. 19세기(혹은 18세기, 혹은 17세기)의 이론으로 되돌아가야 하는 이유는 추론이라는 논리 열차의 첫 번째 칸을 이해해야 한다는 필요성 때문만은 아니다. 이것을 넘어, 사회과학자들에게 있어서 고전 이론의 중요성은 사회이론이 원래부터 가지고 있는 역사적 본성 그 자체에서 나온다. 고전 이론들은 봉건제에서 자본주의로, 그리고 중세 스콜라 철학에서 근대 과학으로 이행하던 상황에서 만들어졌다. 이러한 이유에서, 고전 사회이론이 지닌 특징인 인간이 자연과 맺는 관계의 변화에 관한 이론적 통찰은 한 역사적 사회 체제에서 다른 체제로의 이행을 이해하는 것과 연결되어 있다.

우리 시대에 들어서 이 점을 이해하는 데 계속 실패해왔다면, 그것은 부분적으로 지식의 영역이 그 후로 협소해진 데에 기인한다. 또 그것은 부분적으로 제2차 세계대전 이후 사회사상의 재건 과정에서 사회학 등 모든 영역에 걸쳐 다음의 경향이 존재했다는 데에 연유한다. 다시 말하면 그것은 자연적·물리적 환경과의 연관을 경시했고(혹은 자연은 "인간"에 의해 점차 대체되어 간다는 승리적 시각을 솔직하게 채택했고), 결국 자연과 인간 사이의 관계에 관한 고찰과 사회이론 사이에 진정으로 존재하는 연결을 완전히 단절시켜버렸으며, 순수한 구성주의 논의를 발전시키려고 했다. 인류는 "도구적 인간"(Homo faber)이 되었다. 그러나 이것은 혁명적 프로메테우스의 의미가 아니라 (19세기 프루동이 예시한) 기술적 프로메테우스주의로 재정의된 것이었다. "불"을 둘러싼 신화적 투쟁은 자연과 인간 사이의 관계와 권력의 구성을 둘러싼 혁명적 투쟁의 편에 서기를 멈추었다. 그 대신 그것은 단지 무한한 기술의 승리를 상징하는 것으로 바뀌었다.

마르크스주의는 이 모든 쟁점들을 다루는 데 있어서 엄청난 잠재적 이점을 지니고 있다. 그것은 정확히 다음의 이유 때문이다. 마르크스주의는 유물론적 사회 이론에 의거하고 있다. 이것은 마르크스주의가 사회보다 선행하는 물리적·생산적 조건을 강조하고 그것이 어떤 식으로 인간의 가능성과 자유에 한계를 설정하는가를 강조한다는 의미를 갖는다. 그뿐만이 아니다. 적어도 마르크스와 엥겔스의 경우에, 마르크스주의는 자연사에서 이러한 물질적 조건들이 낳는 필연적인 관계, 즉 유물론적 자연관을 놓치지 않았다. 이것은 생태학적 유물론의 필연성, 즉 변증법적 자연사 파악의 필연성을 가리킨다. 비록 이것이 나중에 (엥겔스의 영향으로) "변증법적 유물론"이란 이름으로 불리게 된 것과 겹치는 부분이 있다 하더라도, 마르크스 고유의 분석을 그보다 나중에 등장한 여전히 획일적 범주의 입장에서 해석하는 것은 잘못된 일이다. 오히려 이 영역에서 이뤄낸 마르크스 사유의 발전을 완전히 고찰하는 것은—마르크스주의 사상의 발전에서 발견되는 주된 공백이 처음부터 바로 이곳에 있었다는 점을 인식하면서—"자연 변증법"을 둘러싼 논쟁을 비판적으로 검토할 수 있는 토대를 제공할 것이다.[52] 이 책은 마르크스(그리고 다윈)의 생애와 연구를 중심으로 짜여 있으며, 본질적으로 두 명의 가장 위대한

19세기 유물론자들이 각각 1882년과 1883년에 사망하는 시점에서 끝을 맺는다. 그렇기 때문에 이 기간 이후의 자연 변증법 개념을 충분히 다루는 것은 현재의 분석 범위를 넘어선다. 그러나 이 기간 이후, 이 영역에서 이루어진 마르크스주의 이론의 발전과 역사적·유물론적 생태학의 고전 단계에서 발생한 비극적 운명에 대한 몇 가지 고찰이 이 책의 후기에서 제시될 것이다.

이러한 분석은 마르크스 사상의 생태학적 요소들을 강조한다. 그렇다 보니 일부의 사람들이 이것은 단지 마르크스의 저작으로 회귀하여 현재의 생태학 시각을 몰역사적으로 독해해내고 있을 뿐이라고 비판할 것임은 의심의 여지가 없다. 그러나 이러한 비판은 핵심에서 완전히 벗어난 것이다. 이 책의 의도는 마르크스를 "생태학적으로 교정"하기 위해 "마르크스를 녹색으로 만드는 것"이 아니다. 오히려 이 책의 목적은 현대 녹색이론 자체가 유물론적이고 변증법적 사유 형태들에 익숙해지지 못한 결과 나타나게 된 약점을 드러내는 것이다. 유물론적이고 변증법적 사유 형태들이 애초 자본주의 사회의 혁명적 상승기에 생태학(그리고 더욱 중요하게는, 사회·생태학)의 발견을 이끌었다. 다른 식으로 말하자면, 이 책의 목표는 마르크스의 연구에서 중심이었던(그리고 주장컨대, 이것은 다윈의 중심주제이기도 했다) 자연으로부터 인간의 소외에 대한 보다 깊이

52 바스카가 훗날 "자연 변증법" 논쟁과 마르크스 사이의 관계를 확인하려고 할 때 겪는 어려움의 전형적 사례를 잘 이야기했다. 그는 다음과 같이 쓰고 있다. "마르크스가 엥겔스의 개입에 담긴 전체적인 요점에 동의했다는 증거가 존재한다. 그러나 그의 정치경제학 비판은 자연 변증법을 전혀 전제하지도 필요로 하지도 않는다." Bhaskar, *Reclaiming Reality*, 122.

있는 비판을 복원하여 현대 녹색사상 중 상당수에서 존재하는 관념론, 유심론, 이원론을 뛰어넘는 것이다.

마르크스가 왕왕 보여준 훌륭한 생태학적 통찰들은 단지 천재의 번뜩임이 아니었다. 이 영역에서 그가 보여준 통찰들은 오히려 유물론적 자연관에 관한 깊은 철학적 이해를 매개로 하여 17세기 과학혁명 및 19세기 환경과 체계적으로 관련을 맺은 데에서 비롯된 것이었다. 따라서 마르크스는 젊은 시절부터(예를 들면, 『1844년 경제학철학 수고』(*Economic and Philosophical Manuscripts* of, 1844) 생태학적 감수성을 지닌 정교한 형식을 가지고 자연으로부터 인간의 소외를 분석했다. 도시와 농촌의 적대적 분리에 관한 관심이 이러한 사유의 중심에 놓여 있었다. 마르크스 사상 속의 이러한 주제들은 그의 후기 저작에서도 줄어들지 않았고 오히려 새로운 중요성을 지니게 되었다. 그래서 그는 죽기 전 마지막 십년 동안 민족학 저술을 남겼다. 이 저술 속에서 그는 선사시대와 고대의 공동체 형태들에 관한 문제들을 다루려고 시도했다.

이 책에서 제시된 연구가 갖는 중요성 중 상당수는, 마르크스의 재해석과 관련하여, 마르크스의 지적 발전에서 지금까지 설명되지 않았던 다양한 변칙들에 빛을 비추는 방식을 통해 나왔다. 예를 들면, 왜 마르크스는 박사학위 논문 주제를 고대 원자론자들로 잡았는가? (포이에르바하 유물론의 피상적 특징과 정치경제학의 철학 부족을 놓고 보았을 때) 헤겔에 대한 마르크스의 유물론적 비판의 뿌리는 무엇이었나? 계몽주의에 대한 마르크스의 관계는 무엇이었나? 『신성 가족』(*The Holy Family*)에서 마르크스가 베이컨, 홉스, 로크의 저작에 엄청난 경의를 표했다는 사실은 어떻게 설명될 수 있는가? 왜 마르크스는 생애 전반에 걸쳐 자연·물리과학에 관해 체계적으로 연구했나? 마르크스는 맬서스주의 이론에 대해 복합적이고 지속적인 비판을 했는데, 그 이면에는 무엇이 놓여 있는가? 프루동에 대한 마르크스의 태도가 친구에서 적으로 갑작스레 이동한 것을 어떻게 설명할 수 있는가? 왜 마르크스는 자본주의 농업의 발전을 이해하는 데 있어서 리비히가 정치경제학자들을 모두 합쳐 놓은 것보다 더 중요하다고 선언했을까? 다윈의 자연선택 이론이 "우리 견해를 위한 자연사적 토대"를 제공한다는 마르크스의 진술에 대해 어떻게 설명할 수 있을까?[53] 왜 말년의 마르크스는 『자본론』을 완성하지 않고 민족학 연구에 대부분의 시간을 바쳤는가? 이 질문들과 다른 여러 성가신 질문이 마르크스의 방대한 전집을 분석해온 사람들의 머리를 오랫동안 아프게 해왔다. 이 책은 이에 대한 대답을 제시한다. 이는 다음의 견해를 크게 강화할 것이다. 마르크스의 유물론적 자연관과 그것이 유물론적 역사관과 맺는 관계를 이해하지 못한다면, 마르크스의 저작을 온전히 이해할 수 없다. 바꾸어 말하면, 마르크스의 사회사상은 생태학적 세계관과 떼려야 뗄 수 없을 정도로 결합되어 있다.

53 Karl Marx, letter of December 19, 1860, in Karl Marx and Friedrich Engels, *Selected Correspondence, 1846-1895* (New York: International Publishers, 1936), 126.

제1장

유물론적 자연관

1837년, 청년 찰스 다윈은 5년간의 비글호 항해를 마치고 돌아왔다. 그는 "종의 변이"(transmutation for species)에 관한 한 묶음의 노트의 첫 페이지를 펴고, 파악하기 어려운 주제를 체계적으로 연구하기 시작했다. 다윈은 1838년 가을 종의 변이가 생존투쟁 과정에서 일어난 자연선택을 통해 생겨난다는 위대한 발견을 했다. 맬서스의 『인구론』(*Essay on Population*)을 읽은 지 채 1년도 되지 않는 시점이었다. 다윈은 인구(population)가 억제되지 않았을 때 기하급수적으로 성장하고, 인구와 생활수단 사이의 균형을 유지하기 위해 인구성장에 대한 자연적인 억제가 필요하다는 맬서스의 주장에서 영감을 얻었다. 그는 종들 사이의 개체수(population) 증가에 대한 억제가 "자연 경제의 틈 속으로 모든 종류의 적응 구조를" 밀어 넣는 "수십만 개의 쐐기와 같은 힘"으로 작용한다는 점을 노트에 기술했다. 다윈의 이와 같은 표현 형식은 훗날 20년 후 위대한 저작인 『자연선택을 통한 종의 기원』(*On the Origin of Species by Means of Natural*

Selection)에서 반복된다.[1] 그는 수년 후에 『자서전』에서 이 위대한 순간을 다음과 같이 회고했다.

> 1838년 10월, 다시 말해 체계적인 연구를 시작한지 15개월쯤 지난 시점에, 나는 재미로 맬서스의 『인구론』을 읽었고, 동물과 식물의 습성에 관한 오랜 관찰을 통해 도처에서 진행되고 있는 생존투쟁에 대해 감상할 준비가 잘 되어 있었기에, 즉시 이러한 환경 속에서 우호적인 변이들이 보전되는 경향이 있고 우호적이지 못한 변이는 파괴되는 경향이 있다는 사실을 깨닫게 되었다. 이것의 결과는 새로운 종의 형성일 터였다. 이를 통해 마침내 하나의 이론을 얻었다. 그러나 가급적 편견을 피하고 싶어서 한동안 그 이론에 대한 간단한 개요도 쓰지 않기로 마음먹었다. 1842년 6월, 만족스럽게 내 이론에 대한 매우 간단한 요약문을 35쪽 정도로 쓰자고 처음으로 마음먹었다. 1844년 여름 내내 이 요약문은 230쪽이나 되는 분량으로 늘어났다. 나는 이것을 깨끗하게 옮겨 베껴놓았고, 아직도 가지고 있다.[2]

다윈이 우선 1858년에 윌리스와 공동 발표를 하고 그 다음 해에 『자연선택을 통한 종의 기원』을 출판할 때까지 자신의 발견을 사실상 발표하지 않았기 때문에, 과학 연대기의 중대한 퍼즐 중 하나는 이렇게 오랫동안 발표를 지체한 이유가 무엇인가였다. 왜 다윈은 자신의 생각을 공

1 Charles Darwin, *Notebooks, 1836-1844* (Ithaca, N.Y.: Cornell University Press, 1987), 375.

2 Charles Darwin, *Autobiography* (New York: Harcourt, Brace, 1958), 120.

개하기까지 20년이나 기다리다가 나이 어린 경쟁자인 월리스가 그를 앞지를 상황이 발생하고 나서야 겨우 발표했는가?[3]

물론 다윈이 자신의 생각을 발표하는 것을 지체한 주요 원인은 그의 자연선택 이론이 주류 시각에 반하는 신성모독을 의미한다는 사실과 관련이 있다는 추측이 오랫동안 존재했다. 그러나 다윈이 느낀 신성모독의 정도에 대한 물적 증거와 이 증거에 표현된 마음속의 지적 혼란은 조금씩 세상에 알려졌다. 1896년에 부인 에마가 죽은 직후, 다윈의 노트 전집이 켄트에 있는 다윈의 집 계단 밑 벽장에서 발견되었다. 여기에는『자서전』에서 언급된 두 개의 원고가 포함되었다. 이 원고들에서—하나는 1842년으로 기록되어 있고 (훨씬 긴) 다른 하나는 1844년으로 기록되어 있다—다윈은 이론의 초기 논법을 발전시켰다. 한편 다윈이 1836년과 1844년 사이에 쓴 노트 묶음도 발견되었다. 이 묶음 속의 내용을 보면, 그는 다양한 저작들에 대한 발췌 노트를 만들었고 점차 자신의 새로운 견해를 생각해 내기 시작했다. 이것은 자기 이론에 대한 1844년 논법으로 이어졌다. 이 중에는 "종의 변이"에 관한 노트 묶음뿐 아니라 놀랍게도 (『M번과 N번 노트』로 알려진) "형이상학 연구" 분야 노트도 존재한다.

다윈이 자신을 헌신적 유물론자—특히 인간 발전과 정신 발달로 확장한다면, 다윈의 시대에는 극히 이단적인 이념이었다—로 밝힌 것도 『M번과 N번 노트』 속에서였다. 생물학자인 스티븐 제이 굴드는 다음과 같이 썼다.

---

3 스티븐 제이 굴드는 이 문제를 다음 제목의 훌륭한 소론에서 다루었다. 「Darwin's Delay」, in Gould, *Ever Since Darwin* (New York: W.W. Norton, 1977), 21-27.

노트들은 다윈이 철학에 관심이 있었으며 철학이 함축하는 바를 깨닫고 있었다는 점을 증명한다. 그는 다른 모든 진화학설과 자신의 이론을 구별시키는 주요한 특징이 타협하지 않는 철학적 유물론이라는 점을 알았다. 다른 진화론자들은 생기력, 인도(引導)받는 역사, 유기체의 항쟁, 정신의 본질적 환원불가능성 등에 대해서 말했다. 이것은 전통 기독교인이 양보하여 받아들일 수 있는 개념 갑옷(panoply)이다. 그들은 창조 대신 진화를 통해 활동하는 기독교의 신을 허용했기 때문이다. 다윈은 오직 무작위적 변이와 자연선택에 대해서만 언급했다.[4]

다윈 시대에 자연세계에 대한 지배적인 시각은, 비록 과학자와 철학자 사이에서 영향력이 줄어들었기는 하지만, 신성한 섭리 관념에 뿌리를 둔 목적론적 사고였다. 이것의 전통적 개념은 "자연의 서열"이나 "존재의 사슬" 개념이었다. 이 개념은 자연에는 인류에게로 이어지는 훌륭한 서열과 등급이 있다는 것뿐 아니라 종의 불변성—모든 종은 최초에 각각 신에 의해 창조되었다—을 가정한다. 자연에 있어서 이 서열은 본질적으로 정적(靜的)이다. 공통된 가정은 이렇다. 인간은 최저위 천사보다 그리 낮지는 않지만 사실상 서열의 중간에 존재하고, 인간이 하등한 유기체들보다 위에 있는 것처럼 고위 천사는 인간보다 훨씬 위에 있다는 것이다. 1677년에 정치경제학의 창시자인 윌리엄 페티(William Petty) 경이 철학 논고, 「피조물의 서열」(「The Scale of Creatures」)에서 다음과 같이 서술

4 같은 책, 24-25.

했다. “이러한 피조물의 서열을 고찰하는 데 중요한 방법은 신 밑에 인간보다 더 우월한 수백만의 피조물이 존재할 수 있다는 사실을 인간이 인식하도록 만드는 것이다. 그런데 인간은 대개 자신을 만물의 영장 혹은 신 다음의 존재로 여긴다.”[5]

18세기와 19세기 초에 진화 사상이 더욱 진전함에 따라서 “자연의 서열”을 “세속화”하려는 시도들이 생겨났다. 그럼에도 불구하고 대부분의 과학자나 학자는 18세기 위대한 종분류학자, 린네(Carolus Linnaeus)를 좇아, (예를 들면 농업에서 인위적 선택을 통해) 종의 “개선”이 일부 가능하더라도 일반적으로 매우 제한된 것이라고 가정했다.[6]

18세기 말이 되어서야 비로소 프랑스 해부학자 조르주 퀴비에(Georges Cuvier) 등이 종의 멸종을 결정적으로 증명하는 발견을 했고, 고생물학이란 과학 분야가 탄생했다. 이것은 오랜 세월 동안 신봉해온 자연의 서열을 약화시켰다. 그리고 19세기 초가 되어서야 비로소, 특히 찰스 라이엘(Charles Lyell)의 『지질학 원리』(*Principles of Geology,* 1830−1833)가 출간되면서, 지구 나이가 수천 년밖에 되지 않는다는 생각이 결정적으로 극복되었고—점진적 진화과정이란 생각을 착상할 수 있게 만든—지질학적 시간이라는 관념이 확고하게 확립되었다.

아직도 종교적 관점은 자연 진화의 실체를 구상하려는 대부분의 시도에 끼어들었다. 지질학에서, 시대에 대한 상당수의 사고가 격변론

5 Arthur O. Lovejoy, *The Great Chain of Being* (Cambridge, Mass.: Harvard University Press, 1964), 190에서 Petty를 인용함.

6 ‘자연의 서열’ 사고의 전 역사(18세기, 19세기 초 이것의 ‘세속화’ 경향을 포함)에 대해서는 Loren Eiseley, *Darwin' Century* (New York: Doubleday, 1958)를 볼 것.

(catastrophism)의 형태를 띠었다. 이는 창조에 대한 성경의 설명과 성장하고 있던 지질학적 형성에 대한 과학 지식의 타협이라고 볼 수 있다. 이에 따르면 지구 역사는 연속되는 격변적 융기를 특징으로 하며 이것이 구별되는 지질학적 시대를 형성한다. 이 과정 속에서 생명은 파괴되며, 연속적 창조가 발생한다. 지질학의 격변론과 밀접하게 연관되어 있는 것이 생물학의 진보론(progressionism)이었다. 생물학 내의 진보론은 자연의 서열을 세속화했고, 생명은 연속적 창조의 시대들을 통해 단순한 형태에서 더욱 복잡한 형태 순으로 발생하여 결국 "인간"이 생겨났다고 주장했다. 이와 같은 입장은 진화론의 "변형을 동반한 유전"(descent with modification)과는 다르게 계통발생적 계승을 포함하지 않으며, 오히려 모든 단계에서 일어난 신성에 의한 창조—신의 정신을 통해서만 연관을 맺고 있는 연속적 창조(successive creations)—에 기대고 있다.[7]

과학 발전과 함께 자연의 서열에 관한 전통적 관점과 성경에 뿌리를 둔 기독교적 종교관은 다소 약화되었으나 자연신학 전통이 등장했다. 이것은 "기독교에 대한 공격과 방어를 모두 수행하는 데" 이용되었다.[8] 영국 과학혁명의 지도적 인사들인 로버트 보일(Robert Boyle)과 아이작 뉴턴(Isaac Newton), 존 레이(John Ray) 등이 자신의 관점에 자연신학을 결합시켰다. 이런 입장에 따르면, 신의 실재와 세계에 대한 목적론의 이해는 성경이 아닌, 자연을 지배하는 섭리라는 신성한 법칙을 확인하는 것에서 비롯된다. 이것은 (특히 생물학 영역에서) 신의 직접적 창조행위들과 관련되

7 같은 책, 66-69, 88-89, 94, 353.

8 John Hedley Brooke, *Science and Religion* (New York: Cambridge University Press, 1991), 193-94.

어 있었다. 자연신학이 과학과 함께 성장했지만 유물론에는 반대했다는 사실이 바로 자연신학에 생명력을 주는 요인이었다.

생명과학이 여전히 종교에서 파생된 목적론 개념의 지배를 받고 있었다는 이러한 복잡한 사정 속에서 다윈은 이론을 발전시키고 있었다. 이러한 투쟁 속에서 다윈은 그 이전시기에 성장한 천문학, 물리학, 화학, 심리학, 그리고 계몽사상 일반의 유물론 사고로부터 도움을 받았다. 영국에서, 유물론은 토머스 홉스(Thomas Hobbes, 1588–1679)로까지 거슬러 올라가며, 종교(특히 이신론(理神論)적 종교 해석)와 양립할 수 있는 것으로 비춰졌다. 그럼에도 불구하고 과학과 사회 전반에서 이루어진 유물론의 성장은 주류 교회를 위협하는 일로 받아들여졌다.

18세기까지, 이단적 유물론은 종종 혁명적인 범신론적 자연주의나 영국 혁명 시기 급진적 민중운동(수평파, 디거파, 머글턴파 등)을 특징짓는 유물론, 그리고 훗날 프랑스의 급진 계몽사상(홀바흐 남작 등의 저작)에서 분명해지는 유물론과 연결되었다. 18세기 잉글랜드에서 앵글족 휘그당의 과두제를 지배하던 "뉴턴의 종합"이라는 기계론 철학은 어느 정도 이전의 종교관(스콜라적 혹은 아리스토텔레스적 우주관)과 단절을 했다. 그렇지만 기계론 철학은 영국 혁명의 보다 급진적 유물론적이고 범신론적 관점에 저항했다. 뉴턴의 세계관은 자연이 신성한 섭리에 의해 결정되는 외적, 기계적 법칙의 지배를 받는다고 보았다. 이와 반대로 철저한 유물론자들은 자연 외부에서 설명을 찾을 필요를 느끼지 않는 사람들이었다. 더욱이 보다 온건한 계몽사상가는 (영혼으로서) 정신과 육체 사이의 구분을 고수하려고 했다. 그 결과 일반적으로 정신을 순수한 기계론적이고 유물론적 설명으로 환원하려는 시도는 모두 이단적 유물론 및 무신론 관점으로 취급되었다.[9]

다소 한계가 있지만 그럼에도 위협적인 유물론이 데이비드 하틀리(David Hartley, 1705−1757)의 생리학적 심리학에서 두드러진 역할을 했다. 하틀리는 『인간에 대한 관찰』(*Observations on Man*, 1749)에서 (비록 "영혼의 비(非)물질성"을 단언했지만) 지식에 대한 유물론적 접근을 수용했다. 위대한 화학자이자 물리학자인 조셉 프리스틀리(Joseph Priestley, 1733 1804)는 하틀리의 영향을 받아 더욱 명확한 유물론적 입장을 취했다. 이것은 그의 『유물론 학설에 대한 자유로운 논의』(*A Free Discussion of the Doctrine of Materialism*, 1778)와 같은 책에서 전개되었다. 프리스틀리의 관점은 대부분 로크가 『인간 오성론』(*Essay Concerning Human Understanding*, 1690)에서 실험적으로 제시한 주장과 일맥상통한다. 이에 따르면, 사유가−영혼의 순수한 비(非)물질적 표출이라기보다는−단순히 "물질에 보태도록" 선택된 신의 속성일 수 있다.[10] 프리스틀리에게, 심리학은 신경계의 생리학이었다. 비록 프리스틀리의 인간관이 전반적으로 기계론적이고 결정론적일지라도, 그는 이런 설명을 신의 창조성에 대한 찬사라며 옹호했고 종교를 공격했던 홀바흐와 같은 보다 철저한 프랑스 유물론자들을 비판했다. 이러한 측면에서 프리스틀리는 17세기부터 19세기 초에 이르기까지 영국의 과학과 신학을 상당수 지배했던 자연신학 전통을 대변했다. 이에 따르면, 신성한 섭리가 공리주의 주장들에서 살펴 볼 수 있는 것처럼 자연의

9 Margaret C. Jacob, *The Radical Enlightment: Pantheists, Freemasons and Republican* (Boston: George Allen & Unwin, 1981)과 *Scientific Culture and the Making of the Industrial West* (New York: Oxford University Press, 1997)를 볼 것.

10 John Locke, *All Essay Concerning Human Understanding* (New York: Dover, 1959), vol. 2, 193.

법칙들 속에서 발견될 수 있다는 것이다. 그러므로 자체의 법칙들에 따라 운행하는 물질적 우주의 인식이란 방향으로 크게 옮겨갔으면서도 여전히 신의 존재에 대한 "증거"를 찾는 것이 가능했다.[11]

다윈의 할아버지인 에라스무스 다윈(Erasmus Darwin, 1731—1802) 역시 유물론적 관점을 수용했고, 하틀러의 영향도 받았다. 초창기 진화론자였던 에라스무스 다윈은 모든 생명이 신이 창조했던 한 가닥의 생명으로부터 내려온 것이라는 생각을 발전시켰다.[12]

프랑스의 유물론은 라메트리(Julian Offray de la Mettrie, 1709—1751), 티에리(Paul Henri Thiery), 홀바흐 남작(1723—1789), 디드로(Denis Diderot, 1713—1784) 등의 책에서 더욱 급진적 형태를 띠었다. 라메트리는 모든 것을 물질과 운동으로 설명할 수 있다는 기계론적 유물론을 발전시켰다. 그는 정신은 단지 두뇌의 기능일 뿐이며 이러한 점에서 다른 신체 기능과 별반 차이가 없다고 생각했다. 그리고 다른 동물과 심지어 식물이 그러하듯이, 인간도 본질적으로 기계라는 것이다.

홀바흐는 주로 『자연의 체계』(*The System of Nature*, 1770)로 잘 알려져 있다. 그는 자연은 단순히 물질과 운동이며 운동이 저항력과 인력, 반발력 같은 요소로 구성되었다는 생각을 적용해서, 영혼은 실제 두뇌에 다

11 Charles Coulston Gillispie, *Genesis and Geology* (Cambridge, Mass.: Harvard University Press, 1996), 33-35.

12 Abraham Wolf, *A History of Science, Technology and Philosophy in the 18th Century*, second edition revised by Douglas McKie (New York: Harper & Brothers, 1952), 784-87; John W. Yolton, *Thinking Matter: Materialism in Eighteenth-Century Britain* (Minneapolis: University of Minnesota Press, 1983), xi, 14, 107-25.

름 아니라고 주장했다. 그러나 그의 유물론 철학은 자연을 종교 측면에서 설명하려는 모든 시도들을 공격하면서, 정치적으로 보다 중요한 형태를 띠었다. 홀바흐가 생각하기에, 자연 속에서 신을 찾아내려는 것은 불필요한 중복행위이다. 자연은 그 자체로 설명될 수 있기 때문이다. 그의 주장에 따르면, 영혼불멸의 학설은 인간이 현재의 조건들과 자신들만의 자유와 필연에 따르는 세계를 만들어내야 하는 필요성에 관심을 갖지 않게 만든다. 그는 "도덕성과 정치가 똑같이 **유물론**에서 도출될 수 있으며, 이것은 영혼성의 도그마는 절대 제공할 수 없는 이점이다. 심지어 이것은 그중에서도 관념을 배제한다. 형이상학에 경도된 관점으로 인간을 바라볼 것을 완고하게 주장하는 사람들에게 인간은 신비로운 존재로 남게 될 것이다."[13] 홀바흐에 따르면 신학은 자연을 둘로 분리했다. 하나는 신이라고 불리는 자연에 선행하여 존재하는 **자연력**이고, 다른 하나는 아무런 힘도 없어 자력으로 움직일 수 없는 자연이다.

『백과사전』(*Encyclopédie*)의 편집자인 디드로는 홀바흐의 영향을 받았으며, 그와 유사한 유물론을 수용했다. 그러나 그는 또한 고대 그리스의 철학자인 데모크리토스와 에피쿠로스로까지 확장되는 철학 상의 유물론 역사를 끌고 왔다. 디드로에게 궁극적인 실체는 운동과 감각이 모두 부여된 원자이다. 영혼은 단지 원자의 일정한 조합들 속에서 현시된다. 자연은 자연 자체 내에서 완전하며 종교적 속성을 지닌 목적론의 원리를 필요치 않는다. 개별 대상들은 원자의 특수한 조합들이란 형태로 존

13 Paul Henry Thiery, Baron d'Holbach, *The System of Nature* (New York: Garland Publishing, 1984), vol. 1, 138.

재하게 되며, 그 후 끊임없는 순환과정 속에서 사라지게 된다.[14]

그러므로 18세기와 19세기 초의 유물론은 두 가지 상호 관련된 형태를 띠었던 것으로 볼 수 있다. 하나는 기계적인 측면에서 유물론을 강조하는 것이다(자연보다 위에 존재하며 자연을 초월하는 신성한 정신이란 관념과 보다 쉽게 결합되며, 따라서 온건한 이신론(理神論)이라 할 수 있다). 다른 하나는 유기적 상호작용(감각 경험)에 보다 초점을 맞추는 접근법이다. 이것은 때때로 보편적인 생기론으로 이어졌고 자주 범신론적 성격을 지녔다. 후자는 자연주의, 생기론, 범신론으로 생각되었고, 흔히 단순한 기계론으로 해석되었던 유물론과 분리되었다. 그러나 이러한 이론들을 포괄적으로 유물론이라고 명명하는 이유는 그것들이 (크든 작든) 공통적으로 자연 속의 신성한 원리들을 거부했기 때문이다. 범신론적 유물론 해석의 고전적인 예는 위대한 프랑스 생물학자인 르클레르 뷔퐁(Georges-Louis Leclerc, Comte de Buffon, 1707-1788)에서 찾아볼 수 있다. 그는 자연의 모든 것이 "유기 분자"로 구성되어 있다고 보았다. 자연 전체는 거대한 기계가 아니라 초월적 신에 의지하지 않고도 자체적으로 설명될 수 있는 거대한 유기체가 되었다.[15]

이 사상가들은 모두—생각의 차이에도 불구하고—다음의 급진적인 경향을 공유했다. 그들은 실재와 인간 정신조차 물리적으로 이해할 수 있는 자연에 종속되어 있는 것으로 보았고, 그들을 둘러싼 세계를 이해하는 데 있어서 신성한 인도(引導)나 목적론적 원리라는 관념들에 대한 의존으로부터 벗어나려고 했다. 비록 그 의도가 때때로 자연이나 신

---

14 Wolf, *A History of Science*, 787-91.

15 같은 책, 791-93.

성한 섭리에 의해 수립된 외적 법칙들에서 신성을 배제하는 정도에 불과했지만 말이다. 일반적으로 뉴턴과 결부된 기계론 철학과 보다 철저한 유물론은 모두 신성의 영향력이 지각되는 장소를 정하는 문제를 제기했다. 종교와 과학 간 관계의 복잡한 속성은 어떤 면에서 고대 에피쿠로스 철학과 유사하다. 에피쿠로스의 유물론 철학이 원자의 배열이 지배하는 우주를 말했음에도 불구하고, 에피쿠로스는 결국 신에게—비록 세계들 사이의 공간일지라도—공간을 제공하기로 결심했기 때문이다.

역설적으로 17세기, 18세기, 19세기 초 영국의 지적 문화에서 과학과 유물론, 공리주의의 성장이 지배적이었을 뿐 아니라 신학 내에서 자연신학으로의 이동 역시 지배적이었다. 자연신학에 따르면, 물질세계를 지배한다고 가정되는 자연 법칙들과 공리주의 원리들 속에서 신성한 섭리가 발견된다는 것이다. 이로부터 자연과 "방편"(expediency) 속에서 목적론적 원리들을(따라서 신의 존재 증명을) 밝혀내려는 목적을 지닌 과학적 혹은 공리주의적 신학을 구성하려는 시도가 존재했다. 부주교 윌리엄 페일리(William Paley, 1743–1805)가 이러한 시도의 정점에 서있었다. 그의 책 『자연신학』(*Natural Theology*, 1802)과 다른 저작들은 케임브리지 대학 시절 다윈의 연구과정에서 중요한 한 부분을 이루고 있었다. 페일리에 따르면, "**설계**의 흔적들은 너무 강해서 지나칠 수 없다. 설계에는 설계자가 있어야 한다. 그 설계자가 사람이었음에 틀림없다. 그 사람이 신이다."[16] 그럼에도 불구하고 이 모든 것은 신학의 관점이 방어적임을 의미했다. 신학의 관점이 신성한 계시보다 주로 (자연과 과학에서 드러나는) 신

16 William Paley, *Natural Theology* (London: R. Faulder, 1803), 473.

의 활동을 통해 신의 존재를 증명하는 길을 추구했기 때문이다. 지고의 신은 더욱 더 배경으로 물러났다. 페일리의 입장에 따르면, 신은 세계의 궁극적 설계자이지만 자연을 너무 잘 만들어놓아서, 어떤 의미에서 자연은 자체 운영되고 있었다. 과학과 유물론이 발전함에 따라, 각각의 단계에서 세계에 대한 신학적 이해와 유물론을 종합하려는 시도들이 존재했다. 그러나 과학 및 자연의 영역과 대립되는 신성한 섭리의 직접적 영향을 받는 영역은 약화되고 있었고, 이에 따라 기독교 신학과 이것과 연결된 특권체계는 끊임없는 위기를 겪게 되었다.

신학적 학설들이 이 기간 내내 보여주었던 탄력성에도 불구하고, 의심의 여지없이 철저한 유물론의 성장은 주류 질서를 위협하는 존재로 받아들여졌다. 유물론은 성장과정의 모든 단계마다 주류 질서에 저항했다. 우주에 대한 코페르니쿠스의 가르침을 발전시키는 데 일조한 이탈리아의 유물론자, 지오다노 브루노(Giordano Bruno, 1548−1600)는 가톨릭 교회에 의해 화형을 당했다. 코페르니쿠스를 추종해서가 아니라 반(反)신학적 의미를 지닌 에피쿠로스 철학을 고수했기 때문이었다. 비록 브루노는 수많은 이단행위로 고발당했지만, 그 중 가장 심각한 이단 행위는 (루크레티우스를 경유한) 우주의 무한한 속성에 대한 에피쿠로스의 주장을 수용한 점이었다. 과학사가인 토머스 쿤(Thomas Kuhn)에 따르면, 과학에 대한 "브루노의 중요한 기여"는 코페르니쿠스주의와 에피쿠로스의 원자론 사이에 존재하는 "친화성"을 인식하고 정교화한 것이다. 이러한 친화성이 일단 인식되면, 원자론이 17세기 동안 유한한 코페르니쿠스적 우주를 무한하고 붐비는 우주로 변형시킨 여러 지적 흐름 중에서 가장 효과적이고 광범위한 영향을 끼친 흐름임을 알 수 있다. 여러 "신학적 이단행위들"에 대해 비난을 받았던 브루노가 "과학의 순교자"로 응당 간주될 수 있는지 의문이 종종 제기되었다. 그러나 이단행위들 중에 그가 무한한 우주라는 에피쿠로스적 사고를 고수한 것이 포함된다는 사실을 두고 보면, 이러한 의심을 할 여지는 거의 없다. 다윈은 브루노의 운명을 잘 알고 있었다.[17]

19세기에 들어서도 유럽 대부분 나라들에서 국가와 교회는 밀접한 관계를 가졌다. 이것은—개별 과학 탐구자를 향해 퍼부어진—무신론과 유물론이라는 고발이 매우 심각한 공격이었음을 의미했다. 서전스 왕립대학의 강사인 윌리엄 로렌스(William Lawrence)는 1819년에 『생리학, 동물학, 인간의 자연사에 대한 강의』(*Lectures on Physiology, Zoology, and the Natural History of Man*)를 출판했다. 이 책에서 그는 유물론적 견해를 제출했다. 이 책은 엄청난 공개적 격분을 불러일으켰고, 결국 로렌스는 이 책을 회수했다. 3년 후 한 출판업자가 해적판을 내놓았을 때, 로렌스는 이 출판업자를 고소했다. 법원은 로렌스의 책이 너무 선동적이고 부도덕하여 저자는 책에 대한 재산권을 보유하지 못한다는 판결을 내렸다. 이것이 의미하는 바는, 17세기로 거슬러 올라가는 기이한 영국 법에 따라 출판업

17 Howard E. Gruber, *Darwin on Man* (Chicago: University of Chicago Press, 1981), 37; John Hedley Brooke, *Science and Religion: Some Historical Perspectives* (New York: Cambridge University Press, 1991), 74-75; Thomas S. Kuhn, *The Copernican Revolution* (Cambridge, Mass.: Harvard University Press, 1985), 199, 235-37. 쿤은 브루노가 코페르니쿠스주의와 에피쿠로스 원자론 사의의 '친화성'을 발견한 것이 그가 과학에 끼친 가장 큰 기여라고 강조한다. 그러나 쿤은 에피쿠로스주의의 이단성(그 당시 기독교 교회는 에피쿠로스주의를 종교에 대한 가장 큰 이단으로 보았다)이 그에 대한 교회의 핵심 고발 내용이었음을 그다지 깨닫지 못한 것으로 보인다. 따라서 쿤은 브루노가 실제로 신비주의가 아닌 "과학의 순교자"였는지 질문했던 것이다. 이 부분에서 브룩의 논법이 중요하다.

자가 저자에게 인세를 지불하지 않고 해적판을 출판할 수 있는 합법적인 권리를 가지게 되었다는 점이다.

당대 세련된 생물학 사상가인 로렌스는 살아 있는 유기체가 생명이 없는 자연에 귀속되는 자연 법칙들보다 더 상위의 자연 법칙들의 적용을 받는다고 주장했다. 그러나 그는 물질과 신체기관의 조직 원리를 뛰어넘는 "생기 원리"를 부정했으며, 따라서 두뇌와 무관한 정신적 속성의 존재를 모두 부정했다. 영국 주류의 입장에서 보기에, 이것은 너무 과도한 것이었다. 토리당의 『계간 비평』(*Quarterly Review*)은 "대영제국 수도에서 로렌스 씨가 공적 권위를 가지고 진행한 강의에서 밝힌 공개적 언명인, 유물론 학설"에 대해 혹평했고, 거슬리는 문구들을 책에서 삭제할 것을 요구했다. 이에 따라 로렌스는 책을 회수했으며 강사 자리에서도 물러나야만 했다.[18]

찰스 다윈은 노트에 변이에 관한 글을 쓰고 있었을 당시 자신의 유물론적 관점들과 내적 투쟁을 하고 있었다. 그는 로렌스에게 일어났던 일에 대해 잘 알고 있었다. 다윈은 로렌스의 책 한 권을 소유하고 있었다. 그는 이 책 여백에 글을 몇 자 적어두었다. 그리고 그는 변이에 대한 노트와 훗날 『인간의 유래』(*The Descent of Man*)에서 로렌스의 저서를 언급했다. 로렌스에 대한 박해가 있은 지 몇 년이 지난 후, 젊은 찰스 다윈은 유물론 견해를 억압하는 유사한 경우를 목도했다. 1827년에 다윈은 플리니우스 협회 — 에든버러 대학교의 학생들이 공식적으로 자연사 논문들을 독서하기 위해 만든 조직 — 의 모임에 참석했다. 이 모임에서 동

18 Gruber, *Darwin on Man*, 204–5.

료 학생인 윌리엄 브라운(William Browne)은 생명이 단지 신체가 조직되는 방식의 산물일 뿐이며 "인간의 감각과 의식에 관한 한 정신도 물질이다"라고 제안하는 논문을 발표했다. 이 논문은 많은 논쟁을 불러일으켰고 브라운의 소견은 협회의 회의록에서 삭제되었다. 그리고 브라운은 그 후 철학적 주제로 연구를 한정했다.[19]

두뇌가 모든 정신 능력을 발생시키는 기관이라는 견해는 18세기 말 프란츠 요제프 갈(Franz Joseph Gall)의 연구를 통해 강력한 지지를 받았다. 갈은 오늘날에는 오랜 불신을 받고 있는 골상학이란 "과학"과 관련이 있다. 그는 1802년에 했던 강의들이 종교를 위협한다는 이유로 비엔나에서 추방당하게 된다. 이 골상학 때문이 아니라 그가 신체와 정신 간의 관계에 대한 유물론적 해석을 개척하는 주장을 했기 때문이었다. 1807년에 갈은 파리로 이민을 갔는데, 이곳에서 그의 책들은 금서목록에 올랐다. 그는 사후 종교적 매장을 거부당했다.[20]

다윈은 형이상학 노트에서 본성 상 명료한 유물론의 입장을 취했다. 그의 『노트』 편집자에 따르면, "다윈은 열정적으로 유물론을 포용했고 연상심리학 언어를 사용하여 사유가 감각에서 비롯되었다고 주장했다." 또한 다윈은 『노트』의 한 귀퉁이에 이렇게 스스로 자문했다. "신비한 의식이 첨가된 유기체 외에 지성은 무엇이겠는가?" 또 그는 C번 노트에서 다음과 같이 기술했다. "사유(더 적절하게 말하자면 욕망)는 유전적인 것이다—이것을 유전된 두뇌 구조가 아닌 그 어떤 것으로 상상하기란 어렵

19 Janet Browne, *Charles Darwin: Voyaging* (Princeton, N.J.: Princeton University Press, 1995), 72-78.

20 Gruber, *Darwin on Man*, 204.

다. …… 오 그대 유물론자여!"[21]

종의 변이에 관한 다윈의 신생 이론의 핵심에는 이렇게 발전 중인 유물론 관점이 놓여 있었다. 다윈은 "플라톤은 『파이돈』(*Phaedo*)에서 우리들의 '필연적인 이데아들'이 경험에서 나오는 것이 아니라 영혼의 선재에 기인한다고 말했다—선재를 알려면 원숭이를 연구해라"라고 기술했다.[22] 다윈은 목적인에 근거한 자연과 관련된 주장은 모두 "불임으로, 신에게 봉헌된 처녀처럼 아무 것도 생산하지 않는다"고 말한 『학문의 존엄과 진보에 대하여』(*Of the Dignity and Advancement of Leaning*)에서의 베이컨의 주장에 동의했다. 맬서스가 신성한 섭리에 입각하여 목적인의 견지에서 주장을 개진했다는 점을 관찰한 후, 다윈은 『노트』에 자신의 유물론이 이 지점에서 그로 하여금 맬서스를 따르지 못하도록 했다고 기술했다. "목적인을 이야기하는 것은 나에게는 이례적인 일인가! 이것을 생각해보라!—이 불임 처녀를 생각해 보라!"[23]

다윈은 자신의 관점이 이단적 속성을 지녔다는 점을 날카롭고 고통스럽게 깨닫고 있었다. 그는 유물론이 필연적으로 무신론으로 이끄는지를 가지고 갈등했다. 그는 그렇지 않다고 주장했다.[24] 다윈 시대의 유물

21 Sandra Herbert and Paul H. Barrett, 「Introduction to Notebook M」, in Darwin, *Notebooks, 1836–1844*, 519; Darwin, *Notebooks, 1836-1844*, 291, 638.

22 Darwin, *Notebooks, 1836–1844*, 551.

23 Francis Bacon, *Philosophical Works* (New York: Freeport, 1905), 473; Darwin, *Notebooks, 1836–1844*, 637. 다윈은 베이컨의 진술을 논평한 자연신학자 윌리엄 휴얼의 『브리지워터 논고』에 어느 정도 반응했다. William Whewell, *Astronomy and General Physics Considered with Reference to Natural Theology* (London: William Pickering, 1834), 355–56.

24 Darwin, *Notebooks, 1836–1844*, 614.

론은 대중의 마음속에서 대개 무신론뿐 아니라 혁명적 프랑스의 이데올로기와 결부되어 있었다. 급진 자유사상가들을 표적으로 삼는 신성모독과 선동 행위에 관한 법이 존재했다. 1837년과 1842년 사이에 발간된 신문들은 차티스트, 오언주의자 등등, 사회개혁의 대의 속에서 유물론을 받아들인 사람들의 악명 높은 활동들로 넘쳐났다. 그리고 진화론을 수용하고 있던 사람들 중에는 런던에 몰려 있던 급진 유물론자들이 있었고, 이 중에서도 특히 의학계가 많았다. 그러나 그들의 관점은 극단적인 반(反)교회와 반(反)국가적 성격을 띠었기 때문에 다윈에게는 파문이나 다름없었다.[25] 다윈은 자신의 주장이 존경받는 집단들 내에서 배척받지 않기를 갈구하면서, 유물론을 명백하게 공언하지 않는 전략을 택했다. 그는 "내가 얼마나 깊이 유물론을 신봉하고 있는지 말하는 것을 피하기 위해, 오직 아이들의 지능이 부모를 닮는 것처럼 유전되는 감정, 본능, 일정 정도의 재능도 마찬가지라고만 말했다"[26]라고 썼다.

다윈은 자신이 빠져있는 신성모독이 훨씬 더 이단적이라는 점을 깨달았다. 이는 종교의 목적론뿐 아니라 인간중심주의적 관점을 끌어내렸기 때문이다. 인간중심주의에 따르면, 자연의 서열이란 관점에서 신은 "인간"을 위해 세계를 창조했다고 알려져 있었고, 정신은 물질과 뚜렷이 구별되는 것이라고 생각되었다. 다윈의 관점은 한편으로, 인간 종의 기원

25 James R. Moore, 「Darwin of Down」, in David Kohn, ed., *The Darwinian Heritage* (Princeton, N.J.: Princeton University Press, 1985), 452; Adrian Desmond, *The Politics of Evolution: Morphology, Medicine and Reform in Radical London* (Chicago: University of Chicago Press, 1989), 412–14.

26 Darwin, *Notebooks, 1836–1844*, 532–33.

을 다른 "저등한" 종들의 혈통에서 찾음으로써 인간 종의 중요성을 격하시키는 경향이 있었다. 원숭이와 유인원—지금까지 자연의 서열에서 인간보다는 조금 낮은 위치에 있지만 개별적 창조에 따라 인간과 엄청나게 구별되는 존재로 취급해왔다—은 이제 거리가 매우 멀지라도 공통의 조상을 공유하는 것으로 볼 수 있게 되었다. 다윈의 관점은 다른 한편으로, 인류와의 관계에서 다른 종들의 중요성을 격상시키는 경향이 있었다. 그의 시각에서 볼 때, 동물 역시 제한된 방식이지만 지능을 갖고 있었기 때문이다.

이러한 유물론적 이단에 대해 빅토리아 시대의 감성이 어떤 반응을 보일지 전혀 환상을 갖고 있지 않았기 때문에, 다윈은 자신의 『노트』에서 숙고하고 또 숙고했다. 그는 전통적인 자연의 서열 사고에 분명히 도전했지만, "만약 모든 인간이 죽는다면, 원숭이가 인간을 만든다—인간이 천사를 만든다"는 식으로 어떤 수수께끼를 풀듯 이 문제를 적어도 여섯 번 정도 반복했다.[27] 이 진술은 두 부분으로 나눠 살펴봐야 한다(그리고 이 진술은 사실상 전통적인 자연의 서열 관념에 대한 이중적 비판으로 이루어졌다). 다윈이 『노트』에서 시사하는 바는, 만약 인간이 완전히 사라진다면, 지성을 지닌 사람과(科)의 소멸로 생겨난 생태학적 지위를 차지하기 위해 다른 종들, 예를 들면 원숭이가 진화할 것이라는 점이다. 하지만 다윈은 그 결과 생겨난 종은 우리가 알고 있는 "인간"이 아닐 것이라는 점을 분명히 했다. 그러나 인간이 진화하고 있고 다른 종으로 진화할 수 있다는 점 역시 사실이다. 다윈은 인간이 창조의 서열 중 중간쯤에 해당

27 같은 책, 213.

된다는 전통적인 자연의 서열 사고를 가지고 놀면서, "인간이 천사를 만든다"라고 기술했다. 이는 인간이 더 고차원적 존재로 진화할 수 있음을 시사한다(물론 다윈의 비(非)종교적 관점을 볼 때, 문자 그대로의 "천사"가 아니다). 이러한 방식으로, 다윈은 자신의 견해가 갖는 함의와 이에 대한 빅토리아 사회의 예상되는 반응 사이에서 고투했다. 인간은 우연한 진화의 산물이다. 일단 빈자리가 생기면 다른 사람과(科)가 인간이 점하는 공간을 차지하기 위해 진화할 것이다. 인간은 다른 모든 종들처럼 고정된 종이 아니며 계속 진화 과정의 지배를 받아 왔다.

나중에 출간된 종의 변이에 관한 저작들에서, 다윈은 문제가 되는 쟁점을 분산시키고 보다 위험한 쟁점들은 뒤로 미뤄두는 방식으로 상당수의 비판을 피하고자 했다. 그러므로 인간의 진화라는 문제는 1859년에 출판된『종의 기원』에서 거의 완전히 빠졌으며, 훗날 — 일부 논쟁이 사그라들어 — 『인간의 유래』(1871)가 나올 때까지 다루지 않았다. 한편 인간과 동물 사이의 정신과 감정의 연속성 문제는『인간과 동물의 감정표현』(*Expression of the Emotions in Man and Animals,* 1872)에서 — 유물론적으로 — 다뤄진다. 이 후자의 저작은 어찌 보면 다윈의 가장 급진적인 저작이었다. 이 책이 "금수"(禽獸)라는 전통적 인간중심주의 해석을 문자 그대로 전멸시켰기 때문이었다. 모든 짐승은 — 지구와 그 안의 모든 피조물들은 신이 "인간"을 위해 창조한 것이라는 가상 때문뿐 아니라 — 지능의 결여 때문에 인간과는 분리된 존재라고 생각되었다. 이와 반대로 다윈의 관점에 따르면, 모든 살아 있는 생명은 공통된 물질적 관계와 진화 법칙들에 의해 결합되어 있었다. 저명한 다윈주의 학자, 존 듀란트(John Durant)에 따르자면, "다윈은 자연과 인간 본성에 관한 관점을 정교화시켰으며, 이것은 새로운 생명 형태들과 정신의 발생 과정에서 끊임없이 활동하는 세계에 대한 더 큰 시야 속에서 이루어졌다. 이것이 유물론이었으며, 다윈은 이를 알았다. 그러나 유물론은 인간을 자연화하는 것만큼이나 진정 자연을 인간화하는 자연주의였다.[28]

유물론과 초창기 마르크스

1839년에서 1844년까지의 기간 동안, 영국에서 다윈이 진화와 유물론에 대한 관점과 씨름하고 있었던 사이, 다윈보다 다섯 살 젊은 한 독일 학자가—19세기 사상가로서 그의 명성은 결국에 가서 다윈과 쌍벽을 이뤘다—본질적으로 신학적인 독일 관념론 철학의 전망에서 벗어나기 위해 완전히 다른 방식으로 유물론과 씨름하고 있었다. 베를린에서 학생이던 칼 마르크스는 얼마간 게오르그 빌헬름 프리드리히 헤겔(1770—1831)의 관념론 철학체계의 마력 아래 마지못해 머물렀다. 헤겔의 철학은 당시 독일 철학을 지배하고 있었고, 역사 속에서 정신(혹은 의식)의 발전을 설명하고자 했다. 마르크스가 처음으로 쓴 온전한 책은 박사학위 논문인 『데모크리토스와 에피쿠로스 자연철학의 차이』(*Difference Between the Democritean and the Epicurean Philosophy of Nature,* 1840년과 1841년 사이에 쓰임)였다. 이 논문은 비록 본질적으로 좌파 헤겔주의 관점에서 출발했지만, 이미 사변철학(관념론)과 유물론 사이의 충돌을 제기함으로써 이

28 John R. Durant, 「The Ascent of Nature in Darwin's Descent of Man」, in Kohn, ed., *The Darwinian Heritage*, 301.

관점을 극복하기 시작했다.[29]

마르크스의 박사학위 논문에 대한 논의는 대부분 마르크스와 청년 헤겔학파 일반이 고대 헬레니즘 철학(스토아주의, 에피쿠로스주의, 회의주의)에 심취했다고 주장했다. 이는 헬레니즘 철학이 아리스토텔레스의 종합 철학을 추종했기 때문이라는 단순한 이유에서였다. 이것은 헤겔의 종합 철학을 추종한 청년 헤겔학파의 입장을 예견하는 것처럼 보였다. 따라서 다음과 같이 믿을 수밖에 없었다. 즉 마르크스는 에피쿠로스 철학의 내용에 끌렸다기보다는 그것이 일종의 당대에 상응하는 "정신"을 반영한다는 사실에 끌렸다는 것이다. 그가 박사학위 논문을 집필하고 있을 당시 헤겔의 세계관에 완전히 갇혀 있었다는 가정이 이러한 생각과 밀접하게 연관되어 있다. 그러므로 마르크스의 박사학위 논문은 자기의식에 대한 에피쿠로스 변증법의 윤곽을 (헤겔의 용어로) 그려내려는 시도로 간주되었고, 에피쿠로스주의가 계몽주의 그리고 특히 영국과 프랑스의 유물론과 맺은 전반적 관계는 논문의 주제와 아무런 관계가 없는 것으로—혹은 그의 의도를 완전히 뛰어넘는 것으로—무시되었다.[30]

29 마르크스의 박사학위 논문은 온전치 못한 형태로 남아 있다. 가장 중요한 결함은 논문 1부의 최종 두 장(4장과 5장)이 분실되었다는 것이다. 우리는 분실 사실을 목차에 있는 「데모크리토스와 에피쿠로스 자연철학 사이의 일반적 원리상의 차이」와 「결론」이란 제목을 통해 알 수 있다. (그래도 4장에 대한 노트가 남아 있다.) 이에 더해, 「에피쿠로스의 신학에 대한 플루타르코스의 논쟁에 대한 비판」이란 제목이 붙은 단편 외에는 논문 부록이 모두 분실되었다. (이 부분에서도 부록에 대한 노트가 남아 있다.)

30 전통적 해석에 대해서는 H. P. Adams, *Karl Marx in His Earlier Writings* (London: George Allen & Unwin, 1940), 27-41와 David McLellan, *Marx Before Marxism* (New York: Harper & Row, 1970), 52-68을 볼 것. 맥렐란의 해석은 마르크스의 박

마르크스의 박사학위 논문 자체가 고대의 계몽주의 인물로 에피쿠로스를 확고하게 강조했다는 점—헤겔 역시 이 지점을 강조했으나 그렇게 적극적이지는 않았다—에서 이러한 무시는 놀랄 만한 일이다. 더욱이 마르크스는 후속 저술들에서 에피쿠로스가 유물론의 관점을 발전시킨 17, 18세기 사상가들의 중심에 있다는 점을 주장했다. 그러므로 이 학위 논문이 쓰였던 당시의 더 폭넓은 지적 분위기—헤겔주의 정도는 뛰어넘는 것이었다—를 고려했을 때, 마르크스의 박사학위 논문에 대한 통속적 해석은 더욱 더 신뢰하기가 어렵다.[31] 여기서 헤겔의 체계와 마르크스 사이의 관계가 애초부터 양면성을 갖고 있었다는 점을 상기하는

사학위 논문이 헤겔의 관점을 전혀 넘어서지 못했다고 보았고, 그보다 앞서 나온 마르크스의 "헤겔주의로의 전향"이란 맥렐란의 주장—마르크스를 단순한 "전향자"로 치부함으로써 (박사학위 논문 자체에서 드러나듯이) 마르크스가 벌인 지적 투쟁을 명백히 저평가하는 해석—을 확증했다. *Marx Before Marxism*, 46-52. 여기서 맥렐란의 해석은 프란츠 메링의 해석과 여러 가지로 유사하다. 메링은 고전이 된 그의 마르크스 전기에서 마르크스의 박사학위 논문이 "헤겔 철학의 관념론적 토대를 완벽하게" 유지했다고 주장했다. 이것에 대한 메링의 유일한 증거는 마르크스가 데모크리토스의 기계론적 유물론을 거부했고, 그 대신 자유 활동에 대해 더 큰 강조를 하는 에피쿠로스의 유물론적 모델을 선호했다는 점이다. 그러나 후기 저술들에서도 지속되는 마르크스의 에피쿠로스 찬양은 그가 헤겔주의 관념론자임을 입증하기는커녕, 이렇게 아주 이른 시기부터 유물론과의 관계가 일반적으로 생각되는 것보다 훨씬 더 복잡했음을 가리킨다. Franz Mehring, *Karl Marx* (Arm Arbor: University of Michigan Press, 1962), 30을 볼 것.

31 마르크스가 박사학위 논문을 쓰고 있을 당시 이미 유물론으로 기울었다는 견해는 1837년에 쓰인 다음의 경구를 통해 알 수 있다. "칸트와 피히테는 창공으로 날아오른다, / 멀리 있는 어떤 대지를 찾아 헤매며. / 그러나 나는 오직 심오하고 진실한 것을 붙잡고자 한다, / 내가 발견한 거리 속에 있는." Karl Marx and Friedrich Engels, *Collected Works* (New York: International Publishers, 1975), vol. 1, 577.

것이 중요하다. 확실히 마르크스의 초기 성향은 헤겔의 체계가 이제껏 자신을 고무했던 계몽주의 관점을 위협하고 있다고 인식했다. 마르크스는 "적의 수중"에 떨어졌다느니, "내가 증오하던 관점을 숭배"하게 되었다느니, 이것의 "기괴하고 우악스러운 선율"로부터 벗어나야한다느니 하는 말을 했다.[32]

일반적인 해석과 달리, 아래 논의에서는 마르크스의 박사학위 논문이 헤겔 시대에서 벗어나 있는 변칙일 뿐 아니라 고대 그리스 철학자 에피쿠로스의 유물론적 변증법의 함의에 익숙해지기 위한 노력이었다는 점을 밝힐 것이다. 이러한 점은 헤겔 철학체계의 입장에서 이루어졌을 뿐 아니라 어느 정도는 이를 뛰어넘는 것이었다. 더욱이 이 논문은 영국 및 프랑스 계몽주의의 유물론적 전통—그들은 에피쿠로스에게서 큰 영감을 얻었다—이 헤겔주의 철학에 대해 제기했던 문제를 다루려는 간접적인 시도였다. 영국과 프랑스 유물론에서 원자론 철학이 중요한 것이었다는 점을 고려할 때, 화이트가 관찰했듯이 "원자론 철학은 …… 강력한 정치적 함의를 지녔으며, 1840년에 …… 박사학위 논문을 쓰기 시작했을 때 마르크스는 이 점을 잘 알고 있었다."[33] 마르크스는 1837년에 베이컨을 공부했고(헤겔 철학에 익숙해진 해와 동일한 해이다), 에피쿠로스가 계

32 같은 책, 18-19.

33 James D. White, *Karl Marx and the Intellectual Origins of Dialectical Materialism* (New York: St. Martin's Press, 1996), 42. 노먼 리버굿이 언급했듯이, "마르크스는 박사학위 논문을 저술하고 있던 이른 시기부터 유물론에 관심을 가졌다. …… 그가 유물론에 대한 에피쿠로스의 가장 중요한 기여로 간주한 것이 바로 자유 활동 개념이다." Norman D. Livergood, *Activity in Marx's Philosophy* (The Hague: Martinus Nijhoff, 1967), 1.

몽주의 사상가들에게 널리 영향을 끼쳤을 뿐 아니라 베이컨에게도 영향을 주었다는 점을 잘 알고 있었다. 계몽주의, 특히 영국과 프랑스 유물론과 에피쿠로스주의 사이의 관계에 대한 마르크스의 관심은 박사학위 논문뿐 아니라, 박사학위 논문을 쓰고 있던 1839년에 편찬한 일곱 권의 『에피쿠로스 철학에 관한 노트』(*Notebooks on Epicurean Philosophy*)나 그 이후 프리드리히 엥겔스와 함께 저술한 저작들 — 『신성가족』(*The Holy Family*, 1845)와 『독일 이데올로기』(*The German Ideology*, 1846) — 에서도 분명하게 나타난다.

막시밀리앙 루벨(Maximilian Rubel)과 마가렛 마날(Margaret Manale)이 지적한 것과 같이 마르크스가 에피쿠로스에 관한 박사학위 논문을 쓰기로 한 결정은 다음의 의미를 지녔다.

> 그것은 가장 비(非)헤겔주의적(un-Hegelian) 전환이었다. …… 마르크스의 관심은 에피쿠로스에게 쏠렸고 이것은 에피쿠로스의 자연성과 지적이고 감각적인 자유의 표명 때문이었다. 이 자유는 신과 교리로부터의 자유였고, 우연이 인간의 삶에서 필연보다 더 중요하지는 않을지라도 동등하게 중요한 역할을 한다는 점을 인정하는 것이었다. 개인의 의지가 단언되고, 우발성에 관한 이해가 삶의 지혜에서 중심적인 것이 된다. 인간은 이 지점에서 미신과 공포로부터 스스로를 해방시키고 자신의 행복을 만들 수 있게 된다.[34]

34 Maximilian Rubel and Margaret Manale, *Marx Without Myth: A Chronological Study of His Life and Work* (Oxford: Basil Blackwell, 1975), 16-17. 마르크스는 어린 시절 김나지움 시험에서 에피쿠로스의 유물론을 기독교 신학의 적(敵)으로

에피쿠로스

에피쿠로스는 아테네 시민으로 기원전 341년에 사모스의 섬에서 태어났다. 플라톤이 죽은 지 6년 후(기원전 347년)이며 아리스토텔레스가 리케이온에 자신의 학파를 열기 6년 전이었다. 기원전 306년에 에피쿠로스는 그의 학파의 본산인 "정원"(Garden)을 열었다. 기원전 271년 에피쿠로스가 죽을 때까지 이곳은 그리스 세계 전역에 큰 영향을 끼쳤다. 에피쿠로스는 마케도니아 패권이 낳은 비극적 여파 속에서 살았다. 당시 알렉산더 대왕의 후계자들이 그의 제국을 두고 다투고 있었다. 그 때는 정치 활동이 별다른 영향을 발휘하지 못했던 시대였다. 그 결과 에피쿠로스는 자신의 추종자들에게 일종의 관조적 유물론—그러나 보다 급진적 실천적 함의가 엿보이는 유물론—을 설파했다. 에피쿠로스의 철학은 로마 시대에 와서까지 고대 사상에 큰 충격을 주었다. 그러나 그의 저작은 중세 시대에 거의 소실되었다. 중세 시대에는 에피쿠로스와 그의 추종자들이 기독교에 반대하는 이단 중 하나라고 선언되었다. 이렇다보니 근대에 들어와 에피쿠로스의 저작은 주로 2차 자료를 통해 알려졌다. 그 가운데 가장 중요한 자료가 로마 시인 루크레티우스의 위대한 작품인 『사물의 본성에 대하여』이다. 근대 학계에서 설명하는 것처럼, 이 책에서 루크레티우스(기원전 99—55)는 거장의 주요 사상뿐 아니라 문체까지 충실하

제시했다. Karl Marx, 「On the Union of the Faithful with Christ According to John」, in Robert Payne, ed., *The Unknown Karl Marx* (New York: New York University Press, 1971), 43.

게 재현했다.[35] (루크레티우스는 심각한 정치적 위기의 시대인 로마공화국의 몰락기

35 현존하는 에피쿠로스의 주요 저작들은 Cyril Bailey, *Epicurus: The Extant Remains* (Oxford: Oxford University Press, 1926)를 찾아 볼 것. 베일리가 번역한 에피쿠로스의 현존 유고들을 편하게 볼 수 있는 편집판을 보려면, Whitney J. Oates, *The Stoic and Epicurean Philosophers: The Complete Extant Writings of Epicurus, Epicteus, Lucretius, Marcus Aurelius* (New York: Random House, 1940)를 볼 것. 루크레티우스의 『사물의 본성에 대하여』는 산문과 운문 형태로 여러 번 영어로 번역되었다. 장편 교훈시를 번역하는 것이 어렵기 때문에, 영어권 독자는 산문 번역, 운문 번역 모두 귀중한 번역임을 알게 될 것이다. 운문 형태의 번역은 Ronald Melville, *On the Nature of the Universe* (New York: Oxford University Press, 1999)를 볼 것. 산문 형태의 번역은 R. E. Latham (revised by John Godwin): Lucretius, *On the Nature of the Universe* (Harmondsworth: Penguin Books, 1994)를 볼 것. 앞으로 라담(과 고드윈)의 산문 번역서를 일반적으로 이용하고, 멜빌의 운문 번역서를 경우에 따라 인용할 것이다. 이 경우 옥스퍼드의 운문 번역서로 인용한다. (루크레티우스 원문의 권수와 행수를 표시하는 고전적 인용 방식도 이용될 것이다.) 한 가지 일러둘 점이 있다. 마르크스의 시대 이후로 에피쿠로스의 저작 중 일부 추가 발견된 자료들이 있다. 마르크스가 사망한 지 일 년 후인 1884년에, 프랑스와 오스트리아의 고고학자들이 에피쿠로스 저작의 폭넓은 단편을 포함한 철학비문을 현대 터키의 내륙에 위치한 한 대규모 석벽의 잔해에서 발견했다. 비문은 120행 이상의 본문 형태로 글이 조각되어 있었고, 벽을 따라 40미터 이상 길게 세워져 있었다. 이것은 기원후 200년 경 에피쿠로스의 추종자 오이노안다의 디오게네스가 주도하여 만든 것이다. Diogenes of Oenoanda, *The Fragments* (New York: Oxford University Press, 1971)를 볼 것. 더 나아가 이탈리아에서 에피쿠로스 사상의 주요 옹호자이자 팔레스타인 가다라 출신으로 헤르쿨라네움에서 살았던 필로데모스의 학교 서고가 기원후 79년 베수비오 화산의 폭발로 땅에 묻히게 되었다. 18세기 헤르쿨라네움을 발굴하는 과정에서 그의 서고가 재발견되었다. 이 발굴 과정에서 숯이 된 수백 개의 파피루스 두루마리가 발견되었고, 이 두루마리를 끈질기게 발굴한 결과 지난 2세기 동안 점차 조금씩 정보가 공개되기 시작했다. 에피쿠로스의 저작, 『자연에 대하여』의 상당부분이 잔해 속에서 발굴되었고 이제 숯이 된 파피루스 두루마리에서 조심스럽게 재구성되고 있다. 에피쿠로스의 『자연에 대하여』에 대한 광범위한 평가

에 살았다.)

에피쿠로스는 위대한 원자론자인 레우키포스(Leucippus)(기원전 430년 무렵)와 데모크리토스(기원전 420년 무렵)의 저작으로부터 영감을 받았다. 그들은 모든 실체가 허공 속에 존재하며 너무 작아서 볼 수 없지만, 서로 다른 형태와 크기를 갖고 그 수도 무한한 불변하는 원자들로 구성되어 있다고 보았다. 이 원자들은 운동의 속성을 지니며 감각 대상을 형성하기 위해 여러 방식으로 결합되기도, 분리되기도 한다는 것이었다. 데모크리토스에 따르면, 원자는 크기와 형태라는 두 가지 중요한 속성을 갖는다. 데모크리토스에 관한 많은 해석들은 또한 (고대 그리스의 자료들이 서로 상충하기 때문에) 데모크리토스가 원자에 무게란 속성을 부여했고 그 결과 하향, 직선 운동이 일어난다고 이야기했다고 주장한다(비록 원자의 이

와 개괄은 David Sedley, *Lucretius and the Transformation of Greek Wisdom* (New York: Cambridge University Press, 1998), 94-133을 볼 것. 세들리는 에피쿠로스의 원문에 대한 루크레티우스의 시를 꼼꼼하게 고찰한 결과, 비록 몇몇 부분에서 에피쿠로스의 위대한 논문의 전체 구조(주장들의 변증법적 배열)에서 벗어나 있지만, 루크레티우스가 거장의 주장과 심지어 언어까지 모방한 "근본주의적" 에피쿠로스주의자였음을 입증했다. 또한 Benjamin Farrington, *The Faith of Epicurus* (New York: Basic Books, 1967), xi-xiii; Marcello Gigante, *Philodemus in Italy: The Books from Herculaneum* (Ann Arbor: University of Michigan Press, 1990)을 볼 것. 마르크스가 이용할 수 없었던 세 번째 자료는 바티칸 소장물로 있는 단편들이었다. 이것은 일련의 학설 진술문으로 주로 경구들로 이루어졌으며 에피쿠로스의 윤리 이론을 보여준다. "에피쿠로스의 진술들"로도 알려져 있는 이 소장물은 1888년(마르크스가 사망한지 5년 후)에 14세기 바티칸 수고에서 발견되었다. 이 수고에는 에픽테우스의 『수고』와 마르쿠스 아우렐리우스의 『명상록』도 포함되어 있다. Epicurus, *Letters, Principal Doctrines and vatican Sayings* (Indianapolis: Bobbs-Merrill, 1964), 89 (translator's note)를 볼 것.

런 속성이 에피쿠로스의 연구와 더 밀접하게 관련을 맺고 있을 지라도 말이다). 에피쿠로스가 데모크리토스로부터 가장 분명하게 갈라지는 지점은 원자가 완전히 결정된 경로에 따라 움직이지 않으며, 일부 원자들은 "휘어진다"는 명제를 추가한 데에 있었다. 이로 인해 우연과 비결정성의 요소가 생겨났다(그 결과 자유의지의 여지를 만들어 놓았다).[36] 헤겔은 이렇게 기술했다. "과학이 세계는 전혀 토대를 가지고 있지 못하다는 생각을 처음으로 떨쳐냈다고 느낄 수 있었던 것은 바로 원자론 때문이었다."[37]

에피쿠로스의 철학은 엄격한 논리체계로, 최초의 몇몇 가정만 승인되면 나머지는 대부분 추론을 통해 도출된다. 가장 중요한 추론물로 (무한히 많은 세계들을 포함하여) 끝없는 공간과 무한한 시간이란 관념이 있다. 또한 에피쿠로스는 종의 소멸과 인간이 야생 상태에서 발전해 나왔다는 점을 언급했다. 에피쿠로스의 유물론 철학은 놀라울 정도로 과학의 발견을 예상했고 17세기 과학혁명과 계몽주의의 선도적 과학자들에

---

36 Cyril Bailey, *The Greek Atomists and Epicurus* (Oxford: Oxford University Press, 1928), 128–33, 287–317; A. A. Long, *Hellenistic Philosophy: Stoics, Epicureans and Sceptics* (Berkeley: University of California Press, 1986), 14–74. '휘어짐'은 에피쿠로스의 현존 저술들에서는 사실상 찾아볼 수 없다. 이에 대한 지식은 전적으로 루크레티우스와 다양한 2차 자료에 기반하고 있다. 에피쿠로스가 "헤레도토스에게 보내는 편지"의 편집자들은 대부분 원문이 더 쉽게 이해되도록 원문의 특정 지점에 휘어짐을 삽입했다. 헤르쿨라네움의 필로데모스 서고에서 에피쿠로스의 『자연에 대하여』가 발견되면서 휘어짐에 관한 에피쿠로스 자신의 주장이 발견될 것이라는 희망을 갖게 되었다. 그러나 지금까지 책을 복원한 부분에서는 이러한 결과를 기대할 수 없었다. Epicurus, *Letters, Principal Doctrines, and Vatican Sayings,* 12 (translator's note); Gigante, *Philodemus in Italy*, 43을 볼 것.

37 Georg Wilhelm Friedrich Hegel, *Lectures on the History of Philosophy* (Lincoln: University of Nebraska Press, 1995), vol. 1, 306.

게 큰 영향을 끼쳤던 것으로 보인다. 에피쿠로스 자연철학의 최초 명제들은 "어떠한 것도 신성한 힘에 의해 무(無)로부터 창조되지 않으며, 자연은 …… 어떠한 것도 무(無)로 되돌리지 않는다"는 것이었다. 이 두 가지 명제들이 현재에는 "보존의 원리"라고 알려진 것을 구성했다.[38] 에피쿠로스의 유물론은 사인으로부터 신성한 힘—모든 목적론적 원리—을 배제했다. 신은 계속해서 존재한다고 할지라도, 세계들 사이의 공간에 한정되었다. 더 나아가서 에피쿠로스는 자연을 논할 때도 목적론과 절대적인 결정론을 완전히 반대했다. 에피쿠로스는 다음과 같이 기술했다. "신에 관한 신화를 따르는 것이 자연철학자들이 이끄는 운명의 노예가 되는 것보다 더 낫다. 전자는 숭배를 통해 신을 달랠 수 있길 바라는 희망을 시사하지만, 후자는 달래는 행위를 전혀 이해 못하는 필연성과 관련이 있다."[39]

에피쿠로스에 따르면 결정론이나 실재론—예컨대 사물의 단순한 속성에 기초한 발전—은 전혀 "행해진 사건"을 설명할 수 없다. 이러한 사건들은 우연성(우발성)의 영역에 속하기 때문이다.

---

38 Lucretius, *On the Nature of the Universe*, 13–15 (1.145–214); A. A. Long and D. N. Sedley, eds., *The Hellenistic Philosophers: Translations of the Principal Sources with Philosophical Commentary* (Cambridge: Cambridge University Press, 1987), 25–27. 보존의 원리를 처음으로 주장한 사람은 에피쿠로스가 아니다. 패링턴은 데모크리토스가 "물리세계에 관한 모든 과학 사상의 첫 번째 원리라고 하며 그것에 적절한 위치를 부여한 최초의 인물"이라고 지적한다. Benjamin Farrington, *Science in Antiquity* (New York: Oxford University Press, 1969), 46.

39 Epicurus, 「Letter to Menoeceus」, in Oates, ed., *The Stoic and Epicurean Philosophers*, 33; Cyril Bailey, *The Greek Atomists and Epicurus* (Oxford: Oxford University Press, 1928), 318.

그래서 너희는 보지 못할 것이다, 우연성이 결코
물질이 그러하듯이 저절로 존재하지 않는다는 것을, 혹은
허공과 동일한 방식으로 존재한다고 말할 수 없다는 것을.
그러나 너희는 올바르게 그것들을 우연성이라 말할 수 있다,
사태가 발생한 물질과 공간의 우연성이라고.[40]

에피쿠로스는 어떠한 형태의 환원론에 대해서도 반대했으며, 이것은 유물론적 관점에서 공통되게 나타나는 특징이었다. 이러한 반대는 그의 저작 『규범』(*The Canon*)(에피쿠로스의 전체 체계에 대한 개괄에 해당된다)에서 발전시킨 정교한 인식론에서 분명히 나타났다. 이 저작은 감각뿐 아니라 에피쿠로스의 유명한 개념인 "예취"(豫取, anticipation)(때로는 "선개념"(preconception)이라고 언급되기도 한다)—그가 만든 개념—에 의존한다.[41] 키케로에 따르면, 에피쿠로스의 "예취"(그리스어로 **prolēpsis**) 관념은 "정신을 통해 미리 생각한" 사물에 대한 관념으로, "그것 없이는 이해, 탐구, 토론이 불가능하다." 그러므로 패링턴은 "유물론자인 에피쿠로스가 지식 획득의 모든 단계에서 이루어지는 주체의 활동을 분명히 이해한 것으로 믿어도

40 Lucretius, *On the Nature of the Universe* (Oxford verse translation), 17 (1.475–85).

41 Long and Sedley, eds., *The Hellenistic Philosophers*, 88–89. 마르크스는 『에피쿠로스 철학에 관한 노트들』의 서두에서, 그리고 나중에 쓰인 섹투스 엠피리쿠스와 알렉산더의 클레멘트에 관한 노트들에서, 에피쿠로스의 **prolēpsis**(예취, 선개념) 개념에 대한 신중한 언급을 남겼다. Marx and Engels, *Collected Works*, vol. 1, 405–6, 428, 487을 볼 것.

된다"고 기술했다.[42] 이것은 인간이 추론 능력을 포함한 신체적 특징들을 보유하고 있다는 것을 시사한다. 감각 자체는 아무런 정신적 내용도 갖고 있지 않다. 그러나 감각은 일반 범주들을 가지고 감각들을 분류하는 정신 과정을 발생시킨다. 일반 범주들은 반복적인 감각에 기초해 형성되지만, 일단 획득되고 나면 정신 속에 다소 독립적으로 존재하며 데이터를 기존 범주들 사이에 편제시키기 위한 토대가 된다. 에피쿠로스가 감각을 "예취"로 언급한 것도 바로 이러한 의미에서이다. 패링턴이 지적한 것과 같이, "'예취'는 절대 경험에 앞서 존재하지 않는다. 그러나 예취는 모든 체계적 관찰, 과학적 논의, 모든 합리적 실천 활동에 앞서 존재한다. 다시 말하면 예취는 지식 획득에서의 주체 활동을 의미한다."[43] 이것을 모두 감안한다면, "지각의 예취"라는 제목이 붙은『순수이성 비판』의 한 절에서 칸트가 "내가 경험적 인식에 속하는 것을 **선험적으로** 인식하고 규정할 수 있는 인식 모두를 우리는 예취라고 일컬을 수 있으며, 의심할 것 없이 이것이 에피쿠로스가 사용했던 선개념이라는 표현이 의미하는 바이기도 하다"라고 썼던 것이 그리 놀라운 일로 다가오지는 않을

42 Cicero, in Long and Sedley, eds., *The Hellenistic Philosophers*, 141. 또한 Epicurus, *The Epicurus Reader* (Indianapolis: Hackett, 1994), 51을 볼 것.

43 Farrington, *The Faith of Epicurus*, 108-9. 또한 Diogenes Laertius, *Lives of Eminent Philosophers*, (Cambridge, Mass.: Harvard University Press, Loeb Classical Library, 1925), vol. 2, 563; Bailey, *The Greek Atomists and Epicurus*, 245-48; Long, *Hellenistic Philosophy*, 23-24. 에피쿠로스의 "예취" 개념에 관한 가상디의 해석에 대해서는 Lynn Sumida Joy, *Gassendi the Atomist* (Cambridge: Cambridge University Press, 1987), 169를 볼 것. 최근의 해석에 대해서는 Gisela Striker, *Essays on Hellenistic Epistemology and Ethics* (Cambridge: Cambridge University Press, 1996), 150-65를 볼 것.

것이다.[44]

에피쿠로스의 윤리학은 에피쿠로스의 유물론적 전망, 필멸성과 자유에 관한 강조에서 비롯되었다. 마르크스의 설명에 따르면, "에피쿠로스주의자들에게 자연 개념의 원리는 mors immortalis(죽음의 불멸성)라고 루크레티우스는 말한다."[45] 유물론적 윤리학의 본질적 출발점은 주류 종교와 미신에 의해 생겨난 죽음의 공포를 극복하는 것이었다. 에피쿠로스는 『주된 가르침』(*Principal Doctrines*)에서 이런 말을 한다. "죽음은 우리에게 아무것도 아니다. 분해된 존재에는 감각이 없고, 감각이 없는 존재는 우리에게 아무런 존재도 아니기 때문이다." 개인의 자유는 오직 "자연과학"을 통해 세계와 그 안에 존재하는 개인들의 필멸성을 알게 될 때 시작한다는 것이었다.[46]

에피쿠로스는 주로 관조적 유물론을 발전시켰으나, 그의 유물론은 플라톤의 훨씬 관념론적인 관조 사랑과는 뚜렷이 구별되었다. 조지 파니카스(George Panichas)가 썼던 것처럼 에피쿠로스에게 중요한 것은 "영원한 내세에 대한 관조가 아니라 인간 존재 속에서 물질화 될 수 있는 것에 대한 관조"였다. 이 세상을 살고 있는 인간의 욕구충족을 지지한 에피쿠로스의 윤리학은 합당한 쾌락 추구와 고통 회피에 기초했다. 그러나 에피쿠로스는 이것을 단기적이고 유치한 쾌락주의적 측면이 아닌 존재

44 Immanuel Kant, *Critique of Pure Reason* (Cambridge: Cambridge University Press, 1998), 290–91; Howard Caygill, *A Kant Dictionary* (Oxford: Blackwell, 1995), 74–75.

45 Marx and Engels, *Collected works,* vol. 5, 139; Lucretius, *On the Nature of the Universe,* 88.

46 Oates, ed., *Thc Stoic and Epicurean Philosophers,* 35.

전체와 관련해서 바라봤다. 그의 윤리학은 즉흥적이고 이기적인 쾌락은 더 커다란 고통을 낳을 뿐이라고 인식했다. 따라서 에피쿠로스는 부의 추구를 포기하는 단순한 삶을 주장했다. 그는 "본디 요구되는 부는 한정되어 있고 쉽게 얻을 수 있지만, 헛된 몽상이 요구하는 부는 한도 끝도 없다"고 기술했다.[47]

에피쿠로스에게 있어서 좋은 삶의 가장 중요한 요건은 우정이었다. 그에게 우정은 삶과 사회가 따라야 할 원리가 되었다. "완전한 삶의 축복을 만들기 위해 얻어야 할 지혜 중에서 가장 위대한 지혜가 우정을 나누는 것이다." 이것은 주로 개인들 사이의 관계와 관련된 윤리적 원리일 뿐 아니라 더 큰 정치적 함의를 지닌 것이기도 했다. 롱(A. A. Long)과 세들리(David Sedley)는 "그리스-로마어의 어법에서 우정은 근대 개념에는 없는 정치적 공명을 지녔다. …… 그리스어 philia(라틴어 amicitia)는 일반적으로 사회적 응집력의 토대로 이해되었다"고 지적했다. 에피쿠로스의 정원에서 여성은 환영받는 존재였고, 공동체와 철학 토론에서 존경받는 일원이었다. 에피쿠로스의 가장 중요한 공헌 가운데 하나는 정의(justice) 개념이었다(이것은 마르크스에게 큰 영향을 끼쳤다). 에피쿠로스는 다음과 같이 썼다. "정의는 다름 아닌 그 자체로, 언제 어느 곳에서든 인간이 서로를 대하는 데에 있어 해를 입어서도 입혀서도 안된다는 계약의 일종이다." 만약 법률이 "인간이 서로를 대하는 데 있어서 기여하는 점이 없는 것으로 밝혀진다면", 만약 법률이 그것의 일반 개념과 더 이상 일치

47 George A. Panichas, *Epicurus* (New York: Twayne, 1967), 83; Brad Inwood and L. P. Gerson, eds., *Hellenistic Philosophy* (Indianapolis: Hackett, 1988), 65; Oates, ed., *The Stoic and Epicurean Philosophers*, 35–39.

하지 않는다면, 만약 법률이 더 이상 물질적 환경에 부합하지 않는다면, "그 법률은 더 이상 정의의 본질적 본성을 지니고 있지 않다." 이렇게 에피쿠로스는 관념론에 대립되는 유물론적 법률관을 수립했다. 이러한 법률관은 법률이 인간의 사회적 교류 욕구와는 동떨어진 초월적 형태를 갖고 있다는 점을 부정했다. 훗날 마르크스가 지적했듯이, 최초로 사회계약 관념을 제기했던 인물이 바로 에피쿠로스였다.[48]

에피쿠로스의 자연철학은 그것의 출발점으로 "보존의 원리"를 설정했기 때문에, 생태학적 세계관을 지향했다. 이러한 내용은 루크레티우스의 저서에 분명히 제시되었다. 고대 생태학 사유를 전문으로 하는 저명한 역사가인 도널드 휴즈(J. Donald Hughes)의 표현을 빌리자면, 루크레티우스의 저서는 "이제는 생태학적 내용이라고 간주되는 질문을 던졌다." 루크레티우스는 광산 때문에 발생한 대기오염, 지력 약화로 인한 수확 감소, 삼림 훼손을 언급했다. 그뿐 아니라 인류가 동물과 근본적으로 다르지 않다는 주장도 했다.[49]

48 같은 책; Panichas, *Epicurus*, 116-7; Long and Sedley, eds., *Thc Hellenistic Philosophers*, 137. Marx and Engels, *Collected Works*, vol. 5, 141.

49 J. Donald Hughes, *Pan's Travail: Environmental Problems of the Ancient Greeks and Romans* (Baltimore: Johns Hopkins University Press, 1994), 60, 123-24, 130-31, 144, 196. 클라렌스 J. 글라켄은 고대 사상의 자연·문화 관계(환경사에서 가장 중요한 문제)에 관한 논의에서 에피쿠로스와 루크레티우스를 매우 강조했다. Clarence J. Glacken, *Traces on the Rhodian Shore: Nature and Culture in Western Thought from Ancient Times to the End of the Eighteenth Century* (Berkeley: University of California Press, 1967), 62-7, 134-40. 16세기 후반 프랑스의 르네상스 시대 평론가, 회의주의자, 인간주의자, 자연신학자인 미셸 드 몽테뉴는 인류와 동물 사이의 본질적 유사성에 관한 루크레티우스의 주장을 반복해서 언급했다. Michel de

롱과 세들리는 "에피쿠로스가 우주론에서 목적론을 완전히 배제했기 때문에, 인간 제도의 기원과 발전에 대한 진화론적, 실험적 설명을 채택했다"고 서술했다.[50] 이로 인하여 에피쿠로스의 유물론은 인간의 진보를 파악하는 것으로 이어졌다. 에피쿠로스는 「헤로도토스에게 보내는 편지」에 다음의 내용을 남겼다. "우리는 인간 본성이 …… 단지 환경에 의해 모든 종류의 무수한 일들을 수행하도록 길들여지고 제약받았다고, 그러고 나서 이성의 작용이 자연이 암시해왔던 것을 정교화하고 더 많은 발명을 만들었다고 가정해야만 한다. 이것은 어떤 물질을 가지고는 빠르게 다른 물질로는 느리게, 어떤 시대와 시기에는 큰 진전을 다른 시대와 시기에는 그보다 덜한 진전을 만드는 식으로 이루어졌다."[51] 인간 본성 자체가 인간 사회의 진화와 더불어 변화했다. 다시 말하면 우정과 사회성은 물질적 생활수단의 충족 과정에서 발생한 사회계약의 산물이다.[52]

또한 루크레티우스를 통해 살펴보았을 때, 고대의 저술들 중에서 종의 적응과 생존이란 문제들과 관련된 진화 관점의 가장 명시적인 진술을 발견할 수 있는 사람이 바로 에피쿠로스였다. 이러한 견해는 엠페도클레스(Empedocles)(기원전 445년 무렵)와 아낙사고라스(Anaxagoras(기원전 500년에서 428년 무렵)가 최초로 제기했고, 『물리학』(*Physics*)에서 아리스토텔레

Montaigne, *Apology for Raymond Sebond* (Harmondsworth: Penguin Books, 1993).

50 Long and Sedley, eds., *The Hellenistic Philosophers*, 134.

51 Epicurus, 「Letter to Heredotus」, in Oates, ed., *The Stoic and Epicurean Philosophers*, 13.

52 Lucretius, *On the Nature of the Universe*, 154-5 (5.1011-27). 엠페도클레스에 대해서는 Farrington, *Science in Antiquity*, 40-3을 볼 것.

스가 비판을 했다. 아리스토텔레스는 엠페도클레스를 요약하면서 다음과 같이 썼다.

> 그렇다면 왜 이런 일이 자연의 구성부분과 관련해 일어나지 않겠는가? 예컨대 우리의 치아는—앞니는 음식을 찢는 데 적합하게 날카롭고 어금니는 음식을 가는 데 유용하게 넓적한 것처럼—그것의 목적을 위해 생긴 것이 아니라 단지 우연적 결과로 인하여 **불가피하게** 생긴 것은 아닐까? 그리고 우리가 목적이 있다고 가정하는 다른 모든 구성부분들도 마찬가지 아닐까? 그렇다면 모든 구성부분들이 마치 어떤 목적을 위해 등장한 것처럼 모습을 갖추고 생겨난 경우에도 언제나 그런 것은 생존하여 자생적으로 적합한 방식으로 조직된 것이었다. 반면, 엠페도클레스가 말한 "인간의 얼굴을 한 황소의 자식"이 그랬던 것처럼 다른 방식으로 성장한 부분들은 사라졌거나 사라지고 있다.[53]

아리스토텔레스는 목적인의 중요성을 거듭 주장하는 것으로 이에 대응했다. 그는 "자연은 원인, 즉 어떤 목적을 위해 작동하는 원인임이 분명하다"라고 썼다.[54] 에피쿠로스는 엠페도클레스의 인간의 얼굴을 한 황소 아이를 자연에 반하는 무작위적 조합의 별난 모음으로 비웃었지만, 아리스토텔레스에 맞서 유물론적·진화론적 관점을 옹호했다. 생존하여 "번식의 사슬"을 지속시킬 수 있는 종들은 생존투쟁에서 주위 환경으로부터 자신을 보호하는 고유한 특성을 발전시킨 종들이었지만, "이러한

53 Aristotle, *Basic Works* (New York: Random House, 1941), 249 (Book II, Chapter 8, section 198b).

자연의 자산을 어느 하나 선물 받지 못한 종들은 …… 자연이 그 종에 멸종을 가져올 때까지 공짜 사냥감이자 손쉬운 먹잇감이 된다"고 루크레티우스는 설명했다. 그러므로 훗날 다윈의 이론으로 등장하게 될 진화 분석의 중요한 단초를 제공했던 사람이 바로 엠페도클레스, 에피쿠로스, 루크레티우스이다.[55]

루크레티우스가 설명한 에피쿠로스의 핵심은 생명이 하늘에서 내려온 것(또는 신이 창조한 결과물)이 아니라 대지에서 생겨난 것이라는 점이다. 루크레티우스는 다음과 같이 설명했다. "동물은 하늘에서 떨어질 수 없으며, 지상에 사는 존재들은 대양의 만(灣)에서 발생할 수 없다. 우리는 어머니라는 이름을 대지에 부여하는 것이 정당하다는 결론을 내리게 된다. 대지에서 모든 것이 탄생했기 때문이다." 고대의 초기 진화 사상에 관한 권위자인 거스리(W. K. C. Guthrie)가 언급했듯이 이것은, 즉 대지 자체가 "어머니라는 이름"을 받는 것이 합당하다는 생각은 "아마도 근대 생물학 지식과 건전한 토대를 갖춘 진화론이 부재한 상태에서 유일하게 합당한 대안이었을 것이다."[56]

토머스 홀(Thomas Hall)은 『생명과 물질에 관한 관념들: 일반 생리학의 역사 연구, 기원전 600년부터 기원후 1900년까지』(*Ideas of Life and Mat-*

---

54 같은 책, 251.

55 Lucretius, *On the Nature of the Universe,* 149–51 (5.791–895); Robert J. Richards, 「Evolution」, in Evelyn Fox Keller and Elisabeth A. Lloyd, eds., *Keywords in Evolutionary Biology* (Cambridge, Mass.: Harvard University Press, 1992), 99; Sedley, *Lucretius and the Transformation of Greek Wisdom,* 19–20; Henry Fairfield Osborn, *From the Greeks to Darwin* (New York: Charles Scribner's Sons, 1927), 36–68.

ter: Studies in the History of General Physiology 600 B.C. to 1900 A.D.)에서, 에피쿠로스가 고대시기 생명이 물질의 조직 과정에서 비롯된 "발생 결과"라는 관점(엠페도클레스와 데모크리토스도 예측했다)의 주요한 근원지였다고 주장했다. 또한 홀은 "고대 시기 에피쿠로스는 생명을 발생의 사례로 명시적으로 이용했고, 육신을 구성하는 원자들만을 따로따로 고찰하는 것으로는 생명이 나오지 않는다고 단언했다"고 기술한다. 이렇듯 에피쿠로스에게 있어서, "엄격한 의미에서 생명은 발생한 것이다." 따라서 에피쿠로스는 물질적 존재가 오직 변화, 다시 말해 진화를 통해 뚜렷하게 나타난다고 보았다.[57]

마찬가지로, 진화적 전망은 에피쿠로스가 인간 사회를 다루는 방식에서도 잘 드러난다. 1860년대와 1870년대, 다윈의 『종의 기원』 및 최초로 광범하게 수용된 인간 화석의 과학적 발견과 결합된 "민족학적 시간의 혁명"이 발생한 이후, 존 러복(John Lubbock)과 헨리 모건(Henry Morgan)과 같은 중요한 다윈주의 사상가들이 보인 공통점은 민족학적 발전에 관한 루크레티우스의 논의로 되돌아갔다는 점이었다. 루크레티우스의 논의는 석기 및 목기 시대에서 시작하여 청동기 시대를 거쳐 철기 시대에 이르는 진화를 설명했다. 또한 그것은 이러한 설명에 언어 및 상호 원조의 발전, 불의 사용과 같은 혁명 등등을 결합시켰다.[58]

---

56 Lucretius, *On the Nature of the Universe,* 149 (5.791-800); W. K. C. Guchrie, *In the Beginning: Some Greek Views of the Origin of Life and the Early State of Man* (Ithaca, N.Y.: Cornell University Press, 1957), 28.

57 Thomas S. Hall, *Ideas of Life and Marter: Studies in the History of General Physiology 600 B.C. to 1900 A.D.* (Chicago: University of Chicago Press, 1969), vol. 1, 19-20, 128. 또한 Lucretius, *On the Nature of the Universe*, 59 (2.865-85)를 볼 것.

궁극적으로, 에피쿠로스의 관점은 자연과 자연 법칙의 이해가, 다시 말해 과학의 진보가 종교에 의해 부과된 공포를 쫓아 낼 것이라고 보았다. 루크레티우스는 이렇게 노래한다.

> 그리므로 이리한 정신세계의 공포와 암흑은
> 햇빛을 통해서도, 한 낮의 밝은 빛줄기를 통해서도,
> 쫓아낼 수 없다는 게 분명하다, 가장 필요로 하는
> 자연의 얼굴과 그녀의 법칙이 아니고서는.

그러므로 진화생물학자인 마이클 로즈(Micheal Rose)가 지적한 것처럼, "루크레티우스가 일부 학자들로부터 근대 과학의 가장 위대한 고전시대의 선구자로 인식된다"는 점은 놀랄 만한 일이 아니다.[59]

에피쿠로스 그리고 과학과 이성의 혁명

에피쿠로스의 철학은 기독교가 후원하는 아리스토텔레스의 자연철학에 맞서 투쟁하고 있던 영국과 프랑스 계몽주의의 유물론 발전에서

58 Lucretius, *On the Nature of the Universe*, 152–66 (5.916–1448).

59 Lucretius, *On the Nature of The Universe* (Oxford verse translation), 7 (1.145–50); Michael R. Rose, *Darwin's Spectre* (Princeton, N.J.: Princeton University Press, 1998), 217.

엄청난 역할을 했다.[60] 17세기 영국 대학에서 가르치고 있던 기독교화한 아리스토텔레스주의나 스콜라 철학의 설명에 따르면, 물질은 공기, 흙, 불, 물의 4원소로 구성되어 있었다. 정교한 스콜라 철학의 분류법은 본질적으로 정적이고 반복되는 자연관과 결합되었다. 그럼에도 불구하고 17세기 영국 사회의 변화무쌍한 물질적 상황을 고려한다면, 이러한 견해는 쉽사리 받아들여질 수 없었다. 당시 중세 제도들은 급격히 사라지고 있었고 역동적인 자본주의 질서가 농업 및 산업 분야에서 발생하고 있었다. 결과적으로 선구적인 과학자들은 고대 원자론에 눈을 돌렸으며, 특히 에피쿠로스의 사상을 주목했다. 토머스 홀에 따르면 이렇다. "르네상스 이후의 생리학(데카르트로부터 현재에 이르기까지)에 관해 조금이라도 알게 된다면, 에피쿠로스가 근대 발생론(emergentism)과 기계론적 유물론에 어떠한 고대 과학자들보다 더 밀접하게 관련되어 있었다는 사실을 알 수 있을 것이다."[61] 이와 같은 영향력은 과학 일반에 대해서도 마찬가지였다. 토머스 해리엇, 프랜시스 베이컨, 토머스 홉스, 로버트 보일, 아이작 뉴턴 등이 모두 그리스 원자론으로부터 깊은 영향을 받았다. 베이컨은 특히 에피쿠로스 철학으로부터 깊은 영향을 받았다.[62] 이제 물질은 원자들로 구성된 것이라고 이해되었다. 이에 따라 에피쿠로스가 말한 크기, 형태, 무게, 운동으로 단순하게 설명될 수 있는—본질 상 기계론적

60 조나단 켐프가 쓴 것처럼, "에피쿠로스의 연구는 초기 유물론의 역사를 지배했다." jonathan Kemp, *Diderot, Interpreter of Nature* (New York: International Publishers, 1963), 343의 편집자 노트를 볼 것.

61 Hall, *Ideas of Life and Matter*, vol. 1, 136.

62 Robert Hugh Kargon, *Atomism in England from Hariot to Newton* (Oxford: Oxford University Press, 1966).

언어로 쉽사리 해석되던 견해—물질 입자가 부각되었다.

토머스 해리엇(Thomas Hariot, 1560–1621)은 영국 과학혁명을 이끈 가장 훌륭한 인물 중 한 사람이었고, 브루노를 통해 에피쿠로스의 원자론을 접하게 되었다. 요하네스 케플러(Johannes Kepler)에게 보내는 편지에서, 그는 물리광학의 작용을 설명하면서 다음과 같이 썼다. "저는 이제 당신을 자연의 집으로 들어가는 문으로 인도할 것입니다. 이 집 안에는 신비로움으로 가득 차 있습니다. 문이 너무 좁아서 들어올 수 없다면, 당신을 추상화하고 작게 줄여서 원자가 되어보십시오. 그러면 쉽게 들어갈 수 있을 것입니다. 그리고 그 후 당신이 다시 집에서 나왔을 때에는 당신이 어떤 경이로움을 보았는지 이야기해주셨으면 합니다."[63] 1591년 해리엇은 에피쿠로스주의 무신론자라고 고발당했고, 그 후 1605년에는 (의회를 폭파시키려고 한 가이 포크스(Guy Fawkes) 음모의 여파로) 근거 없는 이단 혐의로 체포되어 투옥되었다. 이단 혐의로 그가 루크레티우스와 에피쿠로스 같은 고대 무신론적 유물론자들과 연결되어 있다는 점이 제기되었다.[64]

프랜시스 베이컨(1561–1626) 역시 데모크리토스와 에피쿠로스(루크레티우스 포함)의 영향을 강하게 받았다. 베이컨은 종교적 측면에서—자신의 사상 발전을 위해 많은 것을 빌려온—그리스 원자론을 정당화하고자 했다. 그는 종교와 관련해서 에피쿠로스의 자연철학이 아리스토텔레스의 자연철학보다 훨씬 우월하다고 주장했다. "변덕스러운 네 개의 원

63 같은 책 24에서 Hariot를 인용함.

64 같은 책, 27-29; J. A. Lohue, 「Harriot (or Hariot) Thomas」, *Dictionary of Scientific Biography*, vol. 6, 124-29.

소들과 변치 않는 제5원소가 정당하고 영원한 자리를 차지하고 있으며 신을 전혀 필요로 하지 않는다고 말하는 것이, 아무런 자리도 차지하고 있지 않는 무한하게 작은 조각들 혹은 씨앗들의 대군이 신성한 장군도 없이 이러한 질서와 아름다움을 만들었다고 말하는 것보다 천배는 더 그럴 듯하게 들리기 때문이다."[65] 더욱이 베이컨은 『학문의 존엄과 진보에 대하여』(1623)에서 데모크리토스와 에피쿠로스와 같은 고대 유물론자들(루크레티우스도 포함됨)의 자연철학이 다음과 같다고 주장했다.

> 사물의 구조에서 신과 정신을 제거했고, 그러한 이유로 자신의 형식을 자연에 관한 무한한 소론과 증명이라고 보았으며, …… 목적인의 혼입 없이도 특정 사물의 원인을 물질의 필연성으로 돌렸다. 이것이 나에겐 (그들 철학의 단편들과 유물들로 판단할 수 있는 한) 물리적 원인과 관련하여 훨씬 더 확고한 주장으로 보였고, 아리스토텔레스와 플라톤의 자연철학보다 자연을 훨씬 더 꿰뚫어 보는 주장으로 보였다. 바로 이 하나의 이유 때문에 전자는 결코 목적인 때문에 시간을 낭비하지 않은 반면, 후자는 항상 목적인을 되풀이했던 것이다.[66]

프로메테우스에 대해 다룬 소론 『고대의 지혜』(*The Wisdom of the Ancients*)에서, 베이컨은 프로메테우스가 그리스 신화학 안에서 두 가지 종

65 Francis Bacon, *Philosophical Works*, ed. John M. Robertson (Freeport, N.Y.: Books for Libraries Press, 1905), 754. 또한 Thomas Franklin Mayo, *Epicurus in England (1650–1725)* (Dallas: Southwest Press, 1934), 19–23을 볼 것.

66 Bacon, *Philosophical Works*, 471–72.

류의 섭리를 대변한다고 설명했다. 하나는 신의 섭리이고 다른 하나는 인간의 섭리이다. 베이컨은 이 소론에서 프로메테우스를 데모크리토스라는 인물로 대체했는데, 데모크리토스는 에피쿠로스와 더불어 유물론의 외관 속에서 프로메테우스주의의 참된 영웅적 자질을 대변했다. 베이컨은 에피쿠로스를 데모크리토스보다 뒤떨어지는 인물로 보았는데, 이는 에피쿠로스가 자유에 맞서는 것은 어느 것도 수용하기를 거부하면서 "자신의 자연철학을 도덕철학에" 예속시켰기 때문이었다. 그러나 베이컨은 미신에 대한 에피쿠로스의 비판을 계몽의 핵심으로 여겼다. 이 지점에서 그는 에피쿠로스의 「메노이케우스에게 보내는 편지」에 나온 다음의 진술을 인용했다. "군중이 숭배하는 신들을 부정하는 사람이 아니라 군중이 믿고 있는 방식으로 신들을 긍정하는 사람이야말로 진정 불경한 사람이다."[67]

또한 베이컨은 "종의 변이"라는 사실을 지적하면서 에피쿠로스의 진화관을 따랐다. 그가 『숲 속의 숲, 혹은 10세기 동안의 자연사』(*Sylva Sylvarum; or a Naturall History in Ten Centuries*)에서 썼던 것처럼, "통속 철학에서는 종의 변이가 불가능하다고 단언했다. …… 그러나 이것에 관한 몇몇 분명한 사례들이 등장하고 있는 것을 보고 있노라면, 종의 변이가 불가능하다는 의견은 거부되어야 하며 그것을 일으키는 방법이 발견되어

67 같은 책, 848-53, 444-46; Diogenes Laertius, *Lives of Eminent Philosophers*, vol. 2, 649-51 (X, 123-24). 베이컨의 프로메테우스 해석에 관한 위의 논의는 상당 부분 Reid Barbour, *English Epicures and Stoics: Ancient Legacies in Early Stuart Culture* (Amherst: University of Massachusetts Press, 1998), 79-91에 나오는 훌륭한 분석에 의존했다.

야 한다."[68]

필사본이 존재했으나 중세 시대에는 잊혀져 있던 루크레티우스의 수고가 1417년에 재발견되었다. 이것이 1473년에 인쇄되었고, 그 후 17세기 초반까지 30종 정도의 편집본이 유통되었다. 그러나 17세기 중반 이후가 되서야 에피쿠로스주의는 유럽 사상으로 대거 진입하게 된다. 프랑스인 성직자, 신학자, 철학자, 수학자이며, 동시대인인 홉스, 데카르트와 더불어 기계론 철학의 지지자인 피에르 가상디(1592–1655)는 에피쿠로스주의와 기독교의 웅장한 종합을 만들어냈다. 가상디는 노골적으로 자신의 목적이 낡은 아리스토텔레스의 자연관을 타도하는 것이라고 기술했다.[69] 마르크스가 지적했던 것처럼, 가상디는 에피쿠로스가 이성을 통해 "비록 무게와 크기는 그게 다를지라도 모든 물체가 위에서 아래로 떨어질 때 동일한 속도를 낸다는 실험으로 증명된 사실을 예측했다"는 것에 크게 놀랐다.[70]

에피쿠로스의 복원자로서, 가상디는 마르크스가 설명했듯이 『방법서설』(*Discourse on Method*, 1637)과 『명상록』(*Meditations*, 1641)에 구현되어 있는 데카르트의 형이상학에 대한 중요한 반대자가 되었다. 가상디는 1644년에 쓴 『의혹들』(*Doubts*)에서 데카르트의 형이상학을 공격했다. 데카르트의 형이상학은 본유 관념, 즉 "나는 생각한다. 고로 존

---

68 Francis Bacon, *Philosophical Works* (London: Longman, 1857), vol. 2, 507.

69 Carolyn Merchant, *The Death of Nature* (New York: Harper & Row, 1980), 201–2; Howard jones, *The Epicurean Tradition* (New York: Routledge, 1992), 166–85; Alfred Cobban, *In Search of Humanity: The Role of the Enlightment in Modern History* (New York: George Braziller, 1960), 75를 볼 것.

70 Marx and Engels, *Collected Works*, vol. 1, 57.

재한다"를 출발점으로 삼고 있었다. 가상디는 이 비판에서 데카르트의 정신 개념에 나타난 관념론 입장에 반대하여 유물론 입장을 취했다(데카르트의 형이상학은 본질적으로 자연을 기계론적으로 본 자신의 물리학과는 많이 달랐다). 물질세계와 감각의 우위를 강조하면서, 가상디는 선행하는 존재를 알지 못하고 감각이 봉쇄당한 채 사유하는 것은 오직 끝없는 "나, 나, 나..."만 낳고 말 것이라고 단언했다. 이는 다음의 이유에서였다. "당신은 어떠한 존재도 사유 속의 자신에게 귀속시킬 수 없을 것이다. 당신은 어떠한 속성도 알지 못할 것이기 때문이다. 그리고 당신은 '존재한다'라는 동사의 위력을 알지 못할 것이다. 당신은 존재가 무엇인지, 혹은 존재와 비(非)존재 사이의 차이를 알지 못할 것이기 때문이다."[71]

찰스 1세와 찰스 2세의 주치의였던 영국인 월터 찰턴(Walter Charleton, 1619—1707)은 친구 토머스 홉스로부터 가상디의 저작을 소개받았다. 그는 가상디의 연구 결과를 영국 과학계에 전파했고, 기독교와 양립할 수 있는 자신만의 "순화된" 에피쿠로스주의의 설명을 발전시켰다.[72] 찰턴의 『에피쿠로스-가상디-찰턴의 생리학』(*Physiologia Epicuro-Gassendo-Charltonia,* 1654)은 영국에서 에피쿠로스를 기계론 철학과 융합시키려는 최초의 체계적 노력이었다. 그의 연구는 1656년에 존 이블린이 루크레

71 Pierre Gassendi, *Selected Works* (New York: johnson Reprint, 1972), 207; Rene Descartes, *Discourse On Method and the Meditations* (Harmondsworth: Penguin Books, 1968).

72 George A. Panichas, *Epicurus* (New York: Twayne Publishers, 1967), 140-41. 홉스와 로크 모두 에피쿠로스 원자론을 복원한 가상디의 영향을 받았다. Bernard Pullman, *The Atom in the History of Human Thought* (New York: Oxford University Press, 1998), 144-45, 166.

티우스의 『사물의 본성에 대하여』 1권을 영어로 변역하는 것으로 이어졌다. 토머스 스탠리(Thomas Stanley)는 『모든 학파의 철학자의 삶과 견해, 행동, 담론을 담은 철학사』(*History of Philosophy, Containing the Lives, Opinions, Actions, and Discourses of the Philosophers of Every Sect*)에서 책의 상당 부분을 에피쿠로스에게 할애했는데, 이것은 플라톤과 아리스토텔레스를 합한 것보다 더 많은 지면을 차지했다.[73]

존 이블린(1620–1706)은 에피쿠로스의 숭배자일 뿐 아니라 영국 왕립협회의 창립 주역 중 한명이었고 17세기 영국의 가장 위대한 환경보존 주창자였다. 영국 왕립협회에서 발행한 최초의 공식 간행물이 이블린의 『숲, 혹은 폐하 치세기 삼림과 목재 증식에 관한 논고』(*Sylva, Or a Discourse of Forest-Trees and the Propagation of Timber in His Majesties Dominions*, 1664)였다(이 저작은 이블린 생애 동안 4판까지 발행되었다). 그는 이 책에서 해운업, 유리 제조업, 철용광로 등의 수요로 초래된 영국의 삼림에 가해지는 "거대한 황폐화"에 대해 한탄했다. 이블린은 "이런 심각한 현상이 너무 **만연**했기 때문에, 향후 이렇게 중요한 **결점**을 치유하기 위해 뭔가 우호적인 **방책**과 수단이 진지하고 신속하게 제안되어 해결되지 않는다면, 이 **나라**의 가장 영광스럽고 중요한 **보루**는 머지않아 이러한 방책을 완전히 필요로 하게 될 것이다"라고 관찰했다. 그는 런던으로부터 22마일 거리 안에서 점유면적 1평방피트를 초과하는 벌목을 금지하는 엘리자베스 여왕 시대의 법률들을 집행하는 일과 대규모 대지에 묘목을 식재하는 일에 자문을 했다.

---

73 Howard Jones, *The Epicurean Tradition* (New York: Routledge, 1992), 204-5.

더욱 중요한 사실은, 이블린이 위대한 저작 『매연대책론: 혹은 런던에서 뿜어내는 불편한 대기와 연기』(*Fumifugium: Or, the Inconvenience of the Aer and Smoake of London Dissipated*, 1661)를 집필했다는 점이다. 그는 이 책을 찰스 2세 앞에서 발표했다. 이 저작에는 베이컨주의뿐 아니라 에피쿠로스주의 유물론에 대한 이블린의 열정이 분명히 나타나 있다. 루크레티우스가 쓴 위대한 시집의 6권에 나오는 "졸리게 만드는 숯의 연기와 향기가 얼마나 쉽게 뇌 속으로 들어가는가?"라는 루크레티우스의 시구가 이블린의 저서 표지글로 인용되었다. 이블린은 런던에서 일상화된 환경오염을 비난하면서 대기오염 문제를 고찰하는 데로 나아갔다. 그는 대기오염이 취사용 불사용 때문이 아니라 다음과 같은 원인에서 비롯된다고 보았다.

> 양조업자, 염색업자, 석회제조업자, 염제업자, 비누제조업자, 그밖에 다른 사적 사업들이 바로 문제다. …… 이것들이 검게 그을린 연통에서 매연을 뿜어내는 동안, **런던**이란 도시는 차라리 **불카누스의 작업장이나 지옥의 입구**라는 **에트나 산**의 모습을 닮았다. …… 모든 사물 위에 검게 그을린 분진을 흩뿌려 쌓이게 하는 것은 바로 이것[끔찍한 매연]이다.

이블린은 "**런던**에서 사망하는 사람들의 절반 이상이 **결핵**이나 **호흡기 질환**으로 죽고 **거주민들**이 **감기**를 달고 산다"는 사실에서 "이 모든 것의 결과"가 잘 드러난다고 기술했다. 이러한 모든 것을 고려할 때, 이블린이 루크레티우스의 시집 6권에서 발견되는 유물론적 질병학의 영향을 받았다는 점은 분명한 사실이다. 시는 "질병과 죽음의 원인"이 되는 물질의 특정 원자가 존재한다고 강조했다.[74]

크롬웰의 시대와 그 이후의 왕정복고 시기 동안에 에피쿠로스주의가 부활되었다는 사실은 에피쿠로스주의의 급진적이고 반(反)종교적인 함의가 항상 뛰쳐나오려고 했음을 의미했다. 따라서 유명한 시인이자 홉스의 친구인 에드먼드 월러(Edmund Waller)는 루크레티우스의 무신론적 세계관을 설명하는 시를 써서 이블린에게 보냈다.

> 루크레티우스, 황새와 같은 운명으로
> 한 나라에서 태어나 승천했던 그는
> 이제 영어로 된 시로 선포하게 되었다
> 어떤 군주도 우리를 지배하지 않노라고
> 우연과 원자들이 이 모든 것을 만들었노라고
> 민주주의적 질서 속에서
> 아무런 설계도, 운명도, 힘도 없이[75]

과학 공동체 내의 지배적인 전통은 기계론적 유물론과 에피쿠로스주의 원자론(그것의 무신론적 요소가 순화되었다)을 채택한다 할지라도 영국혁명과 동일시되는 급진적 유물론을 거부했다. 뉴턴보다 앞선 시기, 영

---

74 John Evelyn, *Sylva, Or a Discourse of Forest-Trees and the Propagation of Timber in His Majesties Dominions* (London: Royal Society, 1664), 2–3; John Evelyn, *Fumifugium: Or, the Inconvenience of the Aer and Smoake of London Dissipated*, in James P. Lodge, ed., *The Smoake of London: Two Prophesies* (Elmstead, New York: Maxwell Reprint, 1969), 15–17, 22; Lucretius, *On the Nature of the Universe*, 187, 194 (6.808–29, 1065–91); Merchant, *The Death of Nature*, 236–42.

75 Kargon, *Atomism in England*, 92에서 Waller를 인용함.

국의 지도적 과학자이자 베이컨주의자였던 화학자 로버트 보일(Robert Boyle, 1627–1697)은 궁극적으로 원자론에 의존하여 물질을 파악하는 온건하고 기독교화된 기계론 철학을 채택했다. 그는 베이컨주의 전통의 선구자인 사무엘 하틀립(Samuel Hartlib)을 통해 에피쿠로스에 대한 가상디의 저작을 출판되기 1년 전인 1648년에 처음 접했다.[76] 보일의 온건한 기계론 철학은 명백히 영국 혁명의 보다 급진적 요소와 결합되어 있던 범신론적 유물론과 대립하면서 발전했다. 1660년 이후 보일과 그의 동료들은 복구된 왕권과 매우 가깝게 지냈다. 1662년에 영국 왕립협회가 창립되었다. 이곳은 과학과 종교의 양립가능성을 중심에 둔 영국 국교의 이데올로기를 채택했고, 새로운 과학의 제도화를 위한 공식 기구가 되었다.[77] 이러한 타협의 상징은 보일이 그리스 원자론의 반(反)신학적 함의에 대해 거부한 것이었다.

> 나는 에피쿠로스주의자들처럼 무한한 진공 속에서 우연히 마주친 원자들이 스스로 세계와 그 세계의 모든 현상들을 만들 수 있다고 가정하려는 것이 아니다. 또한 나의 가정은 신이 물질의 덩어리 전체에 불변의 운동량을 부여했을 때 우주를 창조하는 것 이상의 일을 할 필요가 없었으며, 물질의 각 부분들은 누군가로부터 안내받지 않는 그것들 자체의 운동을 통해 스스로 규칙적 체계에 들어간다는 것이 아니다. 내가 변호하

76 같은 책, 95.

77 Jacob, *The Radical Enlightenment*, 70, 81. 또한 J. J. Macintosh, 「Robert Boyle on Epicurean Atheism and Atomism」, in Margaret J. Osler, ed., *Atoms, Pneuma, and Tranquility: Epicurean and Stoic Themes in European Thought* (New York: Cambridge University Press, 1991), 197–217.

> 는 철학은 순수하게 물질적인 사물에만 적용된다. 사물의 최초 기원과 그 이후 자연의 과정을 구분하는 것은 다음의 내용을 가르친다. 물질에 운동을 부여한 것은 사실 신이다. 신은 애초에 자신의 의도대로 설계된 세계에 운동을 불러들여 물질의 각 부분들의 다양한 운동을 너무나 잘 인도했고, 이러한 운동의 규칙들과 우리가 자연법칙이라고 부르는 실재하는 사물들 사이의 질서를 수립했다. 따라서 신에 의해 우주가 일단 만들어지고 운동법칙들이 결정되면, 모든 것은 신의 영원한 무리(concourse), 일반적 섭리에 의해 지탱된다. 동일한 철학은 이렇게 가르친다. 세계의 현상들은 물질의 각 부분들의 기계적 속성에 의해 물리적으로 생겨난다. 그리고 그것들은 기계적 법칙에 따라 상호 작용한다.[78]

이와 같이 보일은 원자론적 물질 개념에 의거한 자연 법칙에 관한 기계론적 관점을 물질의 기원과 자연의 운동법칙을 전지전능한 신의 계획에 의한 것으로 보는 신학적 입장과 결합시키려고 했다.

실제로 보일은 과학 못지않게 신학에 대한 글을 썼으며, 자연신학의 중요한 주창자들 중 한 명으로 여겨진다. 보일의 『자연적 사물들의 목적인에 관한 논고』(*Disquisition About the Final Causes of Natural Things*, 1688)는 신의 존재를 설명하고자 하는 설계론의 초기 설명을 분명하게 대변했다. 이러한 초기 설계론은 보일과 동시대인인 존 레이(John Ray)를 통해서도 발전되었고, 한 세기 후 등장하는 윌리엄 페일리의 사상을 미리 보여주는 것이었다. 보일이 볼 때, "에피쿠로스와 그의 동료들 대다수는 ……

78 John C. Greene, *The Death of Adam* (Ames, Iowa: Iowa State University Press, 1959), 11-12에서 Boyle을 인용함.

사물의 목적[목적인]을 고려하는 것을 애써 외면했다. 이들에 따르면, 세계의 존재가 우연에 의해 만들어지며 어떤 것의 목적이 의도되어 있다고 전혀 가정할 수 없기 때문이다."[79] 이러한 의미에서 우연은 주사위를 던져서 나오는 결과와 같은 순수한 우연이 아니라 우주의 우발적 본성, 따라서 자연사와 사회사의 우발적인 본성에 기초한 주장—설계론과는 직접적으로 반대되는 관점—을 의미했다. 그러므로 보일은 본질적으로 기계론적 관점을 형성하는 과정에서, 에피쿠로스주의 원자론에서 일정한 가설들을 채택했지만 철저한 유물론과 무신론은 거부했다. 스티븐 제이 굴드가 쓴 것처럼, 보일은 "종교와 기계론을 모두 결합시켜 이 둘에 더 높은 지위를 부여하는 일관된 체계를 만들었다."[80]

1687년에 『자연철학의 수학적 원리』(*Philosophiae Naturalis Principia Mathematica*)의 출판과 함께 과학에 혁명을 일으켰던 아이작 뉴턴(1642–1727)은 보일의 관점과 거의 일치하는 관점을 채택했다.[81] 뉴턴은 초기 저작에서 에피쿠로스주의 원자론에 크게 의존했지만 나중에는 원자론에 관한 이러한 초기 고찰들을 억압했다. 이는 의심의 여지없이 고전적 에피쿠로스주의가 반(反)종교적 함의를 지녔기 때문이었다. 뉴턴의 『프린키피아』는 물질을 미립자나 원자의 측면에서 보는 관점을 제시했다. 그러나 이것은 이 관점이 과학계 내에서 광범위하게 수용된 후의 일이었

---

79 Robert Boyle, *Works* (London: A. Millar, 1744), vol. 4, 515.

80 Stephen Jay Gould, *Leonardo's Mountain of Clams and the Diet of Worms* (New York: Crown Publishers, 1998), 287–98; Mitchell Salem Fisher, *Robert Boyle, Devout Naturalist* (Philadelphia: Oshiver Studio Press, 1945).

81 Greene, *The Death of Adam*, 12.

고, 앞선 시기 가상디와 찰턴, 보일의 저작 속에서 기계론 철학이 발전하는 과정에서 에피쿠로스주의에 존재하는 최악의 이단적 성격에 대해 예방접종이 이루어진 후였다.

뉴턴의 자연철학과 그것이 자연신학과 맺은 관계는 1692년과 1693년 사이에 리처드 벤틀리(Richard Bentley)에게 쓴 4통의 편지에 분명하게 나타나 있다. 벤틀리는 에피쿠로스주의 유물론과 무신론이 가져올 위협에 대처하기 위해 마련된 자연신학의 8가지 설교(보일의 강좌) 중 마지막 두 개를 준비하는 과정에서, 과학적 근거를 마련하기 위해 뉴턴에게 도움을 요청했다. 편지들에서 드러나는 것처럼, 뉴턴은 생각건대 유물론에 맞서 싸우고 자신의 종교적 신념을 지키기 위해 필요하다면, 기계론 철학에 대한 자신의 확신을 포기하는 것을 부끄러워하지 않았다. 예컨대 뉴턴은 토머스 버넷(Thomas Burnett)에게 보낸 편지에서 태곳적 지구의 지질학적 증거와 7일 만에 세계를 창조했다는 성경 구절을 일치시키기 위해서, 지구가 매우 천천히 자전하여 하루의 길이가 매우 길었을 것이라고 가정했다.[82]

82 Richard Bentley, *Sermons Preached at Boyle's Lecture* (London: Francis Macpherson, 1838), 1-50, 146-216. 1691년에 사망한 보일은 기독교 종교에 최상의 증거와 가장 참된 옹호를 과학이 제시한다는 것을 보여줄 강좌를 개설하기 위해 연간 50파운드를 제공하라고 유언을 남겼다. 모든 돈은 "악명 높은 무신앙, 즉 무신론, 이신론, 이교도, 유태인, 이슬람"을 공격하는 설교를 1년에 8번씩 제공하는 역할을 부여받은 "거룩하고 성실히 설교하는 성직자"에게 기탁되었다. 리처드 벤틀리가 이러한 유증을 수행하기 위한 첫 번째 강사로 선정되었고, 『무신론 논박』이라는 제목 하에 여덟 차례의 설교를 진행했다. 이 설교는 에피쿠로스와 루크레티우스를 일차 표적으로 삼았다. 벤틀리는 훗날 신학박사로 케임브리지 대학 트리니티 칼리지의 학장이 되었다. H. S. Thayer, ed., *Newton's Philosophy of Nature* (New York: Hafner

전통적 종교관에 도전한 에피쿠로스 유물론의 영향을 제한하려는 어떠한 시도도 고대 원자론이 뉴턴과 초기 왕립협회의 과학자들에게 끼친 근본적 영향력을 제거하지는 못했다. 과학사가 로버트 카르곤(Robert Kargon)이 지적했던 것처럼—뉴턴의 동시대인인 에드먼드 헤일리(Edmund Halley)도 그 당시 사실상 동일하게 해석했다—"『프린키피아』의 상당 부분은 원자운동의 역학을 제시하는 것으로 볼 수 있고, 실제로 그렇게 비춰졌다." 카르곤의 말마따나 "비록 이 저작이 눈에 보이는 물체를 주로 다루고 있지만" 말이다. 『프린키피아』 서두에 붙은 헤일리의 뉴턴 송가는 독자들에게 뉴턴의 저작을 소개하기 위해 기독교의 입장에 따라 "순화된" 루크레티우스의 언어를 사용했다.[83] 앨런 쿡(Allan Cook)이 새로 쓴 헤일리의 전기에서 기술한 바와 같이, 헤일리뿐 아니라 상당 부분 뉴턴도 "갈릴레오와 가상디처럼 …… 자신의 형이상학을 아리스토텔레스보다 에피쿠로스에게서 발견했다."[84] 마찬가지로 계몽사상에 관한 여러 권의 권위 있는 역사연구물을 저술한 피터 게이(Peter Gay)는 다음과 같이 서술했다. "가상디의 입자물리학이 보일에게, 또한 보일을 통해 뉴턴에게 깊은 인상을 주었다는 점은 분명하다. …… 허공 속에서 빙빙 도는 원자 세계라는 에피쿠로스적 모델은 거칠고 제멋대로이지만, 수세

Publishing Company, 1953), 63-64, 187-88; Stephen Jay Gould, *Dinosaur in a Haystack* (New York: Random House, 1995), 25-26을 볼 것.

83 Kargon, *Atomism in England*, 129; Jacob, *Scientific Culture and the Making of the Industrial West*, 69; J. T. Dobbs, 「Stoic and Epicurean Doctrines in Newton's System of the World」 in Osler, ed., *Atoms, Pneuma, and Tranquility*, 221-38.

84 Alan Cook, *Edmund Halley: Charting the Heavens and the Seas* (Oxford: Oxford University Press, 1998), 198.

기 동안 기독교 문명을 지배했던 과학적 세계상에 대한 유용한 중화제였다."[85]

이 모든 상황은 1662년에 찰스 2세가 왕립협회를 설립 직후 등장한 한편의 광시(狂詩)를 통해 잘 표현되었다. 이 시는 다음과 같다. "이 단체는 우리를 확신하게 만든다, / 아리스토텔레스는 에피쿠로스에 비하면 멍청이라고."[86]

17세기에 아리스토텔레스의 영향력 쇠퇴는 일반적인 설명처럼 고대와 근대 사이의 직접적인 갈등 형태를 띠지 않았다. 오히려 마가렛 오슬러(Margaret Osler)와 레티지아 파니자(Letizia Panizza)가 지적했던 것처럼, "초기 근대 사상의 역사는 적어도 부분적으로 하나의 고대 모델과 다른 고대 모델 사이의 상호작용이라고 이해될 수 있다."[87] 그렇지만 에피쿠로스의 유물론이 종교에 제기한 도전은 보일과 뉴턴 같은 많은 선도적 과학자의 연구 속에서 이상한 타협을 만들어냈다. 그들은 물질세계에 관한 기계론적 관점을 발전시켰음에도 불구하고 자연의 배경에 신을 자연 내부의 주동자로 고스란히 남겨두었다.

17–18세기에 폭풍 같은 논쟁을 불러온 것은 에피쿠로스와 루크레티우스의 원자론만이 아니었다. 고대 유물론자들과 관련된 "장구한 시간" 관념 역시 큰 논쟁을 불러왔다(비록 루크레티우스에 따르면 대지는 우주와 다르게 명백히 "새로 만들어진" 것으로 언급되었지만 말이다). 이것은 기독교 세

85 Peter Gay, *The Enlightenment* (New York: Alfred A. Knopf, 1966), vol. 1, 306.
86 Mayo, *Epicurus in England,* 129.
87 Margaret J. Osler and Letizia A. Panizza, 「Introduction」, in Osler, ed., *Atoms, Pneuma, and Tranquility*, 9.

계관을 위협했고 향후 과학의 발전과 함께 점점 더 많은 지지를 받게 될 터였다. 에드워드 스틸링플리트(Edward Stillingfleet)의 『신성의 기원』(*Prigines sacrae,* 1662), 존 우드워드(John Woodward)의 『지구의 자연사에 대한 소고』(*Essay Towards a Natural History of the Earth*), 사무엘 슈크포드(Samuel Shuckford)의 『신성과 불경의 역사』(*Sacred and Profane History,* 1728)와 같은 주요 자연신학 저작들은 모두 에피쿠로스와 루크레티우스, 그리고 그들 다음으로 홉스를 주적으로 봤다. 이에 따라 현재에는 "지질학적 시간"라고 불리는 견해에 맞선 종교의 투쟁은 에피쿠로스의 유물론을 고전적인 적(敵)으로 삼았다.[88]

에피쿠로스주의의 이단적 속성은 위대한 이탈리아 철학자 지암바티스타 비코(Giambattista Vico, 1668–1744)에 대한 에피쿠로스의 영향이 상당 부분 감춰져 있었다는 점에서 알 수 있다. 여기에는 비코의 『새로운 과학』(*magnum opus, Scienza nuova*)도 포함된다. 그는 사상의 상당 부분을 루크레티우스에게서 가져왔다. 여기에는 특히 루크레티우스의 위대한 시에서 발견되는 인간 문화의 발전 관념이 관련되어 있었다. 그럼에도 불구하고 그는 이러한 사실을 숨길 수밖에 없었다. 비코의 친구들 중 몇몇이 나폴리에서 종교재판으로 수감되었기 때문이다. 그들에 대한 고발 내용 중에는 단지 에피쿠로스와 루크레티우스를 언급했다는 것도 포함되어 있었다. 단테의 『신곡』(*Inferno*)에 나오는 지옥의 제6층에 에피쿠로스와 그의 추종자들을 수감해야 하며, 이곳에서 그들은 반쯤 열린 채

88 Paolo Rossi, *The Dark Abyss of Time: The History of the Earth and the History of Nations from Hooke to Vico* (Chicago: University of Chicago Press, 1984), 25–28, 217–27, 251; Lucretius, *On the Nature of the Universe*, 137 (5.326–36).

불타는 무덤들을 셀 수 없을 정도로 많이 발견하게 될 것이라는 종교적 견해가 여전히 지배하고 있었다. 비코 자신도 인류가 야생에서 기원했다는 루크레티우스의 사상을 수용했다는 이유로 공격을 받았다. 비코는—근대 학자들이 결국에 보여주었던 모습과 마찬가지로—"외견상 루크레티우스를 비판"하는 태도를 취했지만 루크레티우스의 사상에 의거하여 그것을 개조했다.[89]

18세기 에피쿠로스주의는 영국과 유럽 대륙에서 유물론 사상을 발전시키는데 있어서 중요한 역할을 계속 수행했다. 과학 발전은 오직 에피쿠로스 유물론을 확증하는 것처럼 보였다.[90] 스코틀랜드의 철학자 데이비드 흄(David Hume, 1711—1776)은 『인간 오성에 관한 연구』(*Enquiry Concerning Human Understanding,* 1748)에서 한 절을 에피쿠로스의 도전에 관한 가상 연설에 할애했다. 이 가상 설명의 가정에 따르면, 에피쿠로스는 "신성한 존재"를 부정하고 도덕성을 훼손했다는 이유로 아테네의 법정에 서게 되었다. 흄은 자신에게 유사한 비난을 퍼부어온 사람들에 대해 항변코자 고대 유물론자인 에피쿠로스의 주장을 통해 몇 가지 자기 정당화를 제시했다.[91] 죽음을 앞둔 마지막 몇 달 동안, 흄은 죽음이 다가오고 있음을 직감하고 루크레티우스와 루시안을 다시 읽으며 기운

---

89 Gino Bedani, *Vico Revisited* (Oxford: Berg, 1989), 132.

90 Cobban, *In Search of Humanity*, 140.

91 David Hume, *Enquiries Concerning Human Understanding and Concerning the Principles of Morals* (Oxford: Oxford University Press, 1975), 132-42. 루시안(Lucian, c. 120-c. 180)은 그리스의 풍자작가이자 이야기꾼이다. 특히 그는 종교에 대한 재치 있는 풍자로 유명했다. 그는 에피쿠로스를 숭배하긴 했으나 에피쿠로스주의자가 되지는 않았다.

을 냈다. 프랑스에서 볼테르는 루크레티우스의 『사물의 본성에 대하여』를 너무 중요하게 여긴 나머지 책장에 여섯 가지 다른 판본과 번역본을 꽂아두었다.[92] 그는 이렇게 말했다. "루크레티우스는 그의 시론, 그의 묘사, 그의 윤리학 등 그가 미신에 맞서 말한 모든 것에 대해 존경받을 만하다." 게이의 주장처럼, 18세기에 이해되던 "계몽"이란 관념 자체가 상당 부분 루크레티우스로부터 영감을 받은 것이라는 점을 인식할 때, 루크레티우스가 볼테르에게 끼친 영향이 잘 이해될 수 있다. 그 이유는 다음과 같다. "그가 루크레티우스는 어두움을 내쫓고 그늘을 없애며 사상을 명료하게 했다고 말했을 때, 이는 과학이 종교를 정복했다는 것을 의미했다."[93] 그러나 볼테르는 무신론적 함의를 가진 철저한 유물론을 수용하기에는 너무 확고한 이신론자이자 뉴턴주의자였다. 그래서 1740년대 초반(볼테르가 처음으로 뉴턴의 영향을 받았던 시기), 그는 뷔퐁과 홀바흐와 같은 유물론자에 대해 날카롭게 공격하는 글들을 발표했다.[94]

라메트리, 엘베시우스, 홀바흐, 디드로 등과 같은 프랑스 유물론자의 저작은 에피쿠로스주의 유물론에 상당할 정도의 영향을 받은 것으

---

92 Gay, *The Enlightenment*, vol. 1, 98-107, 356.

93 같은 책, 102-3. 앞으로 보게 되겠지만, 마르크스도 박사학위 논문에서 동일한 결론을 지적했다. 그는 에피쿠로스를 고대의 위대한 계몽가로 묘사했고 이것을 아이스킬로스의 『사슬에 묶인 프로메테우스』에서 묘사된 그리스의 프로메테우스 신화를 이것과 연결시켰다. 여기서 프로메테우스는 인류에게 **불(빛)을 가져다주었으며** 올림포스의 신들에게 공공연히 도전했다.

94 Shirley A. Roe, 「Voltaire versus Needham: Atheism, Materialism, and the Generation of Life」, in John W. Yalton, ed., *Philosophy, Religion and Science in the Seventeenth and Eighteenth Centuries* (Rochester, New York: University of Rochester Press, 1990), 417-39.

로 보였다. 에피쿠로스의 원자론, 윤리학, 생명을 지닌 자연에 관한 토론, 종교 비판, 필멸성에 대한 논의 등이 그들의 저작 전반에 걸쳐 분명히 나타났다. 라메트리는 말년에 『에피쿠로스의 체계』(*The System of Epicurus,* 1750)라는 이름을 붙인 루크레티우스에 관한 유물론적 명상록을 저술했다. 홀바흐의 『자연의 체계』(*System of Nature,* 1770)는 루크레티우스의 정신에 입각해서 저술되었고, 출판된 바로 그해 고등법원의 유죄 판결에 따라 소각처분 되었다. 기소장은 홀바흐의 이론이 에피쿠로스에 연원하고 있다고 쓰여 있었다.[95]

과학적 우주론에 커다란 기여를 한 『보편적 자연사와 천체론』(*Universal Natural History and the Theory of the Heavens,* 1755)에서 청년 임마누엘 칸트(1724–1804)는 지구 및 태양계 전체가 시간 속에서 생성되었다는 혁명적 견해를 발전시켰을 뿐 아니라 무한한 공간이라는 통찰과 결합된 장구한 시간에 관한 논의를 발전시켰다. 칸트가 흥미를 가졌던 것은 본질적으로 우주에 대한 진화적 설명이었다. 이러한 견해는 에피쿠로스의 유물론과 폭넓게 관련이 있으며, 칸트가 다음과 같이 선언하도록 만들었다.

> 나는 …… 루크레티우스와 그의 선행자인 에피쿠로스, 레우키포스, 데모크리토스의 이론이 내 이론과 많이 유사하다는 사실을 부정하지 않을 것이다. 이들 철학자들과 마찬가지로 나도 자연의 최초 상태가 공간 안

95 Julien Offray de La Mettrie, *Machine Man and Other Writings* (New York: Cambridge University Press, 1996), 91–115; Kemp, ed., *Diderot, Interpreter of Nature,* 21; Pullman, *The Atom in the History of Human Thought*, 153.

에 존재하는 모든 물체들의 태곳적 물질, 즉 이 철학자들의 명명에 따르면 물질의 원자들이 우주로 확산하는 것이었다고 확신한다. 에피쿠로스는 기본 입자들이 중력과 무게를 가지며 이 때문에 가라앉는, 혹은 낙하하는 것이라고 단언했다. 이것은 내가 수용한 뉴턴의 인력과 크게 다르지 않는 것처럼 보인다. 또한 에피쿠로스는 비록 낙하운동의 원인과 결과에 관해 터무니없는 공상을 보이긴 하지만, 낙하운동 과정에서 직선으로부터의 일탈 가능성을 원자에 부여했다. 이런 일탈은 우리가 입자들의 척력에서 연역한 직선 낙하로부터의 경로변경과 어느 정도 일치한다.[96]

그럼에도 불구하고 칸트는 에피쿠로스주의가 모든 것을 단순히 "우연"으로 돌리는 것에 반대했다. 오히려 그는 "질서정연한 전체"를 만들어내는 어떤 정해진 "필연 법칙"을 지적했다. 자연신학을 자신의 짝으로 여겼던 뉴턴의 기계론 철학처럼, 칸트는 이러한 법칙의 존재를 "보편적 최고 지성"에 의한 것으로 돌렸다.[97] 『판단력 비판』(*Critique of Judgement*), 그리고 특히 그의 목적론적 판단 비판에서, 성숙기의 칸트는 비판철학의 창시자로서 목적지향성, 혹은 목적인이 존재론적 실재인 자연에 부여된다는 순수한 목적론적 자연관에 반대했다. 이러한 이유에서 칸트는 에피쿠로스로부터 비롯된 강력한 반(反)목적론적 지향을 지닌 유물론 전

96 Immanuel Kant, *Cosmogony* (New York: Greenwood, 1968), 12-13; James W. Ellington, 「Kant, Immanuel」, *Dictionary of Scientific Biography*, vol. 7, 224-35.

97 같은 책, 14. 칸트는 『자연과학의 형이상학적 토대』(1758)에서 그리스 원자론을 완전히 거부하지 않으면서도 원자론에 대해 어느 정도 더 비판적인 관점을 받아들일 수 있었다. Immanuel Kant, *Philosophy of Material Nature* (Indianapolis: Hackett Publishing, 1985), Book II, 90-93을 볼 것.

통에 일정정도 동의를 했다. 하지만 칸트는 과학이 지성을 통해 이해되고 법칙을 제공하고 목적을 갖는 우주라는 선험적 가정을 필요로 하기 때문에 이러한 목적론 판단이 **발견적 교수법**(heurisitic)(즉 설명을 위한 방법)으로써 필요하다고 주장했다. 이것이 의미하는 바는, 물질세계가 신이 존재한다는 증거를 제공하지는 않지만 물질세계를 고찰하기 위한 목적에서 그 배후에 지성이 존재하는 것처럼 간주할 필요가 있다는 것이다. 이렇듯 칸트는 유물론적 방법론을 지식의 규제 원리로서의 목적론적 판단 관념과 일치시키려고 노력했다. 칸트는, 에피쿠로스의 철학이 목적지향성이나 지성이 존재하긴 하지만 설계된 것은 아니라고 보는 이론집단에 속한다고 보았다.[98] 칸트는 "과도한 물리학"(hyperphysical) 지향 때문에 에피쿠로스주의에 비판적이었지만 기계론적 관점에 의거하여 물리세계를 분석했고 자연신학(칸트는 "물리신학"이라고 불렀다)을 거부했다. 다니엘 달스트롬(Daniel Dahlstrom)에 따르면, "칸트가 …… 기계론 설명에 개방적이었다는 점은 그가 반복해서 이러한 설명을 우선시했다는 사실을 감안한다면 그리 놀랄 일이 아니다. 오직 자연의 기계론에 근거할 때에만 우리는 사물의 본성을 모두 통찰할 수 있고, 이러한 기계론이 없이는 자연과학이 존재할 수 없다고 칸트는 주장했다."[99]

98 Immanual Kant, *Critique of Judgement* (Indianapolis: Hackett, 1987), 257-317, 324-36, 369-81; Frederick Copleston, *A History of Philosophy*, vol. 6 (London: Burnes & Oates, 1960), 349-56, 370-79; James G. Lennox, 「Teleology」, in Fox Keller and Lloyd, eds., *Keywords in Evolutionary Biology*, 324-33.

99 Kant, *Critique of Judgement*, 272; Daniel O. Dahlstrom, 「Hegel's Appropriation of Kant's Account of Teleology in Nature」, in Stephen Houlgate, ed., *Hegel and the Philosophy of Nature* (Albany: State University of New York Press, 1998), 172.

칸트에게 있어서 에피쿠로스가 얼마나 중요한지는 그의 첫 번째, 두 번째 비판서인 『순수이성 비판』(*Critique of Pure Reason*)과 『실천이성 비판』(*Critique of Practical Reason*)에서 분명히 드러난다. 『순수이성 비판』에서 칸트는 인식론에 있어서 플라톤과 변증법적으로 쌍벽을 이루는 인물이 바로 에피쿠로스였음을 강조했다. 그는 "에피쿠로스는 가장 중요한 감각의 철학자라고 부를 수 있으며, 플라톤은 가장 중요한 지성의 철학자"라고 서술했다. 또한 칸트에 따르면, 감각의 철학자 에피쿠로스는 "아리스토텔레스와 로크보다 (에피쿠로스는 추론과정에서 경험의 범위를 결코 넘지 않았기 때문에) 감각체계에 보다 일관되게 부합"했다. 『실천이성 비판』에서 칸트는 플라톤과 에피쿠로스가 인식론 안에서 (유물론과 관념론, 감각과 지성 사이의) 근본적인 대별점을 이룬다고 언급하면서 이 점을 재차 강조했다. 칸트의 『순수이성 비판』은 선험적 지식의 분석을 통해 이 둘을 초월하고자 했고 이를 통해 실천 이성, 신학, 도덕의 지배 아래서 보다 완전한 발전을 가능케 하려고 했다.[100]

칸트는 죽기 4년 전인 1800년에 출판한 『논리학』(*Logic*)에서 에피쿠로스를 "그리스 사상가들 중 **가장 뛰어난 자연철학자**"라고 언급했다. 칸트에 따르면, 철학은 "최근 들어 철학의 개선을 부분적으로 활발해진 자연탐구"에 빚지고 있다. "근대시기 자연을 탐구한 최초의 학생이자 가장 위대한 학생이 배룰람의 베이컨이었다."[101] 이 부분의 의도가 에피쿠로스와

100 Kant, *Critique of Pure Reason*, 702–3; Immanuel Kant, *Critique of Practical Reason* (Cambridge: Cambridge University Press, 1997), 117.

101 Immanuel Kant, *Logic* (New York: Dover, 1988), 34–36. 칸트는 그의 『인류학』(1798)에서 감각의 충족, 다시 말해 쾌락의 추구에 대한 에피쿠로스주의 접근법이

베이컨 사이의 암묵적 연관성을 끌어내려는 것이었음은 의심의 여지가 없다.

칸트가 에피쿠로스를 비판하면서도 굉장히 칭송한 것과는 대조적으로, 낭만적 범신론적 철학을 전개한 프리드리히 셸링(Friedrich Shelling, 1775–1854)은 에피쿠로스의 유물론을 생기 없는 기계론 철학으로 묘사했다. 그에 따르면 자연철학은 에피쿠로스의 유물론에 신비한 정신을 불어넣어야 했다. 셸링은 자신의 시, 「한스 브리틀박의 에피쿠로스주의 신앙고백」에서 유물론에 대한 자신의 유심론적 반응을 가장 분명히 드러냈다. 시에서 가상의 주인공이자 종교를 믿지 않는 에피쿠로스주의 유물론자인 브리틀박은 긴 고백을 하던 도중 돌연히 감각의 이면에 "위대한 정신"이 있음을 발견하고 갑작스레 독일 관념론자로 전향한다. 이 위대한 정신은 "잔혹한 자연환경에 맞서" 투쟁하는 와중에 인류의 출현("정신이 계획한 결과이자 왕관")을 통해 궁극적인 승리를 거두게 된다.[102]

훨씬 더 뛰어난 게오르그 빌헬름 프리드리히 헤겔(1770–1831)의 철학에서, 그리고 1830년대 후반에서 1840년대 전반까지 마르크스도 관련 맺고 있었던 급진적 청년 헤겔학파(가장 대표적 인물로 브루노 바우어(Bruno Bauer), 칼 프리드리히 쾨펜(Karl Friedrich Köppen)이 있음)의 철학에서는 더욱 더 에피쿠로스주의가 스토아주의, 회의주의와 함께 고대 그리스와 로

스토아주의 접근법보다 우월하다고 주장했다. Immanuel Kant, *Anthropology from a Pragmatic Point of View* (Carbondale: Southern Illinois University Press, 1978), 54, 136을 볼 것.

102 Josiah Royce, *The Spirit of Modern Philosophy* (Boston: Houghton Mifflin, 1920), 186-89를 볼 것. 이 책에는 셸링의 시가 길게 인용되어 있다.

마 사회의 "자기의식" 발전을 대변하는 것으로 이해되었다.[103] 헤겔주의 용어에서 자기의식은 자각과 자기충족을 추구하는 추상적 주관적 자유의 원리를 의미하며, 자기 외부의 모든 존재를 자신으로부터 분리된 사유로 인식하게 된다. 그러므로 철학적 비판은 인간의 자기의식의 자유로운 발전을 가로막는 모든 힘들을 폭로하여 그것의 본 모습—사유, 혹은 정신의 소외—으로 인식하는 것을 의미했다. 이러한 자기의식의 최고 형태는 계몽 그 자체였다.

헤겔의 『철학사』(*History of Philosophy*)에서 에피쿠로스주의는 추상적 개별성의 발전을 대변하는 것으로 묘사되었다. 반면 스토아주의는 추상적 보편성으로, 회의주의는 앞선 두 철학을 무효로 만드는 학파로 묘사되었다. 헤겔의 시각에서 볼 때, 에피쿠로스의 물리학은 "근대 물리학의 원리에 지나지 않는다." 헤겔은 "에피쿠로스가 경험적 자연과학과 경험적 심리학의 창시자이다. …… 에피쿠로스의 물리학은 …… 무엇이 물리적인 것인가에 대한 보다 계몽된 견해를 도입했고 신에 대한 공포를 추방했다는 이유에서 유명하다"고 설명했다. 여기서 고대의 옷을 걸친 "이른바 계몽"의 추상적 개인주의를 발견할 수 있다. 그러나 헤겔에게 에피쿠로스는 근대 과학의 관점을 대변하는 동시에 과학의 철학적 빈곤을 대변하기도 했다. 그래서 헤겔은 (이전에 말했던 모든 내용과 완전히 일치하지는 않지만) 다음과 같이 서술했다. "우리는 에피쿠로스의 철학 사상에 대해 존경심을 가질 수 없다. 더 적절하게 말하자면 그는 우리가 존경할 만한 사상을 가지고 있지 않다."[104] 이후 청년 헤겔학파들이 에피쿠로스주의에

103 Hegel, *Lectures on the History of Philosophy*, vol. 2, 232-36.

104 같은 책, 235-36, 295-98. 마이클 인우드는 몇 가지 근거를 가지고, 마르크스가 박

대한 이러한 견해를 더욱 발전시켰다. 청년 헤겔학파는 에피쿠로스주의자가 특히 17, 18, 19세기 유럽 계몽주의를 미리 보여주었다고 주장했다. 또한 그들은 이 시기가 자기의식의 성장, 추상적 개별성, 자연과의 관계에서 신성한 힘의 거부를 특징으로 한다고 보았다.[105]

하이네의 표현을 빌자면, 헤겔과 청년 헤겔학파에게 1740년에서 1786년까지 프로이센의 왕이자 볼테르와 라메트리의 후원자였던 프리드리히 대왕(1712–1786)은 "왕관을 쓴 유물론자", 즉 근대 에피쿠로스주의의 신봉자로 알려져 있었다. 1840년에 마르크스의 친구인 쾨펜은(마르크스보다 10년 연상이었다) 『프리드리히 대왕과 그의 반대자들』(*Frederick the Great and His Opponents*)이란 제목의 책을 출판했다. 프리드리히 슐레겔(Friedrich Schlegel)과 같은 독일 낭만주의자들은 "에피쿠로스의 조야한 유물론"을 비판했고, 근대시기 "에피쿠로스의 가르침이 확산되고 근대 자연과학의 발견들에 의해 보완되어, 특히 프랑스에서 18세기 후반기 지배적 철학으로" 성장했다는 사실에 개탄했다. 이와 반대로, 쾨펜—훗날 그는 이 시기 자신의 생각이 모두 마르크스로부터 나왔다고 지적했다—은 그리스 원자론과 계몽주의 사이의 연관을 장점으로 보았다. "모든 계몽주의 대변자들이 사실상 많은 지점에서 에피쿠로스주의자들과 관련되어 있었다. 반대 시점에서 보면, 에피쿠로스주의자들이 자신들을 주로 고대의

사학위 논문에서 "에피쿠로스에 대한 헤겔의 불공평함을 다루겠다"고 썼다고 주장했다. Michael Inwood, *A Hegel Dictionary* (Oxford: Basil Blackwell, 1992), 262.

105 이 점과 관련하여, 게이가 철학자로서 볼테르는 "스토아주의, 에피쿠로스주의, 회의주의 사상을 종합하여 현재로 가져온 절충주의자였다"고 썼다는 점을 주목해야 한다. Peter Gay, *The Party of the Enlightment* (New York: W.W. Norton, 1963), 11.

계몽주의 대변자로 보았듯이 말이다." 의미심장하게도, 쾨펜은 이 책을 자신의 친구인 마르크스에게 바쳤다.[106]

마르크스와 에피쿠로스

마르크스는 1841년에 제출한 (그리고 곧바로 승인된) 박사학위 논문 서문에서 쾨펜의 『프리드리히 대왕과 그 적대자들』을 호의적으로 언급했다. 그러나 자신의 논문에서 마르크스는 에피쿠로스의 철학 자체로 되돌아가는 길을 선택했다. 에피쿠로스 철학이 어떻게 17세기와 18세기 유럽 계몽주의에 나타난 유물론, 인간주의, 추상적 개인주의의 등장을 미리 보여주었는지 살펴보기 위해서였다. 마르크스에 따르면, 에피쿠로스는 "그리스적 계몽의 가장 위대한 대표자이며 루크레티우스의 찬사를 받을 만했다."[107] (에피쿠로스에게 보내는 찬사인 『사물의 본성에 대하여』에서 루크레티우스는 그를 이성, 즉 계몽을 가져온 사람이라고 언급했고, 미신이라는 그림자를

106 Heinrich Heine, *Selected Prose* (Harmondsworth: Penguin Books, 1993), 256; White, *Karl Marx oud the intellectual Origins of Dialectical Materialism,* 122–23에서 Schlegel and Köppen을 인용함; Adams, *Karl Marx in His Earlier Writings,* 26. 그렇지만 에피쿠로스주의는 독일 계몽주의에 중요한 충격을 가했고, 이에 대한 반응은 유물론이 아닌 범신론, 이신론 경향을 띠었다. 이에 대해서는 Thomas P. Saine, *The Problem of Being Modern: Or the German Pursuit of Enlightenment from Leibniz to the French Revolution* (Detroit: Wayne State University Press, 1997)을 볼 것.

107 Marx and Engels, *Collected Works*, vol. 1, 73.

햇살보다도 더 잘 없앨 수 있는 내면의 정신적 빛이라고 이해했다.[108]) 에피쿠로스주의, 스토아주의, 회의주의가 그리스 철학의 발전 전체에 대한 단서를 제공해주지만, 그 중에서도 특히 에피쿠로스주의는 현재의 유럽을 이해하는 열쇠라는 것이 그의 주장에 함축된 내용이었다.[109] 마르크스는 헤겔에 대해 체계적으로 학습하기 이전부터 이미 베이컨의 『학문의 존엄과 진보에 관하여』(1623)를 학습했다. 따라서 에피쿠로스가 "자신의 자연철학을 자신의 도덕철학에 순응시키고 종속시켰다"라는 베이컨의 비판을 잘 알고 있었다. 그러나 마르크스는 에피쿠로스에게서 나타나는 이러한 성향을 (데모크리토스의 철학과 비교했을 때) 강점으로 바꾸어 버렸다.[110] 무엇보다 베이컨이 목적인을 가지고 추론하는 자연신학의 방식에 대해 공격했다는 점이 마르크스에게 영향을 주었음은 의심의 여지가 없다. 목적인에 입각한 주장을 거부했고 "사물의 구조에서 신과 정신"을 제거했기 때문에 고대 유물론자들인 데모크리토스, 에피쿠로스, 루크레티우스의 자연철학이 플라톤과 아리스토텔레스의 철학보다 우월하다는 베이컨의 주장도 마찬가지의 영향을 주었다.[111] 베이컨이 『고대인들의 지혜』(*The Wisdom of The Ancients*)에서 그랬던 것처럼, 마르크스는 논문에서 프로메테우스의 이미지를 그리스 원자론자들과 연결시켰다. 다만 마르크스의 경우, 고대 시기 프로메테우스의 짝은 데모크리토스가 아니라 에피쿠로스

108 Lucretius, *On the Nature of the Universe*, 167–68.

109 "그들의 본질이 풍부한 특징을 지니고 강렬하고 변치 않았기 때문에 근대 세계 자체가 그들에게 정신적 시민권을 부여해야만 했던 것이 아닐까?" Marx and Engels, *Collected Works*, vol. 1, 35.

110 Bacon, *Philosophical Works*, 443–44.

111 같은 책, 47–72.

였다.

베이컨을 공부하던 시절의 마르크스는 독일의 자연신학자, 헤르만 사무엘 라이마루스(Hermann Samuel Reimarus, 1694–1768)(훗날 이신론자가 된다)의 저작, 특히 『동물의 기술본능에 관한 고찰』(*Considerations on the Art Instincts of Animals,* 1760)도 같이 읽으며 "좋은 시절"을 보내고 있었다. 라이마루스의 가장 유명한 저술은 사후에 나온 『유고들』(*Fragments,* 1774–1777)이다. 라이마루스는 자연신학의 입장에서 에피쿠로스의 유물론을 비판하는 영향력 있는 저술을 남기기도 했다. 『자연 종교를 옹호하기 위한 주요 진리들』(*The Principal Truths of Natural Religion Defended,* 1754)이라는 제목이 붙은 이 책은 1791년에 이르러 독일어 6판까지 나왔으며 네덜란드어, 영어, 프랑스어로 번역되었다. 이 책의 영어 번역본에 추가된 부제는 다음과 같다. "그 중 루크레티우스, 뷔퐁, 모페르튀, 루소, 라메트리, 그리고 다른 고대와 근대의 에피쿠로스 추종자들에 대한 반론이 고찰되며, 그들의 학설이 논박됨." 라이마루스는 『동물의 기술본능에 관한 고찰』과 『자연종교를 옹호하기 위한 주요 진리들』에서 모두 신의 존재를 설명하는 설계도를 통해 자기주장을 증명하려 했다. 이러한 점에서 그는 18세기 말 독일의 페일리였다. 마르크스가 박사학위 논문의 주제를 선택할 때 관심을 가지게 된 것이—어느 정도 간접적인 이유이긴 하지만—바로 유물론, 그리고 유물론과 자연신학 간의 충돌 등과 관련된 주제들이었다.[112]

112 Marx and Engels, *Collected Works*, vol. 1, 19; Hermann Samuel Reimarus, *The Principal Truths of Natural Religion Defended and Illustrated, in Nine Dissertations; Wherein the Objections of Lucretius, Buffon, Maupertius, Rousseau, La*

박사학위 논문의 주장 자체는 원자 물리학의 차이들을 중심으로 전개되었다. 데모크리토스와 에피쿠로스 사이에 발견되는 이 차이는 물리학을 넘어서 인식론으로 이어졌다. 에피쿠로스를 영어로 번역한 뛰어난 에피쿠로스주의 학자 시릴 베일리(Cyril Bailey)가 1928년에 설명했던 것처럼, "이제 그의[마르크스의] 저작으로 되돌아가서, 그가 그 당시 이용할 수 있었던 자료들을 가지고 얼마나 끝까지 고찰해갔는지를 본다면, 정말 놀라지 않을 수 없다. …… 그는 사실상 에피쿠로스가 데모크리토스의 원자론을 완전히 받아들였을 뿐 아니라 이것을 여기저기 개악했다는 고대부터 내려온 전통을 거부한 선구자였다. 이것은 마르크스 당대의 역사학에서도 그럴싸하게 주장되고 있던 견해였다." 베일리에 따르면, 마르크스는 에피쿠로스의 휘어짐에 담겨있는 의미에 집중하여 데모크리토스의 체계와 에피쿠로스의 체계 사이에 존재하는 진정한 차이를 "인식한 사실상 최초의 인물"이었다. "그는 올바르게 보았다. …… 두 사상가 사이의 진정한 차이는 그들의 밑바탕에 깔린 '지식 이론'에 있다." 데모크리토스는 다음의 역설을 간단히 인정했다. 다시 말하면 진리란 현상에서 발견되는 것인데, 원자에 관한 진리는 인간의 감각들을 넘어선 먼 곳에 있는 불가지한 존재라는 것이다. 이와 반대로, 에피쿠로스의 원자론은 에피쿠로스로 하여금 인간의 감각 및 존재의 본성에 대해 파고들 수

■ *Mettrie, and other Ancient and Modern Followers of Epicurus are Considered, and their Doctrines Refuted* (London: B. Law, 1766); Charles H. Talbert, 「Introduction」, in Hermann Reimarus, *Fragments* (Chico, Calif.: Scholar's Press, 1970), 6; Frederick Lange, *The History of Materialism* (New York: Humanities Press, 1950), 140; Copleston, *A History of Philosophy*, 123–24; Saine, *The Problem of Being Modem*, 193–205.

있게 해주었다.[113] 벤자민 패링턴(Benjamin Farrington)의 책, 『에피쿠로스의 신념』(*The Faith of Epicurus*)에 쓰여있듯이,

> 이상한 이야기처럼 들리겠지만, 마르크스가 바로 박사학위 논문에서 …… 처음으로 문제를 파악했고 그 해결책도 제시했다. …… 마르크스는 에피쿠로스가 자신의 체계에서 살아 있는 존재와 살아 있지 않은 존재, 자연과 사회, 외부 세계의 현상과 도덕적 의식의 요구 등을 모두 포괄하는 공간을 찾고자 노력했다는 점을 밝혔다. 그리하여 [데모크리토스와 비교했을 때] 에피쿠로스를 그 둘 중 더 깊이 있는 사상가로 보이게 만들었으며, 이를 통해 그들의 역할을 바꾸어 놓았다.

패링턴은 다른 곳에서 다음과 같이 썼다. "플라톤이 과학적 유물론자들과 전쟁을 벌였다면, 에피쿠로스는 [마르크스가 보여준 것처럼] 자신의 철학을 과학적 유물론자들에 의거했다. 그는 다만 기계적 결정론이라는 이론을 거부했을 뿐이다."[114]

사실, 마르크스는 근대 학문이 확증해온 사실을 처음으로 발견했을 따름이다. 다시 말하면 패링턴이 『고대 세계의 과학과 정치』(*Science and Politics in the Ancient World*, 1939)에서 논한 것처럼, 에피쿠로스주의는 "순수

---

113 Cyril Bailey, 「Karl Marx on Greek Atomism」, *Classical Quarterly*, vol. 22, nos. 3 and 4 (July-October 1928), 205-6. 베일리는 마르크스가 자신의 노트에서 "에피쿠로스 체계에 내재하는 변증법"을 언급한 점을 강조한다.

114 Farrington, *The Faith of Epicurus*, 7-9, 113-19; Farrington, *Science in Antiquity*, 123.

한 기계적 체계가 아니다. 진화의 산물인 인간 속에 존재하는 의지의 자유를 옹호한 것이 물리학의 영역에서 에피쿠로스가 이뤄낸 고유한 창작물이었다." 에피쿠로스는 「헤레도토스에게 보내는 편지」에서 다음을 분명히 했다. 인간의 본성은 원래 자연환경에 제약을 받는다. 그리고 "나중에 추론능력이 자연에서 제공된 것을 잘 다듬고 더 큰 발명들을 만들어내며 …… 어떤 시대와 시기에는 거대한 진전을 이룩하고, 다른 시기에는 그보다 덜한 진전을 이룩하기도 한다." 에피쿠로스의 주장에 따르면, 언어 자체도 이러한 실천적 환경들 속에서의 변화들로부터 진화해왔다. 결국 이 분석이 가리키는 것은 다음과 같다. 인간의 문화적 진화는 물질세계가 처음 확립해놓은 제약들 위에서 형성되지만 역사적 생활을 합리적으로 조직하는 것을 목적으로 하는 일종의 자유를 상징한다. 패링턴의 글에 의하면, "따라서 역사의 과정 속에서 목적이 그것에 맞는 현상을 만든다. 이것은 형이상학이 아니라 역사적으로 획득된 인간의 특성이다."[115] A. H. 암스트롱(A. H. Armstrong)은 1938년 『계간 고전』(*Classical Quarterly*)에 실린 한 소론에서 이러한 논점을 설득력 있게 정리했다.

> 우리는 에피쿠로스의 업적이 우연–필연이란 전통적 개념을 제거한 것임을 알고 있다. 그는 이것을 해낸 최초의 인물로 보인다. 따라서 에피쿠로스는 자기 체계의 경계 안에 엄격하게 머물면서 비(非)물질적인 혹은

115 Oates, ed., *The Stoic and Epicurean Philosophers*, 13; Benjamin Farrington, *Science and Politics in the Ancient World* (New York: Barnes & Noble, 1965), 146, 159, 173.

이성에 사로잡힌[다시 말해 목적론적인] 설명 원리에 전혀 연루되지 않는다. 그는 규칙성과 질서에 틀이나 배경을 제공한다. 그러면서도 불규칙적이고 변덕스러운 원리를 위한 공간을 세계에 남겨두었다. …… 이러한 구별을 염두에 두고, 플라톤 식의 우주론에 대한 적절한 대체물을 유물론적 토대 위에 제공하고자 하는 의식적인 노력이 있었음을 알게 되는 것은 즐거운 일이 아닐 수 없다.[116]

다시 마르크스에게로 되돌아가자. 박사학위 논문의 서문에서, 그는 "헤겔이 전반적으로" 에피쿠로스주의 철학과 스토아주의 철학, 회의주의 철학의 "일반적 견해들을 올바르게 정의했다"고 논평하면서 글을 시작했다. 헤겔은 자기의식의 발전이라는 측면에서 이 철학들을 바라보았다. 그러나 헤겔은 이 체계들을 완전히 설명하는 데까지 이르지 못했다.[117] 독일 낭만 철학 안에서 지배적인 에피쿠로스 해석은 에피쿠로스를 데모크리토스의 빈약한 모방자로 보았다. 그들은 에피쿠로스가 데모크리토스의 체계에 "자의적인 변덕"(arbitrary vagaries)을 도입했을 뿐이라고 보았다. 이와 반대로 마르크스는 에피쿠로스의 철학 체계가 데모크리토스의 다소 회의적인 철학 체계와 절교했다고 주장했다.[118] 에피쿠로스의 철학은 경험적 세계를 원자라는 세계의 (데모크리토스처럼 단순한 "주관적 유사성"(semblance)이 아니라) "객관적 현상"(appearance)으로 보았기 때문이다. 에피

116 A. H. Armstrong, 「The Gods in Plato, Plotinus, Epicurus」, *Classical Quarterly*, vol. 2, nos. 3 & 4 (July-October 1938), 191-92.

117 Marx and Engels, *Collected Works*, vol. 1, 29-30.

118 같은 책, 40.

쿠로스 철학의 함의는 다음의 견해에 있다. 즉 (감각으로 지각할 수 없는) 원자 세계와 감각적인 실재에 대한 지식은 추상적 개별성과 자유(자기결정) 속에 구현되어 있는 인간 이성의 내적 필연성에서 도출된다. 마르크스의 주장에 의하면, 에피쿠로스는 데모크리토스의 일면적 결정론을 뛰어 넘는다. 데모크리토스에게 필연성은 모든 것이 된다. 그러나 에피쿠로스는 우연(chance)과 우발성(Contingency), 그리고 자유(freedom)의 가능성도 역시 인식했다.[119]

마르크스의 전체 논지는 원자의 직선운동에서 발생하는 '휘어짐'(swerve), 혹은 '편위'(declination)에서 시작한다. 이것이 데모크리토스의 철학과 에피쿠로스의 철학의 차이였다. 마르크스는 이 부분과 관련하여 데모크리토스에 대한 "에피쿠로스의 수정"을 "단지 자의적인 변덕"으로 등치시킨 것이 "오랫동안 정착된 편견"이었다고 논평했다. 오히려 에피쿠로스의 '휘어짐'—사소한 일탈로서의 '휘어짐'—이 (우발성을 의미하는) 우연의 영역을 만들고, 결국 결정론으로부터 벗어날 가능성을 만들었다. 루크레티우스가 쓴 것처럼, 이것이 세계 자체가 존재할 수 있게 만들었다. 그 외의 방식으로는 원자들이 서로 충돌할 수 없기 때문에, "세계는 결코 만들어질 수 없을 것"이다. 키케로의 경우처럼, 이러한 휘어짐에 아무런 **원인**도 존재하지 않다는 주장에 반대하는 사람들도 있었다. 그들

119 같은 책, 43. 마르크스는 박사학위 논문을 작성하는 과정에서 루트비히 포이에르바하의 『베이컨에서 스피노자까지의 근대 철학사』(1833)를 공부했다. 루트비히 포이에르바하는 에피쿠로스와 가상디의 원자론에서 우연의 역할을 강조했다. "원자를 사물들의 원리로 만드는 것은 우연을 세계의 원리로 만드는 것이다." Mark W. Wartofsky, *Feuerbach* (New York: Cambridge University Press, 1977), 72에서 인용함.

은 원자론에 절대적 결정론을 요구했다. 그러나 마르크스의 주장에 따르면, 이 사람들의 주장이라고 딱히 논리적인 것은 아니었다. 원자 자체는 아무런 **원인**도 가지고 있지 않기 때문이다. 더 나아가 일부 사람들은―"원자의 영혼"을 언급하며―위의 논의에 영성을 어느 정도 추가하는 것이 필요하다고 주장했다. 그러나 이를 통해 얻을 수 있는 것이라고는 단어 하나를 추가하고 비(非)물질적 원리들을 도입하는 것 외에는 없었다.[120]

에피쿠로스 철학에서 신들이 세계―신들이 전혀 지배하지 못하는 자유와 자기결정의 세계―로부터 벗어나 휘어져 나갔던 것처럼, 에피쿠로스 철학은 존재를 제약하는 모든 양식들로부터 벗어나 "휘어져 나갔다"는 사실에 마르크스는 매혹 당했다. 에피쿠로스에게, "원자의 법칙"은 "척력"이며 요소들의 충돌이다. 원자는 더 이상 특정 형태 속에 고정될 필요가 없다. 마르크스의 주장에 따르면(이 점과 관련해서는 칸트를 따르고 있다), 사실상 에피쿠로스가 "척력의 본질을 파악한 첫 번째 인물"이었다. 따라서 마르크스는 "편위[휘어짐]가 'fati foedera'[운명의 유대]와 단절한

120 Marx and Engels, *Collected Works*, vol. 1, 36, 49-53. 휘어짐이라는 논점은 에피쿠로스 철학에서 우연/우발성을 가능하게 했다. 이것이 없으면, 우리의 감각에 명징(明徵)한 우주의 본성은 사실상 이해하기 어려울 것이다. 휘어짐과 관련하여 조지 스트로댁은 자신이 편집한 책에서 "근대 물리학에서 하이젠베르크의 불확정성 원리가 휘어짐 이론과 완벽하게 유사한 근대 이론이 되었다. 이 원리에 의하면, 물질의 핵심에는 (때때로 인과관계의 부재로 해석되는) 근본적 불확실성이 존재한다. 원자 내부에 있는 입자의 작용은 심지어 동일한 실험 조건들 아래에서도 균일하지도, 완전히 예측가능하지도 않다"고 적고 있다. George Strodach, *The Philosophy of Epicurus* (Evanston, Ill.: Northwestern University Press, 1963), 88

것임을 주장한" "루크레티우스는 …… 옳았다"고 논평했다.[121]

마르크스에 따르면, 에피쿠로스의 철학 전체에서 근본이 되는 것은 감각이 일시적 과정이라고 본 점에 있었다. "인간의 감각은 …… 시간 속에 구현되어 있고 감각 세계 자체에 대한 현재의 반영이다." 감각을 통한 단순한 지각조차 그것이 자연과의 적극적인—사실상 자연이 자연 스스로와 맺는—관계를 표현하기 때문에 가능한 것이다. "뭔가를 듣는다는 것은 자연이 스스로를 듣는 것이고, 뭔가를 냄새맡는다는 것은 자연이 스스로를 냄새 맡는 것이며, 뭔가를 본다는 것은 자연이 스스로를 보는 것이다." 그러나 사물들이 감각될 수 있게 되는 동시에 "소멸"(passing away)되는 것을 인간의 감각은 경험하게 된다. 에피쿠로스에 따르면, 감각들은 그 자체로 일시적인 외부의 자극으로 활성화되기 때문이다. 따라서 "현상 세계의 순수한 형태는 시간이다." 바로 이러한 근거에서, 마르크스는 "현상을 현상으로 다시 말해 본질의 소외로 파악하고, 본질은 현실 속에서 이러한 소외로 스스로를 드러낸다고 본 최초의 인물이 에피쿠로스였다"고 주장했던 것이다.[122]

고대 유물론은 사유를 "수동적 감각"으로 환원하는 견해라고 종종 묘사되었다. 사유는 그 자체로 "'원자들과 허공' 외엔 아무 것도 존재하지 않는다는 데모크리토스의 견해에서 보면, 외부에서 활동하는 힘들의 산물일 뿐이다." 이것은 시드니 훅(Sidney Hook)이 젊은 시절 썼던 내용이

121 Marx and Engels, *Collected Works*, vol. 1, 49-53.

122 같은 책, 63-65. 에피쿠로스에게 있어서 우리가 물질세계에 대해 감각하여 지식을 획득하는 것은 "시간의 화살"—소멸하는 물질—을 동시에 인식하는 것이라고 말한다면, 우리는 이 모든 것의 의미를 잘 파악한 셈이다.

다. 이와 반대로 관념론은 "인식의 변증법"에 "적극적"인 측면을 제공한다고 생각되었다. 그러나 마르크스는 감각을 변화나 "소멸"과 관련시켜 파악한 에피쿠로스의 유물론에 이러한 적극적인 측면이 이미 존재한다고 분명히 보았다. 이미 에피쿠로스는 소외된 자기의식이 존재함을 이해하고, 지식이 감각만이 아니라 지적 추상(마르크스가 에피쿠로스에 관한 노트에서 "감각적 확신의 변증법"이라고 언급한 복잡한 관계)과도 관련이 있다고 이해했던 것이다.[123] 무엇보다 에피쿠로스의 경우에는 세계에 대한 우리의 의식(예를 들어 우리가 쓰는 언어)이 생존을 지배하는 물질적 조건들의 진화와 관련하여 발전한다는 견해마저 발견된다.

그러므로 마르크스는 "에피쿠로스에게서 **원자론**은 그 모든 모순을 품으면서 **자기의식의 자연과학**으로서 철저하게 수행되었고 완성되었다"고 주장했다. 에피쿠로스는 현상 세계의 현실을 "본질의 소외"로 지각하면서 인간 세계로부터 인간의 소외를 인식했다. 인간 자신이 어떤 "다른 존재"와 관계 맺는 것이 아니라 다른 개별 인류와 관계 맺을 때, 인간은 단순한 자연의 산물이거나 초자연적 힘의 산물이기를 멈춘다. 이것은 에피쿠로스에 기반을 둔 마르크스의 설명이다.[124] 에피쿠로스는 헤겔이 묘사한 것처럼 그렇게 "평범한 논리"를 담고 있는 인물이 아니었다. 마르크스가 보았을 때, 에피쿠로스는—비록 여전히 전반적으로 관조적 형태에 머물고 있지만—이미 자기의식의 변증법을 제공했다.[125]

123 Sidney Hook, *Towards the Understanding of Karl Marx* (New York: John Day Company, 1933), 93-96; Marx and Engels, *Collected Works*, vol. 1, 458.

124 Hook, *Towards the Understanding of Karl Marx*, 52, 73.

125 Hegel, *Lectures on the History of Philosophy*, vol. 2, 365.

마르크스는 다음을 강조한다. 즉 에피쿠로스 철학의 고유한 특징 중 상당수가 데모크리토스 물리학의 결정론과 종교의 목적론적 원리들을 모두 반대했다는 사실로부터 나왔다. 따라서 에피쿠로스는 이렇게 말했다. "물리학자들의 숙명에 노예가 되기보다는 신들에 관한 신화를 따르는 것이 더 낫다. 후자의 경우에는 우리가 신을 믿기만 한다면 자비를 바랄 수 있지만, 전자의 경우에는 무정한 필연만 존재할 뿐이다. 그러나 우리가 받아들여야 할 것은 **우연**이지 대중들이 믿는 **신이 아니다.**"[126] 에피쿠로스에 따르면, "철학에 봉사하는 길"은 "진정한 자유"를 추구하는 것이다. 마르크스의 시각에서 보았을 때, 에피쿠로스 철학의 중심은 어떤 궁극적 속박도 염두에 두지 않는 자유에 대한 강조였다. 이것은 세네카가 자신의 『서간집』에서 인용했던 에피쿠로스의 다음 진술에서 명백하게 나타난다. "'속박 속에 사는 것은 잘못된 일이다. 오히려 어떤 사람도 속박 속에 살라고 강요받아서는 안 된다.' 물론 아니다. 자유를 향한 수많은 짧고 쉬운 길이 모든 방향으로 열려있다. 그리고 어떤 인간도 영원히 살 수는 없다는 점에 대해 신에게 감사드리자. 우리는 우리를 붙들고 있는 속박들 자체를 물리칠 수도 있다. 너는 이렇게 답변할 것이다. '에피쿠로스가 그런 말들을 했다고.'"[127] 마르크스가 20년도 더 지난 후

---

126 Diogenes Laertius, *Lives of Eminent Philosophers*, vol. 2, 659 (X, 134–35). Marx and Engels, *Collected Works*, vol. 1, 42–43에서 인용함. 『자연에 대하여』에 담긴 데모크리토스 물리학의 결정론에 대한 보다 구체적인 비판은 Long and Sedley, eds., *The Hellenistic Philosophers*, 102–4를 볼 것. 『자연에 대하여』의 해당 절은 당시 이용할 수 있는 자료들이 부족했는데도 불구하고, 마르크스가 에피쿠로스를 얼마나 정확하게 파악했는지 보여준다.

127 Seneca, *Ad Lucilium Epistulae Morales* (Cambridge, Mass.: Harvard University

페르디난트 라살레에게 설명했던 것처럼, 에피쿠로스는 "[데모크리토스의] 주장을 완전히 뒤집었다." 키케로, 플루타르코스뿐 아니라 헤겔조차도 이 사실을 이해하지 못했다.

헤르쿨라네움의 필로데모스 서고에서 숯 상태로 발견된 파피루스 유고 속에 에피쿠로스의 위대한 저작 『자연에 대하여』(*On Nature*)가 포함되어 있었다. 이 저작은 최근 몇 년 동안 상당 부분 복원되었다. 이것은 추측과 변증법적 추론에 상당 부분 근거하고 있던 마르크스의 해석을 직접적으로 강력하게 확증해주었다. 예컨대 『자연에 대하여』 25권에서, 에피쿠로스는 엠페도클레스와 데모크리토스의 기계론적 결정론에 대한 비판을 제시한다. 에피쿠로스의 글에 따르면, "원인에 대한 적절한 평가를 제시했던 최초의 인물들, 일반적으로 자신의 선행자들뿐 아니라 많은 시간이 지난 후 많은 지점들에서 커다란 문제들을 해결했을 자신의 후계자들까지도 능가하는 이 인물들은 스스로 장님이 되어 필연과 우연에 관한 모든 것을 비난하게 되었다." (인류가 행한 사건들은 인간이 가진 자유의 결과이지 단순한 필연성이나 단순한 우연의 결과가 아니라는 것이 에피쿠로스의 주장이다.) 물론 에피쿠로스의 의도는 필연성을(그의 말에 따르면, 이것은 만물은 만물로부터 비롯될 수밖에 없다는 의미이다) 완전히 부정하는 것이 결코 아니었다. 그의 의도는 단지 필연성의 경계를 깨고 자유의 **가능성**을 강조하는 것이었다. 그는 유물론을 옹호하면서도 엄격한 결정론 따위에는 반대했던 것이다. 결정론자들이 정말로 결정론적 시각을 진지하게 받아들인

Press, 1927), vol. 171-73 (Epistle XII); Marx and Engels, *Collected Works*, vol. 1, 41, 43, 82.

다면 생명 자체가 의미 없는 존재로 되기 때문이다.[128] 『자연에 대하여』에서 에피쿠로스는 이렇게 말했다. "처음부터 이미 우리를 많든 적든 어떨 때는 이런, 어떨 때는 저런, 어떨 때는 **이런 저런** 행위·사유·성격으로 이끄는 씨앗들을 항상 가지고 있다. 결과적으로 어느 방향으로 발전할지—이런 특징을 가질지, 저런 특징을 가질지—는 처음부터 전적으로 우리에게 달려 있다."[129]

사실 에피쿠로스는 유물론자이긴 했지만, 대체로 필연성이 존재하며 가능성이 필연성의 제약을 받는다는 점을 인식하는 현실적 가능성이 아니라 우연과 자유로운 결단을 과장하는 추상적 가능성에 머물렀다. 마르크스에 따르면, 이것이 에피쿠로스의 잘못이라면 잘못이었다. 에피쿠로스는 어떤 판단도 감각과 모순되어서는 안 된다고 주장하면서 **가능성**에 대한 명확한 파악을 유지하길 선호했다. 그는 그러면서도 개방적이고 비(非)결정적 태도를 유지했다(이 가능성이 추상적 가능성으로 될 위험을 무릅쓰고라도 말이다). 마르크스의 말을 빌자면, 에피쿠로스가 단호한 비(非)결정론적 사고방식을 지니고 있었다는 점은 "오직 추측만을 가지고 연역할 수 있는 사실을 자명한 사실인 양 판단하는 것은 경솔한 일이다"라고 말한 그의 태도를 통해 알 수 있다.[130] 에피쿠로스는 이러한 방식으로 일찍이 실증과학의 일면적 주장을 경멸했고, 단순한 경험론을 비웃었다.[131]

---

128 Epicurus, *On Nature*. Sedley, *Lucretius and the Transformation of Greek Wisdom*, 142, 88에서 인용함.

129 Epicurus, in Long and Sedley, eds., *The Hellenistic Philosophers*, vol. 1, 102.

130 Marx and Engels, *Collected Works*, vol. 1, 45.

131 같은 책 44-45. 에피쿠로스가 과학 발전에 끼친 영향력은 그의 철학이 비록 추상적 가능성을 강조할지라도 실재론과 전혀 모순이 되지 않는다는 점을 보여주는 것만

마르크스의 박사학위 논문에는 「에피쿠로스의 신학에 맞선 플루타르코스의 논쟁 비판」이 부록으로 존재한다. 이 글은 단편만이 남아있다. 그래도 우리는 여전히 마르크스의 『에피쿠로스 철학에 관한 노트』를 참고할 수 있다. 이 노트에는 광범위한 내용이 담겨 있다. 이 노트는 플루타르코스를 비판하고 플루타르코스의 공격에 대해 에피쿠로스를 방어하는 내용으로 채워져 있다. 이것은 지금까지 남아있는 논문 부록의 단편과 밀접히 연관되어 있다. 이곳에서 마르크스는 자연으로부터 초자연적, 목적론적 원리들을 제거할 것을 요구하는 자신의 훌륭한 종교 비판을 최초로 제시했다. 이것은 부분적으로 에피쿠로스와 루크레티우스의 영향을 받았다. 플루타르코스는 세상에서 신을 제거함으로써 모든 즐거움을 제거했다고 에피쿠로스를 공격했다. 또한 그는 자연과학을 통해 영원불멸성이란 믿음 이면에 놓인 죽음의 공포를 제거하려고 했다는 이유에서 에피쿠로스를 비판했다. 플루타르코스에게는, 이런 공포가 신에 대한 믿음에서 중요한 요소였다.[132] 논문 부록을 위해 쓴 노트(이 노트는 논문에 있는 단편적 절보다 더 포괄적이다)에서, 마르크스는 홀바흐의 『자연의 체계』에서 가져온 한 인용문으로 이에 맞섰다. 여기서 홀바흐는 루크레티우스적 방식으로 다음의 주장을 전개한다. 세계를 지배하는 신성한 힘이라는 관념이 "항상 공포 관념과 결합되어왔다. …… 그러므로 그 어떤

으로도 충분하다.

132 Plutarch, *Moralia*, vol. 14 (Cambridge, Mass.: Harvard University Press, 1967), 137-49. 에피쿠로스에 대한 플루타르코스의 비판은 주로 『도덕론』 중 「에피쿠로스는 사실상 즐거운 삶을 불가능하게 만든다」와 「콜로테스에 대한 답변」이라는 두 저술 속에 들어 있다. 마르크스는 노트와 박사학위 논문 부록의 남아있는 단편에서 이 두 저술에 대해 광범위한 답변을 했다.

것도 자연보다 우월한 존재가 있으며 이성이 그 앞에서 침묵해야 하고 인간이 행복을 얻기 위해서는 모든 것을 희생해야만 하는 존재가 있다고 인간을 설득하는 것보다 더 위험한 일은 없다."[133] 마르크스는 에피쿠로스를 좇아 "공포, 특히 쉽게 사라지지 않는 내적 공포" 속에서 인간은 자기결정권을 모두 빼앗긴 "동물이 되고 만다"고 쓰고 있다.[134] 마르크스에게 이것은 종교가 범한 가장 큰 범죄였다. 이 모든 사실을 누설했던 에피쿠로스 철학이 기독교 창시자들로부터 큰 증오를 받았다는 사실은 전혀 우연이 아니다. 마르크스와 엥겔스는 『독일 이데올로기』(*The German Ideology*)에서 "루크레티우스는 신을 타도하고 종교를 발아래 놓은 채 짓밟은 최초의 인물이었던 에피쿠로스를 영웅으로 칭찬했다"고 논평했다. 그들은 논평을 이어간다. "이런 이유에서 플루타르코스에서부터 루터에 이르기까지 모든 교부들 사이에서 에피쿠로스는 항상 뛰어난 무신론 철학자라는 명성을 얻었으며, 항상 돼지라고 불렸다. 마찬가지 이유에서 알렉산드리아의 클레멘트는 바울이 철학에 맞서 무기를 들었을 때, 그가 염두에 두고 있었던 것은 오로지 에피쿠로스 철학이었다고 말했다."[135]

마르크스는 에피쿠로스 유물론의 본질이 인류와 우주에 공통된 필멸성을 파악한 데 있다고 보았다. 루크레티우스는 다음과 같이 썼다. "일단 필멸의 존재인 생명이 불멸의 존재인 죽음에게 자리를 빼앗기게 되면, 더 이상 존재하지 않는 사람이 고통 받을 수는 없으며 아직 태어나지 않은 사람과 별반 다르지도 않다." 마르크스에게 이것이 바로 에피

133 Marx and Engels, *Collected Works*, vol. 1, 102에서 Holbach을 인용함.
134 같은 책, 174.
135 Marx and Engels, *Collected Works*, vol. 6, 142.

쿠로스 유물론의 핵심이었다. **"에피쿠로스 철학에서 불멸의 존재는 죽음이라고 말할 수 있다.** 원자, 허공, 우연, 자의성, 구성은 그 자체로 죽음이다." 에피쿠로스가 물질적 "조건들"을 강조한 것은 불멸의 존재인 죽음을—우연과 그것의 선행조건들의 역할을—인식한 것에 다름 아니었다. 인간의 자기의식과 자유는 이러한 배경 속에서 필연적으로 발생하는 것이었다.[136]

마르크스는 플루타르코스를 비판하는 와중에 다름 아닌 독일 관념론 철학자 프리드리히 셸링에 대한 반대를 드러냈다. 마르크스는 "객관적 신"에 대해 비판한 초기 셸링을 종교 원리를 옹호하던 그 당시 셸링의 반동적 위치와 대립시켰다. 이것은 후기 셸링의 반동적 자연철학이 기대고 있는 토대이기도 했다. 중요한 점은 청년 헤겔학파들에게 독일 대학의 문이 닫히고 청년 마르크스의 학문적 운명이 봉쇄된 현실을 상징하는 것이 바로 셸링의 베를린 대학 총장 임명이었다는 점이다.[137] 마르크스의 박사학위 논문이, (부록에서이긴 하지만) 에피쿠로스와 홀바흐를 지지하고 플루타르코스와 셸링을 반대하면서, "고대 계몽주의"와 근대 계몽주의를 대변했다는 사실에는 의문의 여지가 없다. 마르크스의 주장에 따르면, 플루타르코스는 "철학을 신학화한 지성"을 대변했다.[138] 이와 반대로 에피쿠로스는 신을 이 세계에서 제거해버렸다. 마르크스의 말마따나, 에피쿠로스에 따르면 실로 "인간에게 좋은 것이 인간의 외부에 존

136 Marx and Engels, *Collected Works*, vol. 1, 478, 473; Lucretius, *On the Nature of the Universe*, 88 (3.861–70).

137 Mehring, *Karl Marx*, 26–27.

138 Marx and Engels, *Collected Works*, vol. 1, 30.

재하지 않는다."[139]

마르크스는 박사학위 논문의 출판본에 집어넣을 생각으로 서문을 썼다. 이 서문에서 그는 신을 자연세계로부터 추방하고 모든 미신을 거부했다는 이유에서 에피쿠로스를 찬양한다. "단 한 방울의 피가 세계를 복종케 하고 절대적으로 자유로운 심장을 고동치게 할 수 있는 한, 철학은 결코 지치지 않고 자신의 적수들에게 다음과 같은 에피쿠로스의 외침으로 대답할 것이다. '군중이 숭배하는 신들을 부정하는 사람이 아니라 군중이 믿고 있는 식으로 신들을 긍정하는 사람이야말로 진정 불경한 사람이다.'" 이곳에서 마르크스는 일부러 베이컨을 흉내냈다. 베이컨 역시 (우리가 이미 보았듯이) 동일한 에피쿠로스의 문구를 찬양한 적이 있다.[140]

마르크스는 자연을 목적론으로 환원하는 사람들에 맞선 "에피쿠로스의 외침"에서 눈을 떼고 아이스킬로스(Aeschylos)의 『사슬에 묶인 프로메테우스』(*Prometheus Bound*)에 등장하는 신에 대한 프로메테우스의 도전 쪽으로 눈을 돌린다. 이 작품에서 제우스에 의해 사슬로 바위에 묶인 프로메테우스는 신들의 전령인 헤르메스에게 이렇게 답한다.

> 이것을 확실히 하게, 나는 내 상태를 바꾸지 않을 것이네,
> 사악한 운명일지라도 너희들의 노예가 되느니.

---

139 같은 책, 446. 마르크스가 에피쿠로스의 견해를 이렇게 해석하는 것은 마르크스가 훗날 자신이 "좋아하는 격언"이라고 말했던 "Nihil humanum a me alienum puto[인간의 일 중 나와 무관한 일은 하나도 없다]"와 놀랄 만큼 유사하다. Karl Marx, 「Confessions」, in Teodor Shanin, ed., *Late Marx and the Russian Road* (New York: Monthly Review Press, 1983), 140.

140 Marx and Engels, *Collected Works*, vol. 1, 30.

이 바위의 노예가 되는 게 더 낫다네,

아버지 제우스의 충실한 아들이 되느니.[141]

마르크스에게 있어서, 에피쿠로스는 빛을 가져온 행위, 즉 계몽(enlightment)을 대변했고, 이것은 종교적 자연관의 거부—자연주의이면서 동시에 인간주의의 형태를 한 유물론—를 의미했다. 에피쿠로스의 철학은 감각적·경험적 세계를 강조하는 한편, 세계의 해석에서 이성의 역할을 인식했다. 따라서 그것은 단지 세계들 사이의 공간에서 사는 신들을 위해 세계를 해석할 필요가 없었다.

그럼에도 불구하고 마르크스는 헤겔의 틀을 수용했다. 따라서 다음과 같이 주장했다. "에피쿠로스는 원자론을 그 최종 결론으로 밀고 갔다. 그 최종 결론은 바로 원자론의 해체이자 보편적인 것에 대한 의식

141 Aeschylus, 같은 책, 31에서 인용함. 마르크스는 고대 유물론의 종교 비판이 루크레티우스와 루시안에서 가장 완전히 발전했다고 믿었다. 그러나 그는 이러한 이념들(즉 고대 신화의 파괴)이 고대 문명을 파멸시켰다는 견해에 대해서는 즉시 냉소를 보냈다. 마르크스는 "과학 탐구가 종교의 오류들에 대하여 침묵을 지키고 로마의 정권이 루크레티우스와 루시안의 글들을 없애라고 권고했다면, 고대세계가 멸망하지 않았을까"라고 질문했다. Marx and Engels, *Collected Works*, vol. 1, 190. 물론 마르크스는 루시안의 격렬한 전기적 서술 "돌팔이 예언가 알렉산더"(Alexander the Quack Prophet)를 잘 알고 있었다. 이 책은 에피쿠로스주의자들이 훗날 다름 아닌 아보노테이코스의 알렉산더로 상징된 미신과 종교적 사기에 대한 가장 용감한 반대 세력이었다고 묘사한다(알렉산더는 이러한 비판에 대해 에피쿠로스의 **주요 학설들**을 불태우고 에피쿠로스의 추종자들 중 한 명에게 돌을 던져 죽이려고 하는 등의 방식으로 응수했다). Lucian, *Selected Satires* (New York: W.W. Norton, 1962), 267-300을 볼 것.

적 반대였다."[142] 에피쿠로스의 유물론 자체에는 단순히 원자론에, 따라서 기계론에 의존하고 있다는 점에서 일면적인 왜곡이 존재했다. 이 일면적인 왜곡은 에피쿠로스의 유물론을 보편적인 것에 대해 반대하게 만들었다. 이것은 에피쿠로스 철학 자체의 해체와 다름없었다. 에피쿠로스의 자연철학이 지닌 최대 단점은 에피쿠로스가 "기계적 자연 외에 다른 어떤 자연도 알지 못했다"는 데 있었다. 사실, 에피쿠로스는—마르크스가 루크레티우스의 위대한 시를 언급하며 쓴 내용에 따르면—감각을 찬양했으나, 바로 이 지점에 에피쿠로스의 자연철학이 지닌 이상한 특징이 놓여 있다. 이에 따르면, 그것은 "감각의 영역에서 시작"하지만 "원자와 같은 …… 추상적 원리"를 가정한다.[143] 마르크스가 박사학위 논문에서 강조했듯이, 비록 에피쿠로스가 기계론적 유물론을 상당 수준 넘어섰다 하더라도 이러한 긴장은 결코 완전히 해결되지 않았다. 패링턴의 글에 따르면 다음과 같다.

> 에피쿠로스가 그리스 세계를 아카데미[플라톤과 아리스토텔레스]의 영향력에서 구출할 수 있었을지 몰라도, 아무런 변화도 주지 않고 데모크리토스의 물리 체계를 복원하는 것이 에피쿠로스의 의도는 아니었다. 레우키포스와 데모크리토스가 구성한 원자 체계는 그의 눈에는 근본적인 결점에 의해 고통 받는 것으로 보였다. 그것은 무생명의 물질과 똑같은 기

142 Marx and Engels, *Collected Works*, vol. 1, 73.

143 같은 책, 70, 471. 헤겔은 『논리학』에서 원자의 원리는 그 자체로 유한자의 부정으로 "관념론의 원리," 다시 말해 지성의 원리라고 주장했다. Georg Wilhelm Friedrich Hegel, *Science of Logic* (New York: Humanities Press, 1969), 155를 볼 것.

계적 인과관계의 사슬 속에 인간을 포함시키는 우주 결정론이란 학설을 확립했다. 에피쿠로스가 보기에, 기계적 결정론 학설은 신화를 믿는 것보다 인간에게 더 해로운 몽마(夢魔)였다.[144]

마르크스는 에피쿠로스의 기계론에 대해 종종 유보적 태도를 보였다. 에피쿠로스의 기계론은 어느 정도는 데모크리토스에게 물려받은 것이었다. 그러나 마르크스는 이러한 기계론을 극복하는 방향으로 나아간 에피쿠로스의 진정한 기여를 잊지 않았다. 또한 그는 루크레티우스의 기여도 잊지 않았다. 마르크스는 루크레티우스를 "신선하고 예리하며 시적인, 세계의 거장"이라고 묘사했다.[145] 마르크스에게 가장 오랜 영향을 끼친 것은 에피쿠로스(또는 데모크리토스)의 물리학이 아니라 에피쿠로스의 고대 철학적 혁명이 예시한 계몽적 유물론–인간주의였다.

마르크스의 박사학위 논문은 과도기적 저작이었고, 그렇다보니 상당할 정도로 헤겔주의적 정신을 보여준다. 당시 마르크스는 브루노 바우어와 같은 다른 청년 헤겔학파들과 마찬가지로 헤겔주의를 혁명적 철학으로 생각했다. 그들은 헤겔의 참된 정신을 다음의 사실에서 찾을 수 있다고 믿었다. 우선 그것의 반(反)종교적 함의, 그리고 급진적 계몽주의와 이성의 통일 추구이다. 이 통일은 이상적 국가 속에서 구현된다고 보았다. 마르크스는 에피쿠로스의 혁명적 자기의식과 영국·프랑스 유물론자들을 깊이 이해하고 있었고, 그러면서도 동시에 이 사상들이 여전히 일면적이며, 아직 이상적 형태 속에서 이성의 원리와 통일을 이루지 못했

144 Farrington, *Science and Politics in the Ancient world*, 148.

145 Marx and Engels, *Collected Works*, vol. 1, 468.

다고 파악할 수 있었다. 그는 이전의 모든 철학을 자신의 총체적 철학의 부분적 발전으로 생각했던 헤겔 학설의 초월적 성격 덕분에 이러한 이해를 할 수 있었다. 그러나 현실에서 유물론과 사변철학 사이의 이율배반은 그렇게 쉽게 해결될 수 없는 것이었다. 그리고 마르크스는 이미 유물론의 방향으로 결정적 이행을 하고 있었다. 그의 사상이 비록 외적 형태에서는 사변적(즉 관념적)이었을지라도 본질적으로 점점 더 유물론으로 변해가고 있었다고 말할 수 있을 정도로, 이것은 결정적이었다. 이 시점에서 마르크스의 종교 비판은 독일 관념론의 자연철학을 거부하는 형태를 취했다(아마도 후기 셸링으로 대변되던 낭만파의 반동에 대한 반응이었을 것이다).[146] 동시에 그는 에피쿠로스, 루크레티우스, 베이컨, 흄, 홀바흐와 같은 사상가들의 폭넓은 유물론적/자연주의적 견해들을 열정적으로 받아들였다.[147]

마르크스는 자신의 에피쿠로스 해석이 다른 철학자들의 평가에 크게 의존하고 있다는 점을 분명히 인식했다. 에피쿠로스에 대한 그의 구체적인 지식 중 상당수가 (특히 에피쿠로스의 자유개념과 관련하여) 세네카와 섹투스 엠피리쿠스(Sextus Empiricus) 등 다른 저술가들의 저작들에 포함되어 있던 짧은 단편들에서 가져온 것이었다. (그렇지만 에피쿠로스의 저작을

146 박사학위 논문을 쓰고 있을 당시, 마르크스는 헤겔의 『자연철학』(*Philosophy of Nature*) 내용에 대한 개요를 작성하고 있었다.

147 마르크스는 박사학위 논문의 서문에서, 반(反)신학적 태도를 보였다는 이유에서 흄을 칭찬했다. 학위논문 부록에서는 (다소 애매하지만) 칸트도 마찬가지로 칭찬했다. 그가 『순수이성 비판』에서 신의 존재에 대한 존재론적 입증을 반박했기 때문이었다. 베이컨은 매우 이른 시기인 1842년에 쓰인 마르크스의 종교비판에서 언급되었다. Marx and Engels, *Collected Works*, vol. 1, 30, 104, 201.

훨씬 더 풍부하게 활용할 수 있는 요즘, 마르크스의 해석이 본질적으로 옳다는 사실이 증명되었다.) 따라서 마르크스는 1858년 5월 31일, 페르디난트 라살레에게 보낸 한통의 편지에서 다음의 사실을 인정했다. 그는 박사학위 논문을 쓸 당시 에피쿠로스의 것이라고 본 추상적 개별성과 관련된 완벽한 사유체계는 이 위대한 사상가가 남긴 단편 속에 "함축"된 수준을 넘어서지 않았다는 점을 완전히 깨닫고 있었다. 그럼에도 불구하고 마르크스는 자기 해석이 옳다고 믿었다. 이렇다보니 그는 자신의 해석을 만족스럽게 "입증"할 수 없었다. 마찬가지로 그는 다른 사람에게 에피쿠로스에게서 끌어낸 내용을 쉽게 표현할 수도 없었다. 그 내용이 무수한 그리스·라틴 문헌들에 관한 깊은 지식에 토대를 두고 있었고, 현존하는 철학적 해석들과는 상당히 달랐기 때문이다. 이런 이유에서 마르크스는 에피쿠로스의 유물론을 (다른 경우처럼—예를 들어 헤겔의 변증법처럼) 자신의 사상 속에 내면화해놓았음에도 불구하고 **표면적으로** 가끔 언급하는 수준에 그쳤던 것이다.

마르크스는 유물론의 기원에 대한 통찰들을 자신의 후기 분석 속에 다양한 방식으로 어렵지 않게 포함시켰다. 근대과학의 기원이 에피쿠로스와 베이컨의 유물론 철학에 있다는 점은 당시 광범위하게 받아들여진 명제였기 때문이다. 헤겔의 관념론을 뛰어넘고 철학을 자연주의/유물론과 화해시키려는 것과 긴밀하게 연관된 시도는 1845년과 1846년 사이에 쓰인 러시아 인민주의자 알렉산더 헤르첸(Alexander Herzen)의 『자연 연구에 관한 서간들』(*Letters on the Study of Nature*)에서 발견된다. 헤르첸은 과학과 철학, 유물론과 관념론을 화해시키려고 했다. 비록 마르크스와 비교하여 깊이(와 변증법적 통찰)는 없더라도, 그는 이를 위해 어느 정도 면밀하고 폭넓은 분석을 통해 만들어 낸 접근법을 채택했다. 그 역시도

이 과정 속에서 위대한 유물론자들—에피쿠로스, 루크레티우스, 베이컨, 홀바흐, 그리고 최종적으로 포이에르바하—에게로 되돌아갔다. 헤르첸은 "에피쿠로스주의가 우상숭배(다시 말해 고대 종교)에 치명타를 날렸다"고 평가했다. 이를 통해 에피쿠로스는 베이컨과 근대 과학을 예견했다. 에피쿠로스주의에 변증법이 결여되어 있는 것도 아니었다. "루크레티우스는 헤겔과 마찬가지로 상호작용하고 공존하는 적극적인 제1원리인 존재와 비존재로부터 시작한다." 루크레티우스는 "살아있는 모든 사물들에 대한 우애와 애정이 넘치는 자세"를 묘사했을 뿐 아니라 "화석의 존재를 추측했다." 헤르첸의 주장에 따르면, 바로 여기에 유물론—특히 보다 변증법적인 고대 형태—의 강점들이 존재한다. 이와는 대조적으로, 근대 관념론자에게 "자연은 부조리한 것이었고, …… 일시적인 것은 관념론자의 관심을 받지 못했다."[148]

이 영역에 대한 마르크스의 고유한 기여는 박사학위 논문으로 끝나지 않았다. 에피쿠로스 철학의 더 폭넓은 역사적 의의가 이후 마르크스와 엥겔스의 『신성가족』(*The Holy Family*)에서 수용되었다. 이 책에서 그들은 데카르트의 이원론 철학 안에는 물리학의 유물론이 정신의 형이상학과 공존하고 있다고 주장했다. 이렇게 17세기에 데카르트의 형이상학에서 비롯된 견해에 대한 천적이 가상디에 의해 부활한 에피쿠로스의 유물론이었다. 마르크스와 엥겔스에 따르면, "프랑스와 영국의 유물론은 항상 데모크리토스 및 에피쿠로스와 밀접한 관계를 맺고 있었다." 따라서 에피쿠로스주의를 부흥시킨 가상디는 홉스와 함께 데카르트의 형이

148 Alexander Herzen, *Selected Philosophical Works* (Moscow: Foreign Languages Publishing House, 1956), 103, 205, 221–23.

상학에 대한 최고의 적수였다.[149] 마르크스와 엥겔스가 『독일 이데올로기』에서 이야기했듯이, 에피쿠로스주의는 이 투쟁에서 중심적인 역할을 했다. "에피쿠로스가 고대의 진정한 급진 계몽가"로 계몽주의에까지 영향을 끼쳤다는 단순한 이유에서였다. 에피쿠로스주의자들은 "세계는 환상에서 깨어나야 하며 특히 신들의 공포로부터 자유로워져야 한다. 세계는 나의 친구이기 때문이다"라고 주장했다. 이들은 "국가가 인민들의 상호동의에 의존한다는 사상" 자체가 실제로 "에피쿠로스에게서 처음으로 발견된다"고 지적했다.[150] 루크레티우스는 자유로운 개인들 사이에서 창출되는 사회계약이 왕의 살해 이후 일어나는 과정이라고 묘사했다.

> 그런 연유로 왕들은 살해당했다. 그리고 먼지 속으로
> 거만한 왕좌와 홀(笏)이 가진 고대의 위엄이
> 무너져버렸다. 주권자의 머리에 놓인 훌륭한 왕관은
> 짓밟혀 천민들의 발아래 피가 묻은 채 놓이니,

---

149 Marx and Engels, *Collected Works*, vol. 4, 124-26. 마르크스에게 있어서, 독일 계몽철학자 고트프리드 빌헬름 라이프니츠(1646-1716)는 17세기에 데카르트와 스피노자의 형이상학 전통을 더욱 확장시킨 대표적 인물이었다. 라이프니츠의 형이상학이 지닌 일관성은 상당 부분 에피쿠로스와 가상디, 홉스, 로크의 유물론을 완강하게 거부하면서 "목적인(신)"을 옹호하고 일반적인 관념론의 입장에 섰다는 데에서 나왔다. G. W. Leibniz, *Philosophical Essays* (Indianapolis: Hackett, 1989), 245, 281-82, 292, 318, 329를 볼 것.

150 Marx and Engels, *Collected Works*, vol. 5, 141-42. 홉스의 사회계약 개념에 끼친 (루크레티우스를 거쳐) 에피쿠로스의 영향에 대해서는 Mayo, *Epicurus in England*, 121을 볼 것. 마르크스는 박사학위 논문을 수정하면서 추가한 문단에서, 정치적 계약을 언급했다. Marx and Engels, *Collected Works*, vol. 1, 53.

모든 고관들은 패배하여 높았던 지위를 슬퍼하네.[151]

에피쿠로스는 추종자들에게 헬레니즘 시대의 공적 생활을 떠나라고 부탁했다. 그러나 고대의 논평자들에게뿐 아니라 17세기와 18세기의 유럽 분위기에서도 에피쿠로스의 유물론이 선동적인 의미를 담고 있다는 점이 너무나 분명했다. 플루타르코스는 에피쿠로스주의자들이 "법과 정부를 폐지"하려 한다고 한탄을 했다.[152] 사실 에피쿠로스의 유물론이 계몽주의에 큰 충격을 줄 수 있었던 것은, 바로 그것이 단순한 원자론—물질세계 속에서 작용하는 힘들에서 신을 배제한 것—이상으로, 보다 적극적인 견지에서 고대의 삶 속에 인간주의와 자연주의의 진정한 자기의식적 발전을 대변했기 때문이었다.

마르크스와 엥겔스가 『신성가족』에서 강조했듯이, 계몽주의에서 나타나는 유물론은 단지 프랑스에만 국한된 현상이 아니었다. 유물론은 사실상 영국 혁명 전후 여러 해 동안 "대영제국의 **타고난** 아들"이었다. 그들은 "**영국 유물론**과 모든 **근대 경험 과학**의 진정한 원조는 베이컨이다"라고 썼다. 그럼에도 불구하고 "최초의 창시자"인 베이컨의 유물론에는 "신학에서 들여온 자가당착으로 가득 차 있다." "베이컨의 유물론을 체계화"한 사람이 바로 홉스였다. 그러나 "인간의 모든 지식과 관념이 감각세계에 기원을 두고 있다는 베이컨의 근본 원리에 증거"를 제공한 사람은 바로 『인간오성론』을 쓴 로크였다. 1845년의 마르크스와 엥겔스에게, 로크의 의의는 그가 "상식의 철학을 정립했다는 점, 다시 말해 그가

---

151 Lucretius, *On the Nature of the Universe* (Oxford verse translation), 169.
152 Plutarch, *Moralia*, vol. 14, 313.

건강한 인간의 감각과 이에 근거한 이성에 모순되는 철학은 그 어떠한 것도 존재할 수 없다고 간접적으로 말했다"는 점에 있었다.[153]

그렇지만 유물론을 사회 영역으로 가져오는 일은 프랑스의 엘베시우스와 홀바흐 같은 사람들의 몫이었다. 그리고 이것은 역사적 투쟁을 통해 결국 공산주의와 사회주의라는 보다 급진적 유물론의 등장으로 이어졌다.

> 인간이 모든 지식, 지각 등등을 감각세계로부터 그리고 그 안에서의 경험으로부터 끌어낸다면, 인간이 해야 할 일은 인간이 그 속에서 진정으로 인간적인 것을 경험하고 그것에 익숙해지도록 경험세계를 배치하는 것이다. …… 올바로 이해(理解)된 이해(利害)가 모든 도덕의 원리라면, 인간의 사적 이해가 인류의 이해와 일치하도록 만들어야 한다.[154]

마르크스는 박사학위 논문을 마무리할 무렵 유물론을 지향하는 입장에 도달했다. 그러나 마르크스의 입장은 비(非)기계론적, 비(非)결정론

153 Marx and Engels, *Collected Works*, vol. 4, 128-29. 또한 Boris Hessen, 「The Social and Economic Roots of Newton's Principia」, in Nikolai Bukharin et al., *Science at the Cross Roads: Papers Presented at the International Congress of the History of Science, and Technology, 1931* (London: Frank Cass, 1971), 181을 볼 것. 헤센의 주장에 따르면, 유물론을 훨씬 쉽게 받아들이도록 만든 것이 홉스였다. 그의 유물론은 교육받은 사람들과 과학 공동체를 대상으로 진행되었기 때문이다. 반면 대중들을 항상 지배하고 있던 것은 종교였다. "살아있는 영혼이 유물론으로부터 잘려 나갔다. 그리고 그것은 인류와 적대하게 되었다. 이러한 추상적·계산적·딱딱한 수학적 유물론은 혁명적 행동을 자극할 수 없었다."

154 Marx and Engels, *Collected Works*, vol. 4, 129-33.

적 특징을 갖고 있었고, 그렇기 때문에 18세기 프랑스 유물론자들의 입장과는 구별되었다(이것은 에피쿠로스에 대한 상이한 해석에 근거한 것이었다). 그럼에도 불구하고 그의 관점은 훗날 스스로 회상했듯이, 여전히 독일 관념론 철학에 "물들어" 있었다.[155] 그는 에피쿠로스와 영국·프랑스 유물론자들과 조우하는 과정에서 엥겔스가 나중에 "유물론적 자연관"이라고 이름붙인 견해와 마주치게 되었다. 그러나 마르크스는 합리성이 갖는 실천적 역할을 무시하는 속류 기계적 유물론 경향에 대해서 경계했다.[156] 그는 에피쿠로스와 베이컨에게서 영감을 받아 반(反)목적론적 시각을 유물론의 핵심으로 받아들였다. 1840년대에 다윈이 그랬던 것처럼, 마르크스 역시 베이컨의 "불임 처녀" 언급에 자신의 비판적 주의력을 모두 집중했다. 그가 1842년에 쓴 글에 따르면, "베룰람 남작 베이컨은 신학적 물리학이 신에게 바쳐진 처녀와 같이 불임상태이나, 자신이 물리학을 신학으로부터 해방시킴으로써 물리학이 비옥해졌다고 말했다."[157]

마르크스의 철학적 발전이 칸트의 발전과 일정 부분 유사하다는 점을 인식한다면, 우리는 마르크스의 철학적 발전을 보다 잘 이해할 수 있다. 앞서 보았듯이 칸트는 "에피쿠로스는 가장 중요한 감각의 철학자라고 부를 수 있으며, 플라톤은 가장 중요한 지성의 철학자"로 제시했다. 이 이율배반이 칸트의 고유한 비판적, 초월적 철학의 출발점이었다. (이

155 Karl Marx, *Early Writings* (New York: Vintage, 1975), 424.
156 Friedrich Engels, *Ludwig Feuerbach and the Outcome of Classical German Philosophy* (New York: International Publishers, 1941), 67.
157 Marx and Engels, *Collected Works*, vol. 1, 201.

미 언급했듯이, 칸트 역시 베이컨을 자연을 연구한 최초의 근대 학자로 묘사했다.) 마르크스에게 에피쿠로스는 최초의 감각의 철학자였다. 에피쿠로스는 세계로부터 인류의 소외를 발견했고 이에 맞서 유물론적 자연관에 근거한 과학(계몽)의 필연성을 발견했다. 그렇지만 마르크스의 파악에 따르면, 헤겔은 플라톤을 가장 위대한 지성의 철학자로 복귀시켜 놓았다. 장차 마르크스의 헤겔 비판에서 살펴보겠지만, 헤겔은—비록 추상적인 **지적** 노동의 형태를 띠지만—역사에서 노동 소외를 발견했다. 마르크스의 고유한 실천적 유물론은 이러한 견해들에 대한 비판적 초월을 통해서, 헤겔식으로 말하자면 변증법적 초월로서 등장하게 된다. 그럼에도 불구하고 그의 실천적 유물론은 그것의 토대로서 실재론적 존재론(다시 말해 유물론적 자연관)을 유지했다. 포이에르바하는 이것과 유사한 헤겔 비판을(베이컨과 가상디로부터 영감을 받았으나 에피쿠로스로부터 직접 받은 것은 아니었다) 실행에 옮겼다. 이것은 분명히 인간주의적·유물론적 견지에서 이루어졌다. 그러나 포이에르바하의 유물론은 대체로 에피쿠로스와 마찬가지로 관조적인 유물론이었다. 마르크스의 목표는 이 유물론을 실천적으로 만드는 것이었다. 이와 관련된 내용은 다음 장에서 설명될 것이다.

마르크스가 박사학위 논문을 쓴지 반세기도 더 된 1893년, 알렉세이 미하일로비치 보덴(Alexei Mikhailovich Voden, 1870—1939)이 런던을 방문하여 엥겔스와 여러 대화를 나누었다. 그는 러시아 사람으로, 1890년대에 사회민주당 활동에 참여하고 엥겔스와 서신왕래를 했다. 보덴의 회상에 따르면, 이 대화의 말미에 다음과 같은 이야기가 나왔다.

> 엥겔스는 나에게 그리스 철학사에 관심이 있는지 물었다. 그러고 나서 마르크스의 첫 번째 철학 저작에 대해 설명해주었다. 그는 초고를 보지

않고도 상당히 구체적으로 마르크스의 박사학위 논문에 대해 평가해주었다. 그리고 루크레티우스와 키케로뿐 아니라 그리스 문헌들 중 상당수(디오게네스 라에르티우스, 섹투스 엠피리쿠스, 클레멘트 등)를 암기하여 인용했다.

엥겔스는 더 나아가 키케로와 다른 철학자들이 에피쿠로스에 대해 비판을 퍼부었다는 점, 인과성을 설명하려는 시도를 모두 부정했던 에피쿠로스의 이론은 사실상 잘못되었다는 점, 에피쿠로스의 저작은 "그의 기본 명제와 모순이 되지 않는 한 다양한 측면들에서의 인과적 연관들을 탐구하라는" 변증법적인 자기의식적 요청을 대변한다는 점을 설명했다고 한다.[158] 보덴의 회상을 더 살펴보자.

마르크스가 엄격한 의미에서 헤겔주의자였는지를 내가 묻자, 엥겔스는 이렇게 답변했다. 우리는 바로 데모크리토스와 에피쿠로스 사이의 차이들에 관한 논문을 통해 다음의 것을 이야기할 수 있다. 즉 이미 자신의 문필 경력을 시작할 시점부터 마르크스는 헤겔의 변증법적 방법에 완전히 정통해 있었다. 그렇지만 아직 공부하는 과정에 있었기 때문에 헤겔의 변증법적 방법을 유물론의 변증법적 방법으로 대체할 만한 수준은 아니었다. 그러나 헤겔의 변증법을 적용하는 데 있어서 그리고, 헤겔이 가장 강력한 힘을 행사하던 영역인 사유의 역사에서, 헤겔로부터 완벽히 독

158 Alexei Mikhailovich Voden, 「Talks with Engels」, in Institute of Marxism-Leninism, *Reminiscences from Marx and Engels* (Moscow: Foreign Languages Publishing House, n.d.), 332-33.

립해 있음을 보여주었다. 헤겔은 에피쿠로스 체계에 내재해 있는 변증법을 재건한 것이 아니라 이 체계를 경멸하는 여러 의견들을 내놓았다. 반면 마르크스는 에피쿠로스주의에 내재해 있는 변증법을 재건했지만, 이것을 이상화하지 않았고 아리스토텔레스와 비교되는 내용의 빈곤함을 분명히 했다. …… 엥겔스는 마르크스가 그리스 철학사를 계속 공부할 생각을 갖고 있었으며, 자신에게 계속해서 이 문제에 대해 이야기 했다고 말했다. 이 과정에서 마르크스는 특정 유물론 체계들만 선호하진 않았다. 그는 플라톤과 아리스토텔레스에게 존재하는 변증법에 대해서도 각별히 강조했다.[159]

엥겔스와 나눈 대화에 관한 보덴의 회상은 1927년이 되어서야 세상에 나왔다(이것은 러시아어로 처음 출간되었다). 마르크스의 박사학위 논문에 관해 논평했던 사람들 모두가 이 글을 간과했던 것으로 보인다. 당시 엥겔스는 보덴에게 한 가지 부탁을 했다. 현재 이 주제와 관련된 문헌 중에서 마르크스의 해석과 유사한 에피쿠로스에 관한 해석이 존재하는지 조사해서 자신에게 알려달라는 것이었다. 보덴이 이 요청을 수락했는지 여부는 기록이 존재하지 않는다. (보덴은 1893년에 파리에서 경찰이 혁명활동의 연관성을 보여주는 자료들을 조사하려고 닥치고 있다는 경고를 경찰이 도착하기 몇 분 전에 전해듣고서는 엥겔스가 그에게 보낸 편지들을 서둘러 불태웠다.)[160] 시릴 베일리와 같은 20세기 에피쿠로스 연구자들은 마르크스의 해석이 에피쿠로스의 체계를 처음으로 제대로 이해한 해석이라고 인정했다. 엥겔스가

159 같은 책, 333.
160 같은 책, 326.

이 사실을 알았다면 큰 관심을 보였을 것이라는 점은 의심의 여지가 없다. 이 모든 일들은 다음의 사실을 시사한다. 엥겔스는 마르크스의 사상 발전에 대한 표준적 해석과는 완전히 다른 견해를 가지고 있었던 것이다. 마르크스는 이미 첫 번째 문필 작품에서부터 헤겔로부터의 독립을 보여주었다. 이것은 고대 유물론과의 조우에 근거하여 이루어졌다. 고대 유물론은 그의 사유에 지속적인 영향을 끼쳤던 것이다. 마지막으로, 엥겔스의 말들은 마르크스의 논문이 헤겔주의적이지도, 완전히 유물론적이지도 않은 과도기적 저작임을 시사한다. 이 논문에서 마르크스는 이미 유물론적 변증법이라는 문제를 고려하고 있었으나 헤겔의 변증법적 방법을 "유물론의 변증법적 방법"으로 대체하지는 못 했다.

1842년은 마르크스가 자신의 박사학위 논문을 완성한지 얼마 되지 않았던 시기였다. 같은 해 영국의 다윈은 형이상학 노트들(『M번 노트와 N번 노트』)와 씨름을 마무리하고, 연필을 들고 종의 변이이론에 관한 첫 번째 짧은 설명의 초고를 과감하게 써내려가기 시작했다. 에피쿠로스에 대한 논문을 끝마친 마르크스가 루트비히 포이에르바하의 철학, 영국의 정치경제학, 프랑스의 사회주의를 체계적으로 접하게 된 해도 바로 이 해였다. 독일, 프랑스, 영국의 정치적·경제적 현실은 점점 마르크스의 주의를 끌었다. 이것은 그 이후 몇 년 동안 마르크스가 더욱 더 단호하게 유물론적 방향으로 나아가게 했으며 보다 깊이 있는 역사 유물론의 종합을 가져왔다.

제2장
진정한 지상의 문제

마르크스의 박사논문은 1841년 4월에 승인되었다. 그러나 프로이센 당국이 급진적인 청년 헤겔학파에 대해 단호한 조처를 취하면서 학문적 경력을 추구하려고 했던 마르크스의 희망은 이내 좌절되었다. 1842년 3월, 마르크스의 절친한 동료인 브루노 바우어는 비(非)정통적 교리들을 유포시킨다는 이유로 교수 지위를 박탈당했다. 학문적 경력을 강제로 포기당할 수밖에 없게 되자, 마르크스는 저널리즘으로 눈을 돌렸고 1842년 10월에 라인지방의 주요 신문인 『라인신문』(*Rheinische Zeitung*)의 편집자 자리를 맡게 되었다. 이 신문은 쾰른의 상승하는 중간계급을 대변했지만 그 당시에는 청년 헤겔학파들이 신문의 편집권을 장악했다. 그가 편집자가 된 후 쓴 사설인 「도벌법에 관한 논쟁」은 그의 삶에 있어 지적 전환점이 되었다. 그는 이것이 "그 규모로 볼 때 진정한 지상의 문제"(the really earthly question)였다고 주장했다.[1] 마르크스는 처음으로 빈민이 발생하는 원인을 다루었고, 이후 저작에서 공통적으로 나타나는 커다란 열정을 가지고 이 문제에 임했다. 마르크스는 나중에 정치경제학에 대한 지식이 "곤혹스러울 정도로" 부족했고, 경제문제들에 대한 연구로 향할 필요성이 있음을 처음으로 깨닫게 된 계기가 이때였다고 회상했다.[2]

마르크스가 다루던 도벌이라는 사안은 사소한 사안이 아니었다. 이 시기 동안 프로이센에서 진행된 모든 기소 중 5/6가 목재와 관련이 있었으며, 라인지방에서는 그 비율이 훨씬 높았다.[3] 쟁점이 되었던 내용은 과거 공유지였던 곳과 관련하여 농민들이 가지고 있던 마지막 권리들을 해체하는 것이었다. 이 권리들은 기억할 수조차 없을 정도로 먼 과거에서부터 내려온 것이지만, 산업화의 성장과 사적 소유 체제로 인해 사라지고 있었다. 전통적으로 민중은 죽은 목재(죽은 나무에서 나왔거나 숲에 떨어져 있는 목재)를 모을 권리를 가지고 있었다. 민중은 이것으로 자신들의 집에 불을 때고 음식을 요리할 수 있었다. 그렇지만 지주들은 점점 더 숲에 있는 다른 모든 것과 마찬가지로 일반 민중들이 가진 죽은 목재에 대한 권리를 부정했다. 도벌은 밀렵 및 불법 침입과 함께 가장 가혹하게 다루어졌다.

마르크스는 이 주제를 다루기 위해 라인 주 의회에서 벌어진 도벌에 관한 논쟁들을 구석구석 조사했다. 이것들은 우선 자기 숲에 대해 소토지 소유자들이 이미 누리고 있는 것과 동일한 보호를 대토지 소유자들

1 Karl Marx and Friedrich Engels, *Collected Works* (New York: International Publishers, 1975), vol. 1, 225.

2 Karl Marx, 「Preface to A Contribution to a Critique of Political Economy」, in Marx, *Early Writings* (New York: Vintage, 1974), 424를 볼 것.

3 David McLellan, *Karl Marx* (New York: Harper & Row, 1973), 56; Franz Mehring, *Karl Marx* (Ann Arbor: University of Michigan Press, 1962), 41.

이 누릴 자격이 있는지 여부에 관한 것이었다. 소토지 소유자들은 소유지가 작고, 자신들이 그 소유지에서 실재 거주하고 있다는 사실 덕분에 불법 침입, 밀렵, 살아 있는 목재의 벌채, 죽은 목재의 채집에 맞서 자신들의 숲을 지킬 수 있었다. 이와 반대로 대토지 소유자들은 삼림 관리인에 의존해 자신의 땅을 지키고 있었고, 죽은 목재의 채집과 같은 빈민들의 행위가 형법을 위반한 경우에만 토지를 보호받을 수 있었다. 의회 논쟁의 어느 부분에서도 빈민들의 권리는 고려되지 않았기에, 마르크스가 나서서 이 문제를 기사로 다루는 과제를 맡았다.[4]

마르크스는 죽은 목재를 가져가는 것이 이제 절도의 범주에 포함되고, 살아있는 목재를 자르고 훔치는 것만큼이나 가혹하게 기소 당하는 범죄가 되었다는 점을 알게 되었다. 숲의 소유자는 이전에는 판매되지도, 어떠한 시장 가치도 지니지 않았던 것을 "가치"(사적 부의 원천)를 가진 것으로 바꾸어 갔다. 숲에서 크랜베리를 채집하는 것은 빈민층의 아이들이 전통적으로 하던 행동인데, 이것마저도 이제 절도가 되었다. 빈민이 토지와 맺었던 모든 관습적 관계들은("불법침입"이라고 규정되었던 것들을 포함한다) 금지되었으며, 토지에 대한 삼림 소유자들의 독점을 침해하는 것으로 받아들여졌다. "도벌꾼들"이 범한 유일한 잘못이라곤 가족을 부양하기 위해 빈민들의 관습적 권리들을 따랐다는 것뿐이었다. 그러나 이제 이들은 야만적인 삼림 규제에 따라 삼림 소유자에게 인계되어 숲의 소유자를 위해 강제 노동을 해야만 했다. 그들은 이를 통해 삼림 소유자에게 이윤을 제공해야 했다. 마르크스는 개인 소유 숲의 관리인들

4 Sidney Hook, *Towards the Understanding of Karl Marx* (New York: John Day, 1933), 259-61을 볼 것.

이 처한 모순적 역할을 가차 없이 공격했다. 이들은 외견상 숲의 보호자, 즉 산지기였다. 그러나 그들은 사실상 단순한 "감정인(鑑定人)"에 불과한 존재로 전락했다. 이익을 보는 사람들은 소유자였기 때문에, 숲 관리인들이 선서를 하고 감별을 할 바엔 차라리 숲의 소유자가 직접 관리하는 것이 나았다. 마르크스의 주장에 따르면, 국가는 이런 불합리한 법을 지지하여, 관습적 권리들을 따르는 일반 시민을 범죄자로, "목재의 적"으로 만들고 있었다. 그 결과 심지어 생존을 위한 경우라 할지라도, 빈민은 사적 소유 제도를 통하지 않고서는 자연과 어떠한 관계도 맺을 수 없게 되었다. 마르크스는 이때 이후로 자신의 생애 전반에 걸쳐 지속적으로 사유 재산의 소유자들이 지구를 조각조각 나눠 가지는 것에 반대했다.[5]

그렇지만 마르크스는 결국 다음의 결론을 내린다. 삼림 소유자들의 편에서 냉혹한 수탈이 벌어지고 있었는데, 합리적 법칙과 관습적 권리들에 기댄 주장으로는 이 과정이 발생하게 된 이유들을 밝힐 수 없었다. 실제 이에 대한 대답은 정치경제학에 있었다. 그는 편집자로 폭풍과도 같았던 다섯 달을 지냈다. 그러나 신문에 대한 정부의 억압이 커져 가면서 마르크스는 주주로부터 지지를 더 이상 받을 수 없게 되었다. 1843년 3월, 마르크스는 라인 신문의 편집자를 사임하는 것 말고는 다른 방도가 없다고 결심했다. 바로 이때부터 마르크스는 그 누구도 필적할 수 없는 열정을 가지고 정치경제학 연구를 시작했다.

5 Marx and Engels, *Collected Works*, vol. 1, 224-63.

포이에르바하

그러나 마르크스에게는 진지하게 정치경제학 연구에 착수하기에 앞서 해야 할 일이 있었다. 바로 역사 발전을 정신 발전의 반영으로 다루던 헤겔 체계와 보다 결정적인 철학적 단절을 하는 일이었다. 이 일은 대부분 루트비히 포이에르바하(1804–1872)가 착수한 헤겔 체계 비판에 대해 마르크스가 대응하는 과정에서 이루어졌다. 청년 헤겔학파 중에서도 중심 인물이었던 포이에르바하는 이른 시기인 1833년에 방향전환을 했다. 그는 『베이컨에서 스피노자까지의 근대 철학사』에서 실증 종교와 싸울 수단으로 유물론을 고찰했다. 포이에르바하는 이 저작에서 베이컨의 철학에 대한 비판적 친화력을 드러냈다. 그는 베이컨을 "진정한 과학의 아버지"로 묘사했으며, 베이컨의 철학이 (양적, 혹은 기계적인 것과 대립되는) 질적 유물론이라고 보았다. 포이에르바하의 글에 따르면, 베이컨은 "자연의 독창성을 인식한 최초의 인물, 즉 자연은 수학적 전제 혹은 논리적 전제 또는 신학적 전제나 예취에서 나온 파생물로 파악될 수 없고, 오직 자연 그 자체로 파악되고 설명될 수 있으며 또한 그래야만 한다는 것을 인식한 최초의 인물이었다." 이러한 점에서 베이컨의 자연(과 과학)철학은 데카르트의 철학보다 훨씬 우월하다는 게 포이에르바하의 주장이었다. "베이컨은 자연을 그 자체로 받아들이고 자연을 긍정적으로 정의하지만, 데카르트는 자연을 정신의 대응물로 부정적으로만 정의한다. 베이컨의 대상은 실재하는 자연이다. 데카르트의 대상은 오직 추상적이고 수학적이며 인위적인 자연이다."[6]

포이에르바하는 1841년에 『기독교의 본질』(*The Essence of Christianity*)을 출판했다. 이 책은 그에게 명성을 가져다주었다. 그는 이 저작에서 신이라는 관념은 단지 현실의 실재 인간 감각이 전도된 것이라고 주장했다. 인류는 자신의 모습대로 신을 창조했다. 포이에르바하가 마르크스에게 끼친 주된 충격은 대개 이 저작에서 비롯되었다고 한다(엥겔스가 내놓은 해석이다). 그러나 이것이 사실이라는 실제 증거는 전혀 없다. 마르크스에게 있어서, 『기독교의 본질』에 담긴 포이에르바하의 주장은 그다지 놀랄만한 내용이 아니었다. 이 주장은 이미 청년 헤겔학파에 속한 다른 이들, 그중에서도 특히 다비트 스트라우스(David Strauss)의 『예수의 생애』(*The Life of Jesus*)에서 예견되었기 때문이다. 이미 마르크스는 박사학위 논문에서, 헤겔이 "[신의 존재에 대한] 모든 …… 신학적 논증들을 거꾸로 뒤집었다. 다시 말해 그는 논증들을 정당화하기 위해 논증들을 거부했다"고 비판했다.[7] 마르크스에게는 포이에르바하의 『철학 개혁에 관한 예비테제』가 훨씬 더 중요한 책—실제로 이 책은 중요한 계시록으로 다가왔다—이었다.[8]

『예비테제』는 헤겔 체계의 가장 큰 약점인 부분—자연철학—에서 헤겔과 단절했음을 보여주었다. 헤겔 철학에서 자연은 자체 안에 고유한 자기결정 수단과 고유한 의미를 갖는 활동을 포함하고 있는 실재물이 아니었다. 오히려 자연은 단지 사유가 자신에게로 복귀하여 완전한 정신

6 Mark Wartofsky, *Feuerbach* (New York: Cambridge University Press, 1977), 436에서 Feuerbach를 인용함. 『신성가족』에 나오는 베이컨과 데카르트에 대한 마르크스의 견해는 포이에르바하의 견해와 놀랄 만큼 유사하다. 베이컨과 홉스의 관계에 대한 마르크스 이해 역시 마찬가지이다.

7 같은 책, 197; Marx and Engels, *Collected Works*, vol. 1, 103.

8 Mehring, *Karl Marx*, 52-53; Alfred Schmidt, *The Concept of Nature in Marx* (London: New Left Books, 1971), 22를 볼 것.

이 되기 전(前)단계에서, 추상적·일반적 형태를 한 채 경험하도록 강요받는 소외에 불과했다. 따라서 자체적으로 어떠한 능동적 원리도 갖지 못하는 자연은 헤겔의 체계 속에서 단순히 기계적 존재, 혹은 분류학적 영역으로 남게 되었다.

포이에르바하는 물질적 세계가 고유한 실재성을 지니며 이 실재성은 인류와 세계에 대한 인류의 감각적 지각을 포함한다고 주장했다. 그는 이를 통해 헤겔의 파악과 결정적으로 단절했다. 포이에르바하에 따르면, 헤겔은 본질을 존재로부터 분리했다. 그 결과는 다음과 같다.

> 헤겔의 논리학에서 본질은 자연과 인간의 본질이지만, **본질도 없고 자연도 없고 인간도 없는** 본질이다. …… **삶과 진리**는 …… 오직 본질이 존재와 사유가 감각적 지각과 능동성이 수동성과 그리고 **독일 형이상학의 스콜라적 육중함이 프랑스 감각론과 유물론의 반(反)스콜라적이고 낙천적인 원리와** 통일되는 곳에서 찾을 수 있다.[9]

이때까지 청년 헤겔학파에게 헤겔의 사변철학은 반(反)신학적 함의를 가지고 있었다. 종교 비판은 사실상 청년 헤겔학파의 진정한 목적이었다. 헤겔이 자신의 체계를 발전시키면서 루터교를 노골적으로 받아들였으며 헤겔 생전에 이미 그의 저작은 신앙의 보루로 비춰졌지만, 그럼에도 불구하고 이러한 해석이 유지되었다. 그러나 포이에르바하는『예비테제』(그리고 그 후에 나온『미래철학의 원리들』(*Principles of the Philosophy of the Future*))

9 Ludwig Feuerbach, *The Fiery Brook* (Garden City, N.Y.: Doubleday, 1972), 164-65.

에서 사변철학은 신학 비판이라기보다 사실상 신학의 "마지막 합리적 대들보"였다는 입장을 취했다. "한때 기독교 신학자들이 프로메테우스주의와 싸우기 위해 실질적으로 아리스토텔레스주의자가 되었던 것처럼, 이제 신교 신학자들은 '무신론'과 싸우기 위해 명목적으로 헤겔주의자가 되어야만 한다." 포이에르바하에 따르면, 인간 정신을 추상하고 자연으로부터 인류를 파악하는 것은 데카르트로부터 비롯된 것으로, 근대 사변철학의 기원을 이룬다. 이것은 이원론적 세계를 만들어냈다. 여기서는 본질(정신)이 존재로부터 분리되고 모든 존재가 정신의 발전 밑에 포섭되는 것이 철학적 최종 결론이 되었다.[10]

포이에르바하에게, 헤겔 체계는 감각적 존재의 세계를 부정하는 것이었다. 이것은 단지 자유의 발전에서 주된 장애물이었던 자연으로부터 인간의 소외를 종교 신학이 아닌 세속 철학의 이름으로 반복하는 것이나 마찬가지였다. 따라서 사변철학도 이전의 신학처럼 "이념에서 실재로 나아가는" 전도된 형태 속에서 발전했다. "사물과 존재를 그것들의 객관적 실재 속에서 파악하는 것은 인간을 모든 편견에서 벗어나 자유롭게 만들 수 있다. '이념'에서 실재로의 이행은 오직 실천 철학 속에서만 제자리를 찾는다." 포이에르바하의 입장에서, 헤겔 철학이 자랑으로 여긴 자기의식은 현실의 감각적 존재인 인류로부터 추상된 의식이기 때문에, (추상적 계몽이 취한 모든 허식에도 불구하고) 단지 소외된 자기의식이었다. 그것은 "실재가 없는 추상"이었다. 그러나 현실에서 "인간이 **바로** 자기의식"이며 자연은 인간의 토대이다.[11]

---

10 같은 책, 168, 185.

11 같은 책, 161, 171.

포이에르바하에 따르면, "인간 본성 자체의 본질 이외엔 인간이 **절대적인 것**으로 생각하고 꿈꾸고 상상하고 느끼고 믿고 바라고 사랑하고 찬미할 수 있는 어떤 다른 본질도 존재하지 않는다." 여기서 그는 또한 "외부의 자연"을 포용했다. "일반적인 유물론과 달리 인간이 자연의 본질에 속하는 것처럼, 주관적 관념론과 달리 자연은 인간의 본질에 속한다. 이것이 적어도 자연과의 관계에서 '절대적' 철학의 비밀이다. 오직 인간과 자연을 통일시킴으로서 우리는 기독교의 초(超)자연적 이기주의를 타파할 수 있다."[12]

마르크스가 볼 때, 포이에르바하의 비판은 결정적이었다. 그것은 헤겔의 사변철학을 본질상 여전히 신학적 세계관이나 다름없는 내용에 대한 합리적 정당화로 보았기 때문이다. 이는 헤겔 철학이 인간의 자기의식과 물질적 존재, 그리고 그 안에 포함되어 있는 자유의 가능성들을 추상적 정신의 제단에 제물로 바쳤다는 것이다. 그렇다면 사변철학의 양식을 버리고 보다 유물론적 분석 형태들을 추구해야 했다. 마르크스가 1842년에 선언한 것처럼,

> 나는 사변적 신학자들과 철학자들에게 충고한다. 당신들이 사물을 다르게 있는 그대로 이해하길 원한다면, 다시 말해 **진리**에 이르길 원한다면, 자신을 현존하는 사변 철학의 개념과 선입견으로부터 자유롭게 하라. 불의 흐름[Feuer-bach]을 **통해** 인도되는 것 외에 진리와 자유에 이르는

12 Ludwig Feuerbach, *The Essence of Christianity* (Boston: Houghton Mifflin, 1881), 270.

다른 길은 존재하지 않는다. 포이에르바하는 현시대의 **연옥(煉獄)**이다.[13]

이러한 포이에르바하의 자연주의에 대한 관심은 역으로 커져가고 있던 마르크스의 정치경제학에 대한 관심을 강화시켰다. 그는 도벌에 관한 기사를 쓴 이후 정치경제학이 자연에 대한 인간적·물질적 전유의 핵심이라는 것을 깨달았다.

무엇보다도, 마르크스가 중요하게 본 것은 포이에르바하가 헤겔의 사변철학을 거부했다는 사실만이 아니었다. 포이에르바하의 유물론이 지닌 감각적 특성과 자연주의에 대한 강조 역시 중요했다. 또한 포이에르바하는 헤겔을 거부하면서 그 대안으로 거칠긴 하지만, 철학적 비판과 자연과학 사이의 간극을 연결하는 유물론적 견해에 관한 개요들을 제공했다. 포이에르바하의 글에 따르면, "자연과학"은 "자연에 기초해야만 한다. 학설은 그것의 **자연적 토대**를 발견하지 못하는 한 **가설**로 남는다. 이것은 특히 **자유에 관한 학설**에서는 진실이다. 오직 새로운 철학만이 지금까지 **반(反)가설**, 초(超)자연적 **가설**이었던 자유를 **자연화**하는 데 성공할 것이다." 포이에르바하의 입장에서, 이 자연적 토대는 물질 그 자체에서 발견되어야 한다. 그는 선언하길, "물질은 이성을 위한 본질적 대상이다. 만약 물질이 없다면 이성은 사유를 위한 어떤 **자극**도, 어떤 **소재**도, 따라서 어떤 내용도 가지지 못할 것이다. 이성을 포기하지 않고서는 물질을 포기할 수는 없다. 이성을 승인하지 않고서는 물질을 승인할 수 없

13 Karl Marx, *Writings of the Young Marx on Philosophy and Society* (Garden City, N.Y.: Doubleday, 1967), 95.

다. 유물론자는 합리주의자이다."[14] 포이에르바하에 따르면, 현실 세계, 즉 유한자는 보편적 정신 속으로 스스로를 용해하지 않는다. 오히려 유한자 자체가 (진정한 에피쿠로스적 형태 속에서) 무한자가 되었다.

마르크스는 이렇게 감각론적 인식론에 뿌리를 둔 인간주의적 유물론의 건설에 정열적으로 반응했다. 에피쿠로스 유물론의 고유한 특성은 감각들의 진실성을 강조하는 것이었다. 에피쿠로스가 지닌 이러한 측면은 르네상스 시기 프랑스의 인문주의자인 미셸 드 몽테뉴(Michel de Montaigne)의 『레몽 세봉을 위한 변명』(*Apology for Raymond Sebond,* 1580)에서 매우 강조되었고, 로크의 감각론에 의해 새로운 생명을 얻게 되었다.[15] 따라서 이러한 측면에서, 포이에르바하의 유물론은 감각론을 강조한 것에서 알 수 있듯이 기계론이 결코 아니었다. 그의 유물론은 오히려 나중에 마르크스 자신이 『신성가족』에서 감각 경험에서 비롯된 유물론의 지류라고 불렀던 흐름과 관련이 있다. 이 흐름은 근대 철학 내에서는 로크에서 시작했으며, 고대 철학으로까지 넓히면 에피쿠로스에게로 거슬러 올라갈 수 있다. 포이에르바하의 유물론은 본질적으로 인류학적 유물론이었다. 그러나 인간의 감각을 강조했다고 그 외의 자연을 부정하지 않았다. 그는 『미래철학의 원리들』에서 다음과 같이 썼다. "새로운 철학은 **자연과 더불어 인간**을 인간의 토대로, **유일하고 보편적이며 가장 고귀한** 철학의 대상으로 만든다. 그것은 **생리학과 더불어 인류학**을 **보편적 과학**

14 Feuerbach, *Fiery Brook*, 172, 198.

15 Michel de Montaigne, *All Apology for Raymond Sebond* (Harmondsworth: Penguin Books, 1993), 170–75.

으로 만든다."[16]

마르크스는 1843년에 청년 헤겔학파인 아놀트 루게에게 "포이에르바하의 경구들[『철학 개혁에 관한 예비테제』]은 저에겐 오직 한 가지 점에서만 잘못된 것으로 보입니다. 그는 자연에 대해서 너무 많이 언급했지만 정치에 대해서는 너무 적게 언급했습니다. …… 그러나 사태는 아마도 16세기에 그랬던 것처럼 진행될 것입니다. 당시에는 자연 열광자들이 그에 상응하는 수의 국가 열광자들을 동반했습니다"라고 썼다.[17] 마르크스가 라인신문 편집자를 사임한 후 쓴 첫 번째 중요 저작은 광범위한 문헌 비판인 『헤겔 법철학 비판』(*Critique of Hegel's Philosophy of Right*)이었다. 그는 이 책에서 포이에르바하의 변혁적 방법론을 정치 영역에 적용하고자 노력했다.

자연과 인간의 소외

그렇지만 헤겔의 국가 철학에 대한 마르크스의 비판은 마무리되지 않는 상태로 남게 된다. 예니 폰 베스트팔렌과 결혼한 지 얼마 되지 않았던 1843년 가을, 마르크스는 『독불연보』(*Deutsch-Französische Jahrbücher*)라는 새로운 출판물을 시작하려는 목적에서 파리로 이주했다. 그는 이 책을 프로이센의 검열로부터 벗어난 파리에서 출판한 후 독일로 반입할 예정이었다. 그러나 새로운 출판물은 단명하고 말았다. 오직 한 권의 합

16 Feuerbach, *Fiery Brook*, 243–45.

17 Marx and Engels, *Collected Works*, vol. 1, 400.

본호가 1844년에 등장했을 뿐이다. 잡지는 즉시 프로이센에서 금지되었고, 프로이센으로 반입된 인쇄본들은 압류되었다. 마르크스와 다른 주요 편집자들에 대해서는 체포영장이 발부되었다. 반면 잡지는 프랑스에서 거의 주목을 받지 못했다.

마르크스는 당시 영국 정치경제학과 프랑스 사회주의 정치에 대한 진지한 연구에 몰두했다. 그는 이러한 파리의 보다 급진적인 정치 분위기 속에서 『1844년 경제학철학 수고』—광범위한 비판적 연구가 낳은 마르크스의 최초의 진정한 포괄적 성과물—를 저술했다. 이 저작은 '노동 소외'라는 개념을 발전시킨 것으로 널리 알려져 있다. 마르크스의 노동 소외 개념은 다음과 같이 구성된다. 즉 노동자를 (1) 그/그녀의 노동의 대상으로부터, (2) 노동과정으로부터, (3) 인간의 유적 존재(즉 인간 존재를 하나의 유(類)로 정의하도록 만드는 변혁적, 창조적 활동)로부터, (4) 서로서로 소외시키는 것. 이 소외는 인류가 자연으로부터, 즉 자기 내부의 본성(nature)과 외부의 자연(nature) 모두로부터 소외되는 것과 분리될 수 없었다.

마르크스에 따르면,

> 인간의 보편성은 실천 속에서, 자연 전체를 자신의 **무기(無機)적** 신체로, 즉 (1) 직접적 생활 수단으로, (2) 자기 활동의 물질, 대상, 도구로 만드는 보편성 속에서 스스로를 분명히 드러낸다. 자연은 인간의 **무기적** 신체, 즉 인간의 신체가 아닌 한에서의 자연이다. 인간은 자연에 의해 **살아간다.** 즉 자연은 인간의 **신체**이고 인간은 죽지 않으려면 자연과 끊임없는 대화를 유지해야 한다. 인간의 육체적·정신적 삶이 자연과 연결되어 있다고 말하는 것은 단지 자연이 자연 자체와 연결되어 있다는 것을 의미

할 뿐이다. 인간은 자연의 일부이기 때문이다.[18]

『경제학철학 수고』 이후 전 생애 동안, 마르크스는 언제나 생산을 통해서 인간 역사와 직접적으로 관련되는 한에서, 그리하여 인간 신체의 연장(延長)인 한에서, 자연(다시 말해 인류의 "무기적(inorganic) 신체")을 다루었다. 이러한 파악에 의하면, 자연과 인간 사이의 관계는 생산을 통해서 매개될 뿐 아니라 인류가 자연을 보편적인 방식으로 변형시킬 수 있게 해주는 도구—이것 자체도 인간이 생산을 통해 자연을 변형시킨 산물이다—를 통해 매개된다. 마르크스에게 이 관계는 명백히 유기적 관계였으며 물리적 관계를 넘어서는 것이었다. 이와 동시에 그것은 실천적으로 확장된 사실상 인류의 신체기관이었다. 따라서 자연을 "인간의 무기적 신체"로 언급한 것이다.

이러한 파악에 따르면, 일반적으로 인류는 자신들의 생활수단을 생산하고, 이를 통해 자연과의 고유한 역사적 관계를 생산한다. 따라서 자연은 인간에게 생명활동, 즉 생활수단의 생산 결과라는 측면에서 실천적 의미를 갖는다. 마르크스는 "인간이 자연 전체를 재생산한다"고 적고 있다. 그러나 이것을 달성하는 인류의 실천적 활동은 단지 협소한 경제적 의미의 생산이 아니다. "그러므로 인간은 미(美)의 법칙에 따라서 생산하기도 한다."

결국 소외는 자신의 노동 활동으로부터, 그리고 동시에 자연을 변형하는 인간의 적극적 역할로부터 인간이 소외되는 것을 의미한다. 마르

18 Marx, *Early Writings*, 328.

크스에 따르면, 이러한 소외는 "인간을 자신의 신체로부터, 자신의 외부에 존재하는 자연으로부터, 자신의 정신적 본질인 **인간적** 본질로부터 소외시킨다." 무엇보다 이것은 항상 사회적 소외이다. "자기 자신과 자연으로부터 인간의 자기 소외는 모두 인간이 다른 인간과 자기 자신, 자연 사이에 설정해놓은 관계 속에서 분명해진다."[19]

마르크스에 따르면, 인간의 노동 소외라는 관념을 최초로 발전시킨 인물이 바로 헤겔이었다. 그러나 그는 이것을 관념론적 맥락에서 전개했다. 이 속에서 소외는 단지 지적 노동의 소외로 이해되었다. 따라서 헤겔은 인간의 실천적 활동이 자기 소외되는 것을 자기 자신으로부터 뿐 아니라 인간의 현실적·감각적 실존으로부터, 다시 말해 인간과 자연의 관계로부터 인간이 소외되는 것의 토대라고 파악할 수 없었다.[20]

마르크스는 자연 소외 개념이 인간의 실천적 삶에서 비롯된다고 보았다. 따라서 그 핵심을 살펴보면 자연 소외는 노동 소외 개념에 비해 더 추상적인 개념이 아니었다. 이 두 개념은 자본주의 사회의 정치경제학적 요점을 이해하는 토대가 되었다. 노동 소외는 노동(력)이 사실상 수요와 공급 법칙의 지배를 받는 상품 지위로 전락했다는 사실을 반영했다. 그렇지만 이러한 노동의 프롤레타리아트화는 스미스, 맬서스, 리카르도, 제임스 밀과 같은 고전 정치경제학자들의 주장처럼 토지에 대한 인간의 관계를 변혁한 것에 기반 했다. "토지가 인간을 위해 존재하는 것은 오직 노동, 농업을 통해서이다"라고 마르크스는 적고 있다. 그러나 토지 관계는 아담 스미스가 "본원적 축적"(primitive accumulation)이라고

19 같은 책, 329, 331.

20 같은 책, 386.

명명한 과정에 의해 급속하게 변혁되었다. 여기에는 공유지의 울타리치기, 대토지의 등장, 농민의 추방이 포함되었다.

마르크스에게 있어서, 대지(earth)의 지배 자체가 그의 소외 개념으로부터 파생된 것으로, 복잡하고 변증법적인 의미를 지녔다. 그것은 토지, 즉 자연의 본질적 힘을 독점한 사람에 **의해** 대지가 지배당하는 것을 의미했을 뿐 아니라 대지가, 그래서 죽은 물질이 어마어마한 다수의 인류에 **대해** 지배력을 행사하는 것을 모두 의미했다. 그 결과 대지에 대한 지배, 이로 인한 (극소수의 이익을 위해 양도된(alienated)) 대지의 인류 대다수에 **대한** 지배는 사적 소유의 본질적 요소이며 자본주의 등장 이전의 봉건적 토지 소유—"사적 소유의 뿌리"였다—에서도 존재했다. 마르크스의 관찰에 따르면, "봉건적 지주제에서, 우리는 이미 대지가 소외된 힘으로서 인간을 지배하는 상황을 발견했다." 이미 토지는 "그것을 소유한 영주의 무기(無機)적 신체로 나타난다." 영주는 토지의 지배자이며 농민을 지배하기 위해 그 토지를 이용한다. 그러나 이러한 대지의 지배(대지의 지배를 통한 인간의 지배)를 완성한 것은 바로 부르주아 사회였다. 부르주아 사회는 외견상 토지 소유 체제에 반대했지만, 핵심 발전국면에서는 이것에 의존했다. 따라서 "영국에서처럼 대규모 토지 소유는 인구의 압도적인 다수를 산업의 품안으로 내몰고, 자국의 노동자를 완전히 비참한 상태로 전락시킨다."[21]

마르크스에 따르면, 대규모 토지 소유가 토지 독점—이것을 통해 대지를 소외시킨다—에서 한 역할은 "죽은 물질"로 이해되는 화폐에 대

---

21 같은 책, 343, 318-21.

한 자본의 지배와 유사했다. "돈은 주인이 따로 없다"는 표현은 단지 "인간에 대한 죽은 물질의 완전한 지배를 표현한 것"이었다. 그것은 "인간과 마찬가지로 토지도 돈으로 사고파는 대상 수준"으로 격하되었다는 사실을 가장 완전하게 표현했다.[22]

미르크스는 1843년에 「유대인 문제」에서 "사적 소유와 화폐 체제 아래에서 성장한 자연관은 자연에 대한 사실상의 경멸이며 실질적인 격하이다. …… 이러한 의미에서 토머스 뮌처는 '모든 피조물들, 물속의 물고기, 하늘을 나는 새, 대지 위의 식물이 소유물로 되었다는 것—모든 살아 있는 존재들은 똑같이 자유로워져야 한다—'을 참을 수 없다고 선언한다"라고 썼다. 여기서 마르크스는 16세기 초 위대한 독일 농민전쟁의 혁명적 지도자로부터 영감을 받았다. 뮌처는 생물종들이 수많은 소유형태로 탈바꿈한 것을 인류와 자연 모두에 대한 공격으로 보았다. 뮌처는 더 큰 소리로 말했다. "여러분들은 눈을 떠라! 모든 피조물들을 자신들의 소유물로 여기는 우리 영주들과 대공들의 억측을 제외하고 나면, 그 무엇을 모든 고리대, 절도, 강도를 생겨나게 하는 사악한 음모로 볼 수 있단 말인가?"[23]

뮌처가 묘사한 자연으로부터의 소외는 마르크스에게 이르러 화폐물신성을 통해 표현되었다. 화폐는 "소외된 본질"이 되었다. "화폐는 보편적이고 자기구성적인 모든 사물들의 **가치**이다. 따라서 그것은 세계 전

22 같은 책, 319.

23 같은 책, 239; Thomas Müntzer, *Collected Works* (Edinburgh: T. & T. Clark, 1988), 335. 또한 Friedrich Engels, *The Peasant War in Germany* (New York: International Publishers, 1926), 68을 볼 것.

체—인간 세계와 자연세계 모두—로부터 그것에 고유한 가치를 박탈했다."[24]

단지 농업과 대토지와의 관계에서만 사적 소유 체제가 자연에 적대적이었던 것이 아니었다. 생태학적 퇴보는 마르크스가 『경제학철학 수고』에서 언급했던 "대도시들에서 발견되는 일반적인 오염"에서도 마찬가지로 찾아볼 수 있었다.[25] 그의 설명에 따르면 이 대도시들의 실상은 다음과 같았다.

> 신선한 공기에 대한 욕구조차도 더 이상 노동자를 위한 욕구가 아니다. 인간은 다시 한 번 혈거 생활로 되돌아갔지만, 이 동굴도 이제 유독하고 해로운 문명의 숨결로 오염되어 있다. 무엇보다 노동자는 그 안에서 살아야하는 불안한 권리 이상을 가지고 있지 않다. 그에게 이곳은 매일 박탈당할 수 있고, 집세를 내지 못하면 언제고 쫓겨나야 하는 낯선 힘이기 때문이다. 그는 사실상 이 영안실을 위해 **돈을 내야** 한다. 아이스킬로스의 작품에서 프로메테우스가 미개인을 인간으로 탈바꿈시킨 위대한 선물들 중 하나로 묘사했던 **빛**이 드는 집은 노동자에게 더 이상 존재하지 않는다. 빛, 공기 따위—**동물도 누리는** 가장 단순한 청결함—는 더 이상 인간을 위한 필수재가 아니다. 오물—이러한 인간의 오염과 부패, 문명의 하수구(이 단어는 문자 그대로의 의미로 이해되어야 한다)—이 그를 위한 **삶의 요소**가 되었다. **비(非)자연적 방치상태**의 보편화, 썩어 있는 자연이 그

24 Marx, *Early Writings*, 239.
25 같은 책, 302.

를 위한 **삶의 요소**가 되었다.[26]

대도시에서 노동자들의 소외는 빛, 공기, 청결함이 더 이상 자기 실존의 일부가 아니라 어둠, 오염된 공기, 정화처리되지 않은 오수가 자신들의 물질적 환경을 구성하게 되는 수준에 이르렀다. 이렇게 인류와 자연이 소외된 결과, 창조적 노동뿐 아니라 삶 자체의 본질적 요소들이 박탈당하게 되었다.

포이에르바하의 자연주의적 유물론이 자연과 자연 소외를 마르크스에게 생생히 제시했다 하더라도, 포이에르바하의 관점은 오직 대비를 통해 헤겔 체계의 약점들을 강조했을 뿐이다. 이 지점에서 자연은 정신과 분리된 것처럼 비춰지면서, "매우 어리석은 유물론"으로 퇴행한다. 헤겔은 『자연철학』(*Philosophy of Nature*)에서 "자연의 목적은 스스로를 소멸시키는 것이고, 직접적인 감각 존재라는 자신의 외피를 뚫고 이 외부성에서 벗어나 회춘한 정신으로 나타나기 위해 스스로를 피닉스처럼 소진시키는 것이다"라고 썼다. 그러므로 마르크스에 따르면, 헤겔 체계에서 자연(그리고 보다 분명히 말해 물질)은 "인간 의지", 즉 자연에게 의미를 부여하는 유일한 정신을 위해 "그 실재성을 빼앗겼다."[27] 이와 동시에 헤겔은 인류를 대상이 아닌 정신적 존재로 보았다.

---

26 같은 책, 359-60.

27 같은 책, 174; G.W.F. Hegel, *Philosophy of Nature* (New York: Humanities Press, 1970), vol. 1, 212. 헤겔은 다음과 같이 말한다. "이 [자연철학] 강의의 목적은 이 프로메테우스를 정복하기 위해 자연의 형상을 전하는 것, 이 외부성 속에서 오직 우리 자신의 거울을 발견하고 자연 속에서 정신의 자유로운 반영을 보는 것, 신을 이해하는 것이다." 같은 책, 213.

따라서 헤겔에게 소외는 물질이 아닌 정신적 존재로부터 정신이 존재하지 않는 물질의 소외가 된다. 이 모든 것은 정신 자신으로부터 정신의 소외를 반영한다. 결국 헤겔은 스스로 자기 매개하는 정신의 의식과는 별개로 존재하며 물질로 이루어진 객관 세계(실재론)를 부정하는 방식으로 이러한 이원론적 소외를 초월한다. 헤겔의 『자연철학』은 논리학의 원리들에 따라 계층화된 자연관이며 존재의 대사슬에 다름 아니었다. 그리고 이것에는 자기 의식적 정신을 빼버리면 어떠한 현실적 삶이나 그것의 고유한 발전도 결여되어 있다. 존재론의, 즉 존재의 문제는 그 결과 완전히 인식론에, 즉 인간의 지식과 자기의식에 종속된다.

이것은 헤겔이 『자연철학』에서 진화를 다룰 때 가장 분명하게 나타난다. 헤겔에게 자연은 "단계들의 체계"이다. 그러나 이 단계들은 이념의 발전에 따라 구별된다. "**변태**(metamorphosis)는 관념 자체에만 해당한다. 오직 **관념**의 교체만이 발전이기 때문이다." 따라서 헤겔은 자신의 관념론적 변증법을 통해 자연의 물질적 진화, 인간의 인식으로부터 독립해 있는 진화의 발생을 부정했다. 그는 다음과 같이 썼다. "사유 고찰은 특히 예를 들어 식물과 동물이 물에서 이른바 **기원**했으며 그 후 더 고도로 발전한 동물 유기체가 하등한 것으로부터 **기원**했다는 등등의 애매하고 본질적으로 감각에 의거한 관념들을 거부해야 한다."[28]

현실 세계를 절대 이념 하에 포섭하려는 이런 관념론의 시도는—고전적인 신학의 한 변종으로—명백한 불합리성을 낳았다. 오거스트 꼬르뉘(Auguste Cornu)가 『마르크스 사상의 기원들』(*Origins of Marxian Thought*)

28 Hegel, *Philosophy of Nature*, vol. 1, 212. Stephen Houlgate, ed., *The Hegel Reader* (Oxford: Blackwell, 1998), 260의 번역을 따랐다.

에서 설명했듯이, "개념들 사이에 합리적 연쇄와 변증법적 질서를 수립하는 것은 상대적으로 쉽다. 그러나 역사 속에서 이런 일을 하는 것은 이미 많이 어려워진다. 역사에서는 우발성과 우연성이 더 큰 역할을 한다. 그리고 자연의 영역으로 오게 되면, 극단적으로 자의적인 과정을 통해서만 이렇게 실재를 이성에 동화시킬 수 있다." 그러므로 헤겔의 『자연철학』이 지닌 약점은 그가 자연 현상을 개념들의 변증법으로 환원하려고 시도했던 데에서 직접적으로 발생한다. 헤겔은 자연이 이념 자체의 외부에 하나의 형태로 존재하는 이념의 외부화 혹은 소외라고, 어떤 의미에선 이념의 부정이라고 주장했다. 이를 통해 헤겔은 자연이 절대 이념을 실현하는 데 실패한 이유를 설명하고자 했다. 이성으로부터 소외된 자연은 맹목적 우연과 맹목적 필연에 종속되고, 기계적(광물), 무의식적(식물), 본능적(동물) 변화를 나타낸다. 그리고 인간의 활동과는 다르게 의식적·합목적적 의지를 가지고 움직이지 않는다. 헤겔에 따르면, 여전히 이성적 실재의 일부인 자연은 이성의 본질적 형태에 순응하고, 어떤 내적 합목적성을 가진 이성적 질서를 보여주며, 자신을 완전하게 만들기 위해 오직 정신을 필요로 한다.

그러나 포이에르바하는 바로 이 지점에 가장 강력한 비판을 퍼부었다. 이러한 비판이 발가벗은 임금님으로 전락한 이 기이한 자연철학을 폭로하는 데 도움이 되었기 때문이다. 헤겔의 사변철학—그의 변증법—이 가장 화려하게 실패한 이유는 정확히 말해 그가 제대로 된 자연주의를 발전시킬 능력이 없었기 때문이었다. 그리고 임시변통의 방식으로 (기계적인 것으로 이해한) 외부의 자연을 절대 이념 아래로 포섭하려고 했기 때문이었다.[29]

포이에르바하를 따랐던 마르크스의 견해로 볼 때, 대상 세계와 대상적 존재로서 인류가 실존한다고 보는 것, 다시 말해 제대로 된 실재론과 자연주의가 논의의 본질이었다.

> 인간이 자연적 힘들을 지니며, **육체를 지니고** 살아 있는 현실적 감각적 대상적 존재라고 말하는 것은 인간이 존재 대상으로 그리고 생활 표현의 대상으로 **현실적이고 감각적인 대상들**을 가진다는 것, 혹은 그가 오직 현실적인 감각적 대상들에서만 자신의 생활을 표현할 수 있다는 것을 말한다. …… **배고픔**은 자연적 **욕구**이다 그러므로 배고픔을 충족하고 가라앉히기 위해 외부에 있는 **자연**과 **대상**을 필요로 한다. …… 자신의 외부에 자신의 자연을 갖고 있지 않는 존재는 결코 자연적 존재가 아니며 자연의 체계 속에서 전혀 역할을 할 수 없다.[30]

당시 일관된 자연주의, 인간주의, 유물론을 전개하려고 노력했던 마르크스가 볼때, "인간은 직접적으로 **자연적 존재**이며 …… **자연적 힘들**을 갖추고 있다. …… 다른 한편 그는 자연적·육체적·감각적·대상적 존재로서, 동물과 식물처럼 **고통 받고** 조건 지워지며 한계를 가진 존재이다. 다시 말해 그의 충동들의 **대상들**은 그의 외부에 그로부터 독립하여 존재하는 **대상들**이다." 그럼에도 불구하고 인간은 다음의 점에서 다른 생명 종들과는 구분된다. 인간의 "진정한 자연사"인 인간의 역사 속에서, 인간은 자신만의 독특한 방식으로 욕구를 실현하는 과정에서 자기

---

29 Auguste Cornu, *The Origins of Marxian Thought* (Springfield, III.: Charles C. Thomas, 1957), 37–44.

30 Marx, *Early Writings*, 390.

충동들(즉 인간 욕구)의 대상들을 변형시킨다. 확실히 마르크스는 "유물론만이 세계사적 과정을 이해할 수 있다"고 주장한다.[31] 마르크스는 헤겔을 비판하려는 의도에서 "죽음은 우리에게 아무 것도 아니다"라고 주장하는 에피쿠로스의 유물론적·인간주의적 주장을 끌고 왔다. 마르크스의 주장에 따르면, "자연은 …… 그 자체로, 추상적으로 다루고 인간으로부터 분리하여 고정된 것으로 볼 경우, 인간에게 **아무 것도 아니다.**" 자연에 대한 우리의 관념은 다만 "**자연 형태들을 추상한 것**"일 뿐이다.[32]

마르크스의 자연주의적 유물론은 다음의 주장에서 분명히 드러난다. "**감각적 지각**(포이에르바하를 볼 것)이 모든 과학의 토대여야 한다. 과학은, **감각적** 의식과 **감각적** 필요라는 이중의 형태 속에서 감각적 지각으로부터 시작할 때에만—다시 말해 오직 과학이 자연으로부터 시작할 때에만—**진정한** 과학이다." 이것뿐 아니라, 마르크스에게는 역사도 "**자연사**의 진정한 일부이다. …… 인간에 관한 과학이 자연과학을 포섭할 것이듯, 때가 되면 자연과학은 인간에 관한 과학을 포섭할 것이다. 따라서 **하나의** 과학만이 존재할 것이다." 마르크스의 비판적 실재론은 그가 인간과 세계의 객관성을 인식하고(다시 말해 존재론적 토대), 자연사와 인간 역사를 상호 연관된 것으로 인식했다는 데에서 찾아볼 수 있다. "삶에 **하나의** 토대가 존재하고 **과학**에는 그것과는 다른 토대가 존재한다는 관념은 애당초 거짓말이다." 그의 주장에 따르면, 자연과학은 산업 자체를 변화시키는 실천적 방식으로 자연과 인간 사이의 관계를 변혁하는 데 봉사했고, 그 결과 "그것의 즉각적 결과가 인간성의 상실 과정을 완성하는

31 같은 책, 389-91.

32 같은 책, 398-99.

것이었다 하더라도 인간 해방을 위한 조건들을 준비했다."[33]

마르크스는 포이에르바하를 통해 세 가지 방식으로 헤겔 체계와 결별할 수 있었다고 주장했다. 첫째, 헤겔의 사변철학이 유심론, 다시 말해 신학을 대체하기는커녕 종국에 가서 철학의 이름으로 신학을 다시 부활시켰다는 사실을 보여주었다. 둘째, "'인간 대 인간'의 사회적 관계를 자기 이론의 기본원리로 만듦으로서 **참된** 유물론과 **진정한** 과학을" 정초했다. 마지막으로, 헤겔 자신이 "계시"—"정신적 존재에 따른 자연의 창조"—라고 부른 것을 통해 "무(無)비판적 실증주의와, 마찬가지로 무(無)비판적 관념론" 사이의 연계를 표현했던 헤겔의 부정의 부정에 반대했다.[34]

마르크스는 이러한 방식으로 포이에르바하를 경유하여 헤겔의 관념론—마르크스는 일찍부터 유물론에 매력을 느끼고 신학적 이해를 일관되게 반대했음에도 불구하고, 이것으로부터 큰 영향을 받았다—으로부터 스스로 완전히 해방시켰다. 그 후 마르크스는 소외에 대한 순수한 철학적 해결을 추구하는 것을 완전히 거부하는 방향으로 나아갔다. 무엇보다 마르크스의 시각에서, 객체와 비(非)객체 사이의 분리—세계와의 관계가 감각과 실천이라는 측면에서 다뤄지는 것이 아니라 이론적으로만 다뤄질 때 등장하는 문제—를 초월한 척하는 것은 더 이상 불가능했다. 인류는 그 자체가 자기 외부의 대상들을 발견해야 하는 유한한 존재이자 객관적으로 제약받고 고통 받는 존재였다. 따라서 자연은 인간중심적으로(혹은 영적으로) "정신적 존재에 따라" 이해될 수 없었다. 그러나 인

33 같은 책, 355.
34 같은 책, 381-82, 385, 400.

류는 단순히 자연에 의해 제약받기만 하는 것은 아니다. 에피쿠로스가 지적했듯이 인류는 자신의 발명을 통해 자연과 자신의 관계를 변화시킬 수 있다. 자연으로부터 인류의 소외에 대한 해결책은 오직 실천의 영역, 즉 인간의 역사 속에서만 발견될 것이라고 마르크스는 단언한다. 인간 역사의 상당한 시기를 차지했던 인간의 유적 존재 및 자연, 이 둘로부터 인간의 자기 소외는 바로 인간 역사 속에서 일어나는 인간의 자기 소외를 극복하기 위한 투쟁을 통해 그것의 필연적 해결책을 발견하게 된다는 의미였다.

연합체 대 정치경제학

마르크스가 처음으로 "연합체"(association) 혹은 "연합한 생산자"(associated producers)라는 개념을 도입한 것이 바로 『경제학철학 수고』이다. 이 개념은 토지 소유 비판에서 도출되었으며 이후 마르크스의 생애 전 기간 동안 자신의 공산주의 이해에서 결정적 역할을 했다. 마르크스의 주장에 따르면, 사적 토지 소유의 독점 철폐는 "연합체"를 통해 실현될 수 있다. 연합체는 "토지에 적용했을 때," 다음의 의미를 지녔다.

> 경제적 관점에서 대토지 소유의 이점을 유지하면서도 처음으로 토지 분할 속에 내재한 경향, 즉 평등을 실현한다. 동시에 연합체는 토지에 대한 인간의 친밀한 유대를 더 이상 농노제, 귀족제, 그리고 토지에 대한 어리석은 비법을 통하지 않고 합리적 방식으로 복원한다. 이것은 대지가 물물교환의 대상이기를 중단하고 자유로운 노동과 자유로운 향유를 통해

다시 한 번 인간을 위한 진정한 개인적 소유물이 되기 때문이다.[35]

마르크스의 주장에 따르면, 토지 소유로 이익을 보는 집단들은 대규모 농업의 장점들이 항상 대토지 소유 자체와 결합되어 있다고 변명했다—"마치 이러한 장점이 소유의 지양을 통해서만 비로소 한편으로는 가장 완전한 발전을 이루고, 다른 한편으로는 사회적 유용성을 가지게 되는 것이 아닌 것처럼 말이다."[36]

마르크스에게, 공산주의는 다름 아니라 연합체에 의한 사적 소유의 적극적인 폐지였다. 이러한 적극적인 공산주의는 "완전히 발전한 자연주의로 인간주의와 같으며, 완전히 발전한 인간주의로 자연주의와 같다. 이것은 인간과 자연 사이의, 그리고 인간과 인간 사이의 충돌의 **진정한** 해결이며, 실존과 존재 사이의, 자유와 필연 사이의, 개인과 유(類) 사이의 충돌의 참된 해결이다." 이러한 자연의 인간적 본질과 인간의 자연적 본질은 연합한 (완전히 사회적인) 곳에서만 존재한다. 공산주의 안에서 사회는 더 이상 사적 소유라는 제도와 산업의 추동력인 부의 축적에 의해 소외되지 않으며, "따라서 본질적으로 인간과 자연의 완전한 통일이자 자연의 참된 부활이며 인간이 실현된 자연주의이자 자연이 실현된 인간주의이다." 마르크스에 따르면, 이러한 사회는 "노동자의 보편적 매춘"과 대도시들의 "보편적 오염"이 존재하는 세계—화폐라는 형태로 "죽은 물질"이 인간의 욕구와 자기발전을 지배하게 되는 세계—와 대비를 이루었다. 자본주의를 넘어선 세계, 즉 "인간이 실현된 자연주의이자 자연이

35 같은 책, 320.

36 같은 책.

실현된 인간주의"의 세계—이것이 역사 과정의 본질이다—에 대한 혁명적 지식은 마르크스에 따르면 즉각 가질 수 없는 것으로, "**사적 소유**, 아니 보다 정확히 말하자면, 경제의 [소외된] 운동 속에서 그 경험적, 이론적 토대를 모두" 발견하게 될 것이다. 따라서 마르크스의 자연주의적, 인간주의적 시각은 동시에 역사적 초월—소외된 세계의 극복—의 시각이다.[37]

마르크스는 모르고 있었지만, 포이에르바하는 말년에 마르크스의 『자본론』을 크게 칭찬했다. 포이에르바하는 1868년에 이 책을 마르크스의 "위대한 정치경제학 비판"이라고 언급했다. 그는 마르크스의 『자본론』 중 자연 소외에 관해 이야기한 부분에 특히 인상을 받았다. 포이에르바하의 글을 직접 인용해보자.

> 예를 들어 누구든 이런 집들을 돼지우리라고 부르는 편이 나을 영국의 공장과 노동자 주택처럼 사람이 가득 들어찬 곳에서, 공기 속에 산소가 충분히 순환하지도 못하는 곳에서,—혹자는 여기서 K. 마르크스의 가장 흥미롭고 동시에 소름끼칠 정도로 귀중한 저작인 "『자본론』"에 나오는 논쟁의 여지가 없는 사실들을 거론할 것이다— …… 도덕성이 존재할 여지는 전혀 없다. …… 그리고 덕성은 기껏해야 공장 소유자인 자본가들의 독점물일 뿐이다.[38]

포이에르바하가 마르크스의 『경제학철학 수고』를 읽어봤을 리 만무

37 같은 책, 348-49.

38 Wartofsky, *Feuerbach*, 451-52에서 Feuerbach를 인용함.

하기 때문에, 그는 위의 글을 쓸 당시 마르크스가 1840년대에 이미 포이에르바하의 자연주의적 유물론을 접하고 나서 대도시에서 일어나는 "오염의 보편화"에 대한 비판을 어느 정도 발전시켰다는 사실을 알지 못했다.

마르크스는 후기 저작들에서 포이에르바하 철학의 관조적, 몰역사적 측면들과 단절했다. 그러나 포이에르바하의 자연주의적 유물론은 마르크스의 성숙한 역사 유물론 안에서 계속 공명했다. 더욱이 마르크스는 에피쿠로스의 경우에서처럼, 포이에르바하에게서 종교 비판을 발견했다. 이것은 마르크스가 자신만의 유물론적 세계관을 발전시키는 데 있어서 빠질 수 없는 부분이 되었다.

제3장

성직자 자연주의

일생의 마지막 무렵, 다윈은 『자서전』에서 놀라운 고백을 했다. 18–19세기의 중요한 자연신학자 윌리엄 페일리의 작업이 초기 사상에 가장 중요한 지적 영향을 주었다는 것이었다. 케임브리지에서 다윈은 문학사 시험을 대비하기 위해 페일리의 『기독교의 증거』를(『도덕·정치철학의 원리』와 함께) 읽어야만 했다. 그리고 그는 진심으로 공부했다. 다윈은 『기독교의 증거』(*Evidences of Christianity*)와 페일리의 후기 저서인 『자연신학』의 논리 구조에 대해 다음과 같이 회고했다. "유클리드를 읽었을 때만큼 큰 기쁨을 주었다. …… 당시에 페일리의 전제와 큰 불화를 느끼지 않았으며, 이를 진심으로 수용했을 때 그의 긴 논증에서 깊은 매력과 확신을 느꼈다."[1]

1 Charles Darwin, *Autobiography* (New York: Harcourt, Brace, 1958), 59.

이러한 다윈의 진술이 매우 중요한 것은 그가 이론을 발전시키고 있을 당시, 신의 존재를 설명하는 가장 영향력 있는 설계론적 입장이 바로 페일리의 자연신학이었기 때문이다. 따라서 다윈의 지적 발달과 유물론, 진화적 시각의 형성 등이 상당 부분 페일리와의 지적 논쟁으로부터 정립될 수밖에 없었다. 실제로 이는 다윈이 이것을 어떻게 설명했는지 살펴보아도 알 수 있다. 성숙기의 다윈은 "페일리가 제시한 낡은 자연 설계 논증은 이전에는 나에게 매우 확실한 것으로 보였으나 실패했고, 이제 자연선택 법칙이 발견되었다"고 썼다. 만약 이렇게 그가 인정한 것처럼 페일리의 관점이 한때 다윈에게 "확실한" 것으로 보였던 것이 사실이라면, 다윈의 연구는 어느 정도 관념론적, 신학적 세계관에 맞선 의식적 투쟁으로 보아도 무리가 없을 것이다. 실제로 다윈 학파는 종종 다윈의 지적 혁명을 페일리를 초월하려는—혹은 적어도 페일리를 뒤집으려는—시도로 규정해왔다.[2]

이 모든 것은 다윈의 일대기에서 더욱 구체적인 의미를 가진다. 다윈이 원래—의학을 공부했으나 적성에 맞지 않아—아버지의 설득으로 성직자가 되려고 했다는 사실을 인식하는 것이 중요하다.[3] 이것이 다윈의 자연주의 연구와 필연적으로 갈등을 일으키지는 않았다. 그 당시에 성직자가 자연신학 전통의 일부로서 ("성직자 자연주의자들"(parson naturalists)이

---

2 같은 책, 87; Charles Coulston Gillispie, *Genesis and Geology* (Cambridge, Mass.: Harvard University Press, 1996), 219; Atonello La Vergata, 「Images of Darwin」, in David Kohn, ed., *The Darwinian Heritage* (Princeton, N.J.: Princeton University Press, 1985), 949; Stephen Jay Gould, *Leonardo's Mountain of Clams and the Diet of Worms* (New York: Crown Publishers, 1998), 296.

3 Darwin, *Autobiography*, 56-58.

공통적으로 추구한) 자연주의 연구에 종사하는 일이 널리 용인되었기 때문이다. 페일리의 『자연신학: 혹은 자연의 양상들에서 수집된 조물주의 존재와 속성』은 정확히 바로 이 영역에서 나온 탁월한 저작이었다.

당시 자연신학의 영역은 자연과 신학의 쟁점들을 뛰어넘어 확장되었고 국가와 경제라는 더 폭넓은 도덕세계 역시 포괄했다는 점이 강조되어야 한다. 따라서 신교 성직자이자 초기 고전 정치경제학자 중 한 명인 토머스 맬서스(Thomas Malthus)는—『인구론』으로 가장 유명하며 이 책은 다윈의 자연선택 이론에 영감을 주는 중요한 역할을 했다—성직자 자연주의 전통의 일부였다. 맬서스는 신학적 성격을 지닌 견해를 수용했는데, 이것은 본질적으로 페일리로부터 연유하는 것이었다(반면 페일리는 거꾸로 『자연신학』에서 맬서스의 인구이론을 수용했다). 맬서스에 따르면, 지고한 신은 "자비로운 섭리의 설계"를 통해 인구가 항상 생활수단을 압박하는 경향을 갖도록 정했다.[4] 1834년에 맬서스의 추종자인 토머스 찰머스 목사는 『브리지워터 논고』 첫 번째 논고에서 페일리의 자연신학과 맬서스의 정치경제학을 통합시키고자 했다. 『브리지워터 논고』는 1829년에 사망한 브리지워터의 8대 백작 프랜시스 헨리 에커튼이 자금을 지원한 여덟 개의 논고 모음집으로, 모든 지적 노력의 영역을 지배할 수 있는 자연신학의 창출을 목표로 한 19세기 가장 커다란 체계적 시도였다.

따라서 다윈이 만든 위대한 지적 돌파구는 이보다 앞서 존재했던 자연신학이란 배경에 비추어 조망될 수 있다. 그러나 다윈의 작업만 그

4 Thomas Malthus, *An Essay on the Principle of Population and A Summary View of the Principle of Population* (Harmondsworth: Penguin, 1970), 205. (이 『인구론』 판본에서 인용한 모든 인용문들은 제1판으로 언급될 것이다.)

런 것이 아니다. 마르크스 역시 맬서스와 찰머스의 성직자 자연주의에 대한 강력한 비판자이자 목적론적 원리를 자연에 적용하는 시도 전체에 대한 비판자였다—그리고 마르크스는 원칙적으로 목적론적 자연관에 대해 다윈이 거둔 승리를 극찬했다.

자연신학

계몽주의와 보다 구체적으로 17-18세기 과학 혁명이 낡은 스콜라 철학의 세계관을 성경과 고대 아리스토텔레스 철학에 뿌리를 둔 목적론과 더불어 타파했다고 해서, 계몽주의가 명백히 반(反)종교적이거나 유물론적이라고 단언할 수는 없다. 그와 동시에 일반적인 계몽주의 전망 안에 종교를 재정립하려는 시도가 강력하게 일어났다. 이것은 자연, 과학, 종교, 국가, 경제 등의 분야를 단일한 목적론 안에 다시 연결시킴으로써 주류적인 소유와 권력 체제를 강화하는 효과를 가졌다. 보일과 뉴턴 같은 사상가는 그들의 원자론을 신학적 세계관에 통합시키고자 했다. 보일의 경우, 이러한 경향은 『자연적 사물들의 목적인에 관한 논고』에서 명시적으로 나타나는 자연신학의 발전으로 이어졌다. 가장 열심히 자연, 과학, 종교, 국가, 경제를 다시 연결시키려고 했고, 이를 통해—봉건 세계는 아니더라도—적어도 초기 농업 자본주의를 구성하는 토지소유 및 산업 체제와 양립가능한 목적론적 관점을 부활시키려고 했던 것이 바로 이 시기 존 레이와 보일의 저작 속에서 두드러지게 등장하는 자연신학 전통이었다.

자연신학은 (비록 설계론 자체가 거슬러 올라가면 『신의 본성에 관하여』에서 키케로가 묘사한 것처럼 에피쿠로스의 종교비판에 대한 스토아학파의 응답에 이르게 될지라도) 16세기 말과 17세기경 자연 연구를 통해 신의 존재를 확증하고자 한 신학자들에 의해 처음 발전했다. 베이컨의 『학문의 진보』는 이 주제에 대해 다음과 같이 정의한다. "신성한 철학, 즉 자연신학은 …… 신의 피조물에 대한 숙고를 통해 획득될 수 있는 신에 관한 지식이나 원리이다. 다시 말하면 지식은 대상과 관련될 때 참으로 신성하다고 일컬어질 수 있으며 빛(light)과 관련 될 때 자연적이라고 일컬어질 수 있다." 이때의 빛(light)이 계몽(enlightment)의 어원이다. 그렇지만 베이컨은 자신의 철학 안에 자연신학이 들어설 여지를 그다지 남기지 않았다. 오히려 베이컨은 목적인이나 목적론에 근거한 모든 주장을 경계했으며 "신과 정신을 사물의 구조에서 제거했던" 고대 유물론자들을 찬양했다.[5]

그럼에도 불구하고 17, 18, 19세기에 걸쳐 베이컨이 경고했던 바로 이 목적론적 주장에 의존한 자연신학 논문들이 수백 편이나 쏟아져 나왔다. 17세기 영국의 선도적 자연주의자이자 초기 성직자 자연주의자 중 한명이 존 레이(John Ray, 1627–1705) 목사였다. 그는 『창조작업 속에서 나타난 신의 지혜』(*The Wisdom of God Manifested in the Works of Creation,* 1691)의 저자이며 보일과 함께 런던 왕립협회의 설립자 중 한 명이었다. 뉴턴 역시 설립 직후 왕립협회에 가입했다. 1660년에 서품을 받은 레이는 찰스 2세 하에서 성직자들에게 요구되었던 청교도 반대 선서문에 서명하기를 거절한 결과, 내정된 성소에 오르지 못했다. 그 대신 그는 자연주의 연구를 수행했고, 이것은 언제나 "창조를 통해 드러난 신의 지혜"를 보여

5 Francis Bacon, *Philosophical Works* (Freeport, N.V.: Books for Libraries Press, 1905), 91, 456, 471-72.

준다는 목적을 가지고 있었다. 스스로 "자연 체계"라고 칭했던 것을 기술하려고 시도했던 레이는 린네, 페일리, 심지어 다윈의 선구자였다.[6]

그러나 레이의 『신의 지혜』는 자연주의를 발전시키기만 한 것이 아니었다. 그 책은 또한 페일리가 등장하기 전까지 자연신학에 관한 가장 영향력 있는 유일한 저작이었다. 레이의 논문은 무신론적·유물론적 관점에 대한 비판으로 시작했고, 특히 그가 "에피쿠로스와 데모크리토스의 무신론적 가설"이라고 이름붙인 내용에 집중했다. 레이는 (루크레티우스가 설명한) 에피쿠로스의 원자 휘어짐 이론에 격렬하게 반대했으며, 원자들의 혼란스러운 움직임은 우리가 알고 있는 바와 같은 자연세계의 질서정연한 구조를 구성할 수 없다고 주장했다. (그의 과학 동료인 로버트 보일, 아이작 뉴턴과 마찬가지로, 레이는 이른바 원자론에 기울어져 있었기 때문에 원자의 존재를 일체 거부했던 것은 아니었고, 다만 원자론으로부터 생겨날 수 있는 사상인 철저한 유물론을 거부했다.) 레이는 "가장 아름답고 매력적인 세계가 원자들의 우연적인 집합에서 생겨났고 또한 생겨날 수 있다고 스스로에게 설득할 만큼 우둔하고 이성이 결여된 사람을 발견할 수 있으려면 틀림없이 기적이 필요할 것이다"라고 기술했다. 또한 레이는 고대 유물론자의 영향을 받아 목적과 분리된 물질 및 운동이란 생각을 발전시킨—그래서 신을 단지 최초의 창조 행위와 몇몇 지배 법칙들의 수립으로 한정한—데카르트의 입장도 받아들이지 않는 쪽에 가까웠다.[7]

6 Loren Eisely, *Darwin's Century* (New York: Doubleday, 1958), 14-15; John C. Greene, *The Death of Adam* (Ames, Iowa: Iowa State University Press, 1959), 1-3.

7 John Ray, *The Wisdom of God Manifested in the Works of Creation* (London: Benjamin Walford, 1699), 35-39, 41, 49; Greene, *The Death of Adam*, 8-10.

레이에게 자연 설계는 신의 섭리가 존재한다는 증표였다. 레이가 "성형적 자연(plastik nature), 혹은 생기 원리"라고 불렀던 것의 유기적 다양성 뿐 아니라 수많은 종들(그는 세계에 존재하는 종의 전체 숫자가 "아마 2만 종 이상" 될 것이라고 판단했다) 속에서, 사람들은 신의 설계의 복잡성을 발견할 수 있다는 것이다. 만약 신이 자연세계의 발전을 인도하기 위해 성형적 자연이나 생장(生長)하는 영혼과 같은 하위 원리를 도입했다면, 이러한 생기론(생명을 가진 정신)은 그 자체로 신성한 영성이 적극적인 역할을 한다는 증표였다. "만약 자연의 작업이 예술작업보다 더 훌륭하고 더 정확하고 완벽하다면, 그리고 예술이 이성 없이는 아무런 결과를 낳지 못한다면, 자연의 작업 역시 이성 없이는 아무런 결과를 낳지 못할 것이라고 생각할 수 있다." 레이에게 이것은 신성한 설계자의 이성이었다. 이와 같은 주장을 전개하면서 그는 목적론, 목적인에 의지한 논지, 모든 지점에서 자연의 특성이 의도된 것이라는 설명에 호소했다. 다시 말하면 거기서 공기는 동물들이 호흡할 수 있게 해주고, 채소와 식물은 생장(生長)의 영혼을 부여받았으며, 인간의 직립 자세는 머리를 지탱하기 위해 일부러 설계되었다는 것이다. 레이는 자연이 설계되었다는 사실을 탁상시계의 비유를 끌어들여 설명했다. 탁상시계가 시계 설계자의 존재를 증명해 주는 것과 마찬가지로 자연 또한 지고한 자연 설계자의 존재를 증명해 준다는 것이다. 레이가 제시했던 전반적인 자연 형상은 신의 청사진에 입각한 불변의 형상이었다.[8]

존 그린(John Greene)이 『아담의 죽음』(*The Death of Adam*)에서 썼던 것

8 Ray, *The Wisdom of God*, 53, 81, 116, 257, 425.

처럼, "레이의 글에서 설명된 자연 개념은 향후 거의 200년 동안 자연사 연구를 지배했다. 그것은 매우 반(反)혁명적인 성격을 지니고 있어서 진화적 시각의 등장에 주된 장애물이 되었다.[9] 레이의 『신의 지혜』가 발표된 지 1세기가 조금 지난 후 등장한 부주교 페일리의 『자연신학』은 레이의 책에 나오는 주장과 밀접하게 관련되어 있었지만 18세기 말과 19세기 초의 다소 달라진 분위기를 반영하는 방식으로 쓰였다. 따라서 페일리의 저작은 기하학적 증명처럼 읽히며, 그것의 중요내용 중 상당수를 18세기의 공리주의와 자연신학의 통합에서 끌어왔다.

그럼에도 불구하고 페일리의 주장은 레이의 주장과 유사했고 동일하게 설계론을 강조한다는 점이 발견된다. 신은 설계를 통해 창조물 속에서 자신을 드러낸다는 것이다. 레이가 탁상시계를 예로 들었던 반면, 페일리는 회중시계의 비유와 신을 시계공에 비유하는 관념을 자연신학의 토대로 삼았다. 페일리의 입장에서, 다음의 내용은 분명한 것이었다. 사람들은 누구나 회중시계처럼 아주 솜씨 좋게 발명된 물건이 혹여 만든 사람도 없이 생겨났을 것이라고 보지 않을 것이다. 그런데 자연은 훨씬 더 훌륭하고 복잡한 메커니즘을 가지고 있다. 그렇다면 자연의 경우도 시계와 마찬가지이지 않을까? 페일리는 『자연신학』의 서장에서 시계 비유를 이용하여 하나의 시계가 다른 시계들을 만들어내는 기발한 형상—"발명품의 찬양"과 "발명자의 원숙한 기술"을 이야기 하는 것 이상 나아갈 수 없는 사고—을 발전시켰다.[10]

페일리는 시계 비유로 끝나지 않고 특정한 자연과 섭리의 "발명품

9 Greene, *The Death of Adam*, 5.

10 William Paley, *Natural Theology* (London: R. Faulder, 1803), 9.

들" 몇 가지를 상세히 논의했다. 그는 이것들을 보았을 때 설계가 분명히 존재한다고 주장했다. 예를 들면, 그는 인간 눈의 경이로움과 벌집의 기하학적 완벽함에 커다란 강조점을 두었다. 이 부분에서 페일리의 주장에 놀라운 인상을 받은 다윈은 자연신학의 목적론적 관점에 맞서기 위해서는 이러한 동일한 자연사적 현시(顯示)들을 논의하는 것이 필요하다고 생각했다.

페일리는 설계론을 설명하기 위한 가장 좋은 사례로, 알을 품는 어미새 이면에 존재하는 본능적 행동을 엄청나게 길게 다루었다. 그는 이렇게 적고 있다. "나는 그런 상황에 있는 새를 전혀 본 적이 없다. 그러나 나는 이 만족스러운 죄수를 들과 숲에서 떼어놓아 어느 한 곳에 붙들어 놓는 보이지 않는 손을 인식한다." 여기서 페일리는 아담 스미스의 "보이지 않는 손"을 빌어왔다. 그러나 이 손은 신의 손이었다.[11]

페일리가 생물학적 상태에 대한 구체적 지식을 가졌음에도 불구하

11 같은 책, 344. 페일리가 사용한 "보이지 않는 손" 비유와 스미스의 비유를 비교하면서, 스티븐 제이 굴드는 "둘의 용법은 완전히 정반대이다. …… 페일리의 보이지 않는 손은 신의 명백한 의도이다(그렇지만 이 경우에 그는 직접 손을 만질 수 있는 것이 아니라 새의 본능과 같이 간접적인 것으로 다루었다). 스미스의 보이지 않는 손은 실제로는 전혀 존재하지 않는 고차원적 힘의 **표현**이다." Gould, *Eight Little Piggies* (New York: W. W. Norton, 1993), 150-51. 그럼에도 불구하고 굴드와는 달리, 이렇게 주장할 수 있다. 하나는 시장을, 다른 하나는 신을 다루고 있는 이 둘의 용법은 어떤 의미에서 서로 강화해주는 지배적·부르주아적 사회관의 두 측면이다. 스미스의 견해는 노골적으로 신학적이지는 않지만, 시장을 물화하며 여기에 섭리에 의한 완벽성을 부여하는 경향이 있다. 신교 목사인 맬서스가 19세기 영국 사회의 가혹한 종교적 사고와 마찬가지로 가혹한 정치경제학 모두를 상징했다는 점은 우연이 아니다. 맬서스의 저작에서 이 두 가지 보이지 않는 손—스미스와 페일리, 이 둘의 목적론—이 동등하게 출현한다.

고, 그의 자연신학적 관점은 정적이고 기계적이었으며, 시간 관념 및 자연의 **역사** 관념과 완전히 관계를 끊었다. 페일리의 시계 비유는 시계를 단지 신의 자비에 관한 목적론적 논의를 중심적으로 다루기 위한 기계로 언급했다. 이러한 시계가 가는 방식은—자연 자체의 지속적이고 종종 거스를 수 없는 변화들을 반영했으나—매우 비(非)물질적인 것이었다. 페일리의 분석에는 시간의 화살에 관한 이해가 없다. 바로 이러한 이유 때문에 다윈의 『종의 기원』이 결국 신을 시계공에 비유하는 페일리의 우주관을 패배시킨 것이다.[12]

자연신학과 정치경제학

페일리가 『도덕·정치철학의 원리』(1785)에서 발전시킨 19세기 공리주의와 자연신학의 혼합물은 심지어 부자연스럽고 자의적인 경우에서조차 현존 소유관계들을 옹호했다. 그는 이러한 재산권이 자연권이 아니라 시민적 권위에 의해 부여된 것일지라도 침해될 수 없고 강탈될 수 없는 권리로 간주해야한다고 주장했다. 재산권은 "하늘이 점지해준 것"으로 보아야 하기 때문이다. 페일리의 주장에 따르면, "세계는 발명품들로 넘쳐난다. 그리고 우리에게 익숙한 모든 발명품들은 유익한 목적을 갖고 있다." 이것은 "설계"와 "신의 자비심"을 입증한다. 페일리는 프랑스 혁명 발발 4년 전쯤에 글을 하나 썼다. 당시에는 소유관계가 상대적으로 안정되

12 D. L. LeMahieu, *The Mind of William Paley* (Lincoln: University of Nebraska Press, 1976), 177-81을 볼 것.

어 보이고 유산계급 입장에서는 모든 것이 편해 보였다. 페일리는 자신만만하게 "편한 것은 무엇이든 옳다"고 주장했다.[13]

페일리의 『도덕·정치철학의 원리』에는—빈민에 대한 책임이라는—가부장적 사회관의 징후가 있다. 그러나 이것은 그 후 그의 자연신학에서 사라지게 된다. 당시 그는 인구 증가와 함께 사회의 전반적 행복이 증가한다고 주장했다. 비록 인구수는 궁극적으로 식량 공급과 대지의 비옥도의 제한을 받지만, 현재 인구 증가를 수용할 만큼 비옥한 땅이 충분히 있다는 것이었다. 그는 "인구의 감소가 한 국가가 겪을 수 있는 가장 큰 재앙이며, 인구의 증진이 모든 나라들에서 다른 어떠한 정치 목적보다도 우선시하여 지향해야 할 목표이다"라고 썼다. 더 나아가 프랑스 혁명 직전 몇 해 동안 페일리는 어느 정도의 공공 자선은 자연스러운 것이라고 믿었다. 그의 주장에 따르면, 한때 "초기 기독교인들" 사이에서는 모든 것이 공동으로 소유되었지만, 여러 이유에서 인류 사이에서 재산이 분할되었고—규모가 크고 복잡한 공동체의 발전을 위해 필연적이다—이는 신이 "재가"한 것이었다. 그러나 "지고의 소유자"가 이러한 재산의 분리를 동의한 것은 오직 각각의 사람들이 생존에 충분한 양식을 가질 수 있어야 한다는 바탕 위에서였다. 페일리는 이렇게 단언한다. 바로 이 지점에서 빈민들이 절대적 고통—가난과 곤궁—으로부터 벗어날 필요성은 신의 뜻과 일치한다는 공공 자선의 자연신학적 근거를 찾아 볼 수 있다.[14]

13 William Paley, *The Principles of Moral and Political Philosophy* (New York: Harper & Brothers, 1867), 36-38, 44.

14 같은 책, 99-103, 278.

그러나 이 점과 관련된 페일리의 관점은 『자연신학』을 집필할 때 즈음에 극적으로 바뀌게 된다. 18세기 말에서 19세기 초, 인구 문제는 성직자 자연주의의 특별한 영역이 되며, 이러한 방식으로 고전 정치경제학 담론 속으로 침투했다. 1789년에 익명의 책이 영국에서 출판되었다. 이 책의 제목은 『사회의 미래 개선에 영향을 끼치는 인구 원리에 관한 소고; 고드윈 씨와 M. 콩도르세 및 여타 저자들의 숙고에 대한 논평』이었다. 이 책은 글자가 성글게 인쇄된 국판 크기로 약 5만 단어, 396쪽 분량이었다. 이 익명의 저서는 책 제목이 시사하는 것처럼 주로 영국의 윌리엄 고드윈과 프랑스의 콩도르세 후작과 같은 영향력 있는 사상가의 사상에 맞서는 것을 목적으로 했다. 이 둘은 모두 계몽주의의 일반 정신을 따라, 그리고 프랑스 혁명에 영향을 받아 지속적인 인간 진보는 가능하다고 주장했다. 이와 반대로 익명의 저자는 인간 사회를 안내하고 사회의 미래 개선 전망을 지배하는 가장 근본적인 원리가 "인구 원리"라는 암울한 관점을 내놓았다. 이에 따르면, 인구는 만약 통제되지 않는다면 기하급수적 비율(1, 2, 4, 8, 16, 등등)로 증가하는 반면 식량공급은 단지 산술급수적 비율(1, 2, 3, 4, 5, 등등)로 증가한다. 인구 성장은 식량 증가를 결코 오랫동안 초과할 수 없으므로, 인간과 생활수단 사이의 평형을 유지하기 위해서는 인구 성장에 대한 일정한 자연적 억제가 필요하다고 보았다. 그러나 인간 성장에 대한 모든 자연적 억제는 비참함(misery)과 악행(vice)을 야기할 수 있으며, 따라서 지속적인 사회의 개선과 낙관적 계몽주의자들이 퍼뜨리는 모든 행복한 계획에 대해 넘어설 수 없는 장애물로 등장한다는 점이 강조되었다.

이 논고에서 강한 인상을 받은 페일리는 다음과 같은 경고로 『자연신학』의 끝을 맺는다. "인간은 모든 나라에서" 항상 "어떤 불행한 지점에

이를 때까지 **번식**할 것"이며 이는 신이 부과한 설계의 일부이다. 그러므로 "인구는 자연스럽게 개선의 뒤를 바짝 쫓을 것이다." 그러나 그는 이러한 제약들이 논의되더라도 그것은 "동물적 욕구의 충족에만" 해당하며, 도덕적 욕구는 아무런 제약 없이 실현될 수 있다고 단언했다.[15]

페일리에게 이러한 영향을 끼친 『인구론』을 쓴 익명의 저자는 다름 아닌 토머스 맬서스(Thomas Robert Malthus, 1766–1834)였다. 『인구론』의 제1판을 집필했을 당시 맬서스는 32살의 잉글랜드 목사보였다. 그는 훗날 주요 고전 정치경제학자 중 한 사람으로 등장하게 된다. 맬서스는 유복한 가문 출신이며 케임브리지 대학에서 교육을 받았다. 그의 아버지 데이비드 맬서스는 데이비드 흄의 친구였으며 장 자크 루소의 친구이자 추종자였다. 난롯가에서 영국 계몽주의 유토피아주의자인 윌리엄 고드윈의 저서를 놓고 아버지와 벌인 논쟁이, 맬서스가 『인구론』의 사상을 처음으로 발전시킨 계기였다.

시골 목사보로 몇 년을 지낸 후, 맬서스는 1805년 동인도회사가 설립한 헤일리버리 대학의 교수로 임명되었다. 이로서 그는 영국 최초의 정치경제학 교수직을 차지했다. 그는 1834년에 사망할 때까지 그 자리를 지켰다. 그는 살아생전에 『인구론』으로 유명했다. 이 책은 6판까지 나왔다. 그뿐 아니라 1820년에 출판된 『정치경제학 원리』(*Principles of Political Economy*)로도 유명했다.

맬서스의 『인구론』은 정치경제학 저작이지만 성직자 자연주의의 산물이기도 했다. 자연신학의 입장을 선택하면서 그는 다음과 같이 주장

15 Paley, *Natural Theology*, 539–42.

했다. "우리는 신으로부터 자연을 추론할 수 있다고 가정하지 말고 자연에서 자연의 신을 추론해야 한다." 지고의 존재는 "섭리의 자비로운 설계"를 통해 "인구가 식량보다 더 빠르게 증가하도록 정했다." 그의 주장에 따르면, 이것은 "선의 과잉"보다 "부분적 악"을 만들어내는 일반법칙이다. 이 법칙은 생계확보수단을 손에 넣기 위한 인간의 노동이란 형식 속에서 더 큰 노고를 강요한다. "한결같은 번영 과정"은 "인격을 고양하기 보다는 오히려 떨어뜨린다"고 생각된다는 이유로, 인간의 불평등과 불행조차도 정당화될 수 있다. 고난이 "기독교적 덕성"을 깨닫게 한다는 것이다. 실제로 맬서스는 인구 원리가 보여주는 것처럼 "창조의 숭고한 목적"에 간섭하기 보다는 적응해야 할 충분한 이유가 있다고 믿었다. 그는 이렇게 주장했다. 가족을 먹여 살릴 묘책도 없이 결혼을 선택한 무기력한 가장은 "신의 법칙이기도 한 자연 법칙이 반복되는 훈계에 복종하지 않는 가장과 그의 가족을 굶주리게 했음을 알 수 있도록 훈육되어야 한다." 다시 말하면 이런 가장에게는 사회에 그의 노동으로 정당하게 구입할 수 있는 것 이상의 식량은 가장 조그마한 조각이라도 청구할 권리가 없다는 것이다.[16]

맬서스는 자주 신을 언급하면서 이처럼 가혹한 훈계를 옹호했다. 그럼에도 불구하고 맬서스는 언제나—자연신학과 마찬가지로—자신이 설

16 Malthus, *First Essay*, 201–12; Thomas Robert Malthus, *An Essay on the Principle of Population; or A View of its Past and Present Effects on Human Happiness; With an Inqlliry into Our Prospects Respecting the Future Removal or Mitigation of the Evils which it Occasions* (Cambridge: Cambridge University Press, 1989), vol. 2, 140–41. (이 『인구론』 판본에서 인용한 모든 인용문들은 제2판으로 언급될 것이다.)

명해왔던 그러한 원리가 자연 법칙이라는 점을 보여주고자 했다. 그렇다면 사람이 "신의 특별한 명령"—보편적 행복을 증진하고자 하는 자비로운 창조주의 의도—을 반영하는 자연 법칙의 이면에 놓인 자연의 편의를 입증해왔던 것처럼, 이 원리는 오로지 해석되어야만 했다. 맬서스는 항상 자신의 윤리철학을, 덕성이 창조주가 제공하는 자연의 소재들로부터 최대 다수의 최대 행복을 얻는 데 있다고 주장한 페일리주의의 공리주의 입장에서 가져왔다.[17]

이처럼 처음부터 맬서스의 『인구론』은 자연신학에서 유래했고, 매우 논쟁적인 의도를 내포하고 있었다. 그러나 그가 주장한 내용이 『인구론』 후속판들에서 변화했다. 『인구론』은 맬서스가 살아 있는 동안 6판(1798, 1803, 1806, 1807, 1817, 1826년)까지 출판되었다. 1803년 판은 제1판에 있던 대부분의 절들이 빠졌음에도 불구하고 분량이 4배가량 증가했다. 1803년 판은 새로운 제목을 달았으며 주장에서 큰 변화를 보였다. 따라서 그것은 실질적으로 새로운 책이나 다름없었다. 1803년 이후에 나온 판들에서는 본문의 변화가 상대적으로 미미했다. 이에 따라 『인구론』 1798년 판은 대개 '제1판'으로 알려졌고, (1806, 1807, 1817, 1826년 판과 더불어) 1803년 판은 '제2판'으로 알려졌다. 맬서스의 전체적인 주장을 이해하려면 제1판에서 제2판으로 넘어가는 과정에서 그의 입장이 어떻게 바뀌었는지를 알아보는 것이 필요하다.

17 Malthus, *Second Essay*, vol. 2, 101–5; Leslie Stephen, *The English Utilitarians* (London: Duckworth, 1900), vol. 2, 156.

『인구론』 제1판

앞에서 살펴보았듯이, 『인구론』 제1판의 정확한 제목은 『사회의 미래 개선에 영향을 끼치는 인구 원리에 관한 소고; 고드윈 씨와 M. 콩도르세 및 여타 저자들의 숙고에 대한 논평』(*An Essay on the Principle of Population as it affects the Future Improvement of Society; with remarks on the Speculations of Mr. Godwin, M. Condorcet, and Other Writers*)이었다. 제목이 시사하는 것처럼 이 책은 사회의 미래 개선 문제에 관한 논쟁에 관여하려는 시도였다. 논란이 되었던 논쟁은 에든버러의 목사였던 로버트 월러스(Robert Wallace)가 1761년에 『인류, 자연, 섭리에 대한 다양한 전망』(*Various Prospects of Mankind, Nature and Providence*)이라는 이름으로 출간한 책으로까지 거슬러 올라간다. 월러스는 초기 저술들에서 인구가 억제되지 않는다면 기하급수적으로 증가하여 수십 년마다 두 배씩 증가할 것이라고 설명했다. 『인류, 자연, 신의 섭리에 대한 다양한 전망』에서 그는 평등주의적 토대 위에서 조직된 "이상적인 정부"(perfect government)의 수립이 가능하다 할지라도, 그것은 기껏해야 일시적일 것이라고 주장하는 데에 이르렀다. 이러한 상황에서 "인간은 너무나 빠르게 증가하므로 지구가 마침내 가득 차게 되어 그 안의 수많은 거주자들을 부양할 수 없게 될 것이기 때문이다." 결국 "지구는 가장 근면한 문명조차도 그 안의 수많은 거주자들을 양육하기에 충분한 식량을 생산할 수 없게 되는" 시점에 다다르게 된다. 월러스는 만약 인류의 악행이 인구압을 감소시켜 "인류가 지구상에서 처한 상황"과 양립할 수 없는 정부의 출현을 막을 수 있다면, 그것이 더 바람직할 것이라고 결론을 내렸다.[18]

월러스의 주장에 대한 주요 반대자가 영국의 급진주의자인 윌리엄 고드윈(William Godwin, 1756–1836)이었다. 그는 1793년에 처음 출간된 『정치적 정의와 그것의 도덕과 행복에 대한 영향력에 관한 탐구』(*Enquiry Concerning Political Justice and its Influence on Morals and Happiness*)에서 평등한 사회를 위한 계몽주의적 이상주의 주장을 발표했다. 그 후 1796년에 두 번째 판이 출판되었으며, 세 번째 판은 1798년에 출판되었다. 이상적인 정부로 인해 결국 과잉 인구가 발생할 것이라고 주장한 월러스에 대한 대답으로, 고드윈은 인구가 항상 생활수단과 균형을 이루는 경향이 있다고 주장했다. 그 결과 인구가 "일반적인 상황에서 생존 능력을 초과하여 급격하게 증가하는 경우는 어쩌면 결코 나타나지 않을 것"이라고 보았다. 고드윈에 따르면, 인간 사회에서 인구는 부와 임금의 조건에 따라 규제되는 경향이 있다. "노동의 가격이 급격하게 하락하고 인구의 증가로 인해 더 크게 하락할 위협이 있는 곳의 경우, 조혼과 대가족을 선호하는 남성이 심각한 공포를 느끼지 않을 것이라고 보는 것은 불가능하다." 그는 더 나아가 다음과 같이 기술했다. "인구를 억제할 수 있는 다양한 실천방식들이 존재한다. 예컨대, 고대나 요즘 중국처럼 아이들을 내다 버리는 방법, 들리는 이야기에 따르면 실론 섬에 존재한다고 하는 낙태기술, …… 또는 최후의 방식으로, 남녀가 함께 사는 수도원에서 얼마간 실행되는 방식과 같은 체계적인 절제 등이 있다." 그러나 고드윈은 이러한 극단적인 행동 및 제도가 없이도, "공동체의 일반적 상태에서 비롯되는 장려와 억제가 대개 막강한 효력을 발휘한다는 것을 알게 될 것이다"라고 단언했다.[19]

18 Robert Wallace, *Various Prospects of Mankind, Nature and Providence* (London: A. Millar, 1761), 107, 114–17, 125.

이러한 말대로 되지 않는다고 하더라도, 고드윈은 인구 증가가 생활수단으로 규제될 뿐 아니라 항상 생활수단과 균형을 유지할 것이라고 믿었다. 월러스가 제기한 문제는 오직 "먼 미래"에나 존재할 터인데, "지구상에서 거주할 수 있는 땅 중 3/4을 아직도 경작하고 있지 않기" 때문이다. 무엇보다 "경작 과정에서 이루어는 개선과 지구가 생산성과 관련해 확보할 수 있는 증가분에 대해서, 아직까지 계산할 수 있는 어느 한계를 설정할 수 없다. …… 우리가 살고 있는 지구 자체와 태양계는, 우리가 알고 있는 어떤 이유에서, 쇠퇴의 길로 접어들 수도 있다." 고드윈의 입장에서, 개선책(그 중 일부는 현재로서는 전혀 인식조차 할 수 없는 것이다)이 제때에 유용하게 실천적으로 적용될 것이라는 희망을 가지고, 인간 사회의 조건을 개선하기 위해 가능한 일을 하고 평등과 정의를 촉진하는 것이 이러한 상황에서—지구가 인간 거주자로 가득 차게 되는 상황, 혹은 지구의 쇠퇴와 같이 여타의 상상 가능한 묵시록적 전망처럼, 먼 미래에 일어날 수 있는 결말에 대처할 수 있는—가장 합리적인 일이었다.[20]

1794년에 첫 출간된 『인간 정신 발달의 역사적 그림을 그리기 위한 소묘』(*Sketch for a Historical Picture of the Progress of the Human Mind*)라는 위대한 저작에서, 콩도르세 후작(Marquis de Condorcet, 1743—1794)이 이와 유사한 입장을 취했다. 콩도르세는 인류의 미래에 대한 숙고 속에서 다음과 같이 질문했다.

19 William Godwin, *Enquiry Concerning Political Justice and its Influence on Morals and Happiness* (Toronto: University of Toronto Press, 1946), vol. 2, 515–18.

20 같은 책, 518.

> 결과적으로 행복과 인구의 지속적 감소, 진정한 퇴보, 혹은 기껏해야 선과 악 사이의 진동을 수반하게 될, 세계의 인구 수가 마침내 생활수단을 초과하게 되는 순간이 올 것인가? 이러한 단계에 도달한 사회에서는, 이러한 진동이 길든 짧든 주기적 재앙의 영속적 원천이 되지 않을까? 이것은 더 나은 개선이 모두 불가능해지는 지점에 도달했음을 보여주는 것은 아닐까?[21]

이 질문에 대한 콩도르세의 대답은 "부득이하게 인간이 어렴풋이 알아차릴 수도 없을 정도의 지식을 갖고 있을 때에나 일어나게 될 사건의 가능성에 대해 말하는 것은 불가능한 일이다"는 것이었다. 희망컨대 "이성의 진보는 과학의 진보와 보조를 맞출 것"이고, 따라서 지구상에서 생계수단에 대한 "한계"가 "어느 날 도달하게 될지라도, 이로부터 도출되는 것은 아무 것도 없으며 인류의 행복 및 무한한 완성과 관련시켜 볼 때 전혀 놀랄 것도 없다." 인간은 자신에게 "아직 태어나지 않은 후속 세대에 대한 의무가 있다"는 점을 알게 된다면, "어리석게 세계가 쓸모없고 불쌍한 존재들로 거치적거리게 만들기보다" 그에 맞게 인구를 조절할 것이다.[22]

맬서스의 1798년판은 고드윈과 콩도르세가 진전시킨 주장에 맞서고, 인구 원리가 보다 평등한 사회의 실현을 가로막는다는 점을 설명하

21 Condorcet, Jean-Antoine-Nicholas Caritat, Marquis de, *Sketch for a Historical Picture of the Progress of the Human Mind* (New York: Noonday Press, 1955), 188.

22 같은 책, 188-89.

는데 전력을 다했다. 이 과정에서 맬서스는 앞서 월러스로 인해 유명해진 주장보다도 훨씬 극단적인 입장을 취했다. 월러스가 인구 성장이 궁극적으로 지구 자체의 한계에 의해 억제된다고 주장했다면, 맬서스는 인구 억제가 항상 필연적이며 "강력하고 일관되게 작동하는 억제" 형태를 취한다고 단언했다. 인구 원리는 지구의 궁극적 한계에 관한 것이 아니라 생존(식량)의 보다 직접적인 한계에 관한 것이기 때문이다.[23] 고드윈과 마찬가지로 맬서스는 인구와 생활수단 사이에 평형을 이루려는 경향이 있다고 주장했다. 그럼에도 불구하고 맬서스는 인구가 억제되지 않는다면 자연스레 기하급수적 비율로 증가하는 경향이 있는 반면, 식량 공급은 기껏해야 산술급수적으로 증가한다고 주장했다. 이러한 상황에서 (물론 약간은 변동은 있지만) 인구가 제한된 생활수단과 평형을 유지하도록 만드는 실질적 억제책에 관심을 기울일 필요가 있었다. 맬서스의 주장에 따르면 이런 억제책은 모두 악행(vice)과 비참함(misery)과 관련이 있었으며, 생식력을 제한하는 혼전 난교(맬서스가 살았던 시대에 널리 퍼진 추측), 병치레, 전염병과 같은—그리고 다른 모든 억제책이 소용없을 경우, 기아라는 무서운 천벌—형태를 취했다. 인구가 생계와 보조를 맞추려면 이러한 악행과 비참함이 언제나 필수적이므로, 고드윈과 콩도르세 같은 사상가들이 예견했던 사회의 미래 개선은 불가능하다는 것이 맬서스의 주장이었다. 맬서스는 다음과 같이 썼다. "이 소고의 주요 논지는 오직 소유자 계급과 노동자 계급의 필연성을 입증하는 것에 있다."[24] 이 글이

---

23 Malthus, *First Essay*, 71.

24 같은 책, 177; Karl Marx and Friedrich Engels, *Historisch-Klitische Gesamtausgabe (MEGA)*, part 4, vol. 9 (Berlin: Dietz Verlag, 1991), 229.

나온 문단은 훗날 마르크스가 맬서스의 저작에 대한 자신의 발췌문에서 강조했던 문단이다.

맬서스는 주장을 개진하는 과정에서 "과잉인구"(overpopulation)라는 용어를 사용하지 않았다.[25] 이 용어를 처음 사용한 것은 그의 비판자들이었다. 18세기 말 맬서스의 입장에서, 인구에 대한 사언적 억제는 너무나 효과적이었기 때문에, 궁극적으로 지구가 인간 거주자들로 가득 차게 될 것이라는 의미의 과잉인구는 걱정해야 할 일이 아니었다. "지나치게 많은 인구"(overcharged population)의 문제는 (고드윈이 말했던 것처럼) "먼 미래"의 문제가 아니라 지구 대부분의 땅이 경작되지 않고 있는 시점에서조차 **언제나** 작동하고 있는 문제였다.[26] 콩도르세에 대해 맬서스는 다음과 같이 기술했다.

> 콩도르세 후작은 그것[세계 인구가 생존의 한계에 도달하는 시기의 도래]이 적용가능하지도 않을뿐더러 극히 먼 미래 시기의 일이라고 생각했다. 만약 내가 제시한 인구의 자연 증가와 식량의 자연 증가 사이의 비율이 어느 정도 진실에 가깝다면, 이와 반대로 생활수단[후속판에서 이 용어는 "손쉬운 생활수단"으로 바뀌었다]을 뛰어넘는 사람의 숫자는 오래 전에 도래했고, 이러한 필연적 진동, 이런 끊임없이 살아나는 주기적 불행

25 맬서스는 매우 일관되게 현재와 같은 의미를 지닌 지구의 과잉인구를 언급하길 피했다. 그의 저작 중 몇몇 문단에서 무심코 인구가 생활수단을 추월했다는 인상을 남겼지만, 이것을 "손쉬운 생활수단"으로 바꾸기까지 했다. Edwin Cannan, *A History of Theories of Production and Distribution in English Political Economy from 1776 to 1848* (New York: Augustus M. Kelley, 1917), 108.

26 Malthus, *First Essay*, 120, 134.

> 의 원인은 인간의 역사가 시작한 때 이후로 계속 존재해왔고, 현재에도 존재하고 있으며, 우리 자연의 물리적 구성에서 어떤 결정적인 변화가 일어나지 않는 한 앞으로도 존재할 것이라는 점은 분명할 것이다.[27]

『인구론』 1803년판에서 맬서스는 다음과 같이 덧붙였다. "고드윈 씨 이외의 다른 사람들은 인구가 생활수단을 현재보다 훨씬 더 크게 초과하는 미래의 어떤 시기를 내가 상정했다고, 그리고 인구의 원리로부터 생겨난 해악이 실재가 아니라 숙고의 결과라고 생각해왔다. 그러나 이것은 내 주장을 완전히 잘못 이해한 것이다."[28]

맬서스는 자기 주장을 인구 성장과 생산이 지구의 수용능력을 압도할 것이라는 사고에 의거하지 않았다. 그는 사실상 "지구의 생산에는 어떠한 한계도 놓여 있지 않다. 생산은 끊임없이 증가할 것이며 어떤 정해진 양보다 훨씬 커질 것이다"라고 주장했다.[29] 맬서스의 분석에서 문제를 삼았던 것은 (그의 학설에 관한 훗날의 해석이 잘못 주장하고 있는 것처럼) 수용능력 자체의 문제가 아니라 자연적 생활수단 성장률과 자연적 인구 성장률의 문제였다. 자연적 생활수단 성장률은 결국 자연적 인구 성장률에 순응할 수밖에 없기 때문에, 맬서스의 분석은 "지나치게 많은"이란 특성을 지적함에도 불구하고, 비참함 및 악행과 결부된 인구에 대한 다양한 자연적 억제책들의 불가피성을 정당화하는 이야기를 할 수 있을 뿐이다.

---

27 같은 책, 124.
28 Malthus, *Second Essay*, vol. 1, 329.
29 Malthus, *First Essay*, 76.

맬서스는 인구 성장이 상대적으로 낮거나 정체된 경우를 생활수단이 인구를 압박하고 있는 징조로 간주했다. 반면 고도의 인구 성장은 어떤 나라의 인구가 적다는 징조였다. 그는 다음과 같이 썼다. "근대 유럽의 주요 국가들을 검토해 보았을 때, 해당 국가들이 목양국가이기 때문에 매우 빠른 인구 증가를 보여 왔을지라도, 현재 증가 속도는 더뎌졌으며 매 20년마다 인구가 두 배로 증가하기는커녕 두 배가 되려면 300–400년이 걸린다는 점을 발견할 것이다."[30] 맬서스의 표현에 따르면, 그 외의 어떤 경우도 생활수단의 한계에 도달한 인구의 현실을 아주 분명하게 보여주지 못했다.

맬서스는 인구가 기본적으로 생활수단과 항상 평형을 유지한다는, 고드윈, 콩도르세, 그리고 여타 사람들이 한 목소리를 내고 있던 널리 퍼진 관점에 동의했다. 그러나 그는 이전의 사상가들이 다음의 것을 인식하지 못했다고 주장했다. (1) 억제되지 않으면 자연적으로 증가하여 20년마다 두 배가 되는 "지나치게 많은 인구"와 기껏해야 산술급수적 비율로 증가하는 생활수단의 보다 제한된 성장 사이에 부단히 존재하는 **불비례.** (2) 이러한 환경에서 인구 증가와 생산수단의 증가 사이의 균형을 만들어내는 **기제**—즉 인구 성장률에 대한 불가피한 억제책인 악행과 비참함의 존재.

그러나 맬서스는 정확히 말해 그의 독특한 기여라고 볼 수 있는 이 두 가지 지점의 논리적 일관성과 관련하여 곤경에 봉착했다. 인구가 기하급수적 비율로 증가할 가능성에 대해서는 어떤 문제도 없었다. 이 점

30 같은 책, 89.

은 맬서스가 저서를 쓰기도 전에 이미 경험적으로 정립되어 있었다. 그러므로 인구와 식량의 예상되는 증가율에 관련한 맬서스의 독창적인 공헌은 식량공급이 단지 산술급수적 비율로 증가할 따름이라는 그의 주장에 국한되어 있었다. 그러나 이러한 주장의 근거는 처음부터 매우 보잘 것 없었다. 맬서스는 단순하게 북아메리카에서 인구는 25년 사이에 2배로 증가했지만 식량 공급은 그와 같은 비율로 증가했을 것이라고 예상되지는 않는다고 주장했을 뿐이다. 그러나 맬서스가 했던 것처럼, 이것을 가지고 식량이 산술급수적 비율 이상으로 증가할 수 없다는 사고를 연역하는 것은 오류였다. 에드윈 캐난(Edwin Cannan)이 지적했던 것처럼, 비록 식량 공급의 증가가 5만 년마다 한 번씩 두 배로 늘어난다고 할지라도, 이것 역시도 기하급수적으로 증가한다고 말할 수 있다. 그러나 맬서스는 생활수단이 단지 산술급수적 비율로 증가할 뿐이라고 말하는 것을 통해, 사실상 연평균 농업생산물에 대한 주기적 추가분이 어떤 식으로든 결코 늘어날 수 없다고 말한 것이었다.[31]

결과적으로 맬서스의 주장은 교활한 속임수라 할 수 있다. 그는 생활수단에 관한 자신의 공리를 도입한다. 그런데 이 공리는 식량이 오직 고정된 양만큼만 증가할 수 있다는 주장에 부합하게 가정—그는 이 고정된 양의 최대치를 현재 생산되는 식량의 총량과 동일한 것으로 놓기 때문에, 이 가정은 보다 합리적으로 보이는 제안이다—을 한 것이다. 그 후 그는 이것을 다른 증거 없이 확정된 결론으로 간주했다. 이렇게 이것은 (만약 억제되지 않는다면) 기하급수적 인구 증가율과 기하급수적으로 결

31 Cannan, *A History of Theories*, 112.

코 증가할 수 없는 식량 공급 사이에 존재하는 극복할 수 없는 모순의 토대가 되었다. 말할 필요 없이, 맬서스의 자료 자체가 이러한 공리를 뒷받침하지 못했다. 그 결과 기하급수적으로 증가했던 북아메리카의 급격한 인구 증가를 분석하는 과정에서 맬서스는 식량 공급 또한 기하급수적으로 증가했다는 사실을 가리키는 지표를 제시해야 하는 상황에 내몰렸다. 이러한 모순에 직면한 맬서스는 (저수지의 비유를 이용하여) 단지 거주민들이 고정된 자원을 야금야금 소비하고 있으며, 결국 이러한 비축물은 고갈되고 인구 증가가 식량 공급의 실제 증가에 순응하게 될 것이라고 주장했을 뿐이었다. 그러나 이러한 입장을 인정하는 것은 맬서스 자신이 수립하려고 했던 주장이기보다는 오히려 (지구 전체가 완전히 경작되기 전까지는 한계에 완전히 도달하지 않을 것이라고 주장한) 윌러스와 고드윈의 주장에 더 가까운 관점을 받아들인다는 의미였다.[32]

예컨대 맬서스는 마르크스가 맬서스의 인구이론에서 유일하게 맬서스 자신의 생각이라고 본 내용, 즉 산술급수적 비율을 입증할 증거를 전혀 가지고 있지 않았다. 그는 단지 이것이 농업 상태에 정통한 어떠한 지적인 관찰자도 인정하지 않을 수 없는 내용이라고 주장했고, 이러한 독단적 주장을 토대로 산술급수적 비율을 신봉했을 따름이다. (이것은 스코틀랜드인 정치경제학자, 농업경제학자, 현역 농부이며, 그 당시 농업 분야의 최고 권위자 중 한 명인 제임스 앤더슨에 의해 즉각 비판받았던 관점이다.) 만약 맬서스의 산술급수적 비율에 하나의 근거라도 있었다면, 그것은 (당시 칼 린네와 윌리엄 페일리 같은 사상가들의 저서에서 피력되었던) 다윈 이전의 자연세계 인식

32 Malthus, *First Essay*, 106.

에서 발견될 수 있다. 이 인식은 식물과 동물 종에는 매우 제한된 "개선"의 여지만 있을 뿐이라고 가정했다.[33]

그 후, 고전 경제학에서 흔히 말하는 "토지의 수확체감 법칙"을 맬서스의 산술급수적 비율의 근거로 보는 경우가 보편화되었다. 그러나 수확체감의 법칙은—맬서스의 가장 막강한 반대자 중 한명인 제임스 앤더슨의 저서 이외에는—나폴레옹 전쟁 종식 이전까지 미숙한 형태로라도 등장할 기미조차 없었으며, 앤더슨의 관점과 관련된 막연한 제언을 제외한다면 맬서스의 『인구론』의 여섯 가지 판들 중 그 어느 곳에서도 언급되지 않았다. 그러므로 이 법칙은 맬서스 주장의 토대로 간주될 수 없다. 경제사상사가이자 훌륭한 보수적 경제학자인 슘페터가 진술한 것과 같이, "토지의 수확체감 '법칙'은 …… 맬서스의 『인구론』에서 전혀 거론되지 않았다."[34]

맬서스가 죽기 직전인 1830년에 출판한 인구에 관한 마지막 저서—『인구원리에 대한 개요』(*A Summary View of the Principle of Population*)—에서 비로소 이런 모순이 부분적으로 해소되고 토지의 수확체감을 가정한 근거 위에서 분석이 이루어졌다. 그러나 이 책에서 그는 극단적으로 다음과 같이 주장했다. 일단 모든 우등지들이 경작되어버리면, "식량 증가율은 기하급수적 증가 비율보다는 기하급수적 감소 비율을 더 닮을 것이다. 연간 식량 증가는 어떤 비율에서든지 끊임없는 감소 경향을 보인다. 그리고 10년간의 증가량은 그 전 10년간의 증가량보다 필시 줄어들었을

■

33 같은 책, 129; *Second Essay*, vol. 1, 312-13; Eiseley, *Darwin's Century*, 332.

34 Joseph Schumpeter, *History of Economic Analysis* (New York: Oxford University Press, 1954), 581.

것이다."[35]

여기서 맬서스의 『인구론』 발간이 유스투스 폰 리비히와 그 밖의 다른 사람들의 저서를 통해 근대 토양과학이 출현하기 40년 전이었다는 점을 이해하는 것이 중요하다. 그래서 위대한 동시대인인 데이비드 리카도와 마찬가지로 맬서스도 토양의 비옥도가 아주 제한적으로만 개선될 수 있다고 보았다. 마르크스가 훗날 리비히에 동조하여 주장했던 것처럼, 그에게 토양의 퇴화는 문제가 되지 않았다. 맬서스에게 토양의 속성은 역사적 변화의 대상이 아니라 단지 "자연이 인간에게 준 선물"이었다. 그리고 리카도가 말했던 것처럼, 이것은 "파괴될 수 없는 것"이었다. 오히려 맬서스는 식량과 다르게 원자재는 "아주 충분한 상태"에 있으며 "수요는 …… 실패하지 않고 원하는 만큼 풍부한 양의 원자재를 만들어 낼 수 있을 것이다"라고 주장했다.[36]

맬서스가 산술급수적 비율에 대한 어떤 근거도 제공하지 않았다는 사실, 그뿐 아니라 맬서스가 (북아메리카의 경우처럼) 인구의 기하급수적 증가에 부응하여 식량이 기하급수적으로 증가했던—그의 명제를 논파하는—사례들이 존재했음을 인정했다는 사실을 맬서스 당대의 비판가들은 결코 지나치지 않았다. 그들은 아낌없이 맬서스의 학설에 비난을 퍼부었다. 그래서 두 번째 판(1806년 판)에서 맬서스는 논쟁을 하는 대신 순

35 Malthus, *Am Essay on the Principle of Population and a Summary View of the Principle of Population*, 239.

36 Thomas Robert Malthus, *Pamphlets* (New York: Augustus M. Kelley, 1970), 185; David Ricardo, *Principles of Political Economy and Taxation* (Cambridge: Cambridge University Press, 1951), 67; Malthus, *First Essay*, 100.

전히 호언장담에 의존했다. 그의 말에 따르면, "내가 기하급수적 비율의 인구 성장과 산술급수적 비율의 식량 증가를 입증하기 위해 4절판의 책을 집필했다고 이야기들 한다. 그러나 이것은 사실이 아니다. 내가 고찰한 명제들 중 첫 번째 것은 아메리카의 인구 증가와 관련하여 입증되었다. 두 번째 명제를 입증하는 사례는 조만간 발표될 것이다." 맬서스에 대한 당대의 비판가들 중 한 사람이 응답했던 것처럼, "이 말들에서 굳이 의미를 찾자면, 이것은 기하급수적 비율을 입증하는 증거는 매우 경미하고, 산술급수적 비율은 아무런 증거도 없이 주장되었다는 것을 의미함이 분명하다."[37]

마찬가지로, 자연적 인구 성장 경향에 대한 모든 억제책들이 악행과 비참함으로 환원될 수 있다는 맬서스의 주장은 논리적·경험적 근거 모두에서 의문의 여지가 있다. 맬서스는—아마도 자신의 주장에 존재하는 논리적 균열을 경시할 의도를 가지고—인구 억제책을 묘사하기 위한 두 가지 다른 도식을 제시했다. 다소 중립적 도식이 있는데, 맬서스는 이것을 "예방적", "적극적" 인구 억제책이라고 기술했다. 예방적 억제책은 일반적으로 출산을 제한시키는 방식으로 작동하고, 적극적 억제책은 사망을 증가시키는 방식으로 작동한다. 예방적 억제책에 대해, 맬서스는 도덕적 자제의 가능성을 암시했다. 그렇지만 그는 이것이 오직 상층 계급들에서만 적용될 수 있다고 생각했다. 반면 적극적 억제책에 대해, 맬서스는 빈곤의 효과와 그가 "입에 풀칠하며 살아가는" 존재라고 불렀던 사람들을 다루었다. 그는 이것이 대부분 하층 계급들에게 적용되는 것이

37 Malthus, *Second Essay*, vol. 2, 212; Kenneth Smith, *The Malthusian Controversy* (London: Routledge & Kegan Paul, 1951), 224에서 Piercy Ravenstone를 인용함.

라고 생각했다. 그렇지만 그의 주장은 이 억제책들이 결과적으로 그의 두 번째 도식, 즉 악행과 비참함에서 나오는 억제책으로 환원될 수 있다고 주장하는 데에 이르렀다. (악행이 예방적 억제책과 관련이 있다면, 비참함은 적극적 인구 억제책과 관련이 있다.)[38]

반드시 지적해야 할 것이 있다. 맬서스는 "악행"이 어떤 의미를 지니고 있는지, 혹은 악행이 어떻게 예방적 억제책이 되는지 말하지 않았다. 다만 그는 결혼을 자제하는 것이 "전 세계 대부분의 나라들에서 눈에 너무 띌 정도로 발생하는 결과적 악행이며, 남녀 모두에게 지속적으로 해결할 수 없는 불행을 주는 악행"이라고 말했을 뿐이다. 더 나아가 맬서스는 이러한 악행이 (대도시, 사치품, "유해한 제조업" 등의 증가와 더불어) "여성과 관련한 사악한 관습"이라고 언급했다. 그 후 맬서스는 성교를 둘러싼 도덕의 교정과 출산의 예방과 관련하여 콩도르세가 "번식을 가로막는 난잡한 내연관계나 뭔가 다른 부자연스러운 행위들"을 언급했던 것에 대해 비판했다.[39] 맬서스는 『인구론』 제2판에서 러시아에 사는 "유목부족"들과 관련된 "음탕한 약탈 정신"이 인구 성장에 대한 예방적 억제책이라고 언급했다. 그는 또한 "여성들과의 비정상적인 관계"나 "남녀 간의 부정한 성교"를 예방적 인구 억제책과 관련된 악행의 형태들이라고 지적했다. 동시에 그는 "아이의 출산을 막을 정도의 난잡한 성교"를 암시한다.[40] 우리는 이 모든 내용을 통해 맬서스가 "남녀 간의 난잡한 성교"야 말로 예방적 인구 억제책이라고 보았던—고드윈 역시 명백히 주장

38 Malthus, *First Essay*, 89, 98.

39 같은 책, 81, 92, 103, 124.

40 Malthus, *Second Essay*, vol. 1, 17-19, 81; vol. 2, 97.

한—18세기 특유의 믿음을 신봉하고 있었음을 짐작할 수 있다. 존 에이버리는 콩도르세와 관련하여 다음과 같이 언급했다. "아마도 이런 믿음은 관찰에 근거했을 것이다. 오늘날에는 사소한 성병으로 간주하는 병이 콩도르세 시대에는 종종 불임으로 이어졌다."[41]

또한 악행은 비참함을 유발시키고 사망률의 증가로 이어졌다. 그러나 악행으로 유발되는 비참함은 그것이 사악한 행동의 결과라는 점에서 진정한 비참함과 구별되어야만 했다. 맬서스는 "인류의 악행"에 대해 다음과 같이 주장한다.

> 인류의 악행은 인구를 감소시키는 적극적이고 유능한 충복이다. 그 원인자들은 위대한 파괴의 군대에서 선봉이며 종종 스스로 무시무시한 그 일을 마무리한다. 그러나 악행이 박멸전에 실패한다면 투병시기, 전염병, 흑사병 등이 가공할 대열을 이뤄 진군하며, 수천, 수만의 생명을 앗아갈 것이다. 성공이 아직도 불안하다면서 거대하고 피할 수 없는 기근이 후방에서 걸어 나온다. 그리고 강력한 한 방으로 인구를 세계의 식량 수준에 맞추어 놓는다.[42]

맬서스에게는 "인구감소 원인"인 단순한 악행보다 더 중요한 것이 있다. 그것은 "궁핍, 비참함, 비참함에 대한 공포라는 가혹한 법칙"이었다.

41 Godwin, *Enquiry Concerning Political Justice*, vol. 2, 517; John Avery, *Progress, Poverty and Population: Re-reading Condorcet, Godwin and Malthus* (London: Frank Cass, 1997), 11.

42 Malthus, *First Essay*, 118–19.

이것은 빈민의 머리 위에 불균등하게 떨어졌다. 그리고 만약 전쟁, 투병 시기, 전염병, 흑사병 등이—이 모든 것은 식량부족과 인구과잉에 의해 더 기승을 부리게 된다—제 역할을 하지 못하면, "자연의 가장 무시무시한 수단인 기근이 최종적으로 등장하는 것으로 보인다."[43]

대개 비참함으로 귀결될 수밖에 없는 적극적 억제책에 대한 논의에서, 맬서스는 이것이 사실상 빈곤의 자연스런 결과이며 영국의 구빈법 같이 어떤 식으로든 이것에 간섭하는 것은 기근과 같은 더 큰 재앙과 상층 계급들의 생활 조건의 하락을 자초할 것이라고 주장했다. 그는 "모두가 자연의 은혜를 똑같이 입을 수는 없다"고 서술했다. 따라서 "자연의 불가피한 법칙에 따라 인류의 일부가 결핍으로 고통 받아야 하는 것은 당연하다. 이 사람들은 인생이란 거대한 제비뽑기에서 꽝을 뽑은 불행한 사람들이다."[44]

지나치게 많은 인구에 대한 매우 중요한 억제책인 비참함은 필요할 뿐 아니라 불가피하기도 했다. 이제 남겨진 일은 이러한 사실을 인식하지 못하는, 의심의 여지없이 좋은 의도를 지녔으나 잘못 인도된 개인들을 비판하는 것이었다. 영국 구빈법은 "비록 개인적 불행의 강도를 조금이나마 완화시켜 주었다고 하더라도 …… 훨씬 더 광범위한 부문에 걸쳐 보편적 해악을 확산시켰다." 이것은 "빈민의 일반적 조건을 하락시키는" 경향을 나타냈다. 그다지 도와줄 필요가 없는 빈민에게 몫을 나눠줌으로써 사회는 도와줄 필요가 있는 빈민들의 몫을 감소시켰다고 맬서스는 주장했다. 그러므로 만약 구빈법을 계속 유지하려면, 가능한 곳에

43 같은 책, 118, 133.

44 같은 책, 134, 143.

만 구빈원을 설치하여 구빈법의 나쁜 결과를 완화시켜야 한다고 주장했다.[45]

맬서스의 관점에서 보면, 빈민들의 생활 조건 개선을 제안하거나 보다 보편적인 개선이 이루어질 미래 사회를 제안했던 사람들은 모두 단순히 악행과 비참함의 냉혹한 필연성을 부정하고 있었다. 혹여나 조혼이 장려된다든가 함으로써 기대할 수 있는 최선의 경우란 중국의 경우처럼 일종의 정체상태였다. 중국에서는 토지를 상대적으로 평등하게 극히 작은 땅 조각으로 분배하자 "강제적" 인구 성장이 발생했다. 그 결과—비록 주기적인 기근이 훼방을 놓았지만—평년에는 절대적으로 굶주리는 사람들이 거의 없었고, 인구 성장은 영아 "유기"(遺棄)와 같은 부자연스러운 방식들을 통해 봉쇄되었다.[46]

그럼에도 불구하고, 일단 계급 문제가 이 논의에 들어오고 맬서스가 고(高)평형상태와 저(底)평형상태를 나누었다는 것(전자는 특권층을 위한 사치생활을 포함한다)이 명백해지면서, 그의 주장은 "기하학적 증거"를 들먹이던 특징을 상실했다. 맬서스의 주장에는 처음부터 계급적 요소가 함축되어 있었다. 이에 따르면, 부자의 상황과 빈민의 상황은 완전히 다른 것으로 간주되었다. 그 결과 그는 예방적 요인을 논하는 자리에서 사실상 인류가—상층 계급들의 경우—일정한 도덕적 자제를 할 수 있다는 점을 인정했다. 영국에서 도덕적 자제는 종종 만혼을 통해 이루어졌다. 이것은 물론 영국 상층 계급들의 결혼 패턴을 통해 널리 뒷받침되었다.[47]

45 같은 책, 94, 97, 102.

46 같은 책, 115.

47 Alan Macfarlane, *Marriage and Love in England: Modes of Reproduction 1300-*

맬서스는 특권층들 사이에서 일어나는 만혼이 주로 불평등하고 불확실한 소유관계에서 비롯된 산물이었음을 확실히 알고 있었다. 이것은 많은 상층 계급의 신사들로 하여금 안정된 생계를 확보하기 전까지 결혼과 가족 부양을 할 수 없게 만들었다(당시 맬서스 자신이 가난하고 변변하지 못한 생활을 영위하던 시골의 목사보였다). 이 같은 도덕적 자제에 대한 동기들은 불평등한 소유에 기초하지 않는 사회에서는 그다지 쓸모 있는 것이 아니었다. 그럼에도 불구하고 도덕적 자제가 이러한 사회에서처럼 종종 분명히 존재한다는 사실을 무시하기도 어려웠다. 따라서 맬서스는 결국 비판에 대한 대응으로써 (특히 상층 계급들 사이에서) 어떤 형태의 "도덕적 자제"가 사실상 가능하다고 양보하지 않을 수 없었다. 하지만 그는 도덕적 자제를 극히 제한된 측면으로, 즉 "[대개 재산과 관련된] 신중한 고려에서 결혼을 일시적으로 혹은 영원히 절제하는 것, 그리고 독신 상태에서 순결을 엄격하게 지키는 것"으로 규정했다. 맬서스는 이렇게 협소하게 규정된 도덕적 자제의 작용은 "그렇게 강력하지 않다"고 보았다.[48] 그러나 비록 주저주저 하지만 이 정도라도 허용된다면, 미래 개선의 불가능성을 논한 맬서스의 주장은 실패로 돌아갈 수밖에 없다.[49]

1840 (Oxford: Blackwell, 1986)을 볼 것.

48 Thomas Robert Malthus, *Occasional Papers* (New York: Burt & Franklin, 1963), 139.

49 Cannan, *History of Theories*, 104, 113.

『인구론』 제2판

이와 같은 이유로, 그의 『인구론』 제2판은 제1판과 완전히 다른 책이 되었다. 여기서 그는 도덕적 자제의 가능성을 인정했다. 이를 반영하여 책 제목 자체도 『인구 원리에 관한 소고; 인간 행복에 대한 과거와 현재의 영향에 관한 관점; 이것을 발생시킨 해악의 향후 제거 및 경감과 관련된 우리의 전망 탐구』(*An Essay on the Principle of Population; or a View of its Past and Present Effects on Human Happiness; with an enquiry into our Prospects respecting the Future Removal or Mitigation of the Evils which it occasions*)로 바꿨다. 책 제목에는 더 이상 "사회의 미래 개선" 문제나 고드윈과 콩도르세에 대한 언급이 없다. 『인구론』 제2판의 주요 요지는 제1판에서 부차적 역할만을 했던 주제인 영국 구빈법에 대한 공격이었다.

위대한 맬서스 학파인 패트리샤 제임스(맬서스의 『인구론』 집주판 편집자)에 따르면, "현대 사상에 가장 큰 인상을 남긴 것이 바로 『인구론』 1803년 판[제2판의 초판본]이었다."[50] 그 이유는 이 저서에서 발견되는 빈민에 대한 가혹한 공격 때문이었다. 비록 맬서스는 제2판의 서문에서 "제1판의 가장 가혹한 결론들 중 일부를 완화하려고 노력했다"고 언급했지만, 이것은 주로 (상층 계급에 적용할 수 있는) 도덕적 자제의 가능성을 도입하는 것과 관련이 있었다. 그가 그러한 도덕적 자제를 할 수 없다고 믿은 빈민과 관련된 내용을 보면, 책은 이전보다 훨씬 가혹해졌다. 그리고 특히 가장 악랄한 문구들이 발견되는 책이 1803년 판이다. 그 결과 맬

50 Patricia James, *Introduction to the Second Essay*, vol. 1, ix–xv.

서스는 다음과 같이 기술했다. "사생아와 관련해, 그들에게 적절한 공고를 한 후 교구 수당에 대한 어떠한 청구권도 절대 허용되어서는 안 된다. …… 또한 비교하자면, 유아는 다른 아이가 즉시 그 자리를 대신할 것이기 때문에 사회에 별 가치가 없다."[51]

맬서스는 냉담한 대도로 다음과 같이 기술했다.

> 이미 갖춰진 세상에 태어난 사람은, 만약 그 사람에게 자신이 요구만 하면 생계를 지원해주는 부모가 존재하지 않는다면, 그리고 사회가 그의 노동을 원치 않는다면, 최소한의 식량에 대한 **권리**조차 주장해서는 안 되며, 사실상 그가 마땅히 해야 할 일도 없게 된다. 자연의 전능한 향연에서 그를 위한 빈자리는 없다. 그녀는 그에게 떠나달라고 말하고, 만약 그가 그녀의 몇몇 손님들의 동정을 이끌어내지 못한다면 자연의 질서를 신속하게 집행할 것이다. 만약 이 손님들이 일어나 그를 위한 자리를 만들려고 한다면 다른 침입자들이 즉시 등장하여 동일한 호의를 요구할 것이다. …… 향연의 질서와 조화가 무너지면 앞서 존재했던 풍요는 궁핍으로 바뀌게 된다. …… 그 손님들은 향연의 여주인이 모든 침입자들에게 적용하려 한 이 엄격한 질서에 맞섰던 자신의 과오를 뒤늦게 배우게 된다. 그녀는 모든 손님들이 풍요를 누리길 바라며, 그녀가 무한한 사람들에게 이 풍요를 제공할 수는 없다는 사실을 알고 있다. 그래서 그녀는 식탁이 이미 손님들로 가득 찼을 때에는, 새로 오는 손님들을 받아들이길 친절하게 거부했다.[52]

51 Malthus, *Second Essay*, vol. 2, 141.

52 같은 책, vol. 2, 127–28.

앞서 인용된 문구와 마찬가지로 이 악명 높은 문구는 『인구론』의 후속 판에서 사라졌다. 그러나 밑바탕에 깔고 있는 기본 사상, 즉 빈민은 최소한의 구호도 받아서는 안 된다는 주장, 그리고 "여주인"의 뜻을 거스르면서 "전능한 향연"에 이들을 초대하려는 어떠한 시도도 큰 불행을 자초할 뿐이라는 주장은 『인구론』 제2판의 중요한 이데올로기적 핵심으로 남아 이후 여러 후속 판에서도 계속 유지되었다. 맬서스는 사물의 본성상, "더 많은 숫자의 빈민 아이들을 성인으로 성장하지 못하게 만들지 않는 한, 우리는 어떠한 방식으로도 빈민을 도와줄 수 없다"고 썼다.[53]

맬서스의 협소한 성직자적 가치가 여성의 경솔함에 대한 관점에서 보다 더 극명하게 드러나는 경우는 없다. 그는 여성이 "남성의 경우에는 거리낌 없이 저지르고 있는 위법행위—특히 사생아의 출산으로 이어질 수 있는 혼전 "순결의 파괴"—를 하도록 사회에서 내몰리고 있다"고 보고, 여성에 대해 강요된 이중 기준을 정당화하고자 했다. 이중 기준의 강요가 "공동체에서 심각한 불편이 번번이 반복되는 것을 막는 가장 명백하고 효과적인 방법"이라는 이유에서였다[54]

맬서스는 영국 구빈법을 공격하는 과정에서, 식량 증대의 한계가 인구 성장을 지연시킨다 하더라도 사회는 중국의 경우처럼 상대적으로 평등한 조건에서 저(低)평형상태에 있을 수도 있고, 영국의 경우처럼 고(高)평형상태인 조건에 있을 수도 있다고 주장했다. 중국에서, 인구는 사실상 모든 사람이 기아선상에 놓이게 되는 상태로 "강제"된다. 영국에서 귀족, 젠트리, 중간계급은 자연의 "전능한 향연"을 누리고—빈민은 이 자

53 같은 책, vol. 2, 192.

54 Malthus, *First Essay*, 142.

리에서 빠져있어야 하지만—보편적 기근(과 "영아 유기"와 같은 행위)을 제외한 억제책이 인구를 억누른다. 그의—영국의 과두세력에게 주입하려 했던—가장 큰 공포는 과도한 인구 성장이 평등주의 관념과 결합한 결과 "사회의 중간 계급들이 …… 빈민들과 뒤섞이게 되는 것"이었다.[55]

시골 빈민 문제에 대한 해결책은 단순히 그들의 토지로부터 내쫓아 프롤레타리아트로 전환시키는 것이었다. 예컨대 맬서스는 1817년 8월에 리카도에게 보낸 편지에서 아일랜드의 기아와 빈곤 문제에 대한 대책을 내놓았다. 그는 이 대책의 첫 번째 목적이 빈민의 구제가 아니라 농민을 토지에서 내쫓는 것이 되어야 한다고 주장했다. "아일랜드의 토지는 잉글랜드보다 훨씬 더 많은 인구를 수용하고 있습니다. 이 나라의 천연자원을 완전히 활용하기 위해 인구의 상당수를 농경지로부터 떼어놓아 큰 공장도시와 상업도시로 이동시켜야 합니다."[56]

맬서스는 1834년에 세상을 떠났다. 이 해에 신(新)구빈법이 통과되었고 이것은 맬서스주의의 승리로 비춰졌다. 구빈법의 입법은 여러 가지 방식으로 노동자와 빈민들이 노동현장에서 착취당하며, 심지어 천천히 굶어죽는 것을 구빈법을 통해 구호를 받는 것보다 더 선호하도록 만드는 것이 목적이었다. 마르크스가 1844년에 맬서스 『인구론』을 보고 설명했듯이, 구빈법의 기저에는 "자선 그 자체가 사회적 악을 조장한다"는 생각이 깔려 있었다. 빈곤 자체를 "이전에는 **자선의 결핍** 탓으로 돌렸으

55 Malthus, *Pamphlets*, 18.

56 Malthus to Ricardo, August 17, 1817, in David Ricardo, *Works and Correspondence* (Cambridge: Cambridge University Press. 1952), vol. 7, 175.

나, 이제는 **자선의 과잉** 탓으로 돌렸다."[57]

그러므로 영국 노동자계급의 급진론자들이 일반적으로 맬서스주의를 가장 큰 적으로 여겼던 것은 그리 놀랄 일이 아니다. 노동자계급의 입장에서 싸웠던 윌리엄 코벳(William Cobbett)은 1819년, 맬서스에 맞서 "목사!"(parson)에 대한 격렬한 비난을 퍼부었다. 비난의 핵심은 계급지배와 자연신학 및 주류 신교 교회의 교의에 대한 협소하고 도덕주의적인 굴종에 대한 것이었다. 코벳은 이렇게 말한다. "내 평생 많은 사람들을 혐오해 왔지만 당신만큼 그렇게 혐오한 적은 없다. …… 어떤 말들을 모아도 당신을 적절하게 표현할 말이 없다. 따라서 이런 사람의 인품에 가장 잘 들어맞는 단 하나의 말이 있다면, 나는 당신을 **목사**라고 부르겠다. 이 말에는 다른 여러 의미도 있지만, 도시 매관매직꾼의 끄나풀(Borough–monger Tool)이란 의미가 있다."[58]

애초부터 맬서스의 주장에는 가혹한 함의가 담겨 있었다. 주어진 기간에 존재하는 노동자의 생계수단에는 한계가 있으므로, 임금을 올리려는 일반적인 시도는 제한된 양의 식량 가격이 상승되는 결과를 낳을 뿐이라는—이것은 노동자에게 더 많은 몫의 생활필수품을 가져다주지 않는다는—것이다.[59] 그래서 이 잘못된 학설은—"임금기금설"로 알려진 보다 세련된 설명 속에서—노동조합 조직과 같은 수단을 통해 노동자의 일반적 조건을 개선하는 것이 불가능하다고 주장하는 데 이용되었다.[60]

57 Karl Marx, *Early Writings* (New York: Vintage, 1974), 408–9.
58 Smith, *The Malthusian Controversy*, 120에서 Cobbett을 인용함.
59 Malthus, *First Essay*, 183–84.
60 임금기금설에 대해서는 Maurice Dobb, *Theories of Value and Distribution since*

코벳과 노동자계급의 급진론자들이 맬서스에게 증오를 퍼부은 이유 중 하나는 맬서스의 영향이 너무 널리 퍼져서 단지 존 스튜어트 밀과 같은 중간계급 개혁론자에 국한되지 않고, 프랜시스 플레이스와 같은 노동자계급 사상가들과 활동가들의 대열 속으로도 확대되었다는 사실과 관련이 있다. 맬서스의 임금기금설을 수용한 플레이스는 산아제한을 계급조직에 대한 일종의 대체물로 생각했다. 비록 플레이스는 뭔가 잘못 이해하여 산아제한이 자본가에게 이익이 되는 것이 아니라 노동자계급에게 이익이 된다고 생각했지만 말이다. 따라서 맬서스의 이데올로기는 처음부터 자본에 대한 노동자계급의 반대를 와해시키는 데 봉사했다.[61]

조지프 슘페터가 말했던 것처럼 "맬서스의 『인구론』의 주장은 근본적으로 지지될 수 없고 가치 없는 것으로 인식되어야 하고 1803년에 이미 그렇게 인식되었다. 게다가 이렇게 고찰하는 것이 합당한 더 많은 이유들이 속속 빠르게 등장하고 있었다. 그러나 이러한 사실에도 불구하

Adam Smith (Cambridge: Cambridge University Press, 1973), 131–34.

61 플레이스와 같은 개혁가들이 노동조합 조직을 지지하면서도 동시에 맬서스주의적 임금기금설을 고수했다는 사실은 생각하는 것만큼 그렇게 모순적인 것은 아니었다. 플레이스는 노동조합의 목표를 임금의 균등화로 제한되게 보았고, (생계와 인구 사이의 관계 때문에) 임금은 전체적으로 상승할 수 없고 노동계급의 특정부문만 임금 상승의 큰 혜택을 입을 것이라고 보았다. 플레이스에 따르면, 전체 노동자의 조건이 개선되려면, 우선 생계에 대한 인구의 압력을 감소시킬 산아제한을 장려할 필요가 있었다. 말할 필요도 없이, 이러한 맬서스적 사고는 노동계급 급진론자들에게서 노골적인 경멸을 받았다. E. P. Thompson, *The Making of the English Working Class* (New York: Vimage, 1963), 769–79; Pedro Schwartz, *The New Political Economy of J. S. Mill* (London: London School of Economics and Political Science, 1968), 28, 74, 245–56.

고 그것은 당대의 정통 경제학 체계로 굳건히 자리 잡았다." 맬서스의 주장이 주류의 이익에 이데올로기적으로 봉사했기 때문이다. 슘페터의 부연에 따르면, 맬서스는 도덕적 자제를 하나의 요인으로 승인한 것 외에 자신의 이론을 그다지 개선하지 않았고, "대포를 빼앗긴 채 질서있는 퇴각"을 실시했을 뿐이다.[62]

토머스 찰머스와 『브리지워터 논고』

맬서스의 가장 중요한 초기 제자는 자연신학자이며 스코틀랜드 신학자인 토머스 찰머스(Thomas Chalmers, 1780−1847)였다.[63] 찰머스는 단순히 맬서스주의 정치경제학자가 아니었다. 그는 에든버러 대학교의 신학 교수, 교구 목사, 영향력 있는 설교사, 스코틀랜드 주류 교회 내부의 교회 개혁가였다. 그는 마침내 1843년에 '스코틀랜드 자유교회'의 등장으로 이어진 분열과정에서 복음주의 종파의 지도자로 활약했다. 찰머스는 저술가이기도 했다. 특히 『인간의 도덕적, 지적 구성에 대한 외적 자연의 적응 속에서 현시되는 신의 권능, 지혜, 선에 관하여』(1834)가 유명했다. 이 저작은 브리지워터 백작이 위임한 여덟 편의 논문 모음집인 『브리지

62 Schumpeter, *History of Economic Analysis*, 580-81.

63 자신의 책이 윌리엄 페일리, 윌리엄 피트, 데이비드 리카도와 같은 당대의 저명한 인물들에게 영향력을 행사한 것에 대해, 맬서스가 매우 자랑스럽게 여겼다는 사실은 잘 알려져 있다. 자연신학과 이 자연신학에서 나온 정치경제학을 연결시킨 것을 포함하여 맬서스의 인구 이론의 함의를 완전히 수용한 것은 바로 맬서스의 가장 중요한 제자인 토머스 찰머스였다.

워터 논고』의 첫 번째 논문이었다. 『브리지워터 논고』는 다윈의 『종의 기원』이 출현하기 직전 수십 년 동안 유행했던 유물론적·진화론적 이설(異說)에 대항하여 자연신학을 옹호하려는 가장 거대하고 가장 일치된 시도였다. 지성사가인 로버트 영이 주목했던 것처럼, 페일리의 "자연신학관은 과학의 세부사항이 증가하는 시기에는 옹호될 수 없는 것으로 드러났고, 모든 과학의 세부사항이 신의 지혜, 선, 자비를 입증하는 증거들의 연속적 누적으로 **차례대로** 행진하는 **귀류법**을 보여준 『브리지워터 논고』에서 최종적으로 붕괴했다.[64]

찰머스는 『브리지워터 논고』의 글을 유물론과 무신론을 공격하는 것으로 시작했다. 그는 "무신론적 저자들의 성향"을 다음과 같이 기술했다.

> 무신론 저자들의 성향은 물질의 법칙만을 배타적으로 추론하면서 물질의 성향을 간과하는 것이다. 만약 천체체계의 아름다움과 은혜를 단지 중력의 법칙을 통해서만 설명한다면 설계한 이유에 대한 논의는 크게 줄어들 것이다. …… 만약 우리가 단지 물질에 대해 다음과 같이 이야기한다면, 즉 물질을 그것으로 하여금 많은 유용한 결과들에 공헌하게 만든 그러한 힘들과 함께 그저 제공받았다고 말한다면, 신을 위한 주장의 가장 강력하고 논쟁의 여지가 없는 부분을 도외시하는 것이다. 물질의 힘을

64 Robert Young, 「The Historiographic and Ideological Contexts of the Nineteenth-Century Debate on Man's Place in Nature」, in Mikuláš Teich and Robert Young, eds., *Changing Perspectives in the History of Science: Essays in Honour of Joseph Needham* (London: Heinemann, 1973), 373.

올바른 방향으로 향하게 하고 은혜롭게 적용되도록 물질이 각 부분으로 분배되는 것으로, 물질에 대해 말하는 것이 훨씬 더 들어맞는 것이고 확실한 것이다. 우리가 지성의 목적이나 목표를 인식하는 것은 어떤 물질의 법칙 정립 속에서라기보다는 오히려 법칙을 통해 물질을 유용하게 작용하도록 만드는 물질의 특정 성향 속에서이다.[65]

찰머스의 시각에서, 물질의 "이와 같은 혼돈의 진화"를 만들어내고 여기에 "올바른 속성들을" 부여하는 것은 자연 속에서 드러나는 신성한 지성이었다. 이러한 주장을 하면서 찰머스는 신을 시계공에 비유하는 것, 천체투영기와 비교되는 눈의 우월함 등등, 페일리주의자들이 거론했던 모든 사례를 활용했다.[66]

찰머스에게, "신의 징표"는 단지 외부의 자연에만 있는 것이 아니라 도덕적 지적 삶—특히 경제학의 영역—속에도 확인할 수 있다. "지고의 지혜를 지니고 전제적 권능으로 무장한 입법가가 인간 사회의 부와 안락을 증대시키는 최상의 계획을 수립하는 데에서 자유로울 수 있겠는가? 그는 세계로 널리 퍼진 현존 소유 구조보다 더 효과적인 구조를 절대 발명할 수 없었을 것이다." 찰머스에게 상업과 시장의 세계는 "인간 사회의 활력 넘치는 기계들 중 하나"였으며, "이것을 발명하고 그것에 생명을 부여한 지성"의 표식이었다. 그의 주장에 따르면, 자기 이익이 시장

65 Thomas Chalmers, *On the Power, Wisdom and Goodness of God as Manifested in the Adaptation of External Nature to the Moral and Intellectual Constitution of Man* (London: William Pickering, 1834), vol. 1, 17-21.

66 같은 책, vol. 1, 15, 24, 64-65.

을 통해 일반적 선을 촉진한다는 스미스의 보이지 않는 손은 "고차원적 존재"의 표식이었다. 마찬가지로 구빈법과 같은 헛된 비(非)자연적 인간 개입에 맞서 신은 인간에게 강력한 "소유 감정"을 불어넣었다.[67]

아마도 그 어떤 정치경제학자도 시장의 "자기규제적" 성격이나 시장이 모든 외부적 규제로부터 자유로워질 필요성을 그렇게 크게 강조하지 않았을 것이다. 찰머스에 따르면, "자본은—인간 지혜에 의한 어떠한 경제적 규제도 요청될 필요가 없도록 하기 위해서, 그리고 신의 지혜가 미리 도덕적, 정신적 규제를 해놓았기 때문에—가능한 최상의 방법을 찾으며 해당 국가의 상황에 스스로를 적응시킨다." 게다가 "어떤 사물이 자연 속에서 올바른 신의 손을 보여줄 수 있고 독특한 거래 기법 자체의 …… 작동을 보여줄 수 있다면, 그 운동 전체를 두고 볼 때 그것은 건강한 활력을 보여주고 있다."[68] 따라서 이러한 올바른 이유에서, 구빈법에 대한 공격과 맬서스의 인구 학설이 다음과 같이 옹호될 수 있다.

> 나약하고 옹졸한 감상주의자들에게 맬서스 씨가 기술한 근대 인구 학설이 밉살스러울 수 있고 실제로 그러하다고 할지라도, 다른 그 어떤 것보다—그리고 이것에 반대하여 들려오는 여전히 지속되는 무시무시한 야유에도 불구하고—지상에 사는 인류의 전망과 관련해 가장 위대한 빛을 내려주었다는 점은 진실이 아닐 수 없다. 이것은 우리가 살아가는 세계의 외부 자연과 세계의 주된 점유자인 도덕적 자연 사이의 적응에 관한 순

67 같은 책, vol. 1, 22, 252; vol. 2, 7, 34-35.

68 같은 책, vol. 2, 45-47.

수한 사례이다.[69]

『사회의 도덕 상태 및 도덕 전망과 관련한 정치경제학에 관하여』(1853)라는 이후 저서에서, 찰머스는 맬서스주의적 용어를 빌어 기독교 정치경제학의 주요 목적인 구빈법과 국가 자선체계의 완전한 제거를 통한 "빈민의 근절"에 관해 끊임없이 기술했다. 그의 주장에 따르면, 이러한 빈민구호 체계는 토지 지대를 침해하고 이를 통해 토지 경작을 침해한다. 따라서 그것은 자연에 대한 명백한 위반이라는 것이다. 그리고 그는 "끝까지 경작하라는 하늘의 심판"을 권유했다. 대지는 "대지를 버린" 이들에게 부와 양식을 주길 거부할지니.[70]

찰머스는 맬서스의 정치경제학을 옹호했을 뿐 아니라 찰스 라이엘(다윈의 친한 친구이자 조언자)의 동일과정론적 지질학을 공격했다. 동일과정론이 신의 역할을 배제한 채 지질 변화를 "단순한 자연의 법칙"으로 만들었고, 격변론과 연속적 창조를 경시했기 때문이었다.[71] 찰머스에게서 자연신학과 정치경제학은—거칠긴 하지만—현존 사회와 종교 질서의 옹호와 완벽하게 융합했다.

노동자계급에게만 아니라 자연과 인간 사이의 통일과 관련된 모든

69 같은 책, vol. 2, 49

70 Thomas Chalmers, *On Political Economy in Connexion with the Moral State and Moral Prospects of Society* (Glasgow: William Collins, 1853), vol. 2, 338. 찰머스는 맬서스적 생각에서 공공 구호를 교구 중심의 자조(自助) 체제와 교회 구호(救護)로 바꾸려고 했다. 그는 글라스고에서 이것을 수립하는 일을 도왔다.

71 Chalmers, *On the Power*, 28-29; 또한 Gillispie, *Genesis and Geology*, 210-16을 볼 것.

전망과 관련하여, 성직자 자연주의자들이 이렇게 강력한 위협으로 등장하게 만든 것은 바로—페일리, 맬서스, 찰머스에 의해 구현된—기독교 자연신학과 정치경제학의 결합이었다. 그러므로 이러한 입장에 대한 급진적 반대론자들은 처음부터 마르크스와 엥겔스의 유물론 역사관이 발전하는 데 있어서 중요한 역할을 수행했다.

제4장

유물론적 역사관

마르크스는 『자본론』에서 다음과 같이 이야기한다. "독창적이고 재치 있는 저술가인 베네치아의 수도승 오르테스를 제외하고는 인구론자의 대다수는 신교의 목사들이다. …… 목사 월리스, 목사 타운젠드, 목사 맬서스와 그의 제자이자 수석목사인 토머스 찰머스가 그러한데, 동류의 군소 목사 저술가들도 많다. …… [정치경제학에] '인구법칙'이 등장함에 따라 신교 목사들의 시대가 온 것이다."[1] 1819년, 맬서스에 맞서 "목사"에 대해 비난을 퍼부었던 윌리엄 코벳과 마찬가지로, 마르크스는

1 Karl Marx, *Capital* (New York: Vintage, 1976), vol. 1, 766-67, 800. 지아마리아 오르테스(Giammaria Ortes, 1713-1790)는 정치경제학자이자 철학자, 시인, 내과의사였다. 그는 30세까지 베네치아의 수도승이었으나, 연구를 위해 수도원을 떠났다. 그는 부르주아적 소유관계와 화폐경제를 비판했으며, 불평등한 부의 분배를 강조했다. Hal Draper, *The Marx-Engels Glossary* (New York: Schocken Books, 1986), 158.

자연신학이 정치경제학에 침입하는 것에 맞선 불굴의 비판자였다. 자연신학은 섭리와 협소하고 목사다운 도덕성에 관한 견해에 불과했다. 무엇보다 이 침입을 대변하고 있던 인물이 바로 맬서스였다. 맬서스에 대한 비판, 따라서 그의 저작이 상징적으로 보여주고 있는 "토지와 인구 관계의 파악 전체에 관한 비판"은 1844년부터 마르크스가 사망하는 1883년까지 마르크스 정치경제학의 중심 주제들 중 하나였다. 사회에 대한 사실상 독자적인 접근법인 역사 유물론의 등장은 부분적으로 이러한 렌즈를 통해서 바라볼 수 있다. 토지와 관련된 맬서스 비판과 산업과 관련된 피에르 조셉 프루동 비판은—포이에르바하의 관조적 유물론과의 단절과 더불어—마르크스의 유물론적 역사관과 유물론적 자연관 모두의 발전을 규정하는 계기가 되었다.

맬서스 비판과 역사 유물론의 기원

맬서스주의에 대한 마르크스주의 비판이 처음 등장한 것은 프리드리히 엥겔스의 「정치경제학 비판 개요」에서였다. 마르크스와 엥겔스는 1842년 말경 쾰른에서 처음 만났다. 당시 마르크스는 라인 신문의 편집자였다. 독일 섬유제조업자의 아들이었던 엥겔스는 에어멘가와 엥겔스가가 맨체스터에 세운 큰 방적회사의 사원으로 일하기 위해 영국에 가는 길이었다. 그의 아버지는 이 회사의 동업자였다. 역사 유물론을 만든 두 창시자들의 첫 만남은—청년 헤겔학파 운동 내부의 알력 때문에—담담했다. 그들이 전 생애에 걸친 협력을 시작하게 된 것은 1844년부터였다. 1844년에 마르크스가 편집한 『독불연보』에 엥겔스가 「정치경제학 비판 개요」를 게재했고, 같은 해 파리에서 마르크스와 엥겔스는 다시 만나게 되었다.

「정치경제학 비판 개요」를 쓴 엥겔스가 보기엔, 맬서스의 인구론이 갖고 있는 본질은 종교적 자연관에 있었다. 그의 글에 따르면, 단지 "맬서스주의 이론은 종교적 교리의 경제적 표현이었으며, 정신과 자연의 모순, 그리고 이 모순의 결과로 생긴 이 둘의 부패와 관련되어 있었다." 그러나 그것은 종교적 교리를 넘어 신교적 신학(그리고 성직자 자연주의)과 부르주아 사회의 경제적 필연성을 융합하려는 시도였다. 엥겔스에게, "사적 소유의 즉각적 결과는 대립하는 두 측면들—자연적 측면과 인간적 측면, 즉 인간이 비옥하게 만들지 않는다면 생명을 잃고 불모가 되는 토양과 토양이 첫 번째 조건인 인간의 활동—로 생산이 분열되는 것이었다."[2] 부르주아 사회는 인구를 토지로부터 계속해서 추방해왔고, 그로 인해 생산의 자연적 측면과 인간적 측면 모두를 보다 철저하게 착취하는 길을 마련했다.

> 대지—우리에게 하나뿐이며 전부이자 우리 실존의 첫 번째 조건인 대지—를 거래의 대상으로 만드는 것은 우리 자신을 거래의 대상으로 만드는 최후 단계였다. 과거부터 지금까지 그보다 더한 부도덕한 일은 오직 자기 양도밖에는 없을 정도로, 이것은 부도덕한 일이다. 그리고 본원적 전유—소수에 의해 대지가 독점되고, 나머지 사람들이 그들의 삶의 조건인

2 Friedrich Engels, 「Outlines of a Critique of Political Economy」, in Karl Marx, *The Economic and Philosophical Manuscripts of 1844* (New York: International Publishers, 1964), 221, 212.

> 대지로부터 배제되는 것—는 부도덕하다는 점에서 그 이후 생긴 대지의 거래에 뒤지지 않는다.[3]

이렇게 인류와 자연을 착취하는 체제를 옹호하고 어떠한 개선의 가능성도 부정하려는 목적에서, 맬서스주의 인구 이론이 등장했다. "지금까지 존재했던 것 중 가장 조야하고 가장 야만스러운 이론이자 절망의 체계"는 인류가 정치경제학의 가혹한 법칙들을 받아들이게끔 강요하기 위해 일부러 만들어낸 것이었다. 엥겔스는 맬서스의 이론을 면밀하고 세세하게 평가하고서, 그것의 전제들이 지닌 냉혹한 본성에 대해 몹시 비판했다. 이 전제들은 동일한 인구 법칙이 역사적 조건들에 대한 고려 없이 모든 시대와 장소에 동일하게 적용될 수 있다고 보았다. 엥겔스가 지적했듯이, 맬서스가 말하는 인구 법칙은 인구가 과밀한 유럽에서만이 아니라 오스트레일리아와 아메리카 대륙의 식민 거주지에서도 적용된다고 보았다. 맬서스의 주장은 사실상 "단 한 사람만 존재하고 있을 때조차 지구는 이미 과잉인구 상태였다"는 주장이었다. 더 나아가, "이러한 사고방식의 함의는 다음과 같다. 빈민 자체가 잉여이기 때문에 그들을 가능한 한 쉽게 기아상태에 빠지도록 만들어야 하고, 그리고 그들이 도움을 받을 수 없으며 절대적 최저치로 번식을 낮추는 것 말고는 그들 계급 전체를 위한 다른 구원책이 없음을 납득시켜야 한다. 이것을 제외하고는 그들을 위해서는 아무 것도 해서는 안 된다."[4]

이와 반대로 엥겔스는, 지구의 오직 1/3만이 경작되고 있으며 이 1/3

3 같은 책, 210.

4 같은 책, 199, 218.

만 경작해도 생산성을 6배는 증가시킬 수 있는 시대에, "지구는 인간을 부양할 능력을 가지고 있지 않다고 말하는 미친 견해"—그가 "기독교 경제학의 절정"이라고 묘사한 주장—는 반드시 거부되어야 한다고 강조했다. 더욱이 "맬서스가 완전히 옳다 하더라도," 그것은 사회주의로 이행해야 할 절박한 필요성을, 그리고 이러한 이행이 "즉각 착수되어야만 함"을 지적할 따름이라고 엥겔스는 주장했다. 그것만이 "맬서스 자신이 과잉 인구에 대한 가장 효과적이고 손쉬운 처방이라고 본 번식 본능에 대한 도덕적 자제를 가능하게 만들 것"이기 때문이다. 이러한 의미에서 맬서스주의 이론은 "절대적으로 필요한 과도기였다." "인간의 가장 심각한 퇴보", 사적 소유와 인류를 체계적으로 낭비하는 경쟁 체제에 대한 인간의 종속을 지적하기 때문이다.

또한 맬서스의 학설은 부르주아 경제학이 때때로 "자연", 심지어 유물론을 강조하더라도 "본질적으로는 기독교적"이라는 사실을 강조했다. 여기서, 18세기 유물론이 종교에 맞서 일으킨 반란이 불완전한 성격을 가지고 있었음을 다시 한 번 언급하는 것이 중요하다. 이것은 단지 "인간이 직면하는 절대자로, 기독교의 신 대신 자연을 위치시켰을 뿐이다." 이렇게 자연을 편의적으로 다루는 공리주의의 형태를 받아들이는 한편 혁명적 유물론은 거부하는 것 이면에는 섭리라는 낡은 종교적 관념이 숨어있었다. 바로 이것이 맬서스주의를 위험한 것으로 만들었고, 엥겔스의 말마따나 경제학의 "모든 주제"가 기독교적 성격을 지니게 만들었다.[5]

5 같은 책, 197-98, 218-22.

맬서스주의 학설이 지닌 몰역사적 성질은 '개선'(improvement)이라는 관념을 거부한 데에서 드러났다. 협소하게나마 울타리치기의 필요성 정도를 예외적으로 인정했을 뿐이다. 다시 말해 맬서스주의는 모든 사회 진보의 가능성을 거부했을 뿐 아니라 인간의 토지 경작이나 동물 사육이 급속하고 지속적으로 진보할 수 있다는 생각도 모두 거부했다. 엥겔스가 볼 때, 이러한 18세기의 개선에 대한 비관론은 대부분 그 이후 일어난 과학적 진보에 의해, 특히 토양과학의 발전과 관련하여 뒤집어졌다. 그는 험프리 데이비(Humphry Davy)와 리비히와 같은 인물들이 이 영역에서 혁명적 돌파구를 이루어냈음을 지적했다. 맬서스는 인구가 억제되지 않을 경우 기하급수적 비율로 성장하는 경향이 있는 반면 식량공급은 오직 산술급수적으로 성장한다고 주장했는데, 엥겔스는 산술급수적이라는 핵심 명제에 다다르면 학설 전체가 산산조각난다고 설명했다. 이에 대한 근거가 거의 없기 때문이다. 엥겔스는 영국의 공상적 사회주의자 로버트 오언(Robert Owen)이(맬서스주의에 대한 강력한 비판자이기도 했다) 3년 전에 내놓은 주장을 따랐다. 엥겔스는 과학이 인구와 함께 기하급수적으로 성장하는 경향이 있고, 이것은 생산 일반과 함께 농업 생산을 혁명화하며 식량 산출 능력을 향상시킨다고 단언했다. 미시시피 강 유역 전체가 대부분 미경작지였고, 유럽 인구 전체가 그곳으로 이주할 수 있을 정도였던 시절에, 과학의 이러한 더 큰 가능성은 사람들이 절망할 이유가 전혀 없다는 의미였다. 따라서 빈민의 상태가 자연 법칙의 산물이라는 생각은 완전히 잘못된 것이었다. 오언이 이야기했던 것처럼, 맬서스의 잘못은 생존의 문제를 "자연의 법칙과 대립하는 인간의 법칙 탓이 아니라 자연이라는 저장고의 부족" 탓으로 보았다는 점이다.[6]

마르크스도 마찬가지로 일찍이 1844년에 맬서스주의 이론에 중요한 공격을 가했다. 그의 기본적인 관심은 영국 구빈법에 대한 공격(이 공격의 결과 1834년에 신구빈법이 등장했다)이 어떻게 "맬서스의 이론과 일치하는 **영구불변의 자연 법칙**"이라는 생각에 근거하고 있는가였다. 맬서스의 이론에 따르면, "빈민의 급격한 증가"는 "근대 **산업**의 불가피한 결과"가 아니라 "**영국 구빈법**"의 결과였다. 잘못된 것은 자선이 부족한 것이 아니라 자선이 너무 넘치는 것이었다. 1834년의 신구빈법이 대변했던 새로운 복지체제는 다음의 의의를 지녔다. 빈곤은 빈민이 가진 권력의 기반으로 이해되는 지경에 이르렀다. 이제 잉글랜드 당국은 더 이상 빈곤을 근절하려고 하지 않았다. 그 대신 그들은 "행정기관의 혜택을 오직 절망에 빠져 스스로 감옥에 붙잡혀 가려고 할 정도의 **빈민들에게만**" 베풀 계획이었다. 정치경제학 영역으로 넘어 온 맬서스의 성직자 자연주의가 본질적이고 바꿀 수 없는 이 구조의 토대였다.[7]

엥겔스는 『1844년 영국 노동자계급의 상태』(1845)에서 "프롤레타리아트에 대한 부르주아지의 가장 공공연한 전쟁 선포는 맬서스의 인구 법칙과 이에 따라 만들어진 신구빈법이다"라고 썼다. 엥겔스는 다음과 같이 설명했다.

> 1601년(엘리자베스 여왕 제위 43년)의 법률에 입각한 구구빈법은 빈민에게 생계를 제공하는 것이 교구의 의무라는 소박한 생각에서 출발했다. 일을 할 수 없는 사람은 누구나 구제를 받았으며, 빈민은 교구를 자신이

6 같은 책, 222; Robert Owen, *Selected Works* (London: William Pickering, 1993), vol. 2, 361, 367–69.

7 Karl Marx, *Early Writings* (New York: Vintage, 1975), 408–9.

> 굶지 않게 보호해주기로 약속한 곳이라고 여겼다. 그는 호의가 아닌 자신의 권리로 생각하고 매주 구제를 요구했다. 그리고 드디어 이것은 부르주아지에게 지나친 것이 되었다.

빈민의 구제가 하나의 "권리"라는 생각을 없애고, 빈민이 된 사회 인자들은 "여분"에 불과하며, 따라서 굶주리지 않게 보호받을 필요가 없다는 점을 강조하기 위해 고안된 것이 바로 맬서스의 인구 법칙이었다. 맬서스주의는 부르주아지의 "애완동물 같은 이론"이었고, "구빈법 바스티유 감옥"이라 불린 구빈원의 건설을 정당화하는 근거가 되었다. 구빈원을 만든 목적은 구빈법을 없애지는 않으면서도 가혹한 맬서스주의 학설이 요구하는 바를 가능한 한 많이 수용하는 것이었다.[8]

엥겔스는 맬서스 이론에 대항하는 과정에서, 마르크스주의 정치경제학의 중심 개념인 산업예비군이나 상대적 잉여 인구 개념을 발전시켰다. "맬서스가 …… 항상 잉여 인구가 존재하며 세상에는 언제나 너무 많은 사람들이 존재한다고 단언했을 때 …… 그는 자기 나름의 방식이지만 옳았다. 오직 그가 현재 이용 가능한 생활수단으로 부양할 수 있는 숫자보다 더 많은 사람들이 존재한다고 단언했을 때, 그는 틀렸다." 이는 저임금과 빈곤은 식량 공급과 관련된 과잉인구가 아니라 고용과 관련된 과잉인구로 설명할 수 있다는 주장이었다. "노동자 중 실업 예비군"은 산업 내부에서 항상 존재했다. 예비군은 많든 적든 시장 상황이 고용을 촉진하는 정도에 의존한다. 바로 이러한 방식을 통해 "잉여 인구"가

8 Friedrich Engels, *The Condition of the Working Class in England* (Chicago: Academy Chicago, 1984), 308-17.

발생했다. 그러나 노동자들은 사실 자신들을 여분이라고 생각하지 않았다. 오히려 "자신들은 바쁜 손만큼이나 필요한 존재이며, 하는 일이 아무 것도 없는 부유한 자본가들이말로 잉여 인구"를 이룬다는 생각이 노동자의 "머릿속에 박혀있었다."[9]

따라서 마르크스주의에서 프롤레타리아트라는 관념이 처음으로 명백하게 출현하게 된 것은 맬서스주의와의 대립 속에서였다. 영국의 공장 노동자들은 이 시기 지저분한 곳에서 살았고 굶주림과 질병에 노출되어 있었다. 엥겔스는 『1844년 영국 노동자계급의 상태』에서, 독자에게 맨체스터 전 지역을 골목 구석구석 안내하면서 영국 프롤레타리아트의 생활을 직접 묘사했다. 그는 자신이 보았던 현실을 설명했고 생활환경 면에서 노동자계급의 맨체스터와 부르주아의 맨체스터는 서로 완전히 다른 세상이라고 주장했다. 맨체스터의 "상층 부르주아지"가 사는 거주지는 "콜튼과 아드윅에 있는 정원이 딸린 한적한 빌라들, 또는 브루턴과 펜들턴, 시트햄 힐의 시원한 바람이 부는 고지에 위치하여 자유롭고 건강에 좋은 시골 공기를 마실 수 있는 편안하고 안락한 주택들로, 도시로 가는 승합마차가 15분이나 30분마다 지나가는 곳"에 있었다. 엥겔스의 관찰에 의하면, "그리고 이러한 거주지 배치의 가장 좋은 점은, 화폐 귀족의 일원들이 노동자 거주지들의 중심을 관통하는 가장 짧은 길을 이용하여 자신의 사업 장소로 갈 수 있지만, 자신들이 이 거주지 한가운데를 지나면서도 지나가는 길 좌우에 숨어있는 더러움과 비참함을 전혀 보지 않아도 된다는 점이다."[10]

9 같은 책, 113-17, 309.

10 같은 책, 79-84.

산업 도시들에 거주하는 노동자 계급의 상태들을 조사하던 청년 엥겔스는 환경 독소에 특히 관심이 있었다. 내과의사들과 공장 감독관들의 보고서, 그리고 자신의 개인적 관찰에 의존하여, 엥겔스는 공중보건 상태에 관한 세세한 분석을 제시했다. 그는 공중보건 관리들이 수집한 인구학적 자료를 이용하여 사망률이 사회 계급과 역의 관계가 있다는 주장을 처음 개진했다. 이것은 각 도시들의 특정 지역들에 대한 조사를 통해 가장 극적으로 확인할 수 있었다. 그의 주장에 따르면, 노동자들의 집은 환기가 잘 안 되어서 독성 물질들의 배출이 제대로 이루어지지 않았다. 불을 때고 사람이 숨을 쉴 때 나오는 탄소가스는 실내에 계속 갇혀 있었다. 사람과 동물이 내놓은 쓰레기들을 처리할 방법도 없기는 마찬가지였다. 이것은 아파트와 안마당, 거리에 쌓여 썩으면서 공기와 물을 심각하게 오염시켰다. 그는 결핵(공기로 감염되는 질병)과 티푸스(이를 통해 감염됨)와 같은 전염병으로 인한 높은 사망률이 과밀, 열악한 위생, 불충분한 환기 때문에 발생했다고 주장했다.

또한 엥겔스는 구루병 때문에 발생하는 골격 기형을 영양상태와 관련된 문제라고 설명했다. 이 병이 특정 식단의 부족으로 인한 비타민 D 결핍과 관련되어 있다는 사실이 아직 알려지지 않았던 때였다. 그는 직업병에 대한 설명을 제공했고, 여기에는 정형외과적 질환, 안과 질환, 납중독, 진폐증 등에 대한 상세한 묘사가 담겨 있다.[11]

11 같은 책, 126-238; Howard Waitzkin, *The Second Sickless* (New York: Free Press, 1983), 66-71. 엥겔스가 맨체스터의 환경조건들에 대해 논의한 것은 John Bellamy Foster, *The Vulnerable Planet: A Short Economic History of the Environment* (New York: Monthly Review Press, 1994), 57-59에서 발췌한 것이다.

그럼에도 불구하고 공장 체제를 옹호하는 사람들은 많았다. 공장조사위원회에 출석한 내과의사들이 햇볕을 쬐는 것이 아이들의 신체발달에 중요하다고 증언하자, 매뉴팩쳐 운영원리의 주요 주창자인 앤드류 유어(Andrew Ure)는 분개하며 공장의 가스등이 태양의 적절한 대용물이라고 답변했다.[12]

프롤레타리아트에 대한 마르크스의 시각은, 맬서스 및 유어와 같은 고전적 자유주의 정치경제학자들의 잔인함과 대립하는 과정에서 발전했다. 마르크스에 따르면, 자본주의를 특징짓는 인간 욕구의 전반적 소외와 함께, "빛, 공기 등등—**동물조차 누리는** 가장 단순한 청결함—은 더 이상 인간을 위한 필요물이 아니다. …… 아일랜드 사람은 오직 한가지의 욕구—**먹을**, **감자를** 먹을, 그리고 더 정확히 말해 감자 중에서도 최악인 **썩은 감자**를 먹을 욕구—만이 남았다. 그러나 영국과 프랑스는 이미 자국의 산업 도시들마다 **아일랜드**의 축소판을 가지고 있다." 마르크스가 보았을 때, 거대 산업 도시들의 특징인 "보편적 오염"이 노동자계급의 생활환경이었다. 그 결과 프롤레타리아트는 "보편적 오염"과 보편적 고통에 노출된 보편적 계급, 인류의 완전한 상실이라는 위협에 처한 계급, 그리고 오직 인류의 완전한 해방을 통해서만 스스로를 해방시킬 수 있는 계급이 되었다.[13]

12 Lewis Mumford, *The City in History* (New York: Harcourt, Brace & World, 1961), 472.

13 Marx, *Early Writings*, 302, 359–60.

새로운 유물론

마르크스는 점차 계급투쟁, 프롤레타리아트의 상태, 부르주아 정치경제학의 분석(그중 맬서스주의가 가장 잔인한 형태를 대변했다)에 주의를 기울였다. 이 점은 다음의 의미를 지녔다. 자연을 추상적이고 정적으로 파악했던 포이에르바하의 유물론은 더 이상 충분치 않으며, 극복해야만 하는 막다른 길임이 점점 더 명백해졌다. 엥겔스는 여러 해가 지난 후, "실증 종교에 맞선 투쟁"에서 "가장 단호한 청년 헤겔학파의 주요 부위"가 "영국과 프랑스 유물론으로 떠밀려 갔다"고 회상했다. 그러나 헤겔 체계는 자연을 절대 이념의 소외된 존재, "이른바 이념의 퇴화"로 보면서 유물론과 대립했고, 이것은 급진 헤겔학파들 사이에서 모순을 발생시켰다. 포이에르바하는 이 모순을 "박살내" 버렸고 "유물론을 다시금 왕좌에 올렸다." "자연은 모든 철학으로부터 독립해서 존재한다. 인류는 자연이란 토대 위에서 성장했으며 우리 자신이 자연의 산물이다. 자연과 인간 외부에는 어떠한 것도 존재하지 않는다. 그리고 종교적 환상이 만들어 낸 고등한 존재는 단지 우리 자신의 본질을 환상적으로 반영하고 있는 것에 불과하다." 따라서 "주문은 깨졌다. [헤겔의] '체계'는 파열되었고 난파되었다."[14]

포이에르바하의 추상적 유물론은 헤겔 체계에 대한 반박으로써 커다란 중요성을 지니고 있었다. 그러나 그것은 정적이고 몰역사적인 파악이었으며 방향성도 불분명해보였다. 그의 인간주의에는 변혁적 실천

14 Friedrich Engels, *Ludwig Feuerbach and the Outcome of Classical German Philosophy* (New York: International Publishers, 1941), 17–18.

(praxis)이라는 개념이 결여되어 있었다. 당시 마르크스는 계급투쟁, 특히 부르주아지와 프롤레타리아트 사이의 투쟁의 역사적 토대를 이해하는 데 열중하고 있었고, 이러한 그에게 포이에르바하의 유물론은 공허한 내용이었다. 다시 말하면 포이에르바하의 유물론은 자체 내용을 모두 결여한 헤겔 체계의 단순한 전도였던 것이다. 이로써 포이에르바하의 유물론은 논박하고자 했던 위대한 체계의 그늘 아래 영원히 놓이게 되었다. 무엇보다 청년 헤겔학파 막스 슈티르너(Max Stirner)(1806–1856)가 『자아와 자아의 고유성』(*The Ego and its Own,* 1844)에서 묘사했듯이, 포이에르바하의 추상적 인간주의는 제대로 된 토대를 전혀 갖고 있지 못했기 때문에 단순한 이기주의와 허무주의로, 즉 "나에게 나 자신 이상 가는 것은 없다", 따라서 "모든 것은 나에게 아무 것도 아니다"라는 학설로, 변증법적인 대체와 변형을 겪을 가능성을 지니고 있었다.[15]

마르크스와 엥겔스가 『독일 이데올로기』에서 주장했듯이, 포이에르바하는 실재의 존재를 승인했지만, 이를 잘못 이해했다. 포이에르바하에게 존재는 본질과 동일한 것이었으며, 따라서 둘 사이의 모순은 허용되지 않았다. 그 결과, 그는 종교적 소외를 물질적 실존으로 해소시키는 과정에서 지상의 현실적 소외를 시야에서 놓쳐 버렸다. 이로 말미암아 그는 실천적 유물론을 발전시키지 못했다. 포이에르바하의 자연과 포이에르바하의 본질은 명목상으로는 유물론적이었지만, 추상에 머물렀을 뿐이다. 마르크스와 엥겔스가 『독일이데올로기』에서 쓴 내용을 살펴보자.

15 Max Stirner, *The Ego and its Own* (Cambridge: Cambridge University Press, 1995), 5, 7, 124.

> 물고기의 '본질'은 물고기의 "존재"인 물이다. …… 민물에 사는 물고기의 "본질"은 강의 물이다. 그러나 강이 산업에 봉사하게 되자마자, 염료나 다른 폐기물로 오염되고 증기선이 항해하자마자, 혹은 물고기로부터 그 실존의 매개물을 빼앗아 단순한 배수 용도로 쓰이는 운하로 강의 물길을 돌리자마자, 강의 물은 물고기의 "본질"이기를 중단하고 더 이상 실존에 어울리는 매개물이 아니게 된다.

이것은 모두 어떤 의미에서는 물고기의 존재가 인간 실천의 결과로 인해 소외되었다는 사실을 가리킨다. 이러한 존재와 본질 사이의 모순들은 모두 순전히 실천적 해결을 요구했다.[16]

그러므로 마르크스가 포이에르바하의 유물론과 단절하는 것은 불가피했다. 무엇보다, 이러한 단절이란 맥락 속에서 마르크스의 실천적 유물론·유물론적 역사관이 처음으로 분명하게 등장했다. 단절은 1845년 봄에 일어났다. 당시 마르크스는 프로이센 정부의 요구로 인해 프랑스에서 추방되어 브뤼셀에서 살고 있었다. 마르크스는 바로 이곳에서 『포이에르바하에 관한 테제』를 작성했다. 40년이 지난 후, 엥겔스는 오래된 노트 속에서 이 테제를 발견했다. 마르크스에 따르면,

> 지금까지의 모든 유물론(포이에르바하의 유물론을 포함하여)의 주요한 결함은 대상, 현실, 감성이 오직 **객체**의 혹은 **관조**의 형식 아래에서만 파

16 Karl Marx and Friedrich Engels, *Collected Works* (New York: International Publishers, 1975), vol. 5, 58–59.

악되고, **감성적 인간 활동**으로서, **실천**으로서 파악되지 않고, 주체적으로 파악되지 않는다는 것이다. 따라서 **능동적** 측면은 유물론에 대립해서 관념론으로 설명되는 일이 발생했다—그러나 오직 추상적으로만, 당연히 관념론은 현실적 감성적 행위 자체를 알지 못하기 때문이다.

유물론은 역사적 감각과 실천적 인간 행위자 문제를 전혀 다루지 않았다. 역설적으로 비록 추상적 형태로나마 관념론 철학이 이러한 것들을 더 잘 포착했다. 그러므로 마르크스의 주장에 따르면, 새로운 유물론의 목표는 "실천적·비판적 활동의 '혁명적' 의미를 이해하는 것"이 되어야 한다. 다시 말하면 삶의 능동적 측면과 인간의 자유를 관념론으로부터 넘겨받으면서도 유물론적 토대를 유지하는 것이 목표였다.[17]

여기서 한 가지 언급할 내용이 있다. 마르크스는 "지금까지의 모든 유물론"이 관조적 성격을 지녔다고 비판했고, 이 과정에서 에피쿠로스의 유물론 역시 비판했다는 점이다. 마르크스의 주장에 따르면, 에피쿠로스주의자들은 "신성한 여가가 '능동적 삶'을 대신하는 삶의 이상이라고 주창했다."[18] 그럼에도 불구하고 마르크스가 분명히 깨닫고 있었듯이, 에피쿠로스의 유물론은 포이에르바하의 유물론보다 훨씬 실천적이었다. 다시 말해, 폴리스에 대한 플라톤의 이상과 헬레니즘 시대의 국가, 이 둘을 거부했다는 점에서 더 큰 자기의식을 지녔고 정치적이었다. 마르크스가 박사학위 논문에서 논했듯이, 사실 에피쿠로스는 우연과 인간 자유를 강조하면서 유물론에 **능동적** 측면을 도입하고자 했다. 에피쿠로스 이

17 같은 책, 6-8.

18 같은 책, 139.

전까지의 유물론은 단지 기계적 결정론 형태로 존재했다.

마르크스의 주장에 의하면, 에피쿠로스는 다음의 것을 망각했다. 종교적 자기소외, 그리고 복제가능한 상상의 존재인 종교적 세계는 그 근저에 놓인 현실에 덧붙여져 있을 뿐이며, 이러한 사실은 세속 형태들 또한 자기 분열로 규정되고 있으며, 비판되고 초월되어야 함을 의미한다. "그러므로 예를 들어 일단 지상의 가족이 신성 가족의 비밀임이 폭로된 이후, 이제 지상의 가족 자체도 이론적으로 비판받고 실천적으로 변혁되어야 한다."[19] 사유의 종교적 토대에 대한 비판은, 단지 지상의 현실적 모순들에 대한 비판으로 나아가기 위한 첫 걸음에 불과했다. 이 원리를 마르크스의 유물론적 자연관에 적용해보면, 다음과 같이 말할 수 있다. 마르크스는 신학적 자연관을 기독교 신학 속에 표현된 자연으로부터의 인류의 자기 소외로 보았고, 이것을 제거하는 것은 단지 생산 안에서 일어나는 자연으로부터 인류의 현실적·물질적 소외를 비판하기 위한 첫 걸음일 뿐이었다.

마르크스는 (도구적 인간인 인류 자신의 실천적·변형적 본성과는 사뭇 다른) 본질주의를 일체 거부하면서, "인간의 본질은 각각의 개체 속에 내재하는 추상물이 아니다. 인간의 본질은 그 현실에 있어서 사회적 관계의 **총체**이다"라고 주장했다.[20] 다른 식으로 말하자면, 인류는 각 개인들에게 귀속되어 있는 어떤 고정된 **인간 본성**을 갖고 있는 것이 아니다. 오히려 마르크스가 나중에 주장했던 것처럼, 모든 역사는 사회적 교류를 통한

19 같은 책, 7.

20 이 문장의 번역은 Engels, *Ludwig Feurbach*, 82–84에 실린 Karl Marx, 「Theses on Feuerbach」를 따랐다.

인간 본성의 발전(즉, 자기발전)에 다름 아니었다.

마르크스는 포이에르바하에 대한 슈티르너의 비판이 어떤 결과들을 낳을지 보여주었다. 예컨대 포이에르바하의 추상적 인간주의 개념은 인간주의를 단순한 이기주의로 환원시켜 버리는 비판에 대해 무방비상태였다. 그리고 마르크스는 "관조적 유물론, 즉 감성을 실천적 활동으로 이해하지 않은 유물론이 도달한 정점은 '시민 사회' 속에서 각각의 개인들의 관조이다. 낡은 유물론의 입지점은 '시민 사회'이다. 새로운 유물론의 입지점은 **인간적** 사회 혹은 연합한 인류이다"라고 썼다. 따라서 실천적 유물론은 "환경 변화와 인간활동 변화 간의 일치는 오직 혁명적 실천을 통해서만 파악되고 합리적으로 이해될 수 있다. …… 철학자들은 세계를 단지 다양하게 **해석**해왔을 뿐이다. 그러나 중요한 것은 세계를 **변화**시키는 것이다"라는 점을 인식했다.[21]

그렇지만 마르크스의 새로운 실천적 유물론이 가져온 결과 중 하나는 자연의 존재론적 선차성을 부정하지 않으면서도 유물론적 사유의 초점을 자연에서 역사로 이동시켰다는 점이다. 사실 마르크스는 자신의 유물론적 역사관이 유물론적 자연관에 뿌리를 두고 있다는 점을 잘 알고 있었다. 이 둘은 모두 (인간의 생산도 포함되는 베이컨적 의미의) 자연사 영역에 속한다. 그럼에도 불구하고, 그의 사회적 비판에서 강조점은 압도적으로 인류의 역사적 발전과 자연에 대한 인간의 소외된 관계에 있었고, 더 광범위한 자연의 진화 자체에 있지는 않았다.

유물론적 자연관과 유물론적 역사관이 마르크스의 실천적 유물론

21 Marx and Engels, *Collected Works*, vol. 5, 7–8.

속에서 통합되어 존재할 수 있었던 것은 무엇보다 마르크스가 나중에 『철학의 빈곤』에서 언급하는 "mors immortalis"(죽음의 불멸성)이라는 개념 때문이었다. 그는 루크레티우스로부터 이 개념을 끌어왔다. 마르크스의 말에 따르면, 이 개념은 유일하게 영원불변한 사실이 "운동이라는 추상", 즉 "절대적으로 순수한 필멸성"이라는 견해를 표현한 것이다. 자연사와 사회사는 일시적인(transitory) 발전 과정을 대변한다. 이 필멸의 세계에는 어떠한 영원한 본질도, 신성한 형태도, 목적론적 원리도 존재하지 않는다.[22]

외부 자연의 영역은 마르크스의 분석 중 어떤 지점에서도 간단히 무시되지 않았다. 그렇지만 역사 유물론을 발전시키는 과정에서, 그는 자연을 단지 인간의 역사와 관련이 되어 있는 한에서만 다루는 경향이 있었다. 그 결과 인간의 역사와 관련해 다루는 경우를 제외하고는 자연에 관한 내용을 찾아보기가 점점 더 어렵게 되었다. 이러한 점에서, 인류와 자연 사이의 상호작용의 성질, 혹은 나중에 그가 생산을 통한 자연과 인간의 "물질대사"라고 불렀던 것을 강조한 점이 그의 분석이 지닌 강점이었다.

『포이에르바하에 관한 테제』에 담긴 "새로운 유물론"은 마르크스와 엥겔스의 위대한 저작인 『독일 이데올로기』(1846)에서 훨씬 더 체계적으로 발전했다. 이 책에서 그들은 포이에르바하의 순수한 관조적 유물론, 자연주의, 인간주의와 단절했으며, 이것을 실천적 유물론, 자연주의, 인

---

22 Karl Marx, *The Poverty of Philosophy* (New York: International Publishers, 1963), 110, 114; Lucretius, *On the Nature of the Universe* (Harmondsworth: Penguin Books, 1994), 88.

간주의, 즉 유물론적 역사관으로 대체했다. 포이에르바하와의 단절이 이 저작의 중요한 특징이었지만(이 저작은 마르크스와 엥겔스의 생전에는 출판되지 않았다), 이 저작에는 슈티르너의 이기주의 철학—슈티르너가 포이에르바하의 인간주의에 대한 변증법적 대답으로 내놓은 것이다—과 "진정한 사회주의자들"에 대한 방대한 비판 역시 포함되어 있다. 진정한 사회주의는 포이에르바하의 추상적 인간주의와 자연주의에 근거하여 사회주의를 구성하려고 했다. 이른바 청년 헤겔학파의 방법론은 종교, 신, 목적론이 세계의 각 범주들 속에 연속적으로 포함되어 있다는 것이었고 이러한 범주들을 단지 종교적이라는 이유로 반박하는 것이었다. 슈티르너는 이것을 가장 끝까지 밀어붙였다. 그는 "인간", 인류 자체가 종교적 개념이라고 간주하고는 이 개념을 폐기했다. 따라서 인간 세계, 즉 인간주의가 모두 폐기되어 버린 셈이었다.[23] 마르크스와 엥겔스는 "비판적 비판주의"가 가진 이러한 추상적이고 사변적인 견해들을 유물론적 역사관의 발전을 통해 반격하고자 했다. 그들의 글에 따르면,

> 우리의 출발점이 되는 전제들은 결코 자의적인 전제들도, 독단들도 결코 아니며, 현실적 전제들이다. 그것들로부터 벗어난 추상은 오직 상상 속에서만 만들어질 수 있다. 그 전제들은 현실적 개인들, 그들의 활동 및 그들의 물질적 생활 조건들로, 개인들이 이미 존재하는 것으로 발견한 것이자 그들의 활동에 의해서 생산된 것이다. 이러한 전제들은 따라서 완전히 경험적인 방식으로만 확인될 수 있다.

23 Marx and Engels, *Collected Works*, vol. 5, 29.

모든 인간 역사의 제1전제는 당연히, 살아 있는 인간 개인들의 생존이다. 그러므로 첫 번째로 확인되어야 할 사실은 개인들의 신체 조직과 이것으로 인해 결과한 나머지 자연과의 관계이다. 물론 우리는 여기서 인간 자신의 신체적 본성을 상술할 수도 없고, 인간이 그 속에서 스스로를 이해하게 되는 자연적 조건들—지질학적, 산악 수리학적, 풍토적 상황들 등등—을 상술할 수도 없다. 모든 역사 서술은 자연적 기초들 및 역사 진행 속에서의 인간의 행동에 의한 자연적 기초들의 변모로부터 출발할 수밖에 없다.

인간은 의식에 의해서, 종교에 의해서, 그 밖에 여러분이 바라는 것에 의해서 동물과 구별될 수 있다. 인간은 생활 수단을 **생산하기** 시작하자마자 스스로를 동물과 구별하기 시작하는데, 이것은 인간의 신체 조직에 의해 조건지어진 첫 걸음이다. 인간은 자신의 생활수단을 생산함으로써 간접적으로 자신의 물질적 생활 자체를 생산한다.

인간이 생활수단을 생산하는 방식은 무엇보다도 현실에서 실제로 발견하여 재생산해야만 하는 생활수단 자체의 성질에 의존한다.

이러한 생산양식은 단순히 개인들의 신체적 생존의 재생산이라는 측면에서만 고찰되어서는 안 된다. 그것은 오히려 이러한 개인들의 특정한 활동 형태이며 삶을 나타내는 특정한 형태, 그들 입장에서의 특정한 **생활양식이**다. 개인들은 그들의 삶을 나타내는 방식대로 존재한다. 따라서 그들이 무엇인가는 그들의 생산과 그들이 **무엇**을 생산하는가 뿐 아니라, **어떻게** 생산하는가와 일치한다. 따라서 개인들이 무엇인가는 생산의 물질적 조건들에 달려있다.

이러한 생산은 **인구의 증가**와 함께 비로소 출현한다. 인구의 증가는 그 자체로 다시 개인들 상호간의 **교류**를 전제한다. 이 교류의 형태는 다시

생산에 의해 조건지어진다.[24]

이처럼 마르크스와 엥겔스는 유물론적 또는 실재론적 존재론에서 시작했다. 이에 따르면, 자연, 따라서 물질세계는 인간 실존의 전제조건이며, 생활수단의 생산은 모든 다양한 결정요인들 중에서도 인간 생활, 따라서 인간 사회의 전제조건이었다. 그 뒤의 분석은 이로부터 출발하여, 서로 다른 생산양식들의 발전을 추적했다. 이것은 인간 역사의 오랜 과정을 거치며 발전해 온 노동분업과 계급의 상이한 발전국면들, 특히 고대사회, 봉건사회, 자본주의 사회로 대변되는 거대한 시대들과 관련되어 있었다.

포이에르바하는 "'현실의 역사적 인간(man)' 대신 '인간(Man)'을 가정한다"고 마르크스와 엥겔스는 주장했다. 마찬가지로 포이에르바하는 자연사가 아닌 자연을 가정한다. 그는 현존하는 인간과 자연 사이의 부조화를, 따라서 자연의 소외를 인식했으나 그의 대응은 사물, 자연, 인류의 "참된 본질"을 영원히 추구하는 것이었다. 그는 자연을 역사와 함께 변화하는 것이라고 보지 않았다. "그는 자신을 둘러싼 감성적 세계가 오랜 옛날부터 직접 주어진 사물이 아니라 …… 역사적 산물이며 수많은 세대에 걸친 활동의 결과라는 것을 알지 못한다."

마르크스와 엥겔스가 보기에, 브루노 바우어가 이야기한 "자연과 역사의 대립"은 자연과 역사를 "두 개의 분리된 '사물'"로 보았던 경향을 반영하는 것이었다. 이 경향은 마치 역사적 자연(historical nature)과 자

24 같은 책, 31-32.

연적 역사(natural history)가 동일한 물질적 실재의 두 측면이 아닌 것처럼 보았다. 이와 반대로, "유명한 '자연과 인간의 통일'은 산업 속에서 항상 존재했으며 …… 심지어 이러한 '순수한' 자연과학조차도 그것의 재료들과 마찬가지로, 상업과 산업을 통해서만, 그리고 인간의 감성적 활동을 통해서만 비로소 목적을 갖게 된다." 우선, 자연은 인간의 역사로 환원될 수 없다. 반면, 우리가 지각하는 자연은 인간의 역사, 그리고 인류의 감성적 활동과 쉽사리 분리될 수 없다. 그것은 일정한 노동분업과 함께 발전했고, 노동분업은 인간이 자연과 맺는 특정한 관계들과 관련되어 있기 때문이다. "이 경우 외부 자연의 선차성은 논란의 여지없이 남아 있으며, 이 모든 것은 자연발생[generatio aequivaca—다시 말해 신에 의해서가 아닌]으로 생겨난 최초의 인간에게는 전혀 적용되지 않는다"는 점을 강조했다. 그러나 "물질, 자연에 관한 한, 인간의 역사에 선행하는 자연은 포이에르바하가 살고 있는 자연이 전혀 아니다. 그것은 오늘날(아마 최근 생겨난 몇몇 오스트레일리아의 산호섬을 제외하고는) 어느 곳에서도 전혀 존재하지 않는 자연으로, 따라서 포이에르바하에게도 존재하지 않는 자연이다"는 점은 여전히 사실이다. 결국 포이에르바하의 유물론이 지닌 결점은 그것이 활동, 실천, 역사와 분리되어 있다는 점이다. "포이에르바하가 유물론자인 한에서 그는 역사를 다루지 않는다. 그리고 그가 역사를 다루는 한에서 그는 유물론자가 아니다. 그에게서 유물론과 역사는 완전히 분리되어 있다."[25]

25 같은 책, 39-41. 마르크스와 엥겔스가 이러한 진술을 하기 몇 년 전, 다윈의 선구적인 산호초 이론이 출간되었다는 점은 언급할만한 가치가 있다. 이 이론은 산호초가 인류의 손길이 미치지 않았던 시기가 대부분인 지질학적 시간 중에서도 상대적으로

마르크스와 엥겔스는 이와 반대로 다음과 같이 주장한다.

> 모든 인간 실존, 따라서 모든 역사의 첫 번째 전제는 …… 인간이 "역사를 만들" 수 있기 위해서는 먼저 생활할 수 있어야 한다. 그러나 생활한다는 것은 무엇보다도 먼저 먹고, 마시고, 집짓고, 옷을 만들고, 그리고 다른 다양한 일들["지질학적, 산악 수리학적 등등의 조건들"]과 관련된다. 따라서 최초의 역사적 행위는 이러한 욕구를 충족시키기 위한 수단들의 생산, 물질적 생활 자체의 생산이다. 그리고 사실상 이것은 수천 년 전과 마찬가지로 오늘날에도 매일 매시 다만 인간의 생명을 유지하기 위해 수행되어야 하는 역사적 행위이자 모든 역사의 근본조건이다.

이로부터 "노동을 통한 자신의 생산이자 출산을 통한 새로운 생명의 생산인 생활의 생산은 …… 이중의 관계, 즉 한편에서는 자연적 관계, 다른 한편에서는 사회적 관계로 나타난다"는 주장이 뒤따른다.[26]

마르크스와 엥겔스는 노동분업의 역사적 진화를 논하면서, 부족 소유, 고대 공동체 소유 혹은 국가 소유, 봉건적 혹은 토지 소유, 부르주아적 사적 소유에 관한 널리 알려져 있는 논의를 제공할 뿐 아니라 처음부터 도시와 농촌 간 적대의 역사적 발생에 관해 적지 않은 강조를 한다. 그들의 설명에 따르면, "한 민족 내부의 노동분업은 처음에는 농업 노동에서 공업과 상업 노동의 분리를 낳는다. 이로 인해 **도시와 농촌**이 분리되고, 그들의 이해가 서로 충돌하게 된다." 고대 사회가 일차적으로

최근에 생겨난 자연의 한 영역임을 인정했다.

26 같은 책, 41-43.

도시에 근거했다면—이때, 그들은 그리스의 폴리스를 염두에 두었다—, 봉건 사회는 농촌에 근거했다. 그렇지만 오직 자본주의에서 "물질적 노동과 정신적 노동의 가장 커다란 분리"인 도시와 농촌의 적대가 완전히 발전하게 되는 것이다. 마르크스와 엥겔스가 쓴 것처럼, 사실상 "도시와 농촌 사이의 모순은 오직 사적 소유의 틀 안에서만 존재할 수 있다. 이것은 개인이 노동의 분업 아래, 그에게 강요된 일정한 활동 아래 종속되는 것 중에서도 가장 어리석은 표현이다. 이것은 어떤 사람을 편협한 도시 동물로 만들고 다른 사람을 편협한 농촌 동물로 만들어 그들의 이해가 매일 새롭게 충돌하도록 만드는 종속이다." 마르크스와 엥겔스는 바로 이러한 분업 때문에 농촌 인구가 "모든 세계와의 교류로부터, 따라서 모든 문화로부터" 단절되는 결과가 생긴다고 단언했다. 그러므로 "도시와 농촌 사이의 모순의 폐지는 공동체적 삶의 첫 번째 조건들 중 하나이다."[27]

역사지질학과 역사지리학

부르주아적 소유의 경쟁 체제가 지닌 본성을 알기 위해서는 두 가지를 이해하는 것이 필요했다. 우선 이러한 경쟁은 도시와 농촌 사이의 분업이 상당한 수준의 발전단계에 이르렀음을 의미한다는 점이다. 그리고 경쟁자들이 세계 시장을 통해 움직이기 때문에 우호적인 지리학적·

27 같은 책, 32-34, 64-65, 401.

지질학적·수문학적 조건들로부터 이점을 얻을 수 있어야 한다는 점이다.[28] 따라서 마르크스와 엥겔스는 『독일 이데올로기』에서 유물론적 역사관을 제시하면서, 지질학과 지리학의 근본 조건들이 생산 조건들의 일부이며, 이것 없이는 산업도, 그리고 사실상 (식물의 생장(生長)과 같은) 살아 있는 자연도 존재할 수 없다고 주장했다.[29] 마르크스는 지질학의 발전에 관한 상당한 지식을 가지고 있었다. 트리어에서 김나지움에 다니던 시절, 그는 당시 유명했던 독일 지질학자인 요한 슈타이닝거(Johann Steininger, 1794–1874) 아래서 공부했다. 슈타이닝거는 독일의 위대한 지질학자, 아브라함 고트럽 베르너(Abraham Gottlob Werner, 1749–1817)의 추종자였다. 나중에 마르크스는 베를린 대학에서 하인리히 스테펜스(Heinrich Steffens, 1773–1845)가 진행하는 인류학 강의를 수강했다. 스테펜스는 자연철학자이자(프리드리히 셸링의 전통에 속했다) 베르너의 강의를 수강한 적 있는 중요한 지질학자, 광물학자였다.[30] 헤겔 역시 자신의 책 『자연철학』에서 베르너의 역사지질학 이론(베르너는 지구와 학문을 뜻하는 그리스 단어들을 조어하여 "지구학"(geognosy)이라는 학문분야을 만들었다)에 광범위하게 의존했다.[31]

28 같은 책, 374.

29 같은 책, 476.

30 Y. M. Uranovsky, 「Marxism and Natural Science」, in Nikolai Bukharin et al., *Marxism and Modern Thought* (New York: Harcourt, Brace, 1935), 139; Alexander Ospovat, 「Werner, Abraham Gottlob」, *Dictionary of Scientific Biography*, vol. 14, 257–59. 슈타이닝거에 대해서는 Karl Alfred von Zittel, *History of Geology and Paleontology* (New York: Charles Scribner's Sons, 1901), 258–59를 볼 것.

31 Abraham Gottlob Werner, *Short Classification and Description of the Various Rocks* (New York: Hafner Publishing Co., 1971), 102; Rachel Laudan, *From Mineralogy*

오늘날, 지질학 역사가인 레이첼 라우든(Rachel Laudan)이 쓴 것처럼, '형성'(formation)을 역사지질학의 중심 개념으로 만든 이가 바로 베르너였다. 베르너 이전에는, 지질학자들이 암석을 주로 작업 방법, 암석의 크기, 채굴 위치 등 광부의 기준이나 구성 광물에 대한 광물학자들의 관심에 맞추어 분류했다. 그렇지만 베르너는 다양한 종류의 암석이 지닌 "본질적 차이들"은 그것들이 "형성된 방식과 시간"에서 찾을 수 있다고 주장했다. 라우든의 설명에 따르면, "시간의 제약을 형성을 규정하는 특성으로 만듦으로써, 시간을 본질적인 것으로 만듦으로써, 베르너는 형성을 자연적 속성이 아니라 독특한 역사적 실체로 정의했다."[32]

장기적인 지질학적 연속을 주창한 베르너의 다소 추론적인 이론에 담긴 기본 공리들에 따르면, 먼 과거에 거대한 바다가 지구를 뒤덮고 있었고 지구의 지각을 구성하는 중요한 암석들은 바다의 침전물이나 퇴적물에서 생겨났다는 것이다. 이것보다 더 중요한 점은 베르너가 일찍부터 지질학적 시간의 장구함을 강조했다는 사실이었다. 그는 지구가 물로 덮여 있던 시대부터 현재까지 "아마도 백만 년"의 시간이 지났을 것이라고 언급했다(한두 세대 후의 지질학자들이 개진하게 되는 주장에 비추어보면 우스울 정도로 짧지만, 이보다 앞선 시기의 기독교적 설명에서는 크게 이탈한 숫자였다). 그는 지구학에 대한 강의에서, "기록된 역사는 전체 시간의 일부일 뿐이라는 점과 대조하며" 지구의 역사에 대해 말했다. '장구한 시간'에 대한 베르너의 주장은 다른 분야들에서도 지지를 받았다. 칸트는 태양계의 성

to Geology: *The Foundations of a Science, 1650-1830* (Chicago: University of Chicago Press, 1987), 88.

32 Laudan, *From Mineralogy to Geology*, 94–95.

립을 다룬 자신의 위대한 저작 『보편적 자연사와 천상의 이론』(*Universal Natural History and Theory of the Heavens,* 1755)에서, "우리 스스로가 인식하고 있고, 이미 완벽하게 그 자체 내에서 구현되고 있는, 형성된 자연의 영역 이전에 어쩌면 수백만 년과 수백만 세기를 뛰어넘는 과거가 있었을 것이다"라고 저술했다. 칸트는 시간과 공간이 무한하다고 이야기하는 정도로까지 나아갔으며, 이것이 에피쿠로스의 가정에 부합한다는 점을 인식했다. 칸트와 동일한 시기에 글을 썼던 베르너는 자신의 연구들이 "시간의 깊은 심연"을 가리킨다는 점을 인식했고, 지질학을 성경의 창조 이야기와 관련시킬 필요성을 전혀 느끼지 못했다. 그의 접근법은 사실상 명확히 유물론적이었으며, 지질학적 연속의 원리에 의거했다.[33]

베르너의 저작은 유럽 전역에서 지질학의 발전에 커다란 영향을 미쳤다. 베르너 이후의 세대에 이르러, 역사지질학이 독자 학문으로 등장했는데, 이것은 "형성"이라는 개념에 뿌리를 두고 있다. 이 개념은 과거를 재구성하는 열쇠였고 광물 분류법을 대체했다. W. H. 피턴(W. H. Fitton, 1780-1861)은 이렇게 설명한다. 베르너가 형성이라는 개념을 발전시켜 "지질학자들이 암석의 다양한 자연적 족(族)에서 지금도 일반적으로 발견되는 **연속된 순서**에 주목하도록 만든 최초의 인물"이었다.[34] 베르너의 사상에 담긴 이러한 측면은 바로 프랑스의 위대한 고생물학자 조

33 Ospovat, 「Werner, Abraham Gottlob」, 259-60에서 Werner를 인용함; Immanuel Kant, *Cosmogony* (New York: Greenwood Publishing, 1968), 132-33; Paolo Rossi, *The Dark Abyss of Time: The History of the Earth and the History of Nations from Hooke to Vico* (Chicago: University of Chicago Press, 1984), 111-12.

34 Laudan, *From Mineralogy to Geology*, 139-40.

르주 퀴비에(Georges Cuvier, 1769–1832)의 저작에 커다란 충격을 남겼다. 퀴비에는, 연구 분야였던 비교 해부학과 지구이론을 발전시키는 과정에서, 독일의 지구학 전통에 접근하게 되었다. 그는 화석 기록을 검토하면서 이 작업을 수행했다. 퀴비에 역시 파리 주변에서 우연히 발견된 상대적으로 최근의 화석조차도 "수천 세기"나 된 것이라고 언급했다. 이때가 이미 1804년이었다. 이것은 사실상 상상할 수도 없을 정도로 엄청나게 긴 시간을 거슬러 올라가야 하는 지질학적 시간 개념을 시사했다.[35]

그러나 지질학의 역사에서 베르너의 평판은 이 시기 지질학 주위에서 전개된 신학적 논쟁에 의해 매우 큰 손상을 입었다. 베르너의 보다 폭넓은 추론적인 이론은 광물이 거대한 바다에서 생긴 침전물이나 퇴적물에서 생겼다고 제시했다. 이러한 그의 접근법은 노아의 홍수라는 성경의 설명을 옹호하려고 하는 상당수의 사람들에게 이용당했다. 지질학적 논쟁 내부에서, 이러한 견해의 옹호자는 "수성론자"(Neptunist)로 불렸다. 이에 대한 반대자들은 "화성론자"(Vulcanist)로 불렸다. 화성론자들은 자신들의 과학적 버팀목을 영국의 지질학자 제임스 허턴(James Hutton, 1726–1797)의 저작에서 찾았다. 화성론자의 접근법은 격변론(catastroph-

35 Martin J. S. Rudwick, ed., *Georges Cuvier; Fossil Bones and Geological Catastrophes: New Translations and Interpretations of the Primary Texts* (Chicago: University of Chicago Press, 1997), 70, 80, 265–66. 마르크스는 퀴비에의 위대한 저작, 『지구의 혁명들』(*The Revolutions of the Globe*)을 잘 알고 있었고, 아마도 이 책을 지질학 연구를 하던 젊은 시절에 읽었을 것이다. Marx and Engels, *Collected Works*, vol. 42, 322를 볼 것. 퀴비에의 저작은 마르크스가 정통하고 있었던 헤겔의 『자연철학』에서도 강조되었다. 마르크스는 생애 전체에 걸쳐 지질학 문헌을 계속 공부했으며, 찰스 라이엘의 『지질학 원리』에 관한 풍부한 노트를 남겼다.

ism)과 대립했고, 나중에 찰스 라이엘(Charles Lyell)과 관련된 "동일과정론적"(uniformitarian) 지질학으로 발전했다. 훗날 (특히 영국의 전통에 서있는) 상당수의 지질학 역사가들은, 베르너 자신은 수성론이 조장한 신학적 입장을 지지하지 않았으며, 그의 이론적 접근법의 주된 기여 자체가 성경의 설명을 훼손하는 역사지질학의 토대를 정성껏 쌓았다는 점이라는 사실을 간과했다.[36]

『자연철학』에서 헤겔은 수성론적 가설을 명백하게 거부했다. 그럼에도 불구하고, 그는 베르너의 이론이 지구의 역사에서 일어난 "일련의 형성들"을 주목하도록 했다는 점이 "베르너의 위대한 공적"이라고 주장했다. 헤겔이 보았을 때, 지구학(다시 말해 베르너적 전통)의 중요한 기여는 지구학이 "지구의 구성"을 다루면서 사실상 다음의 생각을 처음으로 확립했다는 점이다. "지구가 **역사**를 가지며, 지구의 조건은 연속된 변화들의 결과이다. 지구는 일련의 거대한 혁명들의 자취를 지니고 있으며 이는 먼 과거에 일어난 것이다." 베르너를 수용한 헤겔에게, 이것은 광대한 지질학적 시간, 즉 수백만 년 동안 발생한 과정이었다. 헤겔은 "자연발생"

---

36 베르너를 주로 그 이후에 등장한 "수성론적" 전통의 입장에서 보는 경향을 중심적으로 논의하고 있는 책으로 Charles Coulston Gillispie, *Genesis and Geology* (Cambridge, Mass.: Harvard University Press, 1966)를 볼 것. 무엇보다 영국의 전통에 서있는 지질학 역사 설명은 공통되게 제임스 허턴과 찰스 라이엘이 지질학적 시간이란 개념을 발전시켰다고 주장한다. 허턴과 라이엘이 대체로 동일과정론적 전망 안에서 장구한 지질학적 시간이라는 원리를 전례 없이 강조했다는 점은 사실이다. 그렇다해도, 지질학적 시간이란 관념이 베르너와 다른 많은 이들－퀴비에를 포함한다－의 저작으로 대변되는 베르너적 전통에 힘입어 유럽 대륙의 다른 곳에서도－다소 다른 근거 위에서－등장하지 않았을 것이라고 추측하는 것은 잘못된 일이다.

(generatio aequivoca), 즉 생명 없는 물질로부터 생명이 자연발생하는 현상을 강조했고, 이것이 지질학적 시간 상의 과거 어떤 시점에 발생했다고 보았다. "자연발생은 바다와 대지가 만들어내는 일반적 생기화 양식"이고 "혼돈으로부터 비롯된 혁명"이다.[37] (이 대목에서 헤겔은 그의 전형적인 사상보다는 더 진화론적인 생각을 채택했던 것으로 보인다.[38])

마르크스는 슈타이닝거와 헤겔, 그리고 추측컨대 스테펜스(그의 인류학 강의는 의심할 것 없이 지구 역사의 문제를 다루었다)로부터 이러한 사상들

37 G. W. E. Hegel, *Philosophy of Nature* (New York: Humanities Press, 1970), vol. 3, 15-24, 33-36. **자연발생**이라는 개념은 아리스토텔레스, 루크레티우스, 베이컨, 헤겔의 연구에서 공통적으로 나타난다. 이것은 예를 들어 벌레가 거름에서 자연적으로 발생한다는 다소 특수한 의미도 가지고 있었지만, 최초의 생명이 필연적인 신의 개입 없이 생명이 없는 물질에서 발생했다고 제안하는 보다 일반적인 의미도 가지고 있었다. 루크레티우스는 이 개념을 둘 다의 의미로 사용했으나, 후자를 더 강조했다. 헤겔과 마르크스에게는 보다 일반적인 의미만이 명백한 것이었다. 이것은 베르너적 지구학 견해에 크게 영향을 받은 것이었다. 따라서 헤겔의 지구학과 **자연발생**에 대한 전반적 논법은 철저한 유물론적 견해와 잘 부합하는 것이었다. 그럼에도 불구하고 그의 분석에는 또 다른 (그리고 그의 생각에서는 더 우월한) 가설인 동물로부터 인간이 진화했다는 관념에 반대하는 개별적 창조라는 접근법이 끼어든다. 이것은 「창세기」(「Genesis」)의 설명에 더 일치한다. 헤겔이 이 영역에서 인간중심적(궁극적으로 종교적) 견해를 옹호하기 원했고, 과학의 발견들은 마지못해 수용했다는 점에 대해서는 의심의 여지가 없다. 같은 책, 23.

38 헤겔은 **자연발생**을 언급했을 뿐 아니라 생명과 무기(無機)적 물질이 근본적으로 구분된다고 주장했다. "지구에 한 때 생명이 존재하지 않고 화학적 과정만이 존재하던 때가 있었을지라도, 생명의 섬광이 물질을 때리자 결정적이고 완전한 구조가 존재하게 되었다. 그리고 이것은 주피터의 눈썹에서 태어난 미네르바처럼 완전히 무장한 상태로 출현했다. 「창세기」에 쓰인 창조에 대한 설명은, 식물, 동물, 인간이 각각 서로 다른 날에 등장했다는 식으로 매우 단순화시켜 말하긴 했지만, 여전히 최상의 것이다." 같은 책, 22.

을 소개받았다. 따라서 그는 베르너의 이론에 상당히 친숙했을 뿐 아니라 스스로가 이 사상—수성론적 견해가 아닌 역사지질학—에 속한다고 보았다. 그는 시간과 진화에 대한 이해에서 일어난 혁명을 포착했다. 이것을 대변하고 있던 것이 베르너의 이론이었다. 그 결과, 마르크스는 『경제학철학 수고』에서 "**지구** 창조론은 **지구학**—다시 말해 지구의 형성과 지구의 발전을 하나의 과정으로, 자기 발생으로 제시하는 과학—에게 강력한 한 방을 맞았다. **자연발생**은 창조론에 대한 유일한 실천적 논박이다"라고 썼다.[39] 마르크스와 엥겔스는 나중에 『독일 이데올로기』에서 "**자연발생**"에 관해 쓰면서, 지구상에서 생명의 기원이라는 문제에 접근하는 데 있어서 유물론적 존재론이 매우 중요하다는 점을 강조했다. 이러한 점에서 마르크스는 루크레티우스를 통해 전해진 에피쿠로스의 견해에 계속 충실했다. 이 견해는 다음과 같다. "지구에 어머니란 이름을 부여한 것은 올바른 것이었다. 지구로부터 모든 것이 태어났기 때문이다."[40]

39 Marx and Engels, *Collected Works*, vol. 2, 304-5. (전집판과는 달리, Vintage와 International Press가 편집한 마르크스의 초기 저작들은 "geognosy"가 아니라 "geageny"를 쓰고 있는데, 이는 명백한 오류로 보인다.)

40 Lucretius, *On the Nature of the Universe*, 195 (5.780-800). "자연발생" 언급과 관련하여, 마르크스는 (이 문제를 우선 지질학적 맥락—다시 말해 지구의 자기 발생—에서 제기했지만) 모페르튀(Pierre Lows Moreau de Maupertuis, 1698-1759)의 저작을 알고 있었을지 모른다. 그는 뉴턴의 분석을 프랑스에 처음으로 소개한 사람이었다. 모페르튀는 뉴턴주의의 결정론적, 창조론적 측면들을 반대했으며, 우발성을 강조하는 에피쿠로스와 루크레티우스로부터 영감을 받았다. 그는 자연신학과 설계론 주장을 강력히 비판한 사람이었다. 다른 유물론자들처럼 모페르튀도 생명의 기원을 설명하려고 "자연발생"을 언급했다. 보다 정교한 설명을 발전시킨 라

발렌티노 게라타나(Valentino Gerratana)는 **자연발생**이라는 관념이 19세기 초에 이르러 **특정한** 철학적 맥락에 머무르지 않고 **일반적** 철학적 개념으로 바뀌었다고 주장해왔다. 그러므로 "**자연발생**이란 사고는 청년 마르크스의 저술들에서 진화주의적 사고 자체와 같은 기능을 했다." 이것은 아직 (당시에는 과학적으로 확립할 수 없었던) 생명의 기원에 관한 유물론적 가설을 말하는 정도였다. 나중에 엥겔스는 『반(反)뒤링론』(*Anti-Dühring,* 1877−1878)에서, 과학 내부의 "자연발생에 대한 다소 주제넘은 옹호자들"을 비판하면서, "생명의 기원과 관련하여 …… 현재까지 과학이 확신을 가지고 말할 수 있는 것은 단지 화학적 작용의 결과로 발생했을 것이라는 점이다"라고 단언했다.[41] 이와 동시에 엥겔스는, 창조론에 기반을 둔 채, 자연발생이라는 생각 이면에 일반적으로 존재하는 유물론적 탐

마르크(Jean Baptiste Pierre Antoine de Monet, Chevalier de Lamarck, 1744-1829)는 자연의 단계에 따라 생명 없는 물질에서 가장 단순한 유기체들이 자연발생했고, 점차 보다 복잡한 유기체로 변형되었다고 설명했다. 따라서 자연발생이라는 생각은 종의 변형(혹은 진화)과 결부되었다.(라마르크와 반대로 모페르튀는 도약 진화론을 지지했는데, 이는 다윈 이전의 진화론에서 공통되게 나타나는 형태였다. 이에 따르면, 새로운 종은 점진적으로 등장하는 것이 아니라 갑작스러운 도약을 통해 등장했다.) 창조론에 반대하는 유물론자/진화론자에게, 비록 생명의 발생 과정이 불분명하더라도 생명이 어떤 시점에서 생명 없는 물질로부터 발생했다는 생각이 가장 중요했다. Ernst Mayr, *The Growth of Biological Thought* (Cambridge, Mass.: Harvard University Press, 1982), 328-29와 *One Long Argument: Charles Darwin and the Genesis of Modern Evolutionary Thought* (Cambridge, Mass.: Harvard University Press, 1991), 18을 볼 것.

41 Valentino Gerratana, 「Marx and Darwin」, *New Left Review*, no. 82 (November-December 1973), 60-82; Friedrich Engels, *Anti-Dühring* (New York: International Publishers, 1939), 82.

구를—존재의 수수께끼에 대한 해답—일체 거부하는 사람들에 대해서는 훨씬 더 거칠게 대응했다.

오늘날에는 방대한 수준으로 성장한 화학적 이해에 근거하여, 지구상에서 생명의 기원이라는 문제를 훨씬 더 정확하게 다룰 수 있다. 지배적인 접근법에 따르면, 생명은 신성한 창조의 결과가 아니라 생명이 없는 물질로부터 발생했다. 이것은 일찍이 유물론적 자연관에서 추론한 견해와 유사하다. 그렇지만 이제는 생명이 없는 물질에서 생명이 발생했다면 왜 이러한 일이 계속 반복하여 발생하지 않는지를 설명할 수 있을 정도이다. 예컨대 저명한 과학자 리처드 레빈스와 리처드 르원틴이 쓴 것처럼,

> 모든 생명이 다른 생명으로부터 비롯된다는 법칙은 대략 10억 년 전에야 비로소 확립되었다. 생명은 원래 생명이 없는 물질로부터 나왔다. 그러나 바로 그것의 시작이 반복적 발생을 불가능하게 만들었다. 살아있는 유기체들이 생명을 다시 새로이 만드는 데 필요한 복잡한 유기분자들을 소비했기 때문이다. 무엇보다 생명이 생겨나기 전 존재했던 환원성의 대기는 살아있는 유기체들로 인해 반응성이 큰 산소가 풍부한 대기로 바뀌었다.

레이첼 카슨(Rachel Carson)은 다음과 같은 인상적인 연설을 했다. "젊은 지구의 조건들이 생명을 만들어냈다. 그 후 생명은 곧장 지구의 조건들을 변화시켰고, 자연발생이라는 이러한 단 한 번의 예외적 작용은 반복될 수 없었다."[42]

카슨은 다음의 사실을 반영하여 "자연발생"을 언급한 것이었다. 1920년대에 이르러 오파린·홀데인 가설—유물론자이자 마르크스주의

사상가였던 소련의 알렉산더 오파린(Alexander Oparin)과 영국의 J. B. S. 홀데인(J. B. S. Haldane)이 각각 발전시켰다—이라고 알려진 생명의 기원에 대한 유물론적 설명이 마침내 등장했다. 여기서 이 주장은, "자연발생"이 불가능하다고 알려져 있는 상황에서, 어떻게 생명이 자연에서 자생적으로 발생할 수 있는 지를 설명하는 방식으로 구성되어 있다. 이에 대한 해답은 부분적으로 생화학에, 부분적으로 러시아의 생태학자인 V. I. 베르나드스키(V. I. Vernadsky)가 『생물권』(*Biosphere,* 1926)에서 이미 개진한 바 있는 이론 분석 속에 있었다. 이 책에 따르면, 현재의 대기 자체가 생물에 의해 만들어진 것이다. 생물은 현재의 대기를 만들어냄으로써, "자연발생"을 가능하게 한 조건들을 바꾸었던 것이다.[43]

마르크스는 역사지질학 이상으로, 역사지리학의 발전으로부터도 큰 영향을 받았다. 베를린 대학의 학생이었던 그는 훌륭한 관념론적 역사지리학자 칼 리터(Karl Ritter, 1779—1859)의 강의를 수강했다. 지리학 연구에서 그의 역사적이고 목적론적 접근법은 헤겔이 『역사철학 강의』(*Lectures on the Philosophy of History*)를 저술하는 데 중요한 영향을 끼쳤다. 헤겔은 다양한 대륙들 사이의 관계에 관한 리터 특유의 지리학적 접근법뿐 아니라, 리터가 주장한 문명과 자연에 대한 의존 정도 사이의 역의 상관관계 역시 받아들였다.[44] 리터는 다음과 같은 유명한 주장을 했다.

42 Richard Levins and Richard Lewontin, *The Dialectical Biologist* (Cambridge, Mass.: Harvard University Press, 1985), 277; Rachel Carson, *Lost Woods* (Boston: Beacon Press, 1998), 230.

43 오파린과 홀데인의 원자료는 J. D. 버날의 기념비적 저작, *The Origins of Life* (New York: World Publishing Company, 1967)의 부록 I에 실려 있다.

44 Georg Wilhelm Friedrich Hegel, *Lectures on the Philosophy of World History: In-*

> 거리(distance), 자연의 영향, 자연의 생산조차 항상 인간의 승리에 찬 행진에 굴복하고 인간의 발걸음 앞에 사라진다. 다른 말로 표현하자면, 인류는 자연의 힘들로부터 더욱 더 자유로워진다. 인간은 자신이 살고 있는 지구의 지배로부터 더욱 더 해방된다. 각각의 지역들과 대륙들 전체의 역사는 이를 확증한다.

지구의 역사에 관한 리터의 접근법은 궁극적으로 목적론이었다. 따라서 그는 섭리라는 신성한 손을 발견할 수 있다고 보았다. 그러나 그의 접근법은 기계적 원인들로 설명될 수 있는 장기간의 유기적 발전 과정을 고찰한다는 의미에서, 훨씬 더 직접적으로 진화적 성격을 지녔다.

이렇게 리터는 지구—지리학의 대상—를 (목적론적으로뿐 아니라) 역사적으로 보았다. "과거의 모든 유적을 통해 지구의 역사가 보여주는 사실은 지구가 모든 특징 속에서, 자체의 모든 분할 속에서, 끊임없는 변형에 종속되어 왔다는 사실"이며, "그것은 내가 매우 강하게 강조했던 이러한 유기적 발전을 가능하게 했다"는 점을 증명한다는 것이다.[45] 따라서 리터의 지리학을 둘러싼 신비한 외피 속에는 합리적인 핵심이 담겨 있었다.

---

troduction (Cambridge: Cambridge University Press, 1975), 173-79, 218; Massimo Quaini, *Geography and Marxism* (Totowa, N.J.: Barnes & Noble Books, 1982), 20-26을 볼 것.

45 Carl Ritter, *Comparative Geography* (New York: Van Antwerp, Bragg & Co., 1881), xxi, 59. Ritter에 대해서는 T. W. Freeman, *A Hundred Years of Geography* (London: Gerald Duckworth, 1961), 32-40, 321을 볼 것.

리터는 환경 사상에서 중요한 영향을 남겼다. 그의 영향을 가장 크게 받은 인물은 뉴잉글랜드 지역의 저명한 자연보호론자이자 『인간과 자연』(*Man and Nature,* 1864)—루이스 멈포드(Lewis Mumford)가 "자연보호 운동의 원천"이라고 부른 저서—의 저자인 조지 퍼킨스 마시(George Perkins Marsh)였다. 마시는 자신의 저서를 일러, "지구가 인간을 만들었다고 생각한 리터와 기요[스위스에서 미국으로 이민을 간 리터의 추종자]와는 달리, 사실은 인간이 지구를 만들었음을 보여주고자 하는 작은 책"이라고 말했다.[46] 마시가 여기서 말하고자 하는 의미는, (리터에게서 전형적으로 나타나는 지리학적 결정론에서 벗어나) 리터의 본질적이고 비판적인 통찰을 받아들이는 게 필요하다는 것이다. 그의 통찰에 따르면, 문명과 더불어 자연으로부터 인류의 해방이 발전해왔고, 그 결과 이제 인류가 지구를 변형시키는 중요한 힘이 되었으며, 이 힘이 때론 파괴적인 결과들을 불러오기도 한다는 것이다(마시의 책은 "인간의 행위를 통해 변형된 자연"이란 부제를 달았다).

그러므로 인간의 지구 지배라는 문제를 제기하기 위해, 마시는 리터의 역사적 통찰들을 이용했고 리터를 거꾸로 세웠다. 리터의 학생인 마르크스에게서도 비슷한 과정이 일어났다. 우리가 살펴보았듯이, 그는 『독일 이데올로기』에서 인류가 등장하기 이전부터 존재해왔던 지구는 이제 찾아보기 어렵게 되었다는 사실을 지적했다. 무엇보다, 이러한 인간의 자연 변형이 지닌 본성—때때로 이로 인해 일어나는 파괴적 결과

46 George Perkins Marsh, *Man and Nature* (Cambridge, Mass.: Harvard University Press, 1965), ix, 35-36, 42-43; Lewis Mumford, *The Brown Decades* (New York: Dover, 1971), 35.

들—은 점차 마르크스의 사상에서 중요한 고려 대상으로 등장하게 되었다.

진정한 사회주의자들에 대한 비판

이렇게 자연사와 인류사에 대한 장대한 역사적 견해를 가지고 있었던 마르크스와 엥겔스는 1840년대 중반에 등장한 "진정한 사회주의자들"(true socialists)—상당히 널리 퍼져있었으나 1848년에 혁명과 함께 사라진 지적 흐름—의 저작에서 발견되는 자연과 인류에 대한 몰역사적이고 신비화된 견해들을 용납할 수 없었다. 이들은 진정한 인류와 진정한 자연을 재확립한다는 생각에 입각하여 "사회주의" 이념을 형성하고자 한 독일 문필가 집단이었다. 진정한 사회주의자들은 이를 위해 추상적 인간주의와 추상적 자연주의를 정치경제학에서 끌어온 다양한 개념들과 뒤섞었지만, 인간의 발전과 자연사의 물질적 토대들을 완전히 무시했다. "진정한 사회주의"라는 표현 자체는 마르크스와 엥겔스가 이러한 흐름의 주요한 대변자 중 한 명인 칼 그륀(Karl Grün)에게서 가져온 것이었다.

마르크스와 엥겔스의 주된 표적은 루돌프 마태이(Rudolph Matthäi)가 쓴 「사회주의의 초석」이라는 논문이었다. 그들이 마태이를 중요한 지식인라고 본 것은 아니었고, 단순히 "진정한 사회주의"의 대변자로 다뤘다. 마르크스와 엥겔스는 애석해 하며 그를 인용했다. "인간이 지구를 다시 한 번 자신의 행복의 **땅**으로 맞이할 수 있을까? 인간은 다시 한 번 지구를 자신의 본원적 고향으로 **인식**하게 될까? 왜 인간이 그때에도 여전히 삶과 행복을 따로 존재하게 해야 하는가? 왜 인간은 지상의 삶을 적대적인 두 쪽으로 가르는 최후의 장벽을 파괴하지 않는가?" 인류와 자연을 화해시키려는 바람에서, 진정한 사회주의자는 자연으로부터 인류의 소외를 극복하기 위해, 자연 자체가 제공하는 정신적 수단들을 이용하여 "자유로운 자연"의 영역을 거닐라고 독자들에게 권유했다.

> 활짝 핀 꽃들 …… 우뚝 서서 당당한 오크나무 …… 이들의 만족, 이들의 행복은 이들의 생명, 이들의 성장, 그리고 이들의 개화에 있다. …… 목초지에 무수히 많은 작은 피조물들, …… 산새들, …… 활기찬 어린 말 떼. …… 나는["인간"은] 이런 피조물들이 그들의 생명의 표현과 향유 속에 자신들을 위해 놓여있는 것 말고는 다른 어떤 행복도 알지도, 원하지도 않는다. 밤이 오면, 내 눈은 영원한 법칙에 따라 무한한 공간 속에서 서로를 맴도는 셀 수 없는 세계들을 주시한다. 나는 그들의 혁명들 속에서 생명, 운동, 행복의 통일을 본다.[47]

이 진정한 사회주의자는 "인간", 즉 추상적 인간의 손에 이끌려 이 세상에 들어오자마자 부조화를 보았다. 마르크스와 엥겔스가 보기에 이러한 형태의 "철학적 신비화"에는 오류가 있었다. 특히 인류가 "자유로운 자연"과 재결합해야 한다는 관념이 문제였다. 게다가 진정한 사회주의자는 "이러한 분열[이러한 소외]이 자연에는 존재하지 않는다고 전제하고", 자연에 "소환장"을 발부하는 것이 해답이라고 보았다. 그리고 "인간" 역시 "자연적 신체"이기 때문에, 이 분열이 인간에게서도 존재해서는 안

47 Marx and Engels, *Collected Works*, vol. 5, 471에서 Rudolf Matthäi를 인용함.

된다고 보았다. 이에 대해, 마르크스와 엥겔스는 자연을 더 이상 순수한 것으로 볼 수 없다고 보았고, 그 예로 생존 투쟁의 발생을 내세웠다. 그들은 "'인간'은 자연의 다른 수많은 것들, 다시 말해 식물들과 동물들 사이에서 일어나는 가장 가혹한 경쟁을 관찰할 수 있다"고 말했다. 이는 20년 후 "다윈주의적" 언어로 표현될 터였다. 그들은 사실상 다음과 같이 이야기할 정도였다. "홉스에게서는 자신이 말한 '만인에 대한 만인의 투쟁'의 증거로 자연을, 예로 들 수 있는 좋은 이유들이 [진정한 사회주의자보다] 훨씬 더 많이 있었다. 그리고 진정한 사회주의자는 헤겔의 구조에 의존했지만, 헤겔은 자연 속에서 균열, 절대 이념의 초라한 시기를 인식했고 심지어 동물을 신의 구체적 고통이라고 불렀다."[48]

마태이에 의해 대변된 진정한 사회주의는, 그 후 사회가 자유로워지기 위해서는 사회를 자연의 형상대로 만들어야 한다는 주장으로 옮겨갔다. 마태이는 "개별 식물이 생장을 하기 위해 토양, 온기, 태양, 공기와 비를 요구하며 그 결과 잎과 꽃, 열매가 생기게 되듯이, 인간 역시 사회 속에서 자신의 모든 필요, 기호, 능력의 전면적 발전과 충족을 위한 **조건들**을 발견하길 **원한다**"라고 주장했다. 이에 대해 마르크스와 엥겔스는—유물론적 자연관의 입장에서—다음과 같이 답한다.

> 식물은 위에서 열거한 모든 생존 조건을 자연에 요구하지 않는다. 식물이 자신의 생존 조건을 이미 현존하고 있는 상태로 발견하지 못한다면, 절대 식물이 되지 못한다. 식물은 씨앗, 알곡으로 남아있을 것이다. 무엇

48 같은 책, 471-73.

> 보다 "잎과 꽃, 열매"의 상태는 상당한 정도로 "토양", "온기" 등등, 생장(生長)의 기후 및 지리 조건들에 의존한다. 식물은 무언가를 "요구"하기는커녕, 철저히 현실의 생존 조건에 의존하고 있는 것으로 보인다.

진정한 사회주의는 이러한 신비화된 자연관을 이용하여 신비화된 사회관을 만들어냈다. 이에 따르면, 사회, 그리고 "진정한 사회주의"의 창출은 단지 욕망의 문제이지 그것이 의존하고 있는 생존 조건들의 결과가 아니다.

이렇게 진정한 사회주의에 대응하는 와중에, 마르크스와 엥겔스는 극히 명료한 용어들을 써서 유물론적 자연관과 유물론적 역사관 사이의 관계를 제시했다. 진정한 사회주의는 자연적 존재로서의 인류와 사회적 존재로서의 인류를 구분하는 데 실패했기에—그리고 노동이 바로 인간으로 하여금 자연을 변형하게 해주고 이를 통해 인간의 사회적 관계들을 변형하게 해주는 것이며, 인간의 역사적 과정의 본질이라는 점을 이해하는 데 실패했기에—인류를 단지 "모든 벼룩, 모든 볏단, 모든 돌멩이와 동등한 것"으로 환원했다. 마르크스와 엥겔스가 보았을 때, 진정한 사회주의자들의 감상적·유심론적 자연주의에 대응하려면, "인간의 자연과의 투쟁"을 인간 역사의 일부로 인정하는 것이 필요했다. 진정한 사회주의자들은 인류와 동물을 가르는 사회적 구분점들을 제거했을 뿐 아니라, 자연으로부터 소외를 발생시키는 진정한 인간적 토대들을 이해하는 데 실패했다.[49]

49 같은 책, 475-76, 479, 481.

진정한 사회주의, 그리고 자연 숭배와 다를 바 없는 자연에 대한 순전히 정신적이고 감상주의적인 접근법을 비판한 것을 살펴보면, 마르크스와 엥겔스가 게오르게 프리드리히 다우머(George Friedrich Daumer, 1800—1875)의 『신시대의 종교』(The Religion of the New Age, 1850)에 대해 보인 반응을 이해할 수 있다. 1850년에 그들은 이 책에 대해 논평했다. 다우머는 기독교만 비판한 것이 아니었다. 마르크스와 엥겔스에 따르면, 다우머는 "심지어 기독교와 비교해서도 반동적인" 노선에 따라 종교와 사회를 다시 세우려고 했다. 그들이 다우머의 "자연 숭배"라고 불렀던 것은 다우머가 쓴 다음의 시행들에서 발견된다.

> 신성한 자연, 상냥한 어머니,
> 그대의 걸음걸이에 나의 발을 맞추니.
> 아기 같은 나의 손은 그대의 손에 매달려,
> 아이를 매어놓는 끈처럼 나를 붙들어 주길!

마르크스와 엥겔스가 보았을 때 이것은 솔직히 너무 지나친 것이었다. 그들은 무엇보다 다우머의 저작들에서 나타나는 "자연 숭배"가 피상적이고 몰역사적 성격을 지녔음을 지적했다. 사실 이것은—그들이 이렇게 말하지는 않았지만—자연신학과 별반 다를 게 없는 거래품목을 내다 파는 것으로 볼 수 있었다. 따라서 그들이 상당한 분량의 페이지들을 인용하여 설명했듯이, 다우머가 저작에서 자연과 관련해 보여준 감상적 관찰들은 아래의 내용에 불과했다.

> 다른 새의 둥지에 알을 낳는 뻐꾸기에, 각막을 촉촉하게 유지해주기 위

해 고안된 눈물 등등에 아이같이 놀라고, 결국 클롭슈토크의 『봄의 송가』를 암송하면서 경외감에 몸을 떠는 자그마한 지방 도시에 사는 거주자들의 일요일 산책. 물론, 근대 산업과 함께 자연 전체를 혁명하고 자연을 향한 인간의 아이 같은 태도를 종식시킨 근대 과학에 대한 질문은 전혀 없다. …… 그러나 그 대신 우리는 신비스러운 암시와 놀랄만한 …… 노스트라다무스의 예언에 대한 관념들, 그리고 스코틀랜드 사람과 동물 자기설(magnetism)에 대한 통찰력을 얻는다. 다른 사람들을 위해서는, 성직자들과 다우머 같은 사람들이 자라난 바이에른의 굼뜬 농민 경제는 마침내 근대 경작과 근대 기계들에 의해 갈아엎어지는 게 바람직하다.[50]

마르크스와 엥겔스는 자연에 관한 반동적 감상주의를 거부해야 한다고 보았다. 그것은 낡은 봉건적 위계관계들을 다시 세우고자 하면서 변화한 물질적 조건들을 부정할 뿐이었다. 농민들과 토지의 관계가 보다 "근대적인" 생산관계들에 의해 변혁되었다는 점은 농민들에게 다행스런 일이었다. 여기서 나타나는 그들의 평가절하적인 태도는 농민이나 "토지"에 대한 공감이 부족하다는 점을 나타내는 것이 아니다. 그들은 단지 농민과 토지에 부과된 반동적 관계를 거부한 것이다. 엥겔스는 바로 같은 해, 자신의 위대한 저작, 『독일 농민전쟁』(*The Peasant War in Germany*, 1850)을 저술했다. 이 책은 16세기 혁명적 농민들과, 그들이 토머스 뮌처의 지도를 받아 사적 소유와 단절하고 새로운 공동체적 토지관계를 건설하기 위해 벌인 투쟁을 찬양했다.

50 Marx and Engels, *On Religion* (Moscow: Foreign Languages Publishing House, n.d.), 95.

프루동의 기계적 "프로메테우스주의"

마르크스는 일찍이 1842년에 이미 프랑스 사회주의자들의 저작들에 친숙해 있었다. 그는 당시 라인신문의 한 사설에서 샤를 푸리에(Charles Fourier, 1772–1837)와 피에르 조셉 프루동(Pierre Joseph Proudhon, 1809–1865)의 저작을 언급했다. 푸리에는 여성의 처지, 자연의 퇴보, 연합한 노동의 본성 등의 영역에서 중요한 통찰을 제공했다. 푸리에에게, "여성의 권리 신장은 모든 사회 진보의 일반 원칙"이었다. 푸리에는 자연에 대해, "프랑스 남부의 경우처럼, 그렇게 많은 산들이 약탈당해 벌거숭이가 되었다는 것을 보고 후손들이 얼마나 문명에 대해 저주하겠는가!" 라고 썼다. 푸리에는 자신이 구상한 "연합적 체제"에서 "만약 적당한 시기에 번식 조건들에 맞춰 정해진 양만 낚시하기로 합의한다면, 그리고 강을 망쳐놓는데 들어가는 시간의 1/4만이라도 수달을 사냥하는 데 바친다면", 평범한 해에도 수많은 요인들로 인해 어획량이 증가할 것이라고 예견했다. 영국의 공상적 사회주의자 로버트 오언과 마찬가지로, 푸리에는—부르주아 사회에서처럼, 농촌의 인구감소와 함께 거대 도시 중심지들의 인구집중을 증가시키는 것에 반대하여—인구를 분산시키는 방식으로 인구문제를 다루고자 했다.[51]

그러나 마르크스의 사상에—긍정적으로나 부정적으로나—훨씬 더 큰 영향을 끼친 것은 바로 프루동이었다. 훗날 프루동의 추종자들에게

51 Charles Fourier, *Selections* (London: Swan Sonnenschein, 1901), 77, 109, 115–17, 120과 *The Theory of the Four Movements* (Cambridge: Cambridge University Press, 1996), 160–61; Owen, *Selected Works*, vol. 2, 69, 84–85.

가장 큰 영향을 끼친 책이 그의 초기 저작인 『소유란 무엇인가』(*What is Property*)—"소유는 절도"라는 프루동의 답변으로 유명해진 저작—였다. 이 책에서 프루동은 무정부주의적 사상 성향을 드러냈다. 마르크스 역시 이 저작을 읽고 엄청난 감명을 받았다. 1842년, 라인 신문에 기고한 공산주의에 관한 초기 사설에서, 마르크스는 "프루동의 빈틈없는 저작"을 언급했다. 유사한 노선에 있는 덜 이론적인 다른 저작들과 함께, 이 프루동의 저작은 "피상적으로 반짝하는 사유에 근거해서는 비판할 수 없으며 오직 오랜 시간의 깊은 연구 후에야 비판할 수 있는 책이다."[52]

『소유란 무엇인가』에서 프루동은 훗날 마르크스의 저작에서 중심이 되는 주제를 발전시켰다. 이는 생산과정에서 토지나 원재료에 노동을 추가한다고 해서 토지의 사적 소유나 계속 유지되어왔던 공동체적 토지관계에서 다수의 사람들이 배제된 것이 정당화되지는 않는다는 생각이었다. 국가가 주민 전체에게 정당하게 귀속되어 있던 숲과 여타의 토지들을 판매한 내용에 대해서 서술하면서, 프루동은(훗날 『자본론』에 담긴 마르크스의 비판에서도 되풀이되는 용어들을 사용해) 다음의 사실을 관찰했다.

> 어떤 민족이 소유자라고 할지라도, 오늘날의 세대가 미래 세대에게 돌아갈 소유물을 박탈할 수 있을까? 사람들은 용익(用益)권이란 이름으로 그것들을 소유할 따름이다. 정부는 이것을 지배, 감독, 보호하며, 분배 정의에 관한 법률들을 통과시킨다. 만약 어떤 민족에게 토지를 허용한다면, 그것은 오직 토지의 이용을 허용한 것이다. 그 민족은 어떠한 방식이 되

52 Marx and Engels, *Collected Works*, vol. 1, 220.

었든 토지를 판매하거나 양도할 수 없다. 하물며 소유자도 아니라면, 어떻게 그들이 소유물을 양도할 수 있겠는가? …… 토지를 파괴하라. 혹은 같은 일이지만, 토지를 판매하라. 그러면 여러분은 하나, 둘, 혹은 그 이상의 곡물들을 양도할 뿐 아니라, 여러분이 토지로부터 얻을 수 있는 모든 산물—여러분, 여러분의 아이, 여러분의 아이의 아이—을 절멸시키는 것이다.[53]

마르크스와 엥겔스는 『신성 가족』에서 『소유란 무엇인가』를 계속 극찬하며 다음과 같이 말했다. "프루동은 정치경제학의 토대인 **사적 소유**에 대해 비판적 탐구—최초로 이루어낸 단호하고 무자비한 동시에 과학적인 탐구—를 했다. 이것은 그가 만들어낸 거대한 과학적 진전이며, 정치경제학을 혁명화하고 정치경제학을 처음으로 진정한 과학으로 만들어준 진전이다."[54]

그렇지만 딱 2년 만에, 프루동의 이후 저작에 대한 마르크스의 반응이 사뭇 달라졌다. 1843년 이후, 마르크스는 영국의 정치경제학을 어마어마한 속도로 학습해왔다. 이러한 학습의 결과는 이미 『경제학철학 수고』, 『신성 가족』, 『독일 이데올로기』에서 명백히 확인된다. 그러나 마르크스가 철학보다 경제학에 더 큰 비중을 둔 첫 번째 저작은 바로 『철학의 빈곤』(*The Poverty of Philosophy*, 1847)이었다. 얄궂게도 이 책은 프루동의 『경제적 모순들의 체제: 혹은 빈곤의 철학』(*The System of Economical Contra-*

53 Pierre Joseph Proudhon, *What is Property?* (Cambridge: Cambridge University Press, 1994), 82–84.

54 Marx and Engels, *Collected Works*, vol. 4, 32.

dictions: Or, The Philosophy of Misery, 1846)을 비판하는 형태를 취했다.[55]

『경제적 모순들의 체제』는 『소유란 무엇인가』와는 완전히 다른 종류의 저작으로 책은 부제인 『빈곤의 철학』으로 더 잘 알려졌다. 이 책은 한편으로는 정치경제학을 비판하려는 시도와 다른 한편으로는 부르주아 사회를 보다 사회적으로 만들려는 시도가 독특하게 혼합된 것이었다. 모든 내용이 고대로부터 끌어온 우화들과 섭리에 대한 목적론적 언급들로 가득차 있었다. 마르크스에게, 이 책의 내용은 엥겔스와 함께 쓴 『공산당 선언』에서 "부르주아적 사회주의"라고 이름붙인 조류를 예증하는 것이었다. 그들은 부르주아적 사회주의를 부르주아 사회의 비참함도, 프롤레타리아트도 없는—혹은 적어도 프롤레타리아트와의 대립이 없는—부르주아 사회를 건설하려고 한 시도라고 정의했다.

『경제적 모순들의 체제』는 섭리라는 개념으로 시작하여 섭리라는 개념으로 (첫 권의) 끝을 맺는다. 이에 의하면, 인간은 "절대자에게 동화되고, 이것은 자연의 법칙과 이성의 법칙의 일치를 의미했다." 프루동은 반어적인 어조로, 신을 부정하는 것으로 끝이 난 문명에서, 섭리를 따르는 역사의 본성을 이해하기 위해서 "신이란 가정"이 반드시 필요하다고 썼다. 섭리의 작용인(effective cause)인 신이 이성으로 확증될 수 없듯이, "사회경제에서 공산주의를, 철학에서 신비론과 현상유지를 확증하는 것에 해당하는" 인간주의는 섭리라는 이념의 발전에 다름 아니며—마찬가지로 이성으로 확증될 수 없는—"종교적 회복"일 따름이다. 프루동에 의하면, 질서, 진보, 운명 등의 의미를 지니는 섭리—"우리 영혼이, 그리고

55 Karl Marx and Friedrich Engels, *The Communist Manifesto* (New York: Monthly Review Press, 1998), 52-53.

이를 통해 자연 전체가 무한자와 맺는 비밀스런 관계"—라는 관념이 우리에게 남겨졌다.[56]

이러한 독특한 철학적 틀 안에서, 프루동은 자신만의 "빈곤의 철학"을 발전시키고자 했다. 이는 가치 개념에서 시작하여, 노동분업, 기계, 경쟁, 독점과 같은 현상들을 고찰하는 데로 나아갔다. 프루동은 경제적 견해들을 설명하기 위해, 사회와 인간 활동을 "프로메테우스"란 이름으로 인격화하여 사회를 묘사하고 인간 활동을 상징화하기로 마음먹었다. 그는 "전설에 따르면, 프로메테우스는 인간 활동의 상징이다. 프로메테우스는 천상의 불을 훔쳤으며, 초기 기술들을 발명했다. 프로메테우스는 미래를 예견하고 주피터와의 평등을 열망했다. 프로메테우스는 신이다. 그렇다면 사회를 프로메테우스라고 부르기로 하자"라고 썼다. 프루동에 의하면, "프로메테우스는 …… 자신의 자연 정복을 확장했다." 프루동은 "정의(正義)는 단지 가치의 비례성이다"라고 이해했다. 사실상,

> 프로메테우스는 이러한 생산물에 한 시간의 노동, 하루, 한 주, 한 해의 노동이라는 비용이 들어간다는 것을 안다. 그는 동시에 그것의 비용에 따라 조정되는 이 모든 생산물들이 부의 진보를 형성한다는 것을 안다. 그렇다면 처음에는, 그 자신에게 비용이 가장 적게 든, 그래서 결과적으로 가장 필요한 물건들을 제공함으로써, 자신의 생존을 확보한다. 그 후 가능한 한 빠르게 지위가 보장되면, 그는 사치재 물품들을 기대할 것이다. 그가 현명하다면 이것은 항상 가격규모 안에서 각각의 물품들의 자연적

56 Pierre Joseph Proudhon, *System of Economical Contradictions* (New York: Arno Press, 1972), 28, 468–69.

위치에 따라 진행될 것이다.[57]

따라서 사회, 즉 "프로메테우스"는 "비례의 법칙"에 따라, 상품들이 기본적 생활필수품이면서 가장 싼 재화들부터 사치재로 가장 비싼 재화들까지 가격에 따라 배열된다는 점을 인식했다. 이렇게 되는 이유는 "사회가 처음에는 **비용이 가장 적게 든, 그래서 결과적으로 가장 필요한 물건들**을 생산"하기 때문이다. 가장 단순하고 비용이 가장 적게 드는 산업들은 문명의 시작과 함께 등장했다. "**채집, 목축, 수렵, 어로.** 오랜 시간이 흐른 후 농업이 뒤따랐다."(모든 형태의 "채취산업") 보다 발전된 산업은 생산성이 더 많이 진전해야만 발전할 수 있었다. 그것의 본보기는 가장 단순한 산업들에서 발견된다. 프루동에 따르면, 가치/부는 단지 노동시간에 의해 결정되는 비용들의 비례적 분배에 따라 결정된다. 게다가 생산성은 "프로메테우스[이 용어 안에 신, 노동, 소유자라는 개념들이 모두 용해되어 있다]가 어느 날 자신이 전에는 열흘 만에 생산했던 어떤 대상을 하루 만에 생산하는 방식을 발견"했을 때 증가한다. 이러한 혁신은 채취산업들에서 시작되었고, 이 산업들이 달력의 발전과 벽시계, 손시계 제조의 밑바탕이 되었다고 프루동은 이야기한다.[58]

프루동은 신화로 가득 찬 성경의 언어로 다음과 같이 주장하는 지경에 이르렀다. 창조의 첫 번째 날, "프로메테우스"는 "자연의 자궁에서" 출현했고 노동하기 시작했다. 두 번째 날, 그는 노동의 분업을 발견했다. 세 번째 날, 프로메테우스는 "기계를 발명하고 사물 속의 새로운 용도

57 같은 책, 96-97.

58 같은 책, 98-101.

들, 자연 속의 새로운 힘들을 발견했다."[59] 이렇게 "프로메테우스적" 측면에서 이해된 사회의 목적은, 사회를 위해 더 큰 경제적 가치와 품목들을 만들고, 노동시간에 부합하게 경제적 보상을 공정하게 분배하는 것을 통해 이것들을 각 개인들에게 비례적으로 나눠주는 것이다. 프루동은 이것을 노동의 사회화라고 보았다. 그리고 이것은 현존 사회의 토대 위에서 건설될 수 있는 것이었다. "노동이 사회화되지 않는 곳에서는 어디서나 …… 교환에서 반칙과 부정이 발생"하며, 사회는 부조화 상태이다. 신이 아니라 프로메테우스(신이면서 신이 아닌 존재, 즉 소외된 인류로서 부르주아인 동시에 프롤레타리아트인 존재)로 대변되는 섭리는 다름아닌 보다 조화로운 조건으로 향해 나아가는 비례 법칙이었다.[60]

프루동은 프롤레타리아트와 사회 사이에 존재하는 적대의 본질이 단순히 노동분업에 있다고 보았다. 여기서 노동분업은 조화로운 발전을 방해하는 것으로 나타났다. 그렇다면 "책임성, 개성, 예컨대 노동자의 전문성을 유지한 채, 하나의 복잡하고 조화로운 전체 안으로 극단적 분업과 엄청난 다양성을 통일시키는 종합"을 보여주는 것이 문제였다. 이에 대한 해답이 바로 기계였다. 기계는 프루동의 기계론적 프로메테우스주의의 구현이자 진보와 섭리의 열쇠라는 것이다. 그의 글에 따르면,

> 모든 기계는 몇 가지 작업들의 요약, 힘들의 단순화, 노동의 응축, 비용의 감소로 정의될 수 있다. 이러한 모든 측면들에서, 기계는 분업의 대응물이다. 그러므로 기계를 통해 부분 노동자의 회복, 노동자의 노고 감소,

59 같은 책, 117-18.

60 같은 책, 126-28.

생산물의 가격 하락, 가치관계의 변동, 새로운 발견을 향한 진보, 전반적 복지의 향상이 달성될 것이다.

따라서 기계를 통해, "프로메테우스는 넵튠처럼 세 걸음 만에 세계의 경계에 도달한다."[61]

이렇게 현존하는 경제형태들의 사회화 속에서 조화를 발견하고자 하는 프루동의 경향은 지대 분석에서도 마찬가지로 발견되었다. 여기서 그는 뒤죽박죽인 리카도의 지대론 논의에 의거하여, 현재의 발전 지점에서 다음의 내용이 필연적이게 되었다고 주장했다.

> **인간이 자연과 보다 긴밀히 묶이는 것**이 필연적이게 되었다. 이제 지대는 이러한 새로운 계약의 가격이 되었다. …… 그렇다면 본질 상, 그리고 운명에 의해, 지대는 분배 정의의 도구이다. …… 지대 혹은 차라리 소유는 농업의 이기주의를 끊어내고 어떠한 권력, 어떠한 토지 분할도 만들어 낼 수 없는 연대를 창출한다. …… 소유의 도덕적 효과가 보장되면, 이제 남은 일은 지대를 분배하는 것이다.[62]

마르크스에게 있어서, 후기 프루동이 주장한 이러한 견해들은 싹트고 있던 사회주의 운동에 대한 직접적인 이론적 도전이었다. 따라서 이에 대한 전면적인 비판이 불가피했다. 마르크스는 『철학의 빈곤』에서 프

61 같은 책, 168, 174-75.

62 Karl Marx, *The Poverty of Philosophy* (New York: International Publishers, 1963), 155-56에서 Proudhon을 인용함.

루동의 『경제적 모순들의 체제』 전체와 논쟁했다. 이러한 맥락에서 그는 나름대로 발전시켜온 정치경제학 비판과 유물론적 역사관을 그 전보다 훨씬 더 풍부하게 전개했다. 마르크스의 주장은 다음과 같다. 인류는 "자신들만의 연극에서 배우이자 작가"라는 점과 이러한 점에서 역사는 "세속적"이라는 점을 인식함으로써 사회적 관계들의 역사적 발생을 설명해야 하는데, 프루동은 그러지 않고 불변의 법칙들, 영원한 원리들과 같은 물화된 관념들에 호소했다. 이 관념에는 자신이 만들어낸 비례 법칙, 프로메테우스(원래의 신화와는 아무런 상관이 없고 프루동이 만들어낸 신화를 상징하는 "기묘한 인물"), 그리고 무엇보다 섭리 따위가 포함된다. 마르크스는 (성경에서처럼 프로메테우스가 삼일 만에 사회 세계를 창조했다는 내용을 언급하며) 프루동이 "사물을 설명하는 방식"은 "그리스적이면서도 히브리적인 느낌을 주며, 신비적이면서도 동시에 우화적이다"라고 쓰고 있다. 마르크스는 나중에 『정치경제학 비판 요강』에서 이러한 비판을 보다 더 노골적으로 개진했다. 그는 프루동 같은 사상가에게 "경제적 관계의 역사적 기원들에 대해서는 무지하면서도, 아담이나 프로메테우스가 우연히 기성의 관념을 만났고, 그후 그것을 채택했다는 신화를 발명하는 식으로 근원에 대한 역사철학적 설명을 제시하는 것"보다 더 편리한 방식은 없었다고 설명했다. 이러한 진부한 사고는 사실상 몰역사적인 것이었다. 이것은 모든 역사적 **발전**을, 따라서 역사의 특수성을 무시했기 때문이다.[63] 이러한 식의 기계론적 프로메테우스주의는 (실제 인간관계들이 사물간의 관계들로 변형된) 물화 형태였으며, 결국 현상유지를 강화하는 역사적 망각의

63 같은 책, 99, 115; Karl Marx, *Grundrisse* (New York: Vintage, 1973), 84-85.

형태였다.

『철학의 빈곤』에서, 마르크스는 프루동이 섭리를 강조하는 것에 대해 공격을 했다. 그는 다음과 같이 주장했다. "섭리, 섭리적 목적, 이러한 것이 오늘날 역사의 운동을 설명하기 위해 사용되는 대단한 단어이다. 사실 이 단어는 아무 것도 설명하지 않는다. 이것은 기껏 해야 수사적 형식이며, 사실을 바꿔 말하는 다양한 방법들 중 하나이다." 만약 누군가 "스코틀랜드의 토지 소유 제도에 담긴 섭리적 목적은 양이 인간을 추방하는 것"이라고 말한다면, "섭리적 역사"의 형식과 내용이 어떤 것인지 잘 이해가 될 것이다. 그리고 마르크스는 "섭리"라는 간단한 단어의 이면에는 토지 소유 확대, 양모 생산, 경작지의 목장으로의 전환, 울타리치기, 토지로부터 농민의 강제 철거라는 역사 전체—역사의 현실적, 물질적 내용과 과정—가 놓여 있다고 주장했다. 그에 따르면, 프루동은 신에 대해 불손한 논평을 했음에도 불구하고, 자신의 분석 중심에 섭리를 위치시킴으로써 본질적으로 신학적 입장을 채택했다. 다시 말하면 자연과 사회에 대한 목적론적 접근을 고안해내었다는 것이다.[64]

마르크스는 기계의 유래를 노동분업에서 직접 찾는—그리고 이것을 "섭리적 목적"의 작용으로 다루는—프루동의 기계론적 프로메테우스주의에 대해 특히 비판적이었다. 프루동의 "새로운 프로메테우스"는 신과 유사한 형상을 지녔고, 그의 기계에 대한 견해가 순전히 형이상학적이라는 사실을 감추고 있었다. 그것은 기계를 생산과 착취라는 사회

64 Marx, *The Poverty of Philosophy*, 119-20. 마르크스는 물론 섭리라는 개념이—키케의 책 『신의 본성』(*Nature of the Gods*)에서 묘사된 것처럼—고대 에피쿠로스 유물론에 반대해서 스토아학파가 사용한 개념이었다는 점을 알고 있었다.

적 관계들로부터 분리시키고, 자체의 고유한 공학적 논리만을 따르는 것으로 보았다. 마르크스는 기계가 "종합"이고 노동분업에 대한 해결책이라고 본 프루동의 생각을 거부했다. 그는 기계의 역사적 기원과, 기계가 노동분업("국제적 노동분업"을 포함한다), 시장, 생산, 착취, 노동자의 퇴화와 맺고 있는 관계에 대한 길고도 구체적인 평가를 시작했다. 마르크스는 P. V. 안넨코프(P. V. Annenkov)에게 보내는 편지(1846년 12월 28일)에서 다음과 같이 적고 있다. "프루동 씨는 노동분업 문제에 대해 이해를 거의 못했기 때문에, 예를 들어 독일에서 9세기에서 12세기까지 일어났던 도시와 농촌의 분리에 대해 언급조차 하지 않습니다." 마르크스가 보기에, 프루동의 기계에 대한 물신적 접근은, 기계에 물화된 "프로메테우스적" 성격을 부여하고 그것의 역사적 기원과 조건을 간과하며 오직 잘못된 기계론적 신학을 생산할 뿐이다. 이것은 부르주아적 산업 이데올로기 중 최악의 부류에서 나타나는 특징이다. 마르크스는 "기계를 노동분업의 **대립**으로, 분화된 노동에 대해 통일성을 회복시키는 **종합**으로 보는 것보다 더 우스꽝스러운 일은 없을 것이다"라고 기술했다.[65]

마르크스의 견해에 따르면, 사회적 관계와 기술, 관념 등은 항상 변화하며, 오직 그것의 역사적 근원을 망각하는 물화 과정을 통해서만 고정된 형태들로 비춰질 수 있다. 다시 말해 관념들 그 자체는 "그것이 표현하는 관계들과 마찬가지로 영구불변한 것이 아니다. 그것들은 **역사적이고 과도적 산물들**이다. 생산력의 성장, 사회적 관계의 파괴, 관념의 형성이라는 계속적인 운동이 존재한다. 유일하게 변치 않는 것은 운동이

65 같은 책, 98-99, 132-44, 184.

라는 추상—*mors immortalis*[죽음의 불멸성-루크레티우스]—이다."[66]

또한 마르크스는 사회의 가장 기본적인 필요물들은 가장 적은 비용이 들기 때문에 사회가 이것을 우선 생산하며, 그러고 나서야 보다 많은 비용이 드는 사치재들로 향한다는 프루동의 견해를 광범위하게 비판했다. 프루동과는 반대로, 그는—중세와 비교했을 때—제조업 제화의 가격은 떨어지고 농업에서 나온 재화의 가격은 상승하는 경향이 있다고 주장했다. "우리 시대에는 불필요한 것이 필요한 것보다 더 쉽게 생산된다." 마르크스에 따르면, 생산물들의 생산과 이용은 사회적 생산으로 조건 지워지며, 이것은 궁극적으로 계급 적대에 근거하고 있다. 면과 감자, 주정은 가장 보편적으로 이용되는 대상들이다. 그러나 감자는 "연주창(連珠瘡)을 일으킨다." 면화는 양모와 아마를 대체했다. 양모와 아마가 "더 유용"했는데도 말이다. 그리고 마지막으로, 맥주와 포도주을 제쳐놓고 화주(火酒)가 생산되었다. 화주가 훨씬 더 독하다는 것을 다들 알고 있는데도 말이다. "왜 면화, 감자, 화주가 부르주아 사회의 주축인가? 그것을 생산하는데 최소량의 노동이 들어가고, 결과적으로 그것들이 가장 저렴한 가격을 갖기 때문이다. …… **소유**에 근거한 사회에서는 가장 열

66 같은 책, 109-10; Lucretius, *On the Nature of the Universe*, 88 (3.861-70). 마르크스가 자주 잘못 해석되곤 하던 유명한 경구적 문장인 "맷돌이 여러분의 사회에 봉건 영주를 가져다주었다. 증기 제분기가 사회에 산업 자본가를 가져다주었다"를 쓴 것이 바로 이 절에서였다. 이 말은 어떤 기술적 결정론을 시사하는 것이 아니다. 오히려 마르크스는 모든 사회적 관계들과 기술들, 관념들 자체가 역사적 본성을 지닌 끊임없는 변화 과정의 일부이며, 따라서 영구불변의 원리들에 의거해 논의를 진행하는 것이 모두 잘못되었다는 점을 지적함으로써, 기계, 사회, 관념, 범주들에 대한 프루동의 몰역사적 파악을 극복하려고 노력했던 것이다. 진정 변치 않은 사실은, 에피쿠로스가 이야기한 것처럼 필멸성 자체였다.

등한 생산물들이 많은 이들에게 이용되는 숙명적 특전을 누린다."[67]

마르크스는 지대를 "자연과 인간을 묶어주는" 수단으로 본 프루동의 생각에 대해서 마찬가지로 비판적이었다. 그는 다음과 같이 썼다.

> 지대가 토지로부터, 자연으로부터 토지 소유자를 완전히 분리시켰기 때문에, 영국의 경우처럼 토지 소유자는 자신의 보유지가 어디 붙어있는지 알 필요도 없을 정도이다. 차지농, 산업자본가, 농업노동자와 관련하여, 공장의 고용주와 노동자가 그들이 제조하는 면화와 양모에 매여 있지 않듯이, 토지 소유자는 더 이상 그들이 이용하는 토지에 매여 있지 않다. 그들은 이들이 생산한 것의 가격에, 화폐 생산물에 애착을 느낀다.

마르크스에게 지대는 프루동과는 달리 토양의 비옥도에 대한 정확한 척도일 수 없었다.

> 매시간 화학의 근대적 적용이 토양의 성질을 변화시키고 있으며, 우리 시대에 이르러 지질학적 지식이 상대적 비옥도에 대한 모든 낡은 측정방식에 혁명을 일으키려고 하고 있다. …… 따라서 비옥도는 생각했던 만큼이나 자연적 특성이 아니다. 그것은 당대의 사회적 관계들과 긴밀히 연결되어 있다.

그렇다면, 프루동의 생각과 다르게, "지대는 **인간과 자연을 묶어주는**

67 Marx, *The Poverty of Philosophy*, 61-63.

것이 아니라 단지 [자본주의 생산 조건 하에서] 토지의 이용을 경쟁과 묶어줄 뿐이다."[68]

프루동의 부르주아적 사회주의는 부르주아적 생산을 그것의 본질적 성격을 바꾸지 않은 채 보다 사회적으로 만들려는 것이다. 마르크스가 보았을 때, 프루동의 이러한 시도는 잘못된 것이었다. 이러한 잘못된 시도는 특히 정의(正義)가 단순히 노동시간의 비례적 배분, 다시 말해 '각자는 자신의 노동에 따라'는 원리의 보편화와 관련 있다는 프루동의 입장에서 가장 노골적으로 드러났다. 이와 달리, 마르크스에게 "노동시간에 따른 가치의 결정—프루동 씨는 이것을 미래를 재생하는 공식으로 우리에게 제시했다—은 …… 프루동 훨씬 이전에 리카도가 명쾌하고 정확하게 보인 것처럼 단지 현재 사회의 경제 관계들에 대한 과학적 표현에 불과하다." 마르크스에 따르면, 프루동의 입장은 자본주의 사회에서 발생한 문제들에 대한 부적절한 해결책이다. 혁명적 전략은 이렇게 노동시간에 따라 생산과 분배가 이루어지는 체제와 (따라서 자본주의 사회의 가치 법칙과도) 단절하고, 진정한 인간의 필요에 따라 생산 및 분배 관계가 결정되는 것을 요구하기 때문이다. 마르크스가 이로부터 여러 해가 지난 후 작성한 『고타 강령 비판』(*Critique of the Gotha Programme*)에서 설명했듯이, "각자는 자신의 노동에 따라"라는 원리는 "각자는 자신의 능력에 따라, 각자에게는 자신의 필요에 따라"라는 원리로 대체되어야 한다. 그러므로 필요한 것은 "가치 법칙"의 일반화가 아니라 그것과의 단호한 단절인 것이다.[69]

---

68 같은 책, 159-60, 162-63.

69 같은 책, 69.

마르크스에게, 프루동의 분석은 과학적 경제학자(리카르도와 같은)의 분석에 못 미치는 것이었다. 프루동은 자본주의 안에서의 생산 및 분배 관계를 설명—차라리 변명—하기 위해 "마술"(마르크스는 프루동이 호소한 새로운 프로메테우스를 이렇게 생각했다)에 의지했기 때문이다. 동시에, 프루동의 『경제적 모순들의 체제』는 (프루동이 공격하고자 한) 공산주의에 대한 분석으로서는 기대에 못 미쳤다. 그 책이 "사변을 통해서조차도 부르주아적 지평을 넘지" 못했기 때문이다. 프루동의 혼란스러운 신비주의, 즉 관념론에 반대하여, 마르크스는 루크레티우스에게서 가져온 "mors immortalis"(죽음의 불멸성), 즉 절대적이고 순수한 필멸성이라는 유물론적 원리—실천적 유물론 및 실재가 지닌 역사적·우발적·일시적 본성의 인식—를 대치시켰다. 마르크스에 의하면, 이것은 오직 물질적 생산, 혹은 인류의 생존 투쟁이라는 입장에서 출발해야만 다가갈 수 있는 것이었다.[70]

『공산당 선언』의 견해

맬서스주의와 프루동의 기계론적 "프로메테우스주의" 양자에 대한 비판은 『공산당 선언』(*The Communist Manifesto*, 1848)에 담긴 논의의 중심에 놓여 있었다. 이 책은 혁명적 선언의 형태로 유물론적 역사관을 최초로 제시했다. 『공산당 선언』은 1847년에 독일 공산주의자 동맹(German

70 같은 책, 126, 114.

Communist League)으로부터 위임을 받아 집필한 문서였다. 그것의 기원은 「공산주의의 원리들」이었다. 모제스 헤스(Moses Hess)가 초기 푸리에주의적 『공산주의자 신앙고백』(*Communist Confession of Faith*, 1844)을 썼고, 이것을 본떠 "신앙고백"이라고 불린 원리들이 제안되자, 이에 맞서고자 한 동맹의 요청으로 엥겔스가 이 글의 초안을 잡았다. (무엇이 공산주의자 동맹의 신조가 되어야 하는가를 둘러싼 투쟁 과정에서 헤스에 대한 응답으로 쓰인 두 개의 「신앙고백」이 있었다. 이 중 하나는 「공산주의자 신앙고백」으로 알려진 것으로 1847년 6월경에 쓰였다. 이것은 본래 동맹에서 임시로 채택한 첫 번째 초안이었으며 이를 통해 엥겔스의 영향력을 엿볼 수 있다. 1847년 10월에 쓰인 두 번째 초안이 엥겔스의 「공산주의의 원리들」이었다.) 엥겔스의 「공산주의의 원리들」이 성공을 거두고, 마르크스와 엥겔스가 1847년 11월, 12월에 런던에서 열린 공산주의자 동맹의 2차 대회에서 압도적인 영향력을 발휘하면서, 이 대회에서는 채택된 원리들에 의거한 최종 초안을 마르크스와 엥겔스에게 마련해달라고 요청을 했다. 마르크스는 엥겔스의 「공산주의의 원리들」에 의거하여 익명의 대작, 『공산당 선언』의 초안을 작성했으며, 1848년 2월에 런던에서 첫 출간을 했다. (마르크스와 엥겔스는 1850년이 되어서 자신들이 저자임을 밝혔다.)[71]

초기 마르크스가 프루동의 기계론적 "프로메테우스주의"에 비판을 했음에도 불구하고, 역설적으로 생태학적 입장에서 『공산당 선언』을 읽

71 선언의 기원에 대해서는 Rob Beamish, 「The Making of the Manifesto」, in Leo Panitch and Colin Leys eds., *The Communist Manifesto Now: Socialist Register 1998* (London: Merlin, 1998), 218-39와 Dirk J. Struik, ed., *The Birth of the Communist Manifesto* (New York: International Publishers, 1971)을 볼 것.

은 사람들은 마르크스가 인간과 자연 관계에 대해 이른바 "프로메테우스적" 견해를 취한 가장 중요한 근거로 『공산당 선언』을 들었다. 이러한 매우 일반적인 비판에 따르면, 마르크스는 사회주의적 환경론자 테드 벤턴의 말마따나 "역사에 대한 '생산주의적', '프로메테우스적' 견해"를 채택했다. 테드 벤턴이 이러한 관점에서 마르크스를 비판했다. 『마르크스주의와 생태학』(*Marxism and Ecology*)을 저술한 라이너 그룬트만(Reiner Grundmann)은 "마르크스의 기본적 전제"가 자연의 지배에 대한 "프로메테우스적 모델"이라고 주장했다. 그룬트만은 이 입장을 옹호하려고 시도했다. 자유주의자 빅터 퍼키스(Victor Ferkiss)는 이것을 옹호하는 것이 불가능하다고 보았다. "세계에 대한 마르크스의 태도에는 인간의 자연 정복을 찬송하는 프로메테우스적 내용이 담겨 있었다." 이러한 견해는 사회학자 앤서니 기든스(Anthony Giddens)의 지지를 받았다. 그는 (초기 저작을 제외한) 마르크스의 저작 전반에서 인간과 자연 관계에 대한 마르크스의 태도를 특징짓는 "프로메테우스적 태도"가 발견된다고 불평했다. 이에 따르면 "계급체제들 속에 표현되는 인간의 착취적 사회관계를 변혁하려는 마르크스의 관심은 자연에 대한 착취로까지 이어지지 않았다"는 것이다. 사회생태주의자 존 클라크(John Clark)는 이보다 더 나아갔다.

> 마르크스의 프로메테우스적 …… "인간"은 자연을 집처럼 여기지 않고, 지구를 생태학적 '가족'으로 보지 않는 존재이다. 그는 자기실현을 추구하는 과정에서 자연을 종속시키는 불요불굴의 정신이다. …… 이러한 존재에게, 자연의 힘들은 인간 자신의 지배받지 않은 내적 자연의 형태이든, 혹은 외적 자연의 위협적 힘들이든, 정복되어야 한다.

심지어 혁명적 사회주의자 미셸 뢰비(Michael Löwy)조차 마르크스가 "생산력의 무제한적 발전이라는 낙관적이고 '프로메테우스적' 생각"을 채택했다고 비난을 했다. 마르크스의 생각은 "무엇보다 지구의 생태학적 균형을 위협한다는 입장에서 …… 전혀 옹호할 수 없는 것"이었다.[72]

이러한 "프로메테우스주의"라는 비난이 상당수의 녹색 이론 안에서 신성불가침의 존재가 된 반(反)근대주의적(탈(脫)근대적, 혹은 전(前)근대적) 가정을 은연중에 어느 정도 수반하고 있다는 점을 이해하는 게 중요하다.

---

72 Ted Benton, 「Marxism and Natural Limits」, *New Left Review*, no. 178 (November-December 1989), 82; Reiner Grundmann, *Marxism and Ecology* (New York: Oxford University Press, 1991), 52, and 「The Ecological Challenge to Marxism」, *New Left Review*, no. 187 (May-June 1991), 120; Victor Ferkiss, *Nature, Technology and Society* (New York: New York University Press, 1993), 108; Anthony Giddens, *A Contemporary Critique of Historical Materialism* (Berkeley: University of California Press, 1981), 59-60; John Clark, 「Marx's Inorganic Body」, *Environmental Ethics*, vol. II, no. 3 (Fall 1989), 258; Michael Löwy, 「For a Critical Marxism」, *Against the Current*, vol. 12, no. 5 (November-December 1997), 33-34. 전반적으로 모범적인 학문 생활을 한 바스카조차도 마르크스의 "중기와 후기 저작들"에 "기술론적 프로메테우스주의"가 존재한다고 논하면서 이러한 견해를 범하고 말았다. Roy Bhaskar, 「Materialism」, in Tom Bottomore, ed., *A Dictionary of Marxist Thought* (Oxford: Blackwell, 1983), 325. 이 분야에서 무엇보다 가장 영향력 있는 책은 Leszek Kolakowski, *Main Currents of Marxism*, vol. I (New York: Oxford University Press, 1978), 412-14이다. 마르크스가 "프로메테우스적"이라고 주장하는 비판은 최근 다양한 저자들이 쓴 일련의 논문들에 의해 반박되고 있다. John Bellamy Foster, 「Marx and the Environment」, in Ellen Meiksins Wood and John Bellamy Foster, eds., *In Defense of History* (New York: Monthly Review Press, 1997) 149-62; Paul Burkett, *Marx and Nature: A Red and Green Perspective* (New York: St. Martin's Press, 1999); and Walt Sheasby, 「Anti-Prometheus, Post-Marx」, *Organization & Environment*, vol. 12, no. 1 (March 1999), 5-44를 볼 것.

진정한 환경주의라면 근대성 자체를 사실상 거부해야 한다는 생각이 널리 퍼져 있다. 예컨대 프로메테우스주의라는 비난은 마르크스의 저작과 마르크스주의를 근대주의의 극단적 판본으로 낙인찍는 것이고, 이를 통해 마르크스주의를 심지어 자유주의보다도 더 쉽게 매도할 수 있도록 만드는 우회적 방법이었다. 그리하여 탈근대주의적 환경주의자인 웨이드 시코르스키(Wade Sikorski)는 다음과 같이 썼다. "마르크스는 …… 우리 시대의 가장 헌신적인 기계숭배론자 중 하나였다. 자본주의는 기계를 완성하는 과정에 있기 때문에 …… 자기의 죄를 용서받았다."[73]

이렇게 마르크스를 프로메테우스적이라고 비판하는 것은—이것은 마르크스에 대한 비판으로써는 매우 오래된 역사를 가지고 있으며, 냉전 초기까지 거슬러 올라간다—, 이 주제와 관련해 마르크스 자신이 프루동에게 가한 비판 내용이 완전히 거꾸로 마르크스에게 향하는 상황이라 할 수 있다. 다시 말해 프루동의 기계 및 근대성 분석이 근거하고 있는 신화적, 종교적 토대에 대한 마르크스의 비판이 어떻게 된 일인지—마치 이러한 견해들이 프루동이 아닌 마르크스의 견해인 것 마냥—마르크스 자신에 대한 비판으로 바뀌어버렸다. 사실 이 비판은 잘 정제된 패턴을 따른다. 장 폴 사르트르(Jean-Paul Sartre)가 언급했듯이, "'반(反)마르크스주의적' 주장은 단지 전(前)마르크스주의적 관념이 겉모습만 새롭게 바꾼 채 등장한 것에 불과하다." 그러므로 마르크스를 비판하는 사람들 사이에서, 마르크스가 극복하고자 했던 다른 급진적 사상가들(프루동, 블랑키, 라살레 등)의 견해를 마르크스 자신의 견해로 바꿔치기하는 것보다

73 Wade Sikorski, *Modernity and Technology* (Tuscaloosa: University of Alabama Press, 199), 138.

더한 공통점은 없을 것이다. 이른바 "프로메테우스주의"의 사례에서 나타나는 마르크스의 프루동 비판만큼 더 명백한 경우는 없을 것이다. 물론 프루동의 글 자체를 읽어본 적이 없어서 마르크스가 행한 비판의 본질을 제대로 이해하지 못한 사람들은 어쩔 수 없는 일이다.[74]

마르크스가 경탄했던 프로메테우스는 아이스킬로스의 『사슬에 묶인 프로메테우스』에 나오는 신화 상의 혁명적 인물이었다. 여기서 프로메테우스는 올림포스의 신들에게 도전했고 인류에게 불(빛, 계몽)을 가져다주었다. 베이컨과 마찬가지로 마르크스도 프로메테우스를 과학 및 유물론의 출현과—따라서 고대의 계몽적 인물인 에피쿠로스와—연관지었다.[75] 기계론의 대변자로서 프로메테우스라는 훗날의 이미지는 마르크스의 저작들에서는—프루동의 기계론적 프로메테우스주의에 대한 비판을 제외하고는—전혀 존재하지 않았던 것이다.

벤턴, 기든스 등의 사상가들이 마르크스에게 퍼부은 "프로메테우스주의"라는 고발은 무엇보다도 『공산당 선언』을 향하고 있었다. 이 저작에서 마르크스와 엥겔스는 "인간에 의한 자연의 정복"과 "농촌 생활의 우매함(idiocy)"를 언급했다. 문구만 따로 떼어내서 액면 상으로만 보았을

74 Jean-Paul Sartre, *The Search for a Method* (New York: Vintage, 1963), 7. 마르크스가 정력적으로 공격했던 견해들을 빈번히 마르크스의 견해인 것처럼 바꿔치기하는 마르크스에 대한 비판의 특징에 대해서는 John Bellamy Foster, 「Introduction」, in Ernst Fischer, *How to Read Karl Marx* (New York: Monthly Review Press, 1996), 7-30을 볼 것.

75 아이스킬로스의 『사슬에 묶인 프로메테우스』와 과학 및 유물론을 둘러싼 고대의 논쟁 사이의 관계는 Benjamin Farrington의 *Science and Politics in the Ancient World* (New York: Barnes & Noble, 1965), 67-86에 놀랄 만큼 구체적으로 설명되어 있다.

때에는, 부적절한 비판으로, 그리고 사실상의 "프로메테우스적" 입장을 반영하고 있는 것으로 보이는 내용이다. 그렇지만 『공산당 선언』은 그것의 대중적이고 논쟁적인 내용에도 불구하고, 이미 그 안에 인간과 자연 존재 사이에 없어서는 안 될 통일을 강조하는—후기 프루동의 기계론적 프로메테우스주의와는 상반되는—생태학적 전망의 주요한 요소들뿐 아니라, 유물론적 자연관과 유물론적 역사관 사이의 관계에 대한 이해를 함축적으로 포함하고 있다.[76]

『공산당 선언』의 1부는 마르크스와 엥겔스의 유명한 부르주아 찬가가 담겨 있다. 이것은 "모든 견고한 것을 허공 속에서 녹여 버린" 부르주아의 혁명적 성과들을 찬양하고 이러한 성과들을 넘어 그것이 만들어 낸 주요 모순들—주기적 경제공황과 산업 프롤레타리아트라는 모습으로 명백하게 등장한 부르주아 자신의 상속인의 탄생—을 지적했다. 마르크스와 엥겔스가 다음의 사실을 언급한 것은 다름 아닌 부르주아 찬가라는 맥락에서였다.

> 부르주아지는 농촌을 도시의 지배 아래 복속시켰다. 부르주아지는 거대한 도시들을 만들고, 도시 인구의 수를 농촌 인구에 비해 크게 증가시켰으며, 그리하여 인구의 현저한 부분을 농촌 생활의 우매함으로부터 떼어 내었다. 부르주아지는 농촌을 도시에 의존하게 만든 것과 마찬가지로 야만적 및 반(半)야만적 나라들을 문명국들에, 농업 민족들을 부르주아

76 『공산당 선언』에 대한 뒷부분 주장 중 일부는 John Bellamy Foster, 「*The Communist Manifesto and the Environment*」, in Panitch and Leys, eds., *The Communist Manifesto Now*, 169-89에서 이미 발전시킨 것이었다.

민족들에, 동양을 서양에 의존하게 만들었다.[77]

단지 "농촌 생활의 우매함"이라는 문구를 썼다는 이유만으로, 반(反)생태학적 입장이라는 딱지가 따라 붙었다. 그렇기 때문에, 마르크스와 엥겔스의 분석에 있는 이 진술이 어떤 위치를 점하고 있는지 보다 주의 깊게 살펴보는 것이 중요하다. 첫째, 마르크스는 고전 교육을 받았으며, 따라서 고대 아테네에서 "우매한 사람(idiot)"의 의미가 "Idiotes", 즉 공회에 참여하는 사람들과는 달리 공적 생활과 단절한 채 공적 생활(폴리스에서의 생활)을 협소하고 지방적인 관점에서 보는 "우매한"(idiotic) 시민임을 알고 있었다. 둘째, 보다 중요한 점은 여기서 마르크스와 엥겔스는 『독일 이데올로기』에서 도시와 농촌 사이의 적대적 노동분업에 대해 논의하면서 이미 말했던 것 이상을 이야기하지 않았다는 점이다. 그 책에서 그들은 도시와 농촌 사이의 분리가 "물질적 노동과 정신적 노동의 가장 커다란 분리"이며, "어떤 사람을 편협한 도시 동물로 만들고, 다른 사람을 편협한 농촌 동물로 만들"며 농촌 인구를 "모든 세계와의 교류로부터, 따라서 모든 문화로부터" 단절시키는 종속 형태라고 진술했다.[78]

마르크스의 지적 생애 전체에 걸쳐, 그는 프롤레타리아트가 공기, 청결함, 삶의 물리적 수단 자체를 박탈당한 반면, 자본주의 안에서 농촌의 농민은 세계적 문화와의 관계, 사회적 교류의 더 큰 세계를 모두 박탈당했다고 단언했다. 피착취 인구의 한 부분은 (도시 생활의 일부로서) 사회적 교류의 세계에 접근했지만, 신체적 건강과 양질의 삶을 결여하고 있었다.

77 Marx and Engels, *The Communist Manifesto*, 7-9.

78 Marx and Engels, *Collected Works*, vol. 5, 32-34, 64-65, 401.

다른 부분은 (깨끗한 공기 등등에 접근할 수 있어서) 신체적 건강과 양질의 삶을 상당히 누리고 있었지만, 세계적 문화와의 연결을 결여했다. 마르크스는 사실상 사회가 농촌 생활과 도시 생활 사이의 극단적 분리 때문에, 점차 "광대 같은 시골뜨기"와 "거세된 난쟁이"로 분열되어 노동인구의 한 부분으로부터는 지적 영양분을, 다른 부분으로부터는 물질적 영양분을 빼앗았다는 데이비드 어쿼트(David Urquhart)의 관찰을 진지하게 받아들였다.[79] 이 모든 내용을 마르크스는 프롤레타리아트가 왜 농민보다 더 혁명적인 세력인지를 설명하는데 이용했다. 도시에 살도록 강요된 도시 대중들은, 비록 자연 조건들과의 본질적 연결을 상실했지만, 그들을 보다 혁명적인 사회 실체로 만드는 연합의 형태들을 획득했다. 그러므로 자본주의에 맞선 어떠한 혁명에서도, 혁명의 최초 임무들 중 하나는 도시와 농촌 사이의 적대적 분리를 폐지하는 것이라고 마르크스와 엥겔스는 단언했다. 이것의 요점은 자연을 멸시하는 것이 아니라 부르주아 문명에서 소외된 자연이 스스로를 드러내는 주된 표현들 중 하나가 도시와 농촌의 적대라는 점이었다.

마르크스와 엥겔스는 농촌이 도시에 종속되는 이유가 부분적으로 부르주아 시대 동안 도시 안에서 생겨난 거대한 "인구 덩어리" 때문이라고 보았다. 이 주제는 "농촌 생활의 우매함"에서 프롤레타리아트를 구해낸 것에 대해 논하는 진술의 다음 문단에서 곧장 논의되었다. 그러므로 프롤레타리아트와 공산주의자의 일정한 역사적 요구들을 다룬 『공산당 선언』의 2부에서, 그들은—농업과 제조업의 결합을 통해서만 달성이

79 Marx, *Capital*, vol. 1, 637-38.

가능한—"나라 전체에 인구를 보다 균등하게 분산시키는 방식으로 도시와 농촌 사이의 구별을 점차적으로 폐지하는 것"을 수행해야 할 필요가 있다고 주장했다. 따라서 마르크스와 엥겔스는 갈라져 있던 것—훗날 마르크스가 자연과 인간의 물질대사라고 부른 것—을 더 높은 수준에서 재결합시키고자 했다. 더 나아가, 이러한 조치들은 "토지 소유의 폐지, 모든 토지 지대의 공적 목적에 전용", "모든 황무지의 경작과 일반적으로 공동계획에 부합하는 토양의 개량"과 결합되어야 했다.[80] 그들의 조치들은 모두 토지와 인간의 관계에 대한 맬서스적 접근에 대응한 것이라고 볼 수 있다. 도시 노동자들의 숫자를 증가시키기 위해 토지로부터 농민들을 "쓸어내자"고 제안했던 맬서스와는 반대로, 마르크스와 엥겔스는 (일정 정도 푸리에와 오언이 앞서 제안했던 것들에서 영감을 받아) 인구를 분산하고, 부르주아 질서의 구성요소로 보았던 도시와 농촌의 적대를 극복하자고 제안했다.[81] 마르크스와 엥겔스는 맬서스처럼 경작의 개선이 매우 제한되어 있다고(진보하지 않는다고 본 것은 아니지만, 그 속도에 극단적 제한을 두었다) 주장하지 않았다. 그 대신 그들은 경작의 개선이 특히 "공동계획" 안에서 연합한 노동에 의해 진행된다면, 가능한 일이라고 주장했다. 예컨대 맬서스주의에 대한 주요한 대답은 자연으로부터 인류의 소외를 폐지하는 것이었다.

그렇다 하더라도, 이는 자연이 인류의 손이 미치지 않는 상태로 존재해야 한다고 주장하는 입장이 분명히 아니었다. 마르크스와 엥겔스는

80 Marx and Engels, *The Communist Manifesto*, 9–10, 40.

81 Friedrich Engels, *The Housing Question* (Moscow: Progress Publishers, 1975), 92, 와 *Anti-Dühring*, 319.

이미 자연이 원시 상태 그대로 손대지 않은 채 남아 있어야 한다는 환상에 의거하고 있는, 자연에 대한 순수한 "감상적" 관념을 거부했다. 당대의 대다수의 사람들처럼, 그들은 식량공급이 여전히 문제가 되고 있던 시절에 살았기 때문에, 땅을 "황무지"로 놀리는 것을 비난했다. 그들의 입장은—글을 쓰면 쓸수록 더욱 명료해졌는데—오히려 인류와 지구 사이의 물질대사적 관계를 고려하는 방식으로 생산을 조직하여, 인류와 자연 사이의 지속가능한 관계를 고무하자는 것이었다.

이미 살펴보았듯이, 『공산당 선언』은 이른바 프루동의 기계론적 "프로메테우스주의"를 노골적으로 **지지**한다고 하여 종종 비판을 받았다. 일찍이 마르크스가 이 점을 들어 프루동을 비판했음에도 불구하고, 프루동의 기계론적 "프로메테우스주의"가 마르크스와 엥겔스 자신의 것처럼 간주되었다. 이러한 비판은 종종 마르크스와 엥겔스의 일면적 부르주아 찬가에 담긴 다음의 진술들을 향하고 있다.

> 부르주아지는 백 년도 채 못 되는 이들의 계급 지배 속에서 과거의 모든 세대들을 합친 것보다 더 많고 더 거대한 생산력들을 창조했다. 인간에 의한 자연력들의 정복, 기계, 공업 및 농업에의 화학의 응용, 기선 항해, 철도, 전선, 경작을 위한 전 대륙들의 개간, 하천의 운하화, 땅 밑에서 솟아난 듯한 거대한 인구. 이와 같은 생산력들이 사회적 노동의 태내에서 잠자고 있었다는 것을 과거의 어느 세기가 예감했을까?[82]

82 Marx and Engels, *The Communist Manifesto*, 10.

여기서는 주로 "인간에 의한 자연력들의 정복", "경작을 위한 전 대륙들의 개간"을 언급한 것에 근거하여, 『공산당 선언』을 쓰고 있던 당시 마르크스와 엥겔스는 부르주아 생산의 생태학적 모순들에 대해 충분히 비판적이지 않았다고 규정되었다.[83] 과학과 문명의 발전과 결부된 인간에 의한 자연력들의 정복을 전반적으로 좋은 것으로 보았다는 점에서, 그들의 전망은 확실히 베이컨적인 것이었다. 그러나 그들이 『공산당 선언』 1부의 부르주아 찬가에서 다루지는 않았지만, 이 전망은 지속가능성이란 문제를 모두 열어놓고 있다.

이때 반드시 지적해야 할 내용은, "인간에 의한 자연력들의 정복"은 서로 다른 해석의 여지를 남겨두고 있으며, "우리는 자연에 복종할 때에만 비로소 자연에 명령할 수 있다"는 베이컨의 가장 유명한 권고와 완전히 양립가능하다는 점이다.[84] "경작을 위한 전 대륙들의 개간"과 관련하여, 마르크스는 이것이 축복해야할 일이라고 믿었다. 이는 부르주아적 생산이 이러저러한 수단을 통해 맬서스의 유령인 기근을 밀어냈기 때문이다. 그렇지만—비록 야생지역의 보호가 마르크스와 엥겔스의 우선적 관심사가 아니었다는 사실을 지적한다 하더라도—이것들 중 어느 하나도 기계와 산업화가 농업을 희생하더라도 거리낌 없이 찬양받아야 한다는 기계론적 프로메테우스주의를 암시하는 것은 아니었다.

『공산당 선언』을 읽는 사람이면 누구나, 이 저작의 앞부분을 특징짓

83 예를 들어 Michael Löwy, 「Globalization and Internationalism: How Up-to-Date is the 'Communist Manifesto'?」, *Monthly Review*, vol. 50, no. 6 (November 1998), 20.

84 Francis Bacon, *Novum Organum* (Chicago: Open Court, 1994), 43.

는 부르주아 문명에 대한 찬가는 자본주의가 발생시켰고, 결국 그것의 몰락으로 이끌 사회적 모순들을 고찰하기 위한 단순한 도입부라는 것을 의식해야 한다. 어느 누구도 마르크스가 『공산당 선언』 1부에서 자본가를 영웅적 인물로 제시하거나 노동분업, 경쟁, 세계화 등등의 진전을 찬양하면서, 비판적 전망을 완전히 상실했다고 말할 수는 없다. 여기서는 이러한 발전들을 일면적으로 다루지만, 이후의 주장 속에서는 이들의 의미가 변증법적 방식을 통해 분명해진다. 마르크스와 엥겔스는 자본주의에서 부를 발생시키는 특징들이 인구의 거대 부분에서 상대적 빈곤이 증가하는 것과 함께 간다는 것을 인식했고, 마찬가지로 "인간에 의한 자연력들의 정복"이 자연의 소외와 함께 간다는 점도 이해했다. 자연의 소외는 그들이 자본주의의 중심에 놓여있다고 보았던 도시와 농촌의 분리에서 분명히 드러났다. 따라서 『공산당 선언』은 이 문제를 더 발전시켜서, 매우 짧고 별로 알려지지 않은 2부의 10가지 요구사항에 포함시켰다. 중요한 것은 마르크스와 엥겔스가 후기 저작들에서 이러한 생태학적 모순들에 대한 고찰을 그들의 근대 문명(과 특히 자본주의 사회) 비판의 중심 내용으로 만들었다는 점이다.

마르크스와 엥겔스는 거대한 생산 및 교환 수단들을 갖게 된 자본주의가 "자신이 주문으로 불러낸 지하세계의 힘을 더 이상 통제하지 못하게 된 마술사"와 같다는 관찰로 『공산당 선언』 1부의 전반부에 있는 부르주아 찬가를 마무리한다. 이 비유는 궁극적으로 프롤레타리아트를 염두에 둔 것이긴 하지만, 자본주의 문명의 일면적 본성이 만들어낸 모든 모순들 역시 염두에 둔 것이기도 하다.[85]

『공산당 선언』 1부의 후반부에서, 마르크스와 엥겔스는 자신들의 주장을 자본주의에서 사회주의로의 혁명적 이행 속에서 역할을 할 것으로 생각한 모순들에 한정한다. 여기서 도시와 농촌의 분리와 같은 생태학적 요인들은 아무런 역할도 하지 않는 것처럼 보인다. 그리고 마르크스와 엥겔스가 생태학적 요인들이라고 합당하게 부를 수 있는 내용을 강조한 곳은, 바로 『공산당 선언』 2부의 말미에 있는, 연합한 생산자들의 사회를 건설하려면 어떻게 시작해야 하는가에 관한 제안들에서였다.[85]

이렇게 쟁점들을 나누어 놓은 이유는 분명해 보인다. 마르크스와 엥겔스는 대체로 그들이 절박하게 본 자본주의에 맞선 혁명 운동 속에서 (환경파괴가 프롤레타리아트의 직접적 생활에서 미친 역할 — 다시 말해 공기, 청결함, 건강을 위한 전제조건의 결여 등 — 과는 별개로) 환경 파괴를 중요 요인으로 다루지 않았다. 그들은 생태학적 모순들을 강조했지만, 이것들이 사회주의로 이행하는 데 있어서 중심적 역할을 할 정도로 전개될 것이라고 생각하지는 않았던 듯하다. 오히려 자연과의 지속가능한 관계의 창출과 관련된 고찰은 훗날 공산주의 건설을 위한 변증법의 일부 — 매우 두드러진 특징 — 일 것으로 보았다.

마르크스와 엥겔스에게는 생태문제를 부르주아 사회의 지평과 프롤레타리아 운동의 당면 목표 모두를 뛰어넘는 문제로 보는 경향이 있었다. 사실 이것은 정확히 말하자면, 그들이 자연으로부터 인간의 소외를 극복하는 데 있어서 도시와 농촌 사이의 모순 해소가 핵심이라고 매우 크게 강조했기 때문에 가능했다. 그들은 공상적 사회주의자들이 빠진 함정, 즉 현실 운동을 완전히 뛰어넘는 미래 사회의 청사진을 제안하는 것을 조심스럽게 피했다. 그럼에도 불구하고 그들은 — 푸리에나 다른 공

85 Marx and Engels, *The Communist Manifesto*, II.

상적 사회주의자들처럼—운동이 자연의 소외를 다뤄야 하며 지속가능한 사회를 만들기 위한 시도를 해야 한다고 강조했다. 이러한 의미에서 그들의 분석은 자신들의 유물론적 역사관에 의존했을 뿐 아니라, 그 기저에 있는 자신들의 유물론적 자연관에도 의존했다. 이것은 마침내 마르크스의 성숙한 생태학적 전망—자연과 사회 사이의 물질대사적 상호작용이라는 이론—을 위한 무대를 준비했다.

제5장
자연과 사회의 물질대사

『공산당 선언』의 잉크가 마르기도 전인 1848년, 파리에서 혁명의 물결이 용솟음쳤다. 그리고 이 물결은 재빨리 유럽 대륙으로 퍼져나갔다. 『공산당 선언』 자체가 이러한 부르주아 혁명의 새로운 국면에서 직접적인 역할을 한 것은 아니지만, 시기가 이보다 더 좋을 수 없었다. 그리고 발생한 사건은 『공산당 선언』에 담긴 혁명적 분석의 중요성을 뒷받침하는 것으로 보였다. 마르크스와 엥겔스는 프랑스와 독일에서 발생했던 혁명에 참여했다. 마르크스는 쾰른으로 돌아와 혁명적 신문인 『신라인 신문』을 발행했다. 그러나 혁명은 금세 패배했다. 그 결과 더 이상 프로이센과 프랑스, 벨기에에서 환영을 받지 못하는 신세가 된 마르크스는 가족과 함께 영국으로 도피하여 런던에 거주지를 정했다. 런던은 바로 마르크스가 남은 생애를 살았던 곳이고, 위대한 저작인 『자본론: 정치경제학 비판』(*Capital: A Critique of Political Economy*)을 집필한 곳이었다.

마르크스의 유물론적 자연관이 유물론적 역사관과 완전한 통합을 이룬 것도 바로 『자본론』 속에서였다.[1] 『자본론』에서 제시한 발전된 정치경제학에서, 마르크스는 노동과정을 "인간과 자연 사이의 과정, 인간이 자신의 활동을 통해 자기 자신과 자연 사이의 이러한 물질대사를 매개하고 규제하며 통제하는 과정"으로 규정하기 위해 "물질대사"(metabolism, Stoffwechsel) 개념을 사용했다. 그런데 자본주의 생산관계 및 도시와 농촌의 적대적 분업의 결과로, 물질대사에 "회복할 수 없는 균열"(irreparable rift)이 발생했다. 그러므로 연합한 생산자들의 사회 안에서 "자연과 인간 사이의 물질대사를 합리적 방식으로 규제"할 필요성이 제기되며, 이것은 부르주아 사회의 능력을 완전히 뛰어넘는 것이다.[2]

이러한 개념 틀은 매우 중요하다. 이는 마르크스는 부르주아 정치경제학의 세 가지 중요한 강조점에 대한 비판을 하나로 연결시킬 수 있도록 만들었다. 부르주아 정치경제학의 세 가지 중요한 강조점은 다음과 같다. 첫째로 직접 생산자로부터 잉여 생산물의 추출에 관한 분석, 둘째로 이와 관련된 자본주의 지대론, 셋째로 앞의 둘을 서로 연결시켜 주는 맬서스의 인구론이다. 무엇보다 도시와 농촌 사이, 그리고 인간과

1 이후의 분석은 『자본론』에서 언급하는 마르크스의 경제적 가치 분석과 자연관 사이의 관계를 지나치듯 다루는 경우를 제외하고는 논하지 않는다. 이것은 이미 폴 버킷의 걸작에서 연구했기 때문이다. Paul Burkett, *Marx and Nature: A Red and Green Perspective* (New York: St. Marrin's Press, 1999). 이 책의 관심사는 『자본론』에서 보다 직접적으로 발견되는 생태학적 분석이다. 이것은 물질대사의 균열 및 지속가능성 개념—그리고 이것과 유물론적 역사관 및 유물론적 자연관 사이의 관계 —과 관련이 있다. 여기에서 나온 논의가 마르크스의 정치경제학 비판과 어떻게 관련되는지 이해하고자 하는 독자가 있다면, 버킷의 책을 볼 것을 권한다.

2 Karl Marx, *Capital*, vol. 1 (New York: Vintage, 1976), 283; Karl Marx, *Capital*, vol. 3 (New York: Vintage, 1981), 949-50, 959.

지구 사이의 관계에서 발생하는 물질대사 균열이라는 마르크스의 개념은 마르크스가 역사가들이 때때로 당대 자본주의에서 발생한 "제2차 농업혁명"이라고 불렀던 사건의 근원과 이와 관련된 농업 위기에 집중하도록 만들었다. 이로써 그는 상당수의 현대 생태사상보다 앞서 환경 퇴보에 대한 비판을 발전시킬 수 있었다. 자본주의 농업에 대한 마르크스의 비판은 분석적으로 다음의 두 단계를 거쳤다. (1) 맬서스와 리카도에 대한 비판(이 비판에서는 제임스 앤더슨의 분석이 중요한 역할을 했다), (2) 제2차 농업혁명과 유스투스 폰 리비히의 토양화학에 담긴 함의에 대한 고찰(이것은 마르크스가 지구와의 지속할 수 있는 관계의 밑바탕에 있는 조건을 분석하게 했다).

인구과잉과 인간의 재생산 조건

마르크스 분석의 핵심에는 늘 맬서스주의의 인구관에 대한 비판이 놓여 있었다. 맬서스가 제시한 주장에 대해 마르크스는 "성직자의 광신"이라고 불렀다. 마르크스가 『정치경제학 비판 요강』(*Grundrisse*, 1857–1858)—자신이 확립한 정치경제학 비판의 전체 개요를 정리하고자 준비한 광대한 초고—에서 주장했듯이, 쟁점이 되었던 것은 "인간의 재생산 조건"에 관한 극히 복잡한 역사적이고 이론적 문제였다. 모든 인간 역사는 인간의 재생산 조건 속에서 정제되지만, 이러한 일은 상이한 사회구성체들과 다른 역사적 시기들 속의 다양한 조건들 아래에서 발생한다.[3]

마르크스는 맬서스의 이론이 두 가지 이유에서 중요하다고 주장했다. 첫째로 맬서스의 이론은 "잔인한 자본의 관점을 아주 모질게 표현"

했기 때문이다. 둘째로 맬서스의 이론은 "과잉인구가 모든 사회형태에서 존재한다는 사실을 **단언**"했기 때문이다. 마르크스는 앞선 사회들에서 과잉인구가 존재했다는 점을 부정하지 않았다. 오히려 그는 이 점을 강조했다. 그러나 그는 맬서스가 상이한 역사발전 단계의 다른 사회구성체들에서 과잉인구가 취했던 "고유한 차이들"을 이해하길 거부했다는 점, 그리고 맬서스가 불변의 자연 법칙으로 모든 상이한 경우들을 단 한 가지의 관계로 환원했다는 점에서 맬서스를 반대했다. "이러한 방법으로 맬서스는 역사적으로 독특한 관계들을 추상적인 단 하나의 관계로 변형시켰다. 이 추상적 관계는 그가 말 그대로 아무 근거 없이 들고 나온 것이고 자연법칙에도, 사회법칙에도 따르는 것이 아니다."

특히, 맬서스는 모든 재생산 문제들을 두 개의 등식으로 환원시켰다. 하나는 인간의 생계를 위해 이용되는 식물과 동물에 관한 등식으로, 맬서스는 이것을 산술급수적 증가율로 제한했다. 다른 하나는 인간에 관한 등식으로, 맬서스의 주장에 따르면 이것은 (억제되지 않는다면) 기하급수적 속도로 증가하는 경향이 있었다. 마르크스에 따르면, 맬서스는 이러한 환원을 통해 논리적·역사적 오류를 저질렀다. 인구가 외부에서 억제되지 않으면 (높은 유아사망률, 질병, 기아 등과 같은 자연적 요인들로 인해) 기하급수적으로 증가한다는 주장은 인간 재생산의 역사적·사회적 성격을 전혀 인정치 않는 것이다. 동시에 맬서스는 마치 식물과 동물에게는 개체수 증가가 산술급수적 비율로 제한되는 내재적 경향이 존재하는 것처럼 기술했다. (사실 맬서스는 처음에는 자신의 산술급수적 비율에 대해 전혀 설

3 Karl Marx, *Grundrisse* (New York: Vintage, 1973), 604-8.

명하지 못했다.) 이와 반대로 마르크스는 식물과 동물의 개체수 증가에 대한 명확한 내재적 한계란 존재하지 않으며, 오직 외부적으로만 억제할 수 있다고 주장했다. 만약 동·식물이 외부의 장애물에 직면하지 않는다면, 이러한 일이 일어날 것이다. "양치류는 지구를 온통 뒤덮을 것이다. 양치류의 번식은 서식 공간이 더 이상 없게 될 경우에만 멈추게 될 것이다." 그러므로 마르크스에 따르면, 맬서스는 그릇되게도 "역사적으로 변하는 인간 재생산 과정의 내재적 한계들을 **외부의 장애물**로, **외부의 장애물**[즉 식량 증가의 외부적 억제요인]을 재생산의 **내재적 한계** 혹은 **자연 법칙**"으로 변형시켰다.

과잉인구 문제를 다루는 데 있어서 중요한 점은 과잉인구가 발생하게 되는 경우의 고유한 역사적 방식이었다. "상이한 사회적 생산양식들에는 상이한 인구증가 법칙과 과잉인구 법칙들이 존재한다. …… 아테네인들에게 과잉인구를 뜻했던 숫자는 우리에게는 얼마나 보잘 것 없는 숫자인가!"라고 마르크스는 서술했다. 그는 맬서스의 이론에는 다음과 같은 문제가 있다고 주장했다.

> 맬서스의 이러한 인구운동의 고유한 역사적 법칙들이 사실상 인간 본성의 역사인데도 불구하고, **자연** 법칙들로 추상했다. 그러나 인간의 자연 법칙은 단지 고유한 역사적 발전에 관한 것일 뿐이다. …… 역사 속에서 형성된 인간에서 추상된 맬서스적 인간은 오직 맬서스의 머릿속에서나 존재한다. 이러한 자연적 맬서스식 인간에 상응하는 기하급수적 재생산 방식 역시 마찬가지이다.[4]

마르크스는 리카도의 맬서스 비판에 공감했다. 리카도는 과잉인구,

즉 빈민의 존재를 결정하는 데 있어서 중요한 것은 곡물의 양이 아니라 고용 규모라고 지적했다. 그러나 마르크스에 따르면, 이것의 핵심은 "보다 일반적으로 파악될 필요가 있으며, 그 자체로 **사회적 매개**와 관련되어 있다. 사회적 매개를 통해 개인은 자신의 재생산 수단에 대해 접근할 수 있게 될 뿐 아니라 재생산 수단을 창조한다. 따라서 재생산 수단은 **생산조건**, 그리고 생산조건에 대한 개인의 관계와 관련되어 있다." 그러므로 자본주의 안에서의 과잉인구는 단순하게 고용과 생활수단을 찾아 헤매는 노동자의 상대적 잉여인구의 존재에 의해 결정되지 않는다. 과잉인구를 보다 근본적으로 결정하는 것은 생산관계이다. 생산관계는 이 체계를 위해 필요한 상대적 잉여인구를 지속적으로 발생시킨다.

그렇지만 마르크스는 맬서스의 인구 이론에 대한 좀 더 충분한 비판을 위해서는, 그의 인구 이론과 궁극적으로 연결되어 있는 고전적 차액지대론에 대한 비평이 요구된다는 점을 깨달았다. 맬서스는『인구론』 제6판까지 산술급수적 비율에 대해 어떤 제대로 된 설명도 제공하지 않았고, 따라서 마르크스가 늘 지적했던 것처럼 지대론은 "맬서스에게 전혀 어울리지 않는 것"이었다. 그러나 맬서스가 자신이 죽기 직전 출판한 『인구원리에 대한 개요』에서 산술급수적 비율을 옹호하기 위해 고전 지대론으로 눈을 돌렸다는 점, 그리고 지대론이 고전적 맬서스주의가 궁극적으로 의존한 근거였다는 점 또한 사실이다.

4 같은 책.

제임스 앤더슨과 차별적인 생산력의 기원

흔히들 마르크스는 지대론 및 농업 발전 분석 영역에서 그저 리카도를 추종했을 뿐이라고 이야기한다. 그러나 사실 마르크스는 토지 경작의 역사적 발전을 이해하지 못했다는 이유에서 리카도의 이론에 대해 날카로운 비판을 가했다. 그가 보았을 때, 리카도주의 지대론(경우에 따라 맬서스주의/리카도주의 지대론으로 알려져 있다)은 역사 발전 이론과 결합하는 데 실패한 (그리고 그 이후 농업의 역사적 발전이 이 이론을 시대착오적으로 만들었다는 사실의) 결과물이었다. 이러한 측면에서 마르크스는 고전적 차액지대론의 창시자이자 스코틀랜드의 정치경제학자이며 신사층(gentleman) 농업가(farmer)인 제임스 앤더슨(James Anderson, 1739—1808)의 저작이 맬서스와 리카도의 저작보다 훨씬 우수하다고 주장했다.[5]

앤더슨은 이른 시기인 1777년에 출간한 『곡물법의 본성에 관한 탐구』(*An Enquiry into the Nature of the Corn Laws*)에서 고전 지대론의 핵심 이론적 명제를 모두 발전시켰으며, 이후 저작들에서 이를 계속해서 확장시켜나갔다. 그는 보다 나은 비옥한 토지를 사용한 것에 대한 요금이 지대라고 주장했다. 최열등지를 경작하면, 생산비에 해당하는 소득만을 발생시킬 뿐이다. 반면에 보다 나은 우등지에서는 "그 땅을 경작할 배타적 권리에 대한 일정한 추가액(premium)"을 받을 수 있다. "이것은 토양 비옥도의 정도에 따라 클 수도 있고 작을 수도 있을 것이다. 우리가 현재 지대라고 부르는 것을 구성하는 항목이 바로 추가액이다. 토지마다 비옥도는 매우 상이하지

5 앤더슨의 고전 지대론의 기원에 대해서는 Joseph A. Schumpeter, *A History of Economic Analysis* (New York: Oxford University Press, 1951), 263-66 볼 것.

만, 지대라는 매개체를 통해 그것을 경작하는 데 드는 비용은 완전히 평등하게 된다.[6]

수십 년 후에 쓴 글에서 맬서스와 리카도는 이러한 비옥도 차이의 원천을 인간과 무관한 자연적 생산성이란 조건에서 바라봐야 한다고 주장했다. 리카도가 서술한 내용에 따르면, 지대는 "토지의 파괴할 수 없는 본래 힘을 사용하기 위해 지주에게 지불한, 지구의 생산물 중 일정 몫"으로 규정될 수 있다.[7] 더 나아가 맬서스와 리카도는—가정에 불과한 자연법칙을 근거로 삼아— 다음과 같이 주장한다. 자연적으로 가장 비옥한 토지가 가장 먼저 생산에 이용되고, 이 토지의 지대 상승과 농업 생산성의 감소는 전반적으로 인구 증가 압박에 대응하는 과정 속에서 그 다음 비옥도를 가진 토지가 점점 더 경작지로 편입되는 결과를 가져온다.

이와 반대로 앤더슨의 초기 모델은 차액지대의 존재를 "절대적 비옥도"라는 조건 때문이 아니라 주로 토양 비옥도의 역사적 변화로 돌렸다. 거름주기, 배수, 관개 등을 통해 토양의 지속적 개량이 가능하고, 최열등지의 생산성이 최우등지의 생산성에 가까울 만큼 상승할 수 있다는 것이었다. 하지만 반대의 경우도 일어날 수 있어서 인간이 토양을 퇴화시킬 수도 있다고 보았다. 앤더슨에 따르면, 차액지대는—맬서스와 리카도

6 James Anderson, *An Enquiry into the Nature of the Corn Laws; with a View to the New Corn Bill Proposed for Scotland* (Edinburgh: Mrs. Mundell, 1777), 45-50과 *Observations on the Means of Exciting a Spirit of National Industry* (Edinburgh: T. Cadell, 1777), 376.

7 David Ricardo, *Principles of Political Economy and Taxation* (Cambridge: Cambridge University Press, 1951), 67.

의 후기 주장처럼 절대적 비옥도라는 조건이 아니라—바로 이러한 토양의 상대적 생산성 변화를 통해 설명될 수 있다.

앤더슨은 토양 비옥도 개량에 전반적으로 실패한 경우가 발생했다면, 그것은 대체로 합리적이고 지속가능한 농업 방식을 채택하지 못한 결과라고 주장했다. 영국에서 토지소유자가 토지를 소유하고 자본주의적 차지 농업가가 토지를 경작한다는 사실이 합리적 농업을 추진하는 데 있어서 주된 장애물이라는 점이 그의 주장이었다. 왜냐하면 차지 농업가는 임대기간 동안 토지 개량 결과를 완전히 회수할 수 없으므로, 토지 개량을 일체 회피하는 경향이 있기 때문이다.[8]

앤더슨은 『영국에서 현재의 곡물 부족을 낳은 상황에 대한 냉철한 탐구』(*A Calm Investigation of the Circumstances that have Led th the Present Scarcity of Grain in Britain,* 1801)에서 도시와 농촌 사이의 분업 심화가 자연 비료 공급원의 상실을 초래했다고 주장했다. 그는 다음과 같이 기술했다. "농사에 대해 조금이라도 들어본 사람이라면 누구나 동물에서 나온 거름을 땅에 뿌리면 토양의 비옥도가 높아진다는 점을 안다. 물론 이런 사람이라면 거름을 땅에서 앗아 가는 모든 상황이 비난받아야 마땅한, 경제적이지 못 한 낭비로 간주되어야 한다는 점을 알 정도로 현명할 것이

8 James Anderson, *Essays Relating to Agriculture and Rural Affairs* (London: John Bell, J 796), vol. 3, 97-135. 농업 개량에 대한 투자를 둘러싼 차지 농업가와 토지소유자 사이의 충돌은 영국의 자본주의적 농업에 대한 마르크스의 비판에서 중요 지점이 되었다. 이것은 엥겔스가 1844년에 쓴 「정치경제학 비판 개요」에서 이미 나타난다. Friedrich Engels, 「Outlines of a Critique of Political Economy」, in Karl Marx, *Economic and Philosophical Manuscripts of 1844* (New York: International Publishers, 1964), 209-10.

다.” 앤더슨의 주장에 따르면, 동물과 인간의 배설물을 적절하게 활용하는 것을 통해 “거름을 외부에서 더 추가하지 않아도 토양을 **지속적으로**” 유지하는 것이 가능했다. 그러나 이러한 비옥도의 자연적 공급원을 막대하게 낭비하여, 배설물을 “매일 템즈강으로 흘러 보내고 있고, 배설물이 강으로 흘러가는 과정에서 도시의 저지대에 사는 사람들은 역겨운 악취를 감내해야 하는” 런던은 지속가능한 농업 경제로부터 사회가 얼마나 멀어졌는지를 나타나는 하나의 징표였다.[9] 이러한 비판적 분석과 역사적 전망으로 무장한 앤더슨은 곡물 부족의 원인을 인구 증가와 인구 증가가 토지의 제한된 공급에 대해 가하는 압력에서 찾는 맬서스주의의 관점을 직접적으로 반대했다.[10]

마르크스는 1851년에 앤더슨의 저작을 연구했다. 그는 앤더슨의 저작들 중 두 권에서 발췌한 짧은 글을 자신의 노트에 기록했다.[11] 1850년대와 1860년대에 마르크스는 3부로 구성된 고전 정치경제학의 발전에 관한 방대한 주석인 『잉여가치론』(*Theories of Surplus Value*)을 썼다. 여기서 마르크스는 앤더슨이 토양 비옥도 문제를 역사화한 사실에 그의 핵심적인 기여가 있다고 주장했다. “앤더슨은 **비옥도**의 차이가 단지 자연의 산

9 James Anderson, *A Calm Investigation of the Circumstances that Have Led to the Present Scarcity of Grain in Great Britain: Suggesting the Means of Alleviating that Evil, and Preventing the Recurrence of such a Calamity in the Future* (London: John Cumming, 1801), 73-75.

10 같은 책, 12, 56-64; Edwin Cannan, *A History of Theories of Production and Distribution in English Political Economy from 1776 to 1848* (New York: Augustus M. Kelley, 1967), 114-15.

11 Karl Marx and Friedrich Engels, *Historisch-Kritische Gesamtausgabe (MEGA)*, part 4, vol. 9 (Berlin: Dietz Verlag, 1991).

물이라고 …… 전혀 가정하지 않았다." 그게 아니라 "지주의 차액지대는 부분적으로 농업가가 인위적 노력을 통해 토지에 불어넣은 비옥도의 결과물이다."[12] 마르크스는 애초부터 농업 개량의 가능성을 이해하고 이것이 차액지대론과 어떻게 양립하는지 이해하는 데 있어서 앤더슨의 모델이 가지는 중요성을 강조했다. 한편으로는 앤더슨의 **역사적** 견지로부터 (앤더슨이 후기저작에서 설명했던 것과 같은) 다음과 같은 내용도 역시 도출된다. 토양 비옥도의 전반적 쇠퇴가 발생하는 이유는 리카도의 이론에서처럼 한계토지의 경작으로 인해 토양의 전체 생산성이 감소했기 때문이 아니었다. 오히려 토지소유자와 자본주의 차지 농업가 사이의 계급 갈등 때문에 토양 개량을 위한 투자가 이루어지지 않는다거나, (도시와 농촌 사이의 분업 심화 때문에) 거름을 재활용할 수 없게 되어 토양이 사실상 황폐해졌다든가 하는 요인들 때문이었다.[13]

그러므로 정치경제학과 농학을 결합시킨 앤더슨은 18세기 말에 대단히 선견지명이 있는 사유체계를 발전시켰다. 이것은 (도시와 농촌 사이의 관계, 토지소유자와 자본주의 차지농업 사이의 관계와 같은 문제들뿐 아니라) 약 40년 후에야 토양화학에서 일어난 과학혁명의 결과로 부상하게 되는 토양 비옥도와 토양화학 사이의 상호관계에 대한 관심을 미리 내다보는 것이었다. 앤더슨은 마르크스가 자본주의의 지대 문제를 역사화하고 토양의 조건을 보다 완벽하게 이해하는 데 도움을 주었다. 그러나 마르크스가

12 Karl Marx, *Theories of Surplus Value*, part 2 (Moscow: Progress Publishers, 1968), 147–48.

13 Anderson, *Essays Relating to Agriculture*, vol. 3, 97–135; Marx, *Capital*, vol. 3, 757; Marx, *Theories of Surplus Value*, part 2, 244.

농업 개량 문제에 대한 이러한 역사적 접근을 자본주의 농업에 대한 생태학적 비판으로 전환할 수 있게 만들어 준 것은 바로 마르크스가 살았던 시대에 발생한 유럽 및 북아메리카 농업의 토양 황폐화와 토양과학의 거대한 진전이었다.[14]

앤더슨은 역사에 기초한 지대 및 농업 발전 (그리고 토양 퇴화) 분석을 발전시켰을 뿐 아니라 말년에는 맬서스의 1798년 판 『인구론』에 대한 주요 비판가 중 한 사람으로 등장했다. 앤더슨의 『영국에서 현재의 곡물 부족을 낳은 상황에 대한 냉철한 탐구』는 전반적으로 맬서스의 『인구론』에 대한 대응으로―그리고 아마도 맬서스의 팜플렛, 『현재 식량 가격이 높은 원인에 대한 탐구』(*An Investigation of the Cause of the Present high Price of Provisions,* 1800)에 대한 대응으로―쓰인 책이었다. 앤더슨은 맬서스에게 『영국에서 현재의 곡물 부족을 낳은 상황에 대한 냉철한 탐구』를 한 권 보냈다. 틀림없이 맬서스는 이를 통해 앤더슨의 저작을 처음 소개받았을 것이다. 그리고 맬서스는 『인구론』 후속 판에서 몇 번이고 반복해 앤더슨의 질문에 답하기 위해 애를 썼다. (마르크스는 다음과 같은 주장을 개진했다. 즉 맬서스가 경제학 분야에서 상대적으로 거의 알려져 있지 않던 앤더슨의 저작에 익숙했기 때문에 1815년에 출간한 『지대의 본성과 발전에 관한 연구』(*Inquiry into the Nature and Progress of Rent*)에서 앤더슨의 지대론의 몇몇 요소

14 심지어 19세기에도 앤더슨의 저작이 전반적으로 무시당했다는 점에서, 마르크스뿐 아니라 다윈 역시 앤더슨에게서 광범위한 내용을 가져왔다는 점을 언급할 필요가 있다. 다윈의 경우, 앤더슨은 동물 육종과 유전에 관한 믿을 만한 정보원이었고 다윈의 『사육·재배 중인 동식물의 변이』에서 자주 인용되었다. F. Mullett, 「A Village Aristotle and the Harmony of Interests: James Anderson(1739-1808) of Monks Hill」, *The Journal of British Studies*, vol. 8, no. 1 (1968), 94-118.

를 허락도 없이, 그리고 그것을 완전히 이해하지도 못한 채, 채용할 수 있었다는 것이다.)

앤더슨의 책, 『농업의 재창조』(*Recreations in Agriculture*) 제3권에서도 맬서스의 산술급수적 비율에 대한 비판이 있다. 이 책에서 그의 비판은 훨씬 더 통렬했다. 맬서스는 이 비율을 제시하면서(즉 식량 증가율은 고정된 증가량을 결코 초과할 수 없으며, 맬서스의 주장에 따르면 기껏해야 1798년의 전체 농업 생산량과 동일하다고 가정함), 어떤 정통한 농업의 논자도 반박하지 못할 사실을 "증거"로 제시했다. 그러나 분명 당대 가장 정통한 농업 분석가 중 한 사람이었던 앤더슨은 맬서스의 주장을 반박하기 시작했다. 실제로 앤더슨은 다음과 같이 주장했다. "만약 어떤 나라의 인구가 증가하게 되고 그곳의 사람들이 주로 토지 경작에 종사한다면, 어찌되었든 간에 토지의 생산성은 인구와 보조를 맞추게 될 것이다. 그리고 그 생산성은 늘 풍족할 것이다. 모든 나라의 경험은 이를 확인시켜주었다." 그럼에도 불구하고 도시와 농촌의 분업, 부적절한 경작, 유기적 배설물의 재활용 실패로 인해, "그것(토양)이 점진적 악화 과정을 밟아 처음 경작했던 원래 상태로 되돌아가는 역의 진행 상태"—다시 말해 토지 개량이 낳은 혜택을 모두 잃어버리게 되는 상태—가 발생하는 것이 가능했다. 이 후자의 경우, 이용 가능한 식량이 부족해지는 이유는—농업 고유의 부적합성 때문이라기보다는—사회 안에서, 그리고 토지 경작에서 생겨난 왜곡 때문이었다. 앤더슨은 북아프리카, 시칠리아, 이탈리아 본토의 토양 퇴화를 로마 시대와 비교하여 거론하는 데에까지 나아갔다.[15]

15 James Anderson, *Recreation in Agriculture, Natural-History, Arts, and Miscellaneous Literature* (London: T. Bentley, 1801), vol. 4, 376-80.

리비히와 마르크스, 제2차 농업 혁명

앤더슨의 농업문제에 대한 역사적 접근법은 토지 개량(과 퇴화)의 가능성을 강조했고, 그 이후 등장한 맬서스와 리카도의 접근법보다 훨씬 더 우월했다. 그럼에도 불구하고 이러한 초기의 고전 경제이론이 모두 토양의 구성에 대한 과학적 이해가 부족해서 어려움을 겪었다는 점 역시 사실이다. 이것은 맬서스와 리카도에게 가장 분명하게 나타났다. 그런데도 그들은 자연 법칙으로 설명하려는 방식에 전적으로 의존했다. 리카도가 거름주기 방식의 개선, 작물의 돌려짓기 등을 통해 토지 개량 가능성을 인식했다는 점은 사실이다. 그러나 여전히 그는 이러한 점을 별로 강조하지 않았고, 오히려 개량의 여지가 매우 제한적이라고 주장했다. 그의 이론은 일반적으로 토양의 속성을 고정된 것으로 보았다. 그 결과 농업의 실패는 전적으로 인구 증가에서 발생하는 수요 증가에 반응하여 열등한 토지를 경작하게 된 탓이다.

마르크스는 『자본론』을 집필하고 있던 당시인 1860년대 중반에 이러한 초창기 농업 및 지대 이론들을 재검토했다. 그는 "토지 고갈을 낳는 실제 자연적 원인들에 대해 …… 차액지대에 관해 썼던 경제학자들 중 어느 누구도 알지 못했고, 이것은 당시의 농화학 수준 때문이었다"는 점을 관찰한 후, 자신이 살던 시대와 과거의 분석들을 가르는 역사적 구분을 크게 강조했다.[16] 마르크스가 이 점을 관찰할 수 있었던 계기는 리비히의 『농업과 생리학에 응용한 유기화학』(*Organic Chemistry in its Applica-*

16 Marx, *Capital*, vol. 3, 915-16. 마르크스가 이미 (리비히를 근거로) 이 점을 예견했다. *Grundrisse*, 754.

tion to Agriculture and Physiology) 제7판에 나오는, 1840년 이전의 농업지식 상태에 관한 평가를 읽은 것이었다. 1840년은 그의 이정표적 저작의 제1판이 출판된 해였다. 리비히에 따르면, 1840년대 이전의 농업지식은 거름의 역할과 토지 혹은 토양의 "잠재력"을 강조했다. 그 당시 토양의 화학적 속성이 알려져 있지 않았기 때문에, 식물 영양소의 특성 또한 알려져 있지 않았다. 따라서 토양에 속한 잠재력은 본래 제한된 동시에 파괴할 수 없는 것으로 종종 간주했다. 농업의 실제 문제들은 전혀 규명되지 않았다.[17]

17 『농업과 생리학에 응용한 유기화학』 7판(1862)에 실린 긴 서문에 대한 구체적 요약과 발췌를 보려면, *The Chemical News*, vol. 7, no. 182 (May 30, 1863), 256-58; vol. 7, no. 183 (June 6, 1863), 268-70; vol. 7, no. 165 (June 20, 1863), 292-94; vol. 7, no. 186 (June 27, 1863), 302-5를 볼 것. 리비히의 위대한 농화학 저작 7판의 "서문", "서론" 번역문은 영어로 출판되지 않았다. 책의 다른 부분이 모두 출판되었고, 심지어 리비히의 이전 판도 모두 독일에서 출간된 지 단 몇 개월 만에 발행되었음에도 불구하고 말이다. 이는 「서론」(einleitung)이 영국 집약 농업에 대해 지나치게 비판적이라고 받아들여졌기 때문이다. 리비히의 저작들을 책임진 영국 출판업자들은 사실상 자기 손에 들어온 책을 파괴해버렸다. (William H. Brock, *Justus von Liebig* [Cambridge: Cambridge University Press, 1997], 177을 볼 것.) 결과적으로 영국에서 출판된 유일한 번역문이 위에서 언급한 *The Chemical News*의 긴 발췌문이었다. 「서론」의 미출간 번역문은 잉글랜드의 가장 출중한 농화학자들 중 한 명인 헨리 길버트의 아내인 길버트 부인이 1863년 1월에 번역한 것이었다. 이 번역본은 힛포드셔 대학, 로담스테드 실험실(현재는 'IACR-Rothamsted'이라 불린다)의 문서고에서 여러 해 동안 묵혀 있었다. 이 연구소의 사서인 S. E. 알소프 부인의 호의 덕분에 나는 이 수고를 입수할 수 있었다. 앞으로 나는 이 수고를 종종 '리비히, 「서론」'으로 언급할 것이다. 독일어 출판본은 Justus von Liebig, *Die Chemie in ihrer Anwendung auf Agricultur und Physiologie*, vol. 1 (Brunswick, I862), 1-156을 볼 것.

리비히와 마르크스의 이러한 관찰은 일부 농업사가가 "제2차 농업혁명"이라고 불러왔던 사건을 강조하게 되는 데 이바지했다.[18] 역사가들은 여전히 17–18세기 영국에서 발생하여 산업 자본주의의 기초를 놓았던 한 차례의 농업혁명만을 논하는 경우가 빈번하지만, 농업사가들은 제2차, 심지어 제3차 농업혁명을 언급한다. 이러한 파악에 의하면, 제1차 혁명은 수세기에 걸쳐 발생한 점진적 과정으로, 울타리치기 및 시장의 중요성 증가와 연결되어 있었다. 제1차 혁명의 기술적 변화에는 거름주기 방식의 개선, 작물의 돌려짓기, 배수 설비, 가축 관리 등이 포함되었다. 이와 반대로 제2차 농업혁명은 비교적 짧은 기간—1830~1880년—에 걸쳐 발생했고, 비료산업의 성장과 특히 유스투스 폰 리비히의 연구와 관련된 토양화학의 발전을 특징으로 하고 있었다.[19] 그 후 제3차 농업 혁명은 20세기에 들어 발생했다. 이것은 농장에서 동물의 견인력을 기계의 견인력으로 대체하는 것과 관련이 있었고, 그 다음 순서로 대규모 비

18 F. M. L. Thompson, 「The Second Agricultural Revolution, 1815–1880」, *Economic History Review*, vol. 21, no. 1 (1968), 62–77. 이 절의 이후 논의 중 어떤 부분은 과거 내 논문에서 발전시킨 내용이다. 「Marx's Theory of Metabolic Rift: Classical Foundations for Environmental Sociology」, *American journal of Sociology*, vol. 104, no. 2 (September 1999), 373–78.

19 이에 대한 고전적 논의는 앞의 주석에서 언급한 톰슨의 "제2차 농업혁명"이다. 톰슨은 제2차 농업혁명이 1815년과 1880년 사이에 일어났다고 규정한다. 이는 나폴레옹 전쟁 직후 발생한 농업 위기와 함께 시작했다는 것이다. (당시는 맬서스와 리카도가 차액지대 문제를 토론하고 있던 상황이었다.) 나는 이 시기를 제2차 농업혁명에 선행하는 위기와 혁명 자체를 구분하기 위해 1830년에서 1880년까지로 좁혔다. 이 시기의 전환점으로는 1837년에 영국과학진흥협회가 리비히에게 화학을 농업에 적용하는 저작 저술을 위임한 것과 1840년에 리비히의 『농화학』이 출간된 것과 몇 년 후 J. B. 로스가 최초의 합성비료 생산 공장을 건설한 것을 들 수 있다.

육시설에 동물을 몰아넣었다. 그리고 (단작화를 더욱 강화한) 식물의 유전적 조작, 화학 투입물—비료와 농약—의 보다 집약적인 활용이 결합되었다.[20]

따라서 마르크스의 자본주의 농업 비판과 이 영역에서 생태학적 사상에 끼친 기여는 그가 살았던 당시에 발생한 제2차 농업혁명이란 맥락에서 이해되어야 한다. 이 혁명의 시작은 마르크스 사상의 기원과 밀접하게 조응한다. 이미 1844년, 「정치경제학 비판을 위한 개요」에서, 엥겔스는 인구 증가로 인한 식량 부족이라는 맬서스주의자들의 공포가 잘못된 것임을 밝히는 데 리비히와 관련된 과학혁명을 활용했다. 처음부터 마르크스와 엥겔스는 리비히를 포함한 당시 많은 관찰자들처럼, 가까운 미래에 농업의 진보가 산업 자체를 앞지를 수 있다고 결론지음으로써 이 농업혁명에 반응했다. 의미심장하게도, 1851년에 쓴 마르크스의 노트 중 하나는 리비히로부터 가져온 발췌문으로 시작해서, 맬서스와 여러 반(反)맬서스주의 사상가들로부터 가져온 발췌문들이 그 뒤를 따르고, (그 후 몇몇 매우 사소한 발췌를 제외하면) 영국 토양화학자로 리비히의 연구와 긴밀히 연관된 연구를 진행한 제임스 존스턴(James F. W. Johnston)으로부터 가져온 발췌문으로 끝을 맺는다. 당시 리비히뿐 아니라 존스턴의 연구도 농업 개량의 가능성—마르크스는 명백하게 이것을 토양 생산성에 대한

20 제1차 농업혁명이 (엘렌 메익신스 우드가 주장한 것처럼) 자본주의의 기원과 연결된다면, 제2차 농업혁명은 산업 자본주의로의 이행과 관련된다. 그리고 제3차 농업혁명은 독점 자본주의의 등장과 연결된다. Ellen Meiksins Wood, *The Origin of Capitalism* (New York: Monthly Review Press, 1999)과 Fred Magdoff, Fred Buttel, and John Bellamy Foster, eds., *Hungry for Profit* (New York: Monthly Review Press, 1999)을 볼 것.

맬서스주의의 가정을 논박하는 것으로 간주했다—에 압도적인 강조점을 두었다. 그러나 마르크스의 분석 속에서—리비히의 관점 변화를 긴밀하게 반영해—이러한 낙관적 평가는 1860년대에 들어서 자본주의 농업 안에서의 생태학적 퇴화를 다루는 훨씬 더 세련된 이해로 대체되었다.[21]

리비히와 토양 퇴화

19세기 동안 토양 비옥도의 감소는 유럽과 북아메리카 전체에 걸쳐 자본주의 사회의 중요한 환경 문제였고, 도시 오염의 증가, 모든 대륙의 삼림 훼손, 과잉 인구에 대한 맬서스주의자들의 공포 등에 대한 우려와 견줄 만한 것이었다. 토양과 관련한 문제의 비판적 속성은 제2차 농업혁명을 일으켰던 공공연한 위기의 시기였던 1820년대와 1830년대에 아주 분명하게 드러났다. 그러나 이 문제는 토양화학이란 과학을 통해 간단하게 해결되지 않았다. 오히려 새로운 방법은 단지 생태학적 파괴 과정을 합리적으로 해석하는데 이바지할 뿐이라는 인식만이 증가했다.

1820–1830년대에 영국에서, 이윽고 유럽과 북미의 발전 중인 다른

21 Marx and Engels, *Historisch-Kritische Gesamtausgabe (MEGA)*, part 4, vol. 9, 199-324. 마르크스는 1850년과 1853년 사이에 농화학과 지질학에 관해 리비히와 존스턴으로부터 발췌해서 노트를 만들었다. 이 노트의 발췌문들은 매우 광범위하다. 리비히에게서 가져온 발췌문은 *MEGA*(같은 책, 172–213)에서 40쪽 정도 차지한다. 반면 존스턴에게서 가져온 발췌문(같은 책, 276–317, 372–86)은 대략 55쪽이다.

자본주의 경제국들에서, 토양 고갈에 대한 우려가 널리 퍼졌고, 이것은 실제로 공황상태를 야기했다. 이와 함께 비료 수요가 놀라울 정도로 증가했다. 이 기간에 유럽의 농업가들은 워털루와 아우스터리츠와 같은 나폴레옹 전장으로 몰려들었고, 들리는 바에 의하면 카타콤들을 파헤치기도 했다고 한다. 농업가들은 이 시억에 닐려 있던 뼈에 혈안이 되었기 때문이었다. 영국으로 들어오는 뼈 수입물의 가치는 1823년에 14,400파운드에서 1837년에 254,600파운드로 급등했다. 페루의 구아노(바닷새의 똥이 쌓여서 만들어졌다)를 실은 첫 배가 1835년에 리버풀에 도착했다. 1841년까지 1,700톤이 수입되었고 1847년에는 220,000톤에 이르렀다.[22]

근대 토양과학의 기원과 관련된 제2차 농업혁명은 자본주의 농업을 유지하기 위해 토양 비옥도를 증가시키라는 요구와 밀접하게 관련을 맺고 있다. 영국과학진흥협회는 1837년에 농업과 화학 사이의 관계에 관한 책 저술을 리비히에게 위임했다. 영국의 집약농업 운동—농업경영을 개선하기 위한 부유한 지주들의 운동—을 위한 주도적 조직인 영국왕립농업협회의 창설이 다음 해에 진행되었다. 2년 후인 1840년에 리비히는『농업과 생리학에 응용한 유기화학』(『농화학』이란 이름으로 알려졌다)을 출판했다. 이 책은 식물의 성장에서 질소, 인, 칼륨과 같은 토양 영양분이 하는 역할에 대한 최초의 믿을만한 설명을 제공했다.[23] 리비히의 견해에

22 Lord Ernie, *English Farming Past and Present* (Chicago: Quadrangle, 1961), 369; Daniel Hillel, *Out of the Earth* (Berkeley: University of California Press, 1991), 131-32. 리비히는 "라이프치히, 워털루, 크림반도 등의 전장"으로 사람들이 뼈를 얻기 위해 쇄도했다고 주장했다. Liebig,「Einleitung」, 85.

23 이 저작은 리비히의『동물화학』(1842)과 구분하기 위해 종종『농화학』이라고 불리기도 했고,『유기화학』이란 제목으로 불리기도 했다. 이후의 논의에서는 주로 식물

큰 영향을 받은 인물 중 한 명(그리고 동시에 자신의 발견을 통해 리비히의 발견에 도전을 한 경쟁자이기도 했다)이 부유한 영국 지주이자 농학자였던 J. B. 로스(J. B. Lawes)였다. 1842년에 로스는 인산염을 용해할 수 있는 방법을 발명함으로써 최초의 농업용 비료를 개발했다. 1843년에 그는 자신이 만든 새로운 "과인산염"을 생산하기 위한 공장을 세웠다. 1846년에 곡물법 폐지 이후 리비히의 유기화학은 로스의 새로운 합성비료와 함께, 영국의 거대 농업 이익집단에게 더 많은 곡물 산출량 획득 문제에 대한 해법을 제공하는 것으로 비춰졌다.[24]

그럼에도 불구하고 로스의 비료 공장으로 대표되는 신기술은 더디게 영국 밖으로 전파되었다. 과인산염 생산을 위한 최초의 공장이 1855년이 돼서야 독일에 도입했고, 미국의 경우에는 남북전쟁 이후, 프랑스의 경우에는 프랑스-프로이센 전쟁 이후 차차 도입했다. 무엇보다 토양에 (인산염과 같은) 단 하나의 영양분을 살포하면, 처음에는 극적인 결과물을 얻을 수 있지만 그 후에는 얻을 수 있는 결과물이 급속하게 감소하는 경향을 보였다. 전체적인 토양 비옥도는 항상 가장 덜 풍부한 영양분으로 제약을 받기 때문이다(리비히의 최소량의 법칙).

그러므로 리비히의 발견은 처음에는 단지 자본주의 농업에 대한 위기감을 강화시켰을 뿐이다. 이것은 농업가들에게 토양 광물의 고갈과 비료의 부족을 더욱 깨닫게 만들었다. 더욱이 토양화학에서 이루어낸 이

을 다루는 농업에 대한 이 첫 번째 저작을 『농화학』이란 짧은 제목으로 부를 것이다. 동물의 생리학과 병리학을 다룬 그의 1842년 저작에 대해서는 『동물화학』이란 제목을 사용할 것이다.

24 Brock, *Justus Von Liebig*, 149–50.

러한 돌파구들을 유리하게 이용하는 자본의 능력은 체제에 내재된 노동 분업의 발전, 특히 도시와 농촌 사이의 증가하는 적대로 제약을 받았다. 그러므로『자본론』을 기술하던 1860년대 즈음, 마르크스는 당대에 일어난 다음의 두 가지 역사적 발전으로 자본주의 농업의 지속불가능한 본성에 대해 확신한다. (1) 토양의 자연적 비옥도 감소와 관련해 유럽과 북아메리카 농업에서 위기의식이 널리 퍼지고 있었다. 토양과학에서 이뤄낸 돌파구는 위기감을 경감시키기는커녕 더 많은 걱정을 안겨주었다. (2) 1850년대 후반부터 1860년대에 리비히의 연구 자체가 자본주의적 발전에 대한 강력한 생태학적 비판 쪽으로 이동했다.

이 기간 동안 농업 내부의 모순을 특히 격렬하게 경험한 나라가 미국—특히 뉴욕 주 북부지방과 남동부 플랜테이션 경제의 농업가들—이었다. 영국이 페루의 구아노(질소와 인 성분이 매우 높게 들어 있다) 공급을 독점해, 구아노에 대한 쉽고 경제적인 접근을 봉쇄당한 미국은—처음에는 비공식적으로, 다음에는 중요한 국가정책으로—천연비료를 풍부하게 지닌 섬들에 대해 마구잡이로 제국적 병합을 실행했다. 1856년에 의회에서 통과된 구아노 도서(島嶼)법의 권한 아래에서, 미국의 자본가들은 1856년과 1903년 사이에 지구상의 94개 섬과 바위, 암초를 차지했으며 그 중 66개는 국무부가 미국의 부속 도서(島嶼)로 공식적으로 인정했다. 리비히가 1862년에 이렇게 주장했을 정도였다. “지난 10년 동안 영국과 미국의 선박들이 모든 바다를 샅샅이 뒤지고 다녔고, 어떤 조그마한 섬도, 해안도 구아노 탐사에서 벗어날 수 없었다.” 이 구아노 섬들 중 9곳이 아직까지도 미국 소유로 남아 있다. 그러나 구아노 제국주의는 성공하지 못했다. 그것은 미국에게 필요한 만큼의 질과 양을 담보하는 천연비료를 제공해 주지 못했기 때문이었다.[25]

그 사이 페루의 구아노 공급은 1860년대에 들어 감소하기 시작했으며, 점차 칠레의 질산염 비료가 이를 대체했다. 유럽에서 발견된 칼륨 소금이 칼륨을 입수할 수 있게 해주었고, 인산염의 자연적, 인공적 공급이 인을 보다 손쉽게 구할 수 있게 해주었다. 그러나 계속해서 부족한 요소가 질소비료였다. (합성 질소비료는 독일 화학자 프리츠 하버(Fritz Haber)가 관련 공정을 고안해낸 1913년이 되어서야 비로소 개발되었다. 하버는 이후 전시생산을 위한 폭약 및 신경가스 개발의 선구자로 변신한다.)

결과적으로, 자본주의 농업에 수반되는 토양 영양분 순환의 붕괴로 인한 자연적 비옥도의 감소, 꼭 필요한 특정 토양 영양분들에 대한 지식의 증가, 자연적 비옥도 손실을 보충할 수 있는 천연·합성 비료의 공급 한계는 토양 비옥도에 대한 위기감 확산에 기여했다.

미국에서 토양비옥도는 지리적 요인들로 더욱 복잡해졌다. 뉴욕 주 북부지방은 1800년에 이르러 밀 재배의 중심지로서 뉴잉글랜드를 대체했으나, 1825년에 이리 호 운하가 개통된 후 몇 십 년이 경과하면서 서부의 새로운 농토와 점차 경쟁하게 되었다. 그 결과 뉴욕 주 북부지방의 토양 고갈이 상대적으로 눈에 띄게 심해지게 되었다. 반면 미국 남동부의 노예 플랜테이션, 특히 담배생산에 사용된 토지에서 비옥도의 급격한 감소가 일어났다.

뉴욕 주에서 농업가들은 농업협회의 설립을 통해 보다 합리적 농업을 장려함으로써 위기에 대처했다. 1832년에 뉴욕농업협회가 형성되었다. 2년 후 올버니의 신문 편집자인 제스 부엘이 『경작자』(*Cultivator*)를

25 J. M. Skaggs, *The Great Guano Rush* (New York: St. Martin's Press, 1994) 225; Liebig, 「Einleitung」, 79.

창간했다. 이 신문은 거름주기, 진창 땅 배수법, 작물 돌려짓기 등 영국에서 이미 도입되었던 개량 농법을 장려하고자 했다. 1840년에 리비히의 『농화학』의 출판과 함께 뉴욕의 농경가들은 새로운 토양과학을 구세주로 받아들였다. 마르크스가 "영국의 리비히"라고 불렀던 스코틀랜드의 농화학자 제임스 존스턴은 1850년에 북아메리카를 여행했고, 영향력 있는 저서 『북아메리카에 관한 비망록』(*Notes on North America*)에 자연적 토양 비옥도의 상실을 기록했다. 이 책은 특히 서부의 보다 비옥한 농토와 비교되는 뉴욕 주의 고갈된 토양을 묘사했다.[26]

1850년대에 미국의 정치경제학자 헨리 캐리(Henry Carey, 1793–1879)가 이 문제를 다뤘다. 1853년에 캐리는 『국내와 해외의 노예무역』(*The Slave Trade Domestic and Foreign*)—그는 이 책을 마르크스에게 보내주었다—에서 이렇게 설명했다. "영국의 모든 정치경제학자들이 다음의 사실을 간과했다는 점은 기이한 일이다. 인간은 단지 지구와의 관계에서 차용자일 뿐이며, 인간이 빚을 갚지 못한다면 지구는 다른 채권자들과 마찬가지의 행동에 돌입할 것이라는, 즉 인간을 점유지로부터 추방할 것이라는 사실 말이다." 1855년 1월 11일, 젊은 농학자 조지 웨어링(George Waring, 1833–1898)은 뉴욕 주 지리학회에서 "1850년 통계조사의 농업분야 특징"이란 제목의 연설을 했다. 웨어링은 1850년대에 농경가로서 이

26 Margaret W Rossiter, *The Emergence of Agricultural Science: Justus Liebig and the Americans, 1840-1880* (New Haven, Conn.: Yale University Press, 1975), 3-9; Karl Marx and Friedrich Engels, *Collected Works* (New York: International Publishers, 1975), vol. 38, 476; James F. W. Johnston, *Notes on North America* (London: William Blackwood & Sons, 1851), vol. 1, 356-65; Marx, *Capital*, vol. 3, 808.

력을 시작해 훗날 미국의 핵심 위생공학자이자 도시보존운동 분야에서 도시 청결의 주요 주창자 겸 실행자가 된다. 연설에서 그는 토양이 영양분을 체계적으로 빼앗기고 있다는 사실을 경험적으로 설명하기 위해 노력했다. 이 연설은 훗날 1857년에 『미국 지리통계학회 회보』에 게재되었다. 캐리는 『미국 국내외 정책에 대해 대통령에게 보내는 서한』(*Letters to the President, on the Foreign and Domestic Policy of the Union,* 1858)에 실린 한 중요한 소고에서 "뛰어난 농경가"(위에서 언급한 연설을 한 웨어링)의 연설을 광범위하게 인용했다. 웨어링은 농촌에서 도시로의 일방적인 이동, 식량과 섬유의 장거리 선박운송을 통해 발생하는 토양 영양분의 상실에 대한 개략적인 전국의 추정치를 제공했다. 웨어링은 다음과 같이 선언하면서 주장을 마무리했다.

> 우리의 지구를 도살하고 낭비한 결과, 해마다 우리 생명의 고유한 본질을 상실하고 있다. …… 경제의 질문은 매년 얼마나 많이 생산했느냐가 아니라 매년 우리의 연간 생산 중 얼마나 많은 부분이 토양으로 되돌아가느냐가 되어야 한다. 지구로부터 토양을 비옥하게 만드는 물질이란 자본금을 약탈하기 위해 고용된 노동은 방치된 노동보다도 더 나쁘다. 후자의 경우는 현 세대의 손실로 끝나지만, 전자의 경우는 우리의 후세에게 빈곤을 물려주게 된다. 인간은 단지 땅의 차지인일 뿐이다. 만약 그 다음 번 차지인이 사용해야 하는 땅의 가치를 감소시켰다면, 그는 유죄 판결을 받을 범죄를 저지른 것이다.[27]

1840년대 후반과 1850년대를 거치면서 캐리는 도시와 농촌 (그리고 농업 생산자와 소비자) 사이의 분업으로부터 생겨난 장거리 무역이 토양 영양분의 전체 손실과 농업 위기의 확대를 낳은 주요한 요인이라는 사실—그 후 리비히와 마르크스에 의해 더욱 발전하게 되는 관점—을 강조했다.[28] 캐리는 『사회과학의 원리들』(*Principles of Social Science*, 1858)에서—다시 한 번 웨어링을 인용하며—다음과 같이 썼다. "나라의 모든 에너지가 상인의 권력을 증대하는데 이용됐기 때문에, 인민들이 모든 곳에서 '지구의 자본금을 약탈하는데' 고용되었다고 보는 것은 하등 놀랄 일이 아니다."[29]

---

27 George E. Waring, Jr., 「The Agricultural Features of the Census of the United States for 1850」, *Bulletin of the American Geographical and Statistical Association*, vol. 2 (1857), 189-202 (reprinted in Organization & Environment, vol. 12, no. 3 [September 1999], 298-307); Henry Carey, *Letters to the President on the Foreign and Domestic Policy of the Union and its Effects as Exhibited in the Condition of the People and the State* (Philadelphia: M. Polock, 1858), 54-55. 웨어링의 연구에 대한 전반적 평가는 John Bellamy Foster, 「Robbing the Earth of its Capital Stock」, *Organization & Environment*, vol. 12, no. 3 (September 1999), 293-97.

28 Henry Carey, *The Past, Present and Future* (New York: Augustus M. Kelley, 1967), 298-99, 304-08. 이 책은 1847년에 첫 출간되었다.

29 Henry Carey, *Principles of Social Science* (Philadelphia: J. B. Lippincott, 1867), vol. 2, 215, 와 *The Past, Present and Future*, 298-99, 304-8. 마르크스와 캐리의 관계는 복잡하다. 마르크스는 1853년까지 그 당시 나온 캐리의 주요 저작들을 모두 읽었다. 여기에는 캐리가 마르크스에게 보낸 『국내와 해외의 노예무역』이 포함된다. 그러나 그는 캐리의 가장 중요한 저작인 『사회과학의 원리들』을 출간된 지 10년이 훌쩍 지난 1869년에 읽었던 것으로 보인다. 전반적으로 마르크스는 캐리에 대해 매우 비판적이었다. 그는 캐리를 "조화론자"이자 대수롭지 않은 경제학자로 보았다. 그러나 그는 캐리의 저작이 어떤 점에서는 유용하다는 점을 발견했다. 캐리와 마르크스는 토양의 퇴화와 이것이 장거리 무역 및 도시·농촌 분리와 관련이 있다는 점에 관한 비슷한 주장을 했다. 둘 모두 리비히의 저작에 폭넓게 의존했다. 둘 모두 맬서스·리카도 지대론에 대해 매우 비판적이었다. 무엇보다 마르크스는 캐리를

웨어링과 캐리의 관점은 리비히에게 심대한 충격을 주었던 것으로 보인다. 리비히는 캐리가 『미국 국내외 정책에 대해 대통령에게 보내는 서한』에 포함시킨 "뛰어난 농경가"(웨어링)의 진술 전체를 반복했고, 상인의 "경험농업"이 토양의 "재생산 조건"을 침식하는 "강탈 체계"를 낳았다고 주장할 정도였다. 리비히는 (실천적 농경가 알브레히트 블록(Albrecht Block)의 글을 인용하면서) "어떤 물질이 영구적으로 제거된 땅은 생산력을 증진시키거나 심지어 지속시킬 수도 없다"고 기술했다. 사실 "토지의 강탈에

(제임스 앤더슨과 더불어) "지구-자본"(인간의 자연에 대한 "개선"과 결합되어 있고 가치 계산의 일부인 자본으로, 마르크스는 이 개념을 지구-물질 개념과 구분했다)이란 중요 개념의 주요 주창자 중 한 명으로 보았다. 캐리에 대한 마르크스의 견해에 대해서는 특히 다음의 글을 볼 것. Marx and Engels, *Selected Correspondence* (Moscow: Progress Publishers, 1975), 78-79, 212-15 (Marx to Engels, June 14, 1853; Marx to Engels, November 26, 1869); Marx, *Grundrisse*, 883-93. 이에 더해, 마르크스는 캐리에게 어느 정도 영향을 주었다. 노예무역에 관한 저작에서 캐리는 『뉴욕 데일리 트리뷴』에 실린 마르크스의 기사 중 두 개에서 광범위하게 인용했다. 마르크스와 캐리 사이의 관계에 관한 보다 구체적인 논의는 다음의 글에서 발견된다. Michael Perelman, 「Political Economy and the Press: Karl Marx and Henry Carey at the New York Tribune」, *Discussion Paper Series*, no. 85-9, School of Behavioral and Social Sciences, California State University, Chico, 1985. 페렐만은 『트리뷴』지에 실린 대영제국의 인도 지배에 관한 마르크스의 유명한 사설이 종종 제국주의가 주변부의 산업화를 촉진하는 진보적 역할을 한다는 명제를 지지하는 것으로 비쳐졌지만, 사실 캐리가 영국의 국제적 역할에 관해 완전히 부정적 해석을 하는 것에 맞서고, 『트리뷴』지 내에서 일어난 이론적 주도권 싸움의 일부로서 일부러 쓴 글임을 보여주었다. 캐리에 대한 균형있는 평가에 대해서는 다음을 볼 것. Schumpeter, *History of Economic Analysis*, 515-19. 최근의 구체적 논의에 대해서는 다음을 볼 것. Michael Perelman, 「Henry Carey's Political-Ecological Economics」, *Organization & Environment*, vol. 12, no. 3 (September 1999), 280-92.

기초한 농업 체계는 모두 빈곤으로 이어진다." 그에 따르면, "농업의 강탈 체계와 상반되는 **합리적 농업**은 **복원**의 원리에 기초한다. 다시 말하면 토양에 토양 비옥도의 조건을 회복시켜 줌으로써 농업가는 토양의 지속성을 보장받는다." 영국의 "집약농업은 미국 농업가들의 공공연한 약탈 체계는 아니었다. …… 그러나 그것은 일찍 보기에 약탈처럼 보이지 않는 더욱 정제된 종류였다"고 리비히는 주장했다. 캐리와 마찬가지로, 리비히는 미국에서 곡물재배 중심지와 시장이 수백 마일, 경우에 따라서는 수천 마일이나 서로 떨어져 있다는 점에 주목했다. 따라서 토양의 구성요소들은 처음 있었던 위치에서 멀리 떨어진 곳으로 운송되었다. 이것은 토양 비옥도의 재생산을 훨씬 어렵게 만들었다.[30] 몇 년 후 리비히는 『농화학』 1862년 판의 유명한 서문에서 다소 종말론적인 경고를 했다. "만약 농업가에게 그들의 생산이 이루어지는 조건을 더 잘 깨닫도록 만들고, 그들에게 산출 증가를 위해 필수적인 수단들을 제공하는데 성공하지 못한다면, 전쟁, 이민, 기아, 전염병 등이 필연적으로 모든 사람들의 복지를 훼손하고 최종적으로 농업의 파멸로 이끌 새로운 균형상태의 조건들을 만들어 낼 것이다."[31] 리비히가 같은 책의 다른 곳에서 주장했듯이, 이를 위해서는 "영국 탄전의 매장량과 엇비슷한 규모의 …… 거름이나 구아노의 매장지"를 발견하는 것이 필요했다.[32] 리비히가 『화학에 관

30 Justus von Liebig, *Letters on Modern Agriculture* (London: Walton & Maberly, 1859), 175-78, 183, 220.

31 K. William Kapp, *The Social Costs of Private Enterprise* (New York: Schocken Books, 1971), 35에서 Liebig를 인용함.

32 Karl Kautsky, *The Agrarian Question* (London: Zwan, 1988), vol. 1, 53에서 Liebig를 인용함; Liebig, 「Einleitung」, 80.

한 서신』(*Familiar Letters on Chemistry*)에서 썼던 것처럼, 궁극적으로 식량과 섬유를 먼 거리의 시장에 내다 파는 것과 가축 사육 중단으로 땅에서 빠져나온 "토양의 기본 구성요소들의 복원"이 문제이다.[33]

리비히에 따르면, 토양 고갈 문제는 인간과 동물의 배설물이 도시를 오염시키는 것과 밀접하게 연관되어 있었다. 리비히가 다룬 토양 영양분 순환과 대도시의 폐기물 문제 사이의 관계는 이미 1842년에 에드윈 채드윅(Edwin Chadwick)의 『영국 노동 인구의 위생조건에 관한 보고서』(*Report on the Sanitary Condition of the Labouring Population of Great Britain*)에서 다루어졌다. 이 보고서는 공중보건운동을 촉발시켰으며 엥겔스에게 큰 영향을 끼쳤다.[34] 영향력 있는 저서 『도시의 오수 활용이라는 주제에 관한 서한』(*Letters on the Subject of the Utilization of the Municipal Sewage*, 1865)에서, 리비히는—템즈 강의 조건에 대한 분석에 바탕을 두고—오수 속에 포함된 영양분을 토양으로 되돌려주는 유기적 재순환이 합리적 도시·농업 체계의 필수불가결한 요소라고 단언했다. 그는 다음과 같이 기술했다. "만약 조금의 손실도 없이 도시 거주민의 모든 대소변을 모을 수 있고, 이것을 각 농업가에게 그들이 애초 도시에 공급했던 생산물에 포함된 몫만큼 다시 돌려줄 수 있다면, 토양의 생산성은 세월이 흘러도 거의 손

33 Justus von Liebig, *Familiar Letters on Chemistry* (Philadelphia: T. B. Peterson, 1852), 44. 『화학에 관한 전집』(*Complete Works on Chemistry*)(서로 다른 저술들을 한 권으로 묶은 책)의 일부로 출간되었다.

34 Edwin Chadwick, *Report on the Sanitary Condition of the Labouring Population of Great Britain* (Edinburgh: Edinburgh University Press, 1965), 121–22; Friedrich Engels, *The Condition of the Working Class in England* (Chicago: Academy Press, 1969).

상되지 않은 채 유지될 수 있으며, 모든 비옥한 땅에 현존하는 광물 요소들로도 증가하는 인구의 욕구를 충족시킬 만큼 충분할 것이다."[35]

물질대사 균열에 관한 마르크스 이론

1860년대 초 『자본론』을 집필할 무렵, 마르크스는 리비히의 분석으로부터 많은 영향을 받았다. 『자본론』 1권이 출판되기 1년 전인 1866년, 그는 엥겔스에게 3권에 들어갈 지대 비판을 발전시키면서 "나는 독일의 새로운 농화학, 특히 리비히와 쇤바인을 갈아엎어야 했네. 이것은 이 문제에 관한 한 모든 경제학자들을 합친 것보다 더 중요하다네"라고 썼다. 실제로 마르크스는 『자본론』 1권에서 "자연과학 관점에서 부정적인 면, 즉 근대 농업의 파괴성을 부각시켰던 것이 리비히의 불멸의 공적 중 하나이다"라고 지적했다.[36]

마르크스는 리비히를 주의 깊게 연구했다. 그는 과학노트에 리비히의 저작에서 가져온 광범위한 발췌문을 남겼다. 리비히의 영향 하에서 마르크스는 자본주의적 토양 "착취"(약탈 측면에서 이것은 재생산의 수단을 유지하는 데 실패했다는 의미이다)에 대한 체계적 비판을 발전시켰다.[37] 이에 따

---

35 Justus von Liebig, *Letters on the Subject of the Utilization of the Metropolitan Sewage* (London: W. H. Collingridge, 1865); Justus von Liebig, *The Natural Laws of Husbandry* (New York: D. Appleton, 1863), 261.

36 Marx and Engels, *Collected Works*, vol. 42, 227; Marx, *Capital*, vol. 1, 638.

37 마르크스의 노트는 『농화학』을 포함한 리비히의 저작 두 권, 영국 토양 과학자 제임스 F. W. 존스턴의 저작 세 권, 그리고 찰스 라이엘의 『지질학 원리』를 포함

라 자본주의 농업에 대한 마르크스의 두 가지 주요한 논의는 모두 대규모 산업과 대규모 농업이 어떻게 결합해 토양과 노동자를 황폐화하는지를 설명하는 것으로 끝을 맺는다. 『자본론』 3권에서 「자본주의적 지대의 발생」을 다룬 장 말미의 탁월한 문단은 이러한 비판 중 상당 부분을 잘 정리해 놓았다. 마르크스는 거기에서 다음과 같이 기술했다.

> 대규모 토지소유는 농업인구를 점점 감소시켜 최소한도로 축소시키고 점점 증대하는 산업인구를 대도시에 밀집시킨다. 이리하여 대규모 토지소유는 생명의 자연법칙이 명령하는 사회적 물질대사의 상호의존적 과정에 회복할 수 없는 균열이 생기도록 하며 지력을 탕진하는데, 이것은 무역으로 한 나라의 국경을 넘어 타국에서도 발생한다. (리비히) …… 대규모 공업과 산업을 추구하는 대규모 농업은 동일한 영향을 미친다. 이 둘이 원래, 전자는 주로 노동력, 따라서 인간의 자연력을 낭비하고 파멸시키는 반면 후자는 토지의 자연력을 낭비하고 파멸시킨다는 점에서 구분되었지만, 이후의 발전 과정 속에서 이 둘은 서로 결합되었다. 농업에 적용된 산업 체제 역시 농업 노동자들을 무기력하게 하며 산업과 상업도 나름대로 농업에 토지를 고갈시키는 수단을 제공하기 때문이다.[38]

한 여러 권의 지질학 서적에서 가져온 광범위한 발췌문들로 채워졌다. E. Coleman, 「Short Communication on the Unpublished Writings of Karl Marx Dealing with Mathematics, the Natural Sciences and Technology and the History of these Subjects」, in Nikolai Bukharin et al., *Science at the Cross Roads: Papers Presented at the International Congress of the History of Science and Technology, 1931* (London: Frank Cass, 1971), 233-34.

38 Marx, *Capital*, vol. 3, 949-50.

마르크스는 『자본론』 1권에 나오는 "대규모 공업과 농업"에 대한 논의에서, 위의 글과 긴밀하게 연관되고 마찬가지로 중요한 자본주의적 농업에 대한 비판을 정제된 글로 제시했다.

> 자본주의적 생산은 인구를 대중심지로 집결시키며 도시인구의 비중을 끊임없이 증가시킨다. 이것은 두 가지 결과를 낳는다. 한편으로 그것은 사회의 역사적 동력을 집중시키고, 다른 한편으로 인간과 토지 사이의 물질대사적 상호작용을 교란한다. 다시 말해 인간이 식량과 의복의 형태로 소비한 토지의 구성요소들을 토지에 되돌려주는 것을 방해한다. 따라서 토지의 비옥도 지속을 위한 영원한 자연적 조건의 작용을 방해한다. …… 그러나 이 물질대사를 둘러싼 환경을 파괴함으로써 물질대사를 사회적 생산을 규제하는 법칙으로서, 인류의 완전한 발전에 적합한 형태로 체계적으로 복원할 것을 강제한다. …… 자본주의적 농업에서 모든 진보는 노동자를 약탈하는 방식 상에서의 진보일 뿐 아니라 토지를 약탈하는 방식 상에서의 진보이다. 일정한 시기 동안 토지 비옥도를 증가시키려는 모든 진보는 이 비옥도의 보다 항구적 원천을 파괴하는 진보이다. …… 따라서 자본주의적 생산은 모든 부의 원천—토지와 노동자—을 동시에 파괴함으로써만 기술과 사회적 생산과정의 결합도를 발전시킨다.[39]

마르크스의 『자본론』에 있는 이 문단들 모두에서—첫 번째 문단은

39 Marx, *Capital*, vol. 1, 637-38. 토양 구성요소들의 "복원" 필요성은 리비히의 『농화학』 1862년 판 「서문」에서 마르크스가 직접 가져온 주장이었다. Liebig, 「Einleitung」, 97.

『자본론』 3권의 자본주의적 지대 논의가 끝나는 부분에 있으며 두 번째 문단은 『자본론』 1권에서 대규모 농업과 대규모 공업을 다루는 장의 결론부에 있다—공통된 것은 "인간과 토지 사이의 물질대사적 상호작용", 다시 말해 토지에서 토지의 구성요소들을 "약탈"함으로써 "체계적으로 복원할 것"을 요구하는 "생명의 자연법칙이 명령하는 사회적 물질대사"에서의 "균열"이라는 중요한 이론적 개념이다. 이러한 모순은 자본주의 안에서 대규모 공업과 대규모 농업을 동시에 성장시키는 것을 통해 발전했다. 전자는 후자에게 토양에 대한 집약적 착취 수단을 제공한다. 리비히처럼, 마르크스는 식량과 의복을 위한 섬유의 장거리 무역이 토양 구성요소들이 이전되는 문제를 "회복할 수 없는 균열"보다 심각한 문제로 만든다고 주장했다. 그에 따르면, 이것은 자본주의 발전의 자연스러운 과정 중 일부였다. 1852년에 그가 기술했듯이, "토지는 시장에서 매매되는 상품이 되어야 한다. 그리고 토지의 착취는 동일한 상업 법칙에 따라 수행되어야 한다. 꼰 실(twist)과 면화 제조업자뿐 아니라 식량 제조업자도 존재하지만, 이제 지주는 더 이상 존재하지 않는다."[40]

무엇보다 이러한 발전과 결합된 모순들은 지구적 성격을 띠었다. 마르크스가 『자본론』 1권에서 관찰했듯이, "맹목적 이윤욕"이 영국의 "토지를 고갈시켰다"는 사실은 페루에서 수입된 "구아노로 영국의 들에 거름을 줄 수밖에 없는" 조건을 통해 매일 볼 수 있었다.[41] 마르크스는 『정치경제학 비판 요강』(1857–1858)에서, 종자, 구아노 등등을 "먼 타국에서" 수입한다는 단순한 사실이 자본주의 안에서 농업이 "자기충족적"이

40 Marx and Engels, *Collected Works*, vol. 11, 333.

41 Marx, *Capital*, vol. 1, 348.

지 않다는 점, 그리고 자본주의는 "더 이상 자본주의적 생산의 자연조건들을 자본주의 자체 내에서 자연스럽게 등장하고 자생적으로 존재하며 손쉽게 구할 수 있는 것에서 찾지 않으며, 이러한 자연조건들이 자본주의로부터 분리된 독립적 산업으로 존재한다는 점"을 가리킨다고 언급했다.[42] 마르크스 주장의 핵심 부분은 자본주의 안에서의 대규모 농업이 지닌 내재적 특성이 새로운 토양관리 과학의 합리적 응용을 방해한다는 명제였다. 농업에서 이루어진 모든 과학적 기술적 발전에도 불구하고 자본은 토양의 구성요소들을 재순환시키는 데 필요한 조건들을 유지할 수 없었다.

이 분야에서 마르크스의 이론적 분석의 핵심 개념 범주는 물질대사 개념이다. 물질대사를 가리키는 "Stoffwechsel"이라는 독일어 단어는 단어 자체에 "물질교환"이라는 사고를 함의하고 있다. "물질대사"라는 용어가 포착하고 있는 구조화된 생물학적 성장 및 쇠퇴 과정이란 사고의 근저에는 물질교환이 놓여 있었다. 마르크스는 노동과정을 정의하면서 물질대사에 근거하여 노동과정에 대한 자신의 이해를 전개했고, 이로써 물질대사 개념을 자신의 전체 분석체계의 중심으로 만들었다. (역사적으로 고유한 표현형태가 아닌) 노동과정 일반에 대해 정의하는 와중에, 마르크스는 노동을 통한 인간과 자연 사이의 관계를 묘사하기 위해 물질대사 개념을 활용했다.

> 노동은 무엇보다도 먼저 인간과 자연 사이에서 이루어지는 하나의 과

42 Marx, *Grundrisse*, 527.

> 정이다. 이 과정에서 인간은 자신과 자연 사이의 물질대사를 자기 자신의 행위에 의해 매개하고 규제하고 통제한다. 인간은 하나의 자연력으로서 자연의 물질을 상대한다. 인간은 자연의 물질을 자신의 욕구에 적합한 형태로 전유하기 위해 신체에 속한 자연력인 팔과 다리, 머리, 손을 운동시킨다. 이러한 운동을 통해 그는 외부의 자연(nature)에 작용하며 그것을 변화시킨다. 그리고 이러한 방식으로 그는 동시에 자신의 본성(nature)을 변화시킨다. …… 이것[노동과정]은 인간과 자연 사이의 물질대사적 상호작용[Stoffwechsel]을 위한 보편적 조건이며, 자연이 부과하는 영원한 인간의 생존 조건이다.[43]

이보다 몇 년 전에 마르크스는 『경제학 수고, 1861－1863』(*Economic Manuscript of 1861-1863*)에서 "현실의 노동은 인간의 욕구충족을 위한 자연의 전유이며 인간과 자연 사이의 물질대사를 매개하는 활동"이라고 기술했다. 이로부터 현실의 노동 활동이 결코 자연 자체의 부를 창조하는 잠재력으로부터 독립해있는 것이 아니라는 결론이 뒤따랐다. "물질적 부, 사용가치의 세계는 오로지 노동으로 변형된 자연의 물질로 구성되기 때문이다."[44]

마르크스는 성숙기 저작들 전반에 걸쳐 다양한 맥락으로 물질대사 개념을 사용했다. 노년 시기인 1880년에 쓰인 최후의 경제 저작 『아돌프 바그너에 관한 노트』(*Notes on Adolph Wagner*)에서, 마르크스는 "'자연적' 생산과정을 인간과 자연 사이의 물질교환[Stoffwechsel]으로 설명하기 위해

43 Marx, *Capital*, vol. 1, 283, 290.

44 Marx and Engels, *Collected Works*, vol. 30, 40.

…… 이 단어를 사용했다"고 지적하면서, 그의 정치경제학 비판 전체에서 'Stoffwechsel' 개념의 중심성을 조명했다. 그는 상품 순환에서 "형식적 교환이 중단되는 것을 훗날 물질교환의 중단으로 명명했다"고 강조했다. 그렇다면 마르크스의 분석에서 경제적 순환 흐름은 물질교환(생태학적 순환 흐름)과 밀접하게 결합되어 있으며, 이것은 다시 인간과 자연 사이의 물질대사적 상호작용과 연관되어 있다. 그는 "노동으로 규제되는 화학적 과정이 모든 곳에서 (자연적) 등가물들의 교환을 구성해왔다"고 썼다. 자본주의 경제에서 이루어지는 경제적 등가물의 형식적 교환은 단지 물질교환의 소외된 표현이었다. 물질교환의 보편적 성격에 의거하여, 마르크스는 『정치경제학 비판 요강』에서 물질대사 개념을, 일반화된 상품생산 안에서 "처음으로 형성된 …… 일반적인 사회적 물질대사의 체제이자 보편적 관계의 체제, 전면적 욕구와 보편적 수용능력의 체제"라는 식으로 보다 넓은 의미로 언급했다.[45]

그러므로 마르크스는 두 가지를 지적하기 위해 이 개념을 전개했다. 우선 인간 노동을 통해 자연과 사회 사이에서 일어나는 실제 물질대사적 상호작용을 지적하기 위해서였다. 그 다음으로 보다 넓은 의미로 (특히 『정치경제학 비판 요강』에서), 자본주의 안에서 소외된 형태로 등장해

45 Karl Marx, *Texts on Method* (Oxford: Basil Blackwell, 1975), 209; Marx, *Grundrisse,* 158, 361. 아돌프 바그너는 마르크스보다 늦게 물질대사 개념을 사용했다. 그는 "경제체제의 작동은 필연적으로 **교환**으로 이어지며, 이것은 주어진 시기의 경제체제가 다룰 수 있는 재화량의 **(자연적) 구성요소들 속에서** 이루어지는 자연적 물질교환과 사실상 유사하다"라고 주장했다. 마르크스는 이것이 자신의 견해를 반영하고 있는 것이라고 보았다. 바그너는 언급 없이 마르크스의 저작을 표절한 것으로 보인다. Marx, *Texts on Method*, 109.

끊임없이 재생산되고 있는 복잡하고 역동적이며 상호의존적인 욕구들 및 관계들의 집합과 이로부터 제기되는 인간 자유의 문제를 다루기 위해서였다. 자연과 인간 사이의 물질대사가 구체적인 인간노동의 조직을 통해 표현되는 바, 위의 내용은 모두 이러한 표현 방식과 연결된 것으로 바라볼 수 있었다. 이렇듯 물질대사 개념은 고유한 생태학적 의미와 보다 넓은 사회적 의미를 모두 지니고 있었다.[46]

인간과 자연 사이의 물질대사적 관계에 대한 마르크스의 논의 중 상당 부분은 인간과 자연 사이의 복잡한 상호의존성을 설명하려 했던 초기 마르크스의 보다 직접적인 철학적 시도를 기반으로 형성된 것이라고 볼 수 있다. 1844년에 『경제학철학 수고』에서 그는 다음과 같이 설명했다. "인간은 자연을 통해 **살아간다**. 다시 말하면 자연은 인간의 **신체**이다. 그리고 그는 죽지 않으려면 자연과 끊임없는 대화를 유지해야만 한다. 인간의 육체적·정신적 삶이 자연과 연결되어 있다고 말하는 것은 단지 자연이 자연 자체와 연결되어 있다는 것을 의미한다. 인간은 자연의 일부이기 때문이다."[47] 그렇지만 후기 마르크스의 물질대사 개념은 그로 하여금 이러한 근본적 관계에 대해 보다 견고하고 과학적인 표현을 제공할 수 있게 해주었다. 이를 통해 인간 노동에서 일어나는 인간과 자연 사이의 복잡하고 역동적인 상호교환을 묘사할 수 있게 되었다. 물질대사 개념은, 그것에 수반된 물질교환 및 규제 활동 관념과 더불어, 그로

46 『정치경제학 비판 요강』에서 가져온 물질대사에 대한 더 폭넓은 사회적 이해는 다음의 책에서 강력하게 발전되었다. Istvan Mészáros, *Beyond Capital* (New York: Monthly Review Press, 1995).

47 Karl Marx, *Early Writings* (New York: Vincage, 1974), 328.

하여금 인간과 자연 사이의 관계를 "자연이 부과하는 조건"과 이 과정에 영향을 주는 인간의 능력, 양쪽 모두를 포괄하는 것으로 표현할 수 있게 해주었다.

더욱 중요한 점은 물질대사 개념이 초창기 저작들 이후로 계속 마르크스의 비판에서 중심이 되었던 자연 소외(그리고 이것과 인간 소외 사이의 관계)라는 관념을 표현할 수 있는 구체적 방법을 마르크스에게 제공했다는 부분이다. 그는『정치경제학 비판 요강』에서 다음과 같이 설명했다.

> 설명되어야 하는 것 혹은 역사적 과정의 결과는, 자연과 인간이 물질대사에 관한 교환을 하는 자연적 조건·무기(無機)적 조건들과 살아서 활동하는 인간 사이의 **통일**, 따라서 자연에 대한 인간의 전유가 아니라, 인간존재의 무기(無機)적 조건들과 이러한 활동적 존재의 **분리**이다. 이 분리는 오직 임금노동과 자본의 관계 안에서 완전하게 드러난다.[48]

이 글 안에는 부르주아 사회의 소외된 특성에 대한 마르크스의 비판 전체의 본질이 담겨 있다.

팀 헤이워드(Tim Hayward)는 마르크스의 사회적·생태적(social-ecological) 물질대사 사고를 다음과 같이 묘사했다.

> 인간은 자연적 존재이자 물질적 존재라는 인간 존재의 근본적 측면들을 포착한다. 이것들은 인간과 자연 환경 사이에서 일어나는 에너지와 물

48 Marx, *Grundrisse*, 489.

질의 교환을 포함한다. …… 이러한 물질대사는 자연의 측면에서 보면, 관련된 다양한 물리적 과정들을 지배하는 자연 법칙들로 규제되고, 사회의 측면에서 보면, 노동의 분업과 부의 분배 등을 지배하는 제도화된 규범들로 규제된다.[49]

마르크스가 물질대사 개념—노동을 통해 인간을 자연에 연결시키는 복잡한 상호의존적 과정—에 부여한 중심성을 감안한다면, 이 개념이 미래의 연합한 생산자들의 사회라는 그의 전망에서도 중요한 역할을 했다는 사실에 놀라지 않을 것이다. 『자본론』 3권에서 그는 다음과 같이 기술한다. "이 영역[자연적 필연의 영역]에서 자유는 오직 이 속에만, 즉 사회화된 인간, 연합한 생산자들이 합리적 방식으로 자연과 인간의 물질대사를 지배함으로써 자연의 맹목적 힘으로 지배받는 것이 아니라 그들의 집단적 통제 하에 자연을 두는 것, 이것을 최소한의 에너지 지출과 그들의 인간적 본성에 가장 적절하고 어울리는 조건들 속에서 완수하는 것을 통해서만 존재할 수 있다."[50]

마르크스가 사회적 생산을 통한 인간과 자연의 관계를 설명하기 위해 물질대사 개념을 어떻게 사용했는지, 그 의미를 보다 완전히 이해하기 위해서는 이 개념이 어떻게 등장했는지 간단히 살펴볼 필요가 있다. "물질대사"라는 용어는 매우 이른 시기인 1815년 초에 소개되었다. 1830년대와 1840년대에 독일의 생리학자들이 주로 호흡작용과 관련된 신체 내의 물질 교환을 언급하기 위해 이 용어를 채택했다. 그러나 이 단어

49 Tim Hayward, *Ecological Thought* (Cambridge: Polity, 1994), 116.

50 Marx, *Capital*, vol. 3, 959.

가 보다 광범위하게 사용하게 된 계기가 있었다. 바로 리비히가 1842년 출간한 『동물화학』(*Animal Chemistry*)에서 이를 사용했던 것이다. 이 책은 1840년에 출간된 『농화학』의 후속편으로 나온 훌륭한 저작이다. 『동물화학』에서 리비히는 세포의 퇴화라는 맥락에서 물질대사 과정이라는 생각을 도입했다. 이것은 뒤이어 널리 일반화되었으며, 생화학의 발전에서 세포 수준과 유기체 전체 분석 모두에 적용될 수 있는 핵심 개념 중 하나로 부상했다.[51]

리비히의 『동물화학』에서, 물질적 의미의 물질대사 개념은 "생기력" 관념과 다소 일관성 없이 혼재되어 있었다. 여기서 리비히는 초창기 생기론에 귀를 기울여 물질교환으로 환원될 수 없는 미지의 신비한 원천(측량할 수 없는)의 생리학적 운동을 식별하고자 했다. (이 부분에서 리비히의 기여는 생화학에 대한 기계론적 접근을 피하고자 노력했던 "생기론적 유물론"이라는 이름의 분석 전통으로 완전히 말려 들어간다.) 이 점에서, 리비히의 분석은 1845년에 독일의 과학자 율리우스 로베르트 메이어(Julius Robert Mayer)로부터 공격을 받았다. 그는 1840년대 초 에너지 보존 법칙을 공동으로 발견한 네 명 중 한 명이었다. 「유기체의 운동과 그것의 물질대사와의 관계」라는 제목의 논문에서, 메이어는 리비히에 반대하여 "생기력" 관념은 필요 없으며 물질대사는 에너지학(에너지 보존과 에너지 교환)을 강조하는 과학적

51 Justus von Liebig, *Animal Chemistry or Organic Chemistry in its Application to Physiology and Pathology* (New York: Johnson Reprint, 1964); Franklin C. Bing, 「The History of the Word 'Metabolism'」, *Journal of the History of Medicine and Allied Arts*, vol. 26, no. 2 (April 1971), 158-80; Brock, *Justus von Liebig*, 193; Kenneth Caneva, *Robert Mayer and the Conservation of Energy* (Princeton, N. J.: Princeton University Press, 1993), 117.

유물론의 언어로 완전히 설명될 수 있다고 주장했다. 따라서 물질대사에 관한 전체 사고가 위와 같은 방식으로 과학에서 일어난 에너지학으로의 보다 전반적인 이동과 연결되었고, 그 결과 "정량 생태학"(quantitative ecology)의 발전에서 핵심이 되었다. 마르크스는 1860년대에 인간 노동과 이를 둘러싼 환경 사이의 관계를 설명하기 위해 이 개념을 이용했는데, 이러한 그의 용어 사용 역시 과학에서 일어난 에너지학으로의 전반적인 이동과 일맥상통하는 것이었다.[52]

이것은 단순한 우연이 아니었다. 마르크스는 이러한 과학적 논쟁들을 잘 알고 있었기 때문이다. 마르크스는 영국의 물리학자 존 틴들의 연구에 대한 열렬한 추종자였다. 틴들은 1860년대에 메이어의 연구를 적극 지지했다. 엥겔스 또한 메이어의 공헌과 이 분야에서 진행 중인 전반적 과학 논의를 잘 알고 있었다. 의심의 여지없이, 그는 이러한 지식의 일부를 마르크스에게 알려주었을 것이다. 이에 더해 마르크스는 1864년

52 Julius Robert Mayer, 「The Motions of Organisms and their Relation to Metabolism」, in Robert Bruce Lindsay, ed., *Julius Robert Mayer: Prophet of Energy* (New York: Pergamon, 1973), 75–145; Caneva, *Robert Mayer and the Conservation of Energy*, 262–65; Brock, *Justus von Liebig*, 312–13; Juan Martinez-Alier, *Ecological Economics* (Oxford: Basil Blackwell, 1987), 110. "생기론적 유물론"에 관해서는 Timothy Lenoir, *The Strategy of life: Teleology and Mechanics in Nineteenth Century German Biology* (Boston: D. Reidel Publishing Co., 1982). 토머스 홀은 리비히를 생기론자가 아니라 "생기론적 유물론자"로 보는 이유로 두 가지를 제시한다. (1) 리비히는 "생기력" 이면에(아무리 그것이 환원될 수 없는 존재라 하더라도) 화학적 과정이 놓여 있다고 주장했다. (2) 그는 "생기력"이 평범한 물질에서 발생한다고 보았다(이는 발생론적 주장을 시사한다). Thomas S. Hall, *Ideas of life and Matter: Studies in the History of General Physiology 600 B.C. to 1900 A.D.* (Chicago: University of Chicago Press, 1969), vol. 2, 269–71.

에 독일의 생리학자 테오도르 쉬반(Theodor Schwann)의 저작을 연구했고, 그것에 깊은 감명을 받았다. 쉬반은 1839년에 세포의 물질대사라는 사고를 도입했고 이를 통해 리비히와 메이어, 그 밖의 여러 학자들에게 영향을 주었다.[53]

1840년대부터 오늘날까지, 물질대사 개념은 유기체와 환경 사이의 상호작용에 대한 시스템 이론 접근에서 핵심 범주로 활용돼왔다. 물질대사 개념은 한 유기체(혹은 어떤 한 세포)가 주변 환경에서 물질과 에너지를 끌어들여, 이것을 다양한 물질대사적 반응을 통해 성장을 위한 건축 블록으로 변환시키는 복잡한 물질대사적 교환의 생화학 과정을 포착한다. 더 나아가, 물질대사 개념은 유기체와 환경 사이의 이러한 복잡한 상호교환을 지배하는 특정한 **규제과정들**을 언급하는 데 이용된다. 유진 오덤(Eugene Odum)과 다른 주요 시스템 생태학자들은 이제 단일 세포에서 시작하여 생태계를 아우르는 모든 생물학적 수준에 적용하기 위해 "물질대사" 개념을 사용하고 있다.[54]

이러한 것들을 모두 감안할 때, 다음의 사실을 발견하고 다소 놀라지 않을 수 없다. 알프레트 슈미트(Alfred Schmidt)는 『마르크스의 자연 개

53 Y. M. Uranovsky, 「Marxism and Natural Science」, in Nikolai Bukharin et al., *Marxism and Modern Thought* (New York: Harcourt, Brace, 1935), 140; Lindsay, *Julius Robert Mayer*, 11–12; Hal Draper, *The Marx-Engels Glossary* (New York: Schocken Books, 1986), 189.

54 Marina Fischer-Kowalski, 「Society's Metabolism」, in Michael Redclift and Graham Woodgate, ed., *International Handbook of Environmental Sociology* (Non-hampton, Mass.: Edward Elgar, 1997), 120; Eugene Odum. 「The Strategy of Ecosystem Development」, *Science*, vol. 164 (1969), 262–70.

념』(*Concept of Nature in Marx*, 1962)에서 마르크스가 내용을 다소 변화시키지 않은 것은 아니지만, 독일의 화학자 야콥 "몰레쇼트의 물질대사 이론"을 가져왔을 뿐이라고 주장했다. 이에 대한 증거로 슈미트는 1857년에 집필한 몰레쇼트의 저서를 인용했다. 이 글에서 몰레쇼트는 다음과 같이 기술했다.

> 이러한 [서로 다른 생명형태들 사이의] 물질 교환을 이르기 위해 "물질대사"란 이름이 주어졌다. 존경의 감정 없이 이 단어를 언급하는 것은 옳지 않다. 이는 무역이 상업의 영혼이듯이 물질의 외부 순환이 세계의 영혼이기 때문이다. …… 나는 다음과 같이 이야기하는 것을 개의치 않는다. 현재 세계의 지혜를 돌아가게 만드는 주축이 바로 물질대사 이론이다.[55]

그러나 여기서 몰레쇼트가 마르크스에게 직접적인 영향을 끼쳤다는 슈미트의 추론은 논리로 보든 증거로 보든 실제 근거가 거의 없다. 물질대사라는 용어는 몰레쇼트가 이 말을 썼을 당시 이미 과학 문헌에서 널리 쓰이고 있었다. 마르크스는 몰레쇼트의 연구를 잘 알고 있었고 (런던에서 그는 리비히, 틴들, 토머스 헉슬리의 강의 뿐 아니라 몰레쇼트의 강의도 참석했다), 이것이 그에게 이 용어를 사용하는 데 영향을 주었을 수도 있다. 그러나 그가 몰레쇼트의 연구를 유난히 진지하게 받아들였다는 증거는

55 Alfred Schmidt, *The Concept of Nature in Marx* (London: New Left Books, 1971), 86–88.

어디에도 없다.[56] 이와 반대로 마르크스는 리비히를 면밀하게 연구했으며, 의심의 여지없이 초창기 리비히의 보다 영향력 있는 물질대사 용어 사용에 친숙했을 것이다. 더 나아가 마르크스가 『자본론』에서 물질대사 개념을 사용할 때에는 항상 리비히의 주장과 그 궤를 같이 했으며, 이 경우 대개 맥락상 리비히의 연구에 대한 직접적인 언급을 포함했다. 기계론적 유물론과 신비주의를 넘나드는 몰레쇼크의 성향을 감안한다면, 마르크스가 몰레쇼트의 분석을 좋아했을 가능성은 그리 크지 않다.

그 당시 수십 년 동안 물질대사 개념이 광범위하게 사용되었다는 사실—리비히가 분명 중요한 역할을 했지만 그것의 용법은 어느 한 사상가에게 귀속될 수 없다—은 『반듀링론』(*Anti-Dühring*, 1877—1878)에서 엥겔스가 지적했다. 엥겔스는 이렇게 적고 있다. "물질대사" 또는 "물질의 유기적 교환"이 "가장 일반적이고 특징적인 생명 현상이라는 사실"이 "생리학적 화학자들과 화학적 생리학자들을 통해 지난 30년 동안 무수하게 이야기되어 왔다." 훗날 엥겔스는 『자연 변증법』(*The Dialectics of Nature*)—리비히, 헬름홀츠, 틴들, 그리고 1840년대와 1850년대에 과학에서 일어난 에너지학으로의 이동에 기여한 모든 학자들에 대해 논의하는 부분—에서 다음의 내용을 추가했다. "생명은 단백질체의 존재양식이다. 생명의 본질적 요소는 **그것 외부의 자연 환경과 맺는 지속적인 물질대사**

56 Paul Heyer, *Nature, Human Nature, and Society: Marx, Darwin and the Human Sciences* (Westport, Conn.: Greenwood Press, 1982), 12. 한 가지 언급할 점은, 슈미트는 각주에서 리비히가 1851년에 『화학 소론』(*Chemische Briefe*)에서 몰레쇼트보다 먼저 사회 영역에 물질대사 개념을 적용했다고 인정했다는 점이다. Schmidt, *The Concept of Nature in Marx*, 218.

적 상호교환 속에 존재한다. 생명은 이러한 물질대사의 중단과 함께 죽음을 맞이하고 이로써 단백질의 분해가 일어난다." (엥겔스는 이러한 물질대사적 교환이 생명의 첫 번째 조건을 구성하며, 어떤 의미에서는 생명 자체의 "정의"라고 할 수 있다고 보았다. 그러나 "정확한 정의도 철저한 정의도 아니다." 무엇보다 물질교환은 생명이 부재한 곳에서도 찾아볼 수 있기 때문이다.) 결과적으로, 마르크스가 1850년대와 1860년대에 이 개념을 사용함에 있어서 주로 몰레쇼트에 (혹은 사실상 전적으로 몰레쇼트에) 의존했다는 추정에는 확실한 근거가 없다고 보아야 한다.[57]

더욱 특이한 것은 마리나 피셔-코왈스키(Marina Fischer-Kowalski)의 주장이다. 그녀의 주장은 슈미트의 해석에 기반하고 있다. 그녀는 다음과 같이 기술했다. "슈미트에 따르면, 마르크스는 자신의 물질대사 이해의 상당수를 이 출처[몰레쇼트]에서 가져왔고 유기적·생화학적 물질대사 해석이 아닌 영양 서열, 식량 사슬, 영양분 순환 같은 견해를 수용했다." 그렇지만 이 분야에서 마르크스의 분석이 주로 리비히로부터 유래되었다는 (그리고 메이어, 틴들, 쉬반으로부터 영향을 받은 것이 틀림없다는) 사실은, 마르크스의 분석이 생화학적 성격도 유기체적 성격도 가지고 있지 않다는 주장과 모순된다. 사실 피셔-코왈스키처럼 "영양분 순환"을 "생화학적 물질대사 해석"과 분리시키려고 한 것은 의심의 여지없이 잘못된 것이었다. 영양분 순환은 유기체의 생명에 일어나는 물질대사 과정의 일부이기

57 Friedrich Engels, *Anti-Dühring* (Moscow: Progress Publishers, 1969), 99; Marx and Engels, *Collected Works*, vol. 25, 578-79, 601. 여기서 엥겔스 주장의 주된 맥락은 생명의 기원에 관한 리비히의 사변을 비판하는 것이었다. 리비히는 생명이 물질만큼 오랫동안 존재해온 것으로 보았다.

때문이다. 따라서 마르크스는, 영양분의 섭취와 인간의 폐기물(즉 배설물) 생산과 관련된 복잡하고 상호의존적인 생화학 과정을 논하면서, "인간의 자연적 물질대사"를 언급했던 것이다.[58]

보다 유용한 내용을 지적하자면, 마리나 피셔-코왈스키는 최근 들어 물질대사 개념이 사회적·생태학적 사유 내에서 "떠오르는 인기 개념"이라고 언급했다. "산업적 물질대사"에 관한 학제간 연구—특정 산업복합체의 물질 및 에너지 처리량을 지배하는 규제 과정을 다룬다—가 부상하고 있기 때문이다.[59] 더 나아가 보다 넓은 지구적 맥락에서 도시와 농촌 사이에서 이루어지는 물질의 상호교환을 분석하기 위해, 물질대사 개념이 자주 사용되고 있다. 이 때에는 이 개념이 리비히와 마르크스가 사용했을 당시와 상당히 유사한 방식으로 이용된다. 이 분야에서 연구하는 학자들은 이제 피셔-코왈스키가 쓴 것처럼, "19세기 사회이론의 토대 안에서 '물질대사' 용어를 사회에 적용했던 인물이 바로 마르크스와 엥겔스였다"는 점을 보편적으로 인식하고 있다.[60]

최근 들어 "산업적 물질대사" 개념을 가지고 연구하는 환경이론가들은 종종, 새가 새집을 지으려고 사용한 물질들이 대체로 새의 물질대사와 관련된 물질 흐름으로 간주되는 것과 마찬가지로, 인간의 생산 내부의 물질 흐름들은 인간의 물질대사의 구성 요소로 간주될 수 있다고 주장해왔다. 예를 들어서 피셔-코왈스키는 "한 사회체제를 구성하는 물질대사의 일부로, **체제의 물질적 구획을 지속시키는 물질 및 에너지 흐름**"을

58 Fischer-Kowalski, 「Society's Metabolism」, 133; Marx, *Capital*, vol. 3, 195.

59 Fischer-Kowalski, 「Society's Metabolism」, 119-20.

60 같은 책, 122.

포함시켰다.[61] 그럼에도 불구하고 그러한 체제가, 특히 인간 사회의 경우에 어떻게 규제되는가는 큰 문제로 남아있다. 마르크스의 경우, 이에 대한 답은 인간의 노동이었으며, 역사적으로 고유한 사회구성체들 내에서 이루어지는 노동의 발전이었다.

지속가능성에 관한 마르크스의 분석

물질대사 개념의 본질적 구성요소는 항상 물질대사가 생명에 필요한 상호작용의 복잡한 관계망을 지속시키고 성장 가능하게 만드는 토대를 구성한다는 관념에 있다. 마르크스는 자본주의 사회 안에서 일어나는 인간 존재의 토대를 형성하는 자연적 조건—마르크스가 "자연이 부과하는 영원한 인간의 생존 조건"이라고 명명한 것—으로부터 인간의 물질적 소외를 포착하기 위해 인간과 지구 사이의 물질대사적 관계에서 발생하는 "균열" 개념을 사용했다.

대규모 자본주의 사회가 인간과 토양 사이의 물질대사에 균열을 야기한다고 주장하는 것은, 지속가능성이라는 자연이 부과한 조건들을 위반했다고 주장하는 것과 마찬가지이다. 마르크스는 "자본주의 생산은 토지의 작용력이 고갈되고 토지의 자연적 성질이 황폐화된 이후에야 비로소 토지에 눈을 돌린다"고 설명했다. 더 나아가 이것은 토양에 대한 관계뿐 아니라 도시와 농촌 사이의 적대적 관계에서도 살펴볼 수 있다.

61 같은 책, 121, 131.

리비히처럼 마르크스에게 있어서, 식량과 섬유의 형태로 빼앗긴 영양분을 토양에 되돌리려는 시도가 실패한 것은 도시 오염 및 근대 오수처리 체계의 불합리성과 관련이 있었다. 『자본론』 3권에서 마르크스는 "런던에서 …… 가공할 비용으로 템즈강을 오염시킨 것 외에 450만 명의 런던 시민들이 배출한 배실물을 가지고 할 수 있는 것은 아무것도 없다"고 지적했다. 엥겔스도 이 점에서는 마찬가지로 명백한 입장이었다. 엥겔스는 리비히와 마찬가지로 『주택문제』(*The Housing Question*)에서 도시와 농촌 사이의 적대적 노동분업을 극복할 필요성을 다루면서, "런던에서는 작센 왕국 전체에서 생산된 것보다 더 많은 분뇨가 막대한 비용을 들여 매일 바다 속으로 방류되고 있다"는 사실을 언급했다. 그러므로 그는 "전 국토에 걸쳐 가능한 한 인구를 균등하게 분포시키는 것"과 더불어 "산업 생산과 농업 생산 사이에 친밀한 관계"를 재확립하는 것이 필수적이라고 지적했다. (이 주장은 마르크스와 엥겔스가 『공산당 선언』에서 했던 주장이다.) 마르크스는 『자본론』 3권을 쓰면서 산업 생산 및 소비 과정에서 생겨난 폐기물과 함께 "인간의 자연스러운 물질대사에 의해 생산된 배설물"이 완전한 물질대사 순환의 일부분으로써 토양으로 되돌아 갈 필요가 있다고 단호하게 주장했다.[62]

마르크스에게 사회적 수준에서 도시와 농촌 사이의 적대적 분업과 관련해 발생한 물질대사적 균열은 지구적 수준에서도 역시 분명하게 나타난다. 모든 식민지들은 식민 본국들의 산업화를 지탱하기 위해 자신들

62 Karl Marx, *Theories of Surplus Value*, part 3 (Moscow: Progress Publishers, 197 1), 301; Marx, *Capital*, vol. 3, 195; Engels, *The Housing Question* (Moscow: Progress Publishers, 1975), 92.

의 토지, 자원, **그리고 토양**이 강탈당하는 것을 목격했다. 리비히는 "대영제국이 모든 나라들로부터 그 곳의 비옥도의 조건들을 약탈하고 있다"고 주장했으며, 아일랜드를 이것의 극단적 사례로 지목했다. 마찬가지로 마르크스는 "영국은 아일랜드의 토양을 간접적으로 수출했고, 이 과정에서 심지어 그곳의 경작자들이 고갈된 토양의 구성요소들을 복구할 수단을 허용치 않았다"고 썼다.[63]

그러므로 자본주의 농업과, 자연이 부과한 인간과 토양 사이의 관계들에서 발생한 물질대사적 균열에 관한 마르크스의 관점은 생태학적 지속가능성이라는 보다 폭넓은 개념으로 나아가게 했다. 그는 이 개념이 자본주의 사회에서는 실질적으로 별로 큰 적절성을 갖지 않지만(자본주의 사회는 이 분야에 합리적인 과학적 방법을 적용할 수 없다), 연합한 생산자들의 사회에서는 가장 중요한 개념이라고 생각했다.

> 특정 곡물의 재배가 시장가격의 변동과 가격변동에 따른 경작의 부단한 변화들에 의존하는 방식—가장 즉각적인 화폐 이윤을 목표로 하는 자본주의적 생산의 모든 정신—이 농업과 모순관계에 있다. 농업은 연속된 인간 세대들이 필요로 하는 전 범위에 걸친 영원한 삶의 조건들에 관심을 가져야 한다.[64]

마르크스는 "연속된 인간 세대들"을 위해 지구를 보존해야 할 필요성을 강조했다(1840년대 초, 프루동의 『소유란 무엇인가』에서 마르크스가 접했던 생

63 Marx, *Capital*, vol. 1, 860; Liebig, 「Einleirung」, 85.
64 Marx, *Capital*, vol. 3, 754.

각). 이것은 바로 지속가능한 발전이라는 현대적 개념의 핵심을 포착한 것이었다. 브룬트란트 위원회의 유명한 정의에 따르면, 지속가능한 발전은 "미래 세대가 그들의 필요를 충족시킬 능력을 저해하지 않으면서 현재 세대의 필요를 충족시키는 발전"이다. 또는 마르크스는 자신이 포착한 동일한 핵심적 생각을 또 다른 관점에서 다음과 같이 설명했다. "토지를 영원한 공동체의 소유로 의식적이고 합리적으로 다루는 것"은 "연속된 인간 세대들의 존재와 재생산을 위한 양도될 수 없는 조건"이다.[65] 『자본론』의 탁월한 한 문단에서 마르크스는 다음과 같이 기술했다.

> 더 고차원적인 사회·경제 체제의 관점에서 본다면, 지구를 특정 개인이 사적으로 소유하는 것은 어떤 사람을 다른 사람이 사적으로 소유하는 것과 마찬가지로 불합리하게 보일 것이다. 심지어 사회 전체나 국가, 모든 사회를 합쳐서 생각한다고 해도 이들은 단지 점유자이자 수혜자일 뿐 소유자일 수 없다. 그리고 훌륭한 가장들(boni patres familias)이 그렇듯, 후손들에게 좀 더 나은 상태로 물려줘야 한다.[66]

생애 말년에 가까워질수록 이 문제는 마르크스에게 점점 더 중요해졌다. 이 당시 그는 고대 러시아 공동체의 혁명적 잠재성에 대해 탐구한 결과, 자본주의 안에서는 완전하게도 합리적으로도 사용되지 않은 근대 "농학 방법들"을 사용해 "대규모로 조직되고 협동적 노동으로 경영되는" 농업체계를 형성하는 게 가능할 것이라는 주장을 발전시켰다. 그

65 같은 책, 948-49.

66 같은 책, 911.

의 주장에 따르면, 그러한 체계의 장점은, 그것이 자본주의 체제를 특징짓는 토양에 대한 순수한 착취관계, 즉 토양 약탈로 전락하지 않으면서, "자본주의 체제에 의해 고안된 모든 긍정적 획득물들을 통합할 수 있는 상태"라는 점에 있다. 마르크스는 생애 말년 즈음 러시아 인민주의자들의 문헌에 집중했고, 자본주의에 맞선 혁명이 러시아—경제적 풍요, 보다 분명하게는 농업적 풍요가 허용되지 않는 나라—에서 최초로 발생할 수 있다고 점점 확신하게 되었다. 이것은 그로 하여금 농업의 저발전과 보다 합리적인 농업체계라는 생태학적 요구에 초점을 맞추도록 만들었다.[67]

마르크스는 단순히 생산 규모를 증대시키는 것이 농업 발전 문제에 대한 해답이라고 믿지 않았다. 그런데도 이런 관점이 그의 주장인 것처럼 이야기하는 것이 일반적이었다. 오히려 마르크스는 자신의 분석을 통해 대규모 농업의 위험성을 알 수 있었고, 아울러 중요한 문제는 인간과 지구 사이의 물질대사적 상호작용이라는 점을 이해할 수 있었다. 그러므로 농업은 지속가능성의 조건이 유지되는 곳에서만 상당히 대규모로 이루어질 수 있다는 것이었다. 마르크스는 대규모 자본주의적 농업 안에서는 이것이 불가능하다고 믿었다. 그는 『자본론』 3권에서 이렇게 기술했다. "이야기의 교훈은 …… 자본주의 체제가 합리적 농업과 대립하고 있다는 점, 혹은 합리적 농업은 (비록 자본주의 체제가 농업에서 기술 발전을 촉진한다 할지라도) 자본주의 체제와 양립할 수 없으며 자기 노동에 의존하는 소규모 농업가나 연합한 생산자들의 통제를 필요로 한다는 점이

67 Marx and Engels, *Collected Works*, vol. 24, 356. 또한 Teodor Shanin, ed., *Late Marx and the Russian Road* (New York: Monthly Review Press, 1983)를 볼 것.

다.” 마르크스와 엥겔스는 저작물에서, 지구와의 관계에서 대지주들이 언제나 자유로운 농업가보다 훨씬 더 파괴적인 존재라고 일관되게 주장했다. 예컨대 엥겔스는 『반듀링론』에서 북아메리카 “남부의 대지주들이 노예를 가지고 토지를 탐욕스럽게 경작한 결과 전나무밖에 자랄 수 없을 정도까지 토양을 고갈시켰다”고 기술했다.[68]

비록 제2차 농업혁명의 모순, 그리고 도시·농촌 간 적대적 분업과 이 모순 사이의 관계에 상당할 정도로 초점을 맞추었다고 할지라도, 마르크스와 엥겔스의 유물론적 자연관은 그들로 하여금 (비록 매우 간략할지라도) 석탄 매장량의 고갈, 삼림파괴 등을 포함한 다른 생태학적 문제들을 검토할 수 있도록 해주었다. 엥겔스는 마르크스에게 보낸 한 편지에서 이렇게 지적했다. “노동하는 개인은 **현재**의 안정자이기만 한 것이 아니고, 훨씬 크게는 태양열이라는 **과거**의 낭비자라네. 어떠한 방식으로 우리의 에너지 보유량을, 석탄을, 광물을, 삼림 등등을 낭비해왔는지에 대해서는 내가 알고 있는 것보다 자네가 훨씬 더 잘 알고 있을 것이네.”[69] 마르크스는 “남벌(濫伐)”의 “황폐화” 효과를 언급했고, 이것을 자본주의만이 아닌 모든 문명을 특징짓는 자연에 대한 착취적 관계의 오랜 역사적 결과물이라고 간주했다. 마르크스는 이러한 현실이 다음의 수준에까지 이르렀다고 기술했다. “문명과 산업 전반의 발전은 항상 적극적인 삼림파괴를 자행했기 때문에, 이와 비교하면 삼림의 보존과 생산을

68 Marx, *Capital*, vol. 3, 216; Engels, *Anti-Dühring*, 211-13. 엥겔스는 대규모 영지로 발생하는 토양의 파괴를 자본주의 탓으로만 돌리지 않았다. 그는 플리니우스를 인용하며 로마 시대의 사례도 언급했다.

69 Marx and Engels, *Collected Works*, vol. 46, 411.

위해 행해왔던 모든 일들이 완전히 무색해진다."[70] 또한 마르크스는 잉글랜드의 숲들은 "진짜 숲"이 아니라고 비난했다. "거대한 공원에 있는 사슴은 런던 참사회 의원들처럼 살이 포동포동 찐 온순한 가축"이기 때문이다. 반면 스코틀랜드의 경우, "이른바 사슴 숲"은 사냥꾼들의 유흥을 위해 (농촌 노동자들의 희생 위에) 세워졌기 때문에 나무라고는 없고 오로지 사슴들로 가득 차 있었다.[71] 고대 유물론자들과 다윈의 영향을 받은 마르크스와 엥겔스는 인간을 자연 우주의 중심에 두는 낡은 파악을 거부했다. 예컨대 엥겔스는 "다른 동물보다 인간을 우위에 놓으려는 관념론적 태도에 심한 경멸"을 표명했다. 마르크스와 엥겔스에게서는 동물을 단순한 기계로 환원시키려는 데카르트주의의 흔적이 전혀 나타나지 않는다.[72]

최근 들어 생태경제학은 에너지학과 엔트로피 법칙을 크게 강조해왔다. 이러한 맥락에서, 마르크스와 엥겔스가 경제학적 가치이론에서 에너지와 물질 흐름이 중요하다는 점을 인정하려들지 않는 오류를 범했다는 주장이 종종 나오고 있다. 특히 그들이 1880년대 초 이 분야에서 다수의 선구적 기여를 만들어냈고 스스로 마르크스의 추종자라고 생각한 초기 생태경제학자 세르게이 포돌린스키(Sergei Podolinsky)를 거부했다는 것이다. 특히 후안 마르티네즈-알리에는 자신의 여러 저작들에서 이러

70 Marx and Engels, *Collected Works*, vol. 42, 559; Karl Marx, *Capital*, vol. 2 (New York: Vintage, 1978), 322.

71 Marx, *Capital*, vol. 1, 892–93.

72 Marx and Engels, *Selected Correspondence*, 102.

한 비판을 퍼부었다.[73]

그럼에도 불구하고 이와 같은 해석을 위해 제공된 전반적인 "증거"는 마르크스가 죽기 석 달 전에 엥겔스가 그에게 쓴 두 통의 편지들뿐이다. 이 편지들에는 마르크스의 요청으로 엥겔스가 포돌린스키의 분석을 평가한 내용이 담겨있다. 이 편지에서 엥겔스는 포돌린스키의 분석이 기초하고 있는 일반적인 과학적 토대는 인정했지만, 에너지 전환에 관한 그의 분석에는 결점이 있다고 비판했다. 포돌린스키의 분석은 농업에서 비료 사용으로 인해 전환된 에너지와 화석 연료의 중요성을 설명하지 못했다는 것이었다. 전반적으로 엥겔스는 경제적 거래와 관련된 에너지 전환을 정확히 계산하는 것은 장애물이 너무 많아서 에너지 전환을 계산하는 게 불가능하다고 믿었다. 이러한 주장은 엔트로피 법칙을 거부하는 것과는 완전히 달랐다.

마르크스는 엥겔스의 편지에 답장을 보내지도 않았고 포돌린스키의 저서에 대해 논평한 적도 없다. 그가 몇 달 후에 죽었다는 사실을 감안한다면 그의 침묵조차도 우리에게 아무것도 말해주지 않는다.[74] 그러나 마르크스가 포돌린스키의 저서를 이용할 수 없었다는 것이 사실이라 할지라도, 그가 리비히의 통찰을 자신의 분석에 통합시켰다는 점을 간과해

73 Juan Martinez-Alier and J. M. Naredo, 「A Marxist Precursor of Energy Economics: Podolinsky」, *Journal of Peasant Studies*, vol. 9, no. 2 (1982), 207-24; Juan Martinez-Alier, *Ecological Economics* (Cambridge, Mass.: Basil Blackwell, 1987), 45-63, and 「Political Ecology, Distributional Conflicts and Economic Incommeasurability」, *New Left Review*, no. 211 (May-June 1995), 71.

74 Marx and Engels, *Collected Works*, vol. 46, 410-13. Burkett, *Marx and Natur*, 131-32를 볼 것.

서는 안 된다. 그러므로 일부 생태경제학자들이 리비히의 연구에 입각해 마르크스의 연구를 살펴보았고, 그의 연구가 자본주의적 농업에 대한 열역학적 비판의 핵심 요소를 제공한 것으로 간주했다는 점은 중요한 의미를 지닌다.[75]

마르크스에 대한 보다 두드러진 비판은 지속가능성 문제에 대한 그의 접근을 전혀 이해하지 못한 데에서 기인한 것으로, 그가 모든 가치가 노동에서 비롯된다고 보는 노동가치이론을 구성함으로써, 그리고 자연을 자본의 "공짜 선물"이라고 언급함으로써, 이른바 부의 창출에서 자연의 역할을 부정했다는 것이다.[76] 그러나 이러한 비판은 마르크스의 경제학에 대한 근본적인 오해에서 비롯된 것이다. 지구가 자본에 준 자연의 선물이라는 사고는 마르크스 훨씬 이전에 이미 맬서스가 제출한 것이었다. 마르크스는 이것을 자본주의적 생산의 현실로서 받아들였지만, 그러한 관점에 배태된 사회적 생태학적 모순을 깨닫고 있었다. 마르크스는 『경제학 수고, 1861–1863』(*Economic Manuscript of 1861-63*)에서, 자본이 초래한 역사적으로 고유한 사회관계들과 환경이 어떻게 연관되는지를 인식하지 못하면서, 환경이 "인간에게 준 자연의 선물"이라는 "중농주의적

75 Koza Mayunu, 「Temporary Emancipation from the Land」, *Ecological Economics,* vol. 4. no. 1 (1991), 35–56.

76 Jean-Paul Deleage, 「Eco-Marxist Critique of Political Economy」, in Martin O'Connor, ed., *Is Capitalism Sustainable?* (New York: Guilford, 1994), 48; Ward Churchill, *From a Native Soil* (Boston: South End Press, 1996), 467–68; Nicholas Georgescu-Roegen, *The Entropy Law in the Economic Process* (Cambridge, Mass.: Harvard University Press, 1971), 2. 뒤이어 나오는 비판과도 긴밀히 관련된 이러한 비판들에 대한 강력한 비판에 대해서는 Burkett, *Marx and Nature*, 79–98을 볼 것.

관념"으로 후퇴했다는 이유에서, 맬서스를 반복해서 공격했다.[77]

그럼에도 불구하고 이러한 고전 자유주의 정치경제학의 교의는 대단한 경제이론가 알프레드 마셜(Alfred Marshall)의 연구를 통해 신고전주의 경제학으로 발전되었고, 1980년대까지 신고전주의 경제학 교과서에 계속 남아 있었다. 그러므로 널리 애용된 캠벨 맥코넬(Campbell McConnell)의 경제학 개론 교과서 제10판(1987)에는 다음과 같이 진술되어 있다. "토지는 생산과정에서 이용할 수 있는 모든 자연자원들—모든 '자연의 공짜 선물'—을 이른다." 그리고 더 나아가 우리는 이러한 문장도 찾을 수 있다. "토지는 생산비용이 들지 않는다. 토지는 '자연이 무상으로 주는 재생산이 어려운 선물'이다."[78]

마르크스는 분명 **자본주의 가치법칙 안에서** 자연이 가치를 갖지 않는다는 고전 자유주의 정치경제학에 동의했다. 그는 이렇게 적고 있다. "땅은 …… 사용가치, 물질적 생산물, 가령 밀의 생산과정에서 생산의 한 주체로 적극적인 역할을 한다. 그러나 땅은 **밀의 가치**를 생산하는 것과 아무런 관련이 없다."[79] 자본주의 안에서의 여느 상품과 마찬가지로 밀의 **가치**는 노동으로부터 발생한다. 그렇지만 마르크스에게 있어서, 이것은 단지 자본주의적 상품관계와 교환가치를 중심으로 만들어진 체제에서 부를 아주 협소하고 제한되게 파악하고 있음을 나타낼 뿐이다. 그

77 Thomas Malthus, *Pamphlets* (New York: Augustus M. Kelley, 1970), 185; Marx and Engels, *Collected Works*, vol. 34, 151–59.

78 Campbell McConnell, *Economics* (New York: McGraw Hill, 1987), 20, 672; Alfred Marshall, *Principles of Economics* (London: Macmillan, 1920).

79 Marx, *Capital*, vol. 3, 955.

의 주장에 따르면, 진정한 부는 사용가치－그것의 특수한 자본주의 형식을 초월하는 생산 일반의 특징－로 이루어져 있었다. 실제로 마르크스가 자본의 전체 변증법 중 가장 중요한 모순이라고 생각했던 것이 바로 자본주의가 일으킨 사용가치와 교환가치 사이의 모순이었다. 사용가치의 생산에 이바지했던 자연은－비록 부에 대한 자연의 기여가 체제에 의해 무시되었다 하더라도－노동과 마찬가지로 부의 원천이다. 사실 노동 그 자체도 궁극적으로는 자연의 속성으로 환원된다. 이것은 에피쿠로스로까지 거슬러 올라가는 유물론적 전통에 깊이 새겨져 있는 전제이다. 마르크스는 『자본론』에서 이렇게 썼다. "루크레티우스가 한 말은 자명하다. 'nil posse creari de nihilo', 즉 무(無)로부터는 어느 것도 창조될 수 없다. '가치의 창출'은 노동력의 노동으로의 전환이다. 노동력 자체는 무엇보다도 인간 유기체로 변형된 자연의 물질이다."[80]

마르크스는 다음과 같이 언급했다. "자연은 기계도, 기관차도, 철도도, 전신기도, 자동 뮬 방적기 등도 만들지 못한다. 이것들은 인간 근면의 산물들이고, 자연에 대한 인간 의지의 기관이나 자연에서 인간 참여의 기관으로 변형된 자연의 물질이다. 그것들은 **인간의 손으로 창출된 인간 두뇌의 기관들**이며, 대상화된 지력이다." 그러므로 인간은 생산을 통해 새로운 형태를 만든다. 다시 말해 인간은 이미 존재하는 물질적 자연을 적극적으로 변형한다. "노동은 살아 있는, 형태를 부여하는 불(火)이다. 살아 있는 시간에 따른 사물들의 형성으로 사물들의 일시성, 사물

80 Marx, *Capital*, vol. 1, 323; Lucretius, *On the Nature of the Uuiverse* (Harmondsworth: Penguin Books, 1994), 13–14 (1.145–60).

들의 한시성이다."[81] (마르크스는 여기서 단순히 "구체화된 시간"으로서 사물과 물질의 일시적 본성을 이야기한 에피쿠로스의 견해를 따르고 있다. 그는 이러한 내용을 박사 학위논문에 썼다. 이 책의 2장을 참조하라.)

물질적 자연과 인간 노동의 변형적 역할을 모두 설명하고자 한 이러한 파악에 따라, 마르크스는 『자본론』의 서두에서 "노동이 물질적 부, 즉 생산한 사용가치의 유일한 원천이 아니다. 윌리엄 페티(William Petty)가 말했던 것처럼, 노동은 물질적 부의 아버지이며 토지는 물질적 부의 어머니이다"라고 썼다. 『고타 강령 비판』에서, 마르크스는 페르디난트 라살레(Ferdinand Lassalle)와 같은 사회주의자들에게 신랄한 비판을 가했다. 그들이 노동을 부의 유일한 원천으로 보고 자연의 기여를 무시함으로써, 마르크스가 "**초(超)자연적 창조력**"이라고 명명한 힘을 노동에 부여하려고 했기 때문이다.[82] 마르크스의 주장에 따르면, 공산주의는 부를 훨씬 더 보편적인 측면에서 바라보게 될 것이다. 부를 구성하는 물질적 사용가치들은 인간 창조성의 완전한 발전, 즉 "부의 소비만큼이나 부의 생산의 모든 방면에서 이루어지는 풍부한 개성의 발전"을 위한 토대를 이루게 될 것이다. 그리고 이것은 자연이 허용하는 관계의 부를 확장하고

81 Marx, *Grundrisse*, 706, 361. 여기서 마르크스가 노동을 "형태를 부여하는 불"로 언급한 것은 또한 『자본론』에서 노동의 "생기력"이라고 종종 언급했던 것과 관련해 살펴볼 수 있다. 이 지점에서, 그는 능동적으로 물질을 변형하고 새로운 조직형태들을 만들어내는 활동하는 생명을 "생기력"으로 본 리비히의 생각을 차용한 것으로 보인다. 이것은 마르크스의 "발생론적" 접근과 일치했다. Hall, *Ideas of Life and Matter*, 269-71을 볼 것.

82 Marx, *Capital*, vol. 1, 134; Karl Marx, *Critique of the Gotha Programme* (Moscow: Progress Publishers, 1971), 11.

이와 동시에 인간과 자연의 변화하는 물질대사를 반영할 것이다.[83]

이 영역에서 마르크스에게 가해진 훨씬 더 중요한 비판은 그가 자본주의에서의 생산력 발전을 중시하여 탈(脫)자본주의 사회에서 존재하게 될 조건들에 대해 극단적으로 낙관적이고 풍요를 전망하는 관점을 지니고 있다는 것이다. 이러한 해석에 따르면, 마르크스의 미래 사회 전망은 너무나 지나치게 풍요를 가정해, 천연자원의 희소성과 생산에 대한 외부적 한계와 같은 생태학적 고려가 사라졌다는 것이다. 그러므로 알렉 노브는 주장하기를, 마르크스는 자본주의에서 "생산의 문제가 '해결'될 것이라고" 믿었고, 연합한 생산자들의 미래 사회는 "희소자원의 할당 문제를 진지하게 고려"할 필요가 없을 것이라고 확신했다. 이는 "생태학적 의식을 가진" 사회주의가 필요치 않다는 것을 암시했다.[84]

그러나 노브가 주장한 것처럼 천연자원이 "고갈되지 않고" 생태학적 풍요가 단지 자본주의적 생산력의 발전 때문에 보장된다고 주장하기는 커녕, 마르크스는 반복해서 자본주의가 농업에서 만성적인 생산문제를 낳았으며, 이것이 궁극적으로 지속 불가능한 방식으로 조직된 생산에 기인한다고 단언했다. 마르크스의 주장에 따르면, 농업 일반은 "자연발생적으로 진보하고 **의식적으로 통제되지** 않을 때에는 …… 그것 뒤에 사막—페르시아와 메소포타미아, 그리스—만을 남길 뿐이다."[85]

---

83 Marx, *Grundrisse*, 325; Michael Lebowitz, *Beyond Capital* (New York: St. Martin's Press, 1992), 96-100도 볼 것.

84 Alec Nove, 「Socialism,」, in John Eatwell, Murray Milgate, and Paul Newman, eds., *The New Palgrave Dictionary of Economics*, vol. 4 (New York: Stockton Press, 1987), 399.

85 같은 책; Marx and Engels, *Selected Correspondence*, 190.

산업의 경우, 마르크스는 엄청난 양의 폐기물 발생에 대해 알고 있었고, 특히 『자본론』 3권, 「생산과정에서 발생한 폐기물의 활용」의 장에서 폐기물 "감소" 및 "재활용"의 필요성을 강조했다. 더 나아가 그는 사회주의 혹은 공산주의를 건설하려고 시도하는 어떤 사회에서도 이러한 어려운 문제들로 계속 괴롭힘을 당할 것이라고 암시했다. 따라서 비록 앤드류 맥로린(Andrew Mclaughlin)과 같은 일부 비판자들이 마르크스가 "전반적인 물질적 풍요를 공산주의의 토대"로 전망했으며 그 결과 "인간 지배로부터 자연의 해방에 대해 일말의 관심이라도 기울였다는 근거는 전혀 보이지 않는다"고 주장했지만, 이와 같은 견해는 마르크스의 글들에 나오는 숱한 증거들과 모순된다. 마르크스는 그의 글들에서 생태학적 한계와 지속가능성의 문제에 대해 깊은 관심을 피력했다.[86]

더욱이 마르크스의 방대한 지적 전집의 어느 부분에도, 지구와의 지속가능한 관계가 사회주의로의 이행과 함께 자동으로 실현될 것이라고 그가 믿었다는 근거는 하나도 없다. 오히려 마르크스는 이 분야에서 계획의 필요성을 강조했다. 이것은 도시와 농촌 사이의 적대적 노동분업을 제거하는 조치들로부터 시작될 것이었다. 이것은 인구 분산의 확대, 산업과 농업의 통합, 토양 영양분의 재순환을 통한 토양의 회복과 개선 등을 포함한다. 이 모든 점은 명백히 지구와 인간 사이의 관계에서 혁명적 변혁을 요구하는 것이었다. 마르크스는 이렇게 관찰했다. 자본주의는 "그것들의 적대적 고립 시기동안 발전시켜 온 형태들을 토대로 농업과 산업의 결합, 새롭고 고차원적인 종합을 위한 물질적 조건들을 창출한

86 Marx, *Capital*, vol. 3, 195-97; Andrew McLaughlin, 「Ecology, Capitalism, and Socialism」, *Socialism and Democracy*, vol. 10 (1990), 69-102.

다." 그의 주장에 따르면, 이러한 "고차원적 종합"을 이루기 위해서는, 새로운 사회에서 연합한 생산자들이 "합리적 방식으로 자연과 인간의 물질대사를 지배"하는 것을 필요로 했다. 이것은 혁명 이후 사회에 근본적이고 지속적인 도전을 제기하는 요구였다.[87]

연합한 생산자들의 사회를 향하여

마르크스에게, 자본주의는 사회 속에서 인구들 사이의 극단적 분리를 특징으로 하는 계급사회였다. 이 사회는 마찬가지로 대지로부터 인구의 극단적 분리에 그 뿌리를 두고 있었다. 그는 『정치경제학 비판 요강』에서 이렇게 전한다. 모든 형태의 사회에서 "생산은 개인으로서는 특정한 사회 형태 안에서 생산을 통해 자연을 전유하는 것이다." 그러나 공동체 소유와도 구분되고 토지에 대한 개별 노동자-농업가 소유권에 근거한 사적 소유와도 구분되는 자본주의 사적 소유 체제는 주민 대중과 지구 사이의 직접적 연관을 모두 끊어버리는 것을—종종 강제적 제거를—통해 등장했다. 그러므로 자본주의적 임금노동의 발전을 위한 "전제"는 "자유로운 노동을 그것의 실현을 위한 객관적 조건—노동수단과 노동재료—으로부터 분리하는 것이다. 따라서 무엇보다 자연의 작업장인 토양으로부터 노동자를 분리하는 것이다." 그래서 마르크스에게는 자본의 존재 자체는 다음을 전제로 했다. "노동자가 소유자이거나 소유자

87 Karl Marx and Friedrich Engels, *The Communist Manifesto* (New York: Monthly Review Press, 1998), 40; Marx, *Capital*, vol. 1, 637-38와 *Capital*, vol. 3, 959.

가 노동하는 다양한 형태들을 해체하는 역사적 과정을 전제로 한다. 따라서 무엇보다도 이것은 (1) 노동자가 자신의 유기적 존재로서 관계하고 있으며, 생산의 자연적 조건인 대지―토지와 토양―와의 관계의 **해체**, …… (2) 노동자가 **소유자**로 등장하는 **관계들의 해체**이다." 이렇게 인간 노동과 대지 사이에 존재하던 유기적 관계의 해체는, 마르크스를 포함한 고전 경제학자들이 "시원적", "본래적", "본원적" 축적이라고 불렀던 형태를 취했다. 이 과정이 자본주의 체제의 창세기라 할 수 있다.[88]

마르크스는 『자본론』 1권의 마지막 8편(8장으로 구성되어 있다)을 "이른바 본원적 축적"을 묘사하는 데 바쳤다. 여기서 그는 14세기부터 시작하는 긴 역사적 과정을 서술했다. 이에 따르면, 인구의 압도적 다수가 종종 강압때문에 토지로부터 쫓겨나 "자유롭고 보호받지 못하며 권리도 없는 프롤레타리아트로 노동시장에 내던져졌다." 더욱이 이러한 "농업 생산자인 농민에 대한 수탈"이라는 역사적 과정은 자본주의적 농업가와 산업 자본가의 등장과 함께 갔다.[89]

마르크스가 집필할 당시 이러한 과정이 최고로 발전해 있었고, 따라서 그가 본원적 축적의 고전적 형태로 삼았던 잉글랜드에서, 일찍부터 화폐 귀족으로 탈바꿈했던 귀족은 "경작지를 목양지로 전환하는 것을 …… 자신들의 강령"으로 만들었다. 농민의 추방과정은 공유지에 울타리를 치는 형태를 취했고 이를 통해 자유로운 농업 노동자들을 그들의 생산수단으로부터 분리했다. 이로써 그들은 도시에서 자신의 노동력을 판매함으로써만 생존이 가능한 빈민과 프롤레타리아트로 전락했다.

88 Marx, *Grundrisse*, 87, 471, 497.

89 Marx, *Capital,* vol. 1, 873–76.

마르크스는 이러한 역사적 운동에 대한 비판을 발전시키면서, 『헨리 7세의 치세』(*The Reign of Henry VII*)에 나오는 "인구를 절멸하는 울타리치기"에 대한 베이컨의 비판과 잉글랜드는 "양이 바로 인간 자신을 삼키는 기묘한 땅"이라고 이야기한 모어의 『유토피아』에 최고의 권위를 부여했다. 종교개혁과 교회 토지의 압수는 이 과정 전체에 새로운 추동력을 주었다. 종교개혁 시기 "기독교 교회"는 마르크스의 언급에 따르면, "잉글랜드 땅의 대부분을 차지한 봉건적 소유자"였다. 교회 토지의 몰수와 함께 셀 수없이 많은 농민이 추방당했다. 빈곤의 증대가 너무나 심각해서 엘리자베스 여왕은 이러한 현실을 받아들이고 구빈세를 곧장 도입할 수밖에 없었다. 이것이 구빈법의 출발이다. 마르크스에 따르면, "사실 공유지의 강탈과 이와 함께 일어난 농업혁명은 농업 노동자에게 너무 극심한 영향을 끼쳐서, …… 그들의 임금은 1765년과 1780년 사이의 최저 수준 이하로 떨어지기 시작했고 구빈법에 따른 공식적 구호로 보충되어야 했다."[90]

이러한 변화는 또한 자작농(yeomanry)의 종말을 불러왔다. 이들은 17세기까지도 농업가 계급보다 숫자가 훨씬 더 많았고 크롬웰의 신형군(New Model Army)의 주력을 구성했다. 18세기에 이르러 자작농들은 완전히 사라졌다. 수많은 "공유지 울타리치기 법안들"이 공유지의 강탈을 합법화하기 위해 도입되었다. "19세기가 되자 농업 노동자와 공동체 소유 사이의 연관성에 대한 기억 자체가 …… 사라졌다."[91] 그렇지만 울타리치기 과정은 19세기까지 계속됐다. 마르크스는 "19세기에 활용된 방법의

90 같은 책, 877-88.
91 같은 책, 885-90.

사례"로 다음을 들었다.

여기에서는 서덜랜드 공작부인이 한 "청소"를 예로 드는 것으로 충분할 것이다. 경제학에 조예가 깊은 이 인물은 씨족의 수장이 되자 곧 경제적 근본치료책으로, 이미 비슷한 과정으로 주민 수가 15,000명으로 감소하여 있던 서덜랜드 주 전체를 목양지로 전환하기로 결심했다. 1814년부터 1820년까지 이 15,000명의 주민, 약 3,000세대의 가족은 체계적으로 사냥당했고 축출되었다. 그들의 모든 촌락은 파괴되고 소각되었으며 모든 경작지는 목장으로 전환되었다. 영국 병사들이 이러한 대규모 퇴거를 집행했고, 주민들과 싸움까지 벌이게 되었다. 자신의 오두막집에서 떠나기를 거부한 노파는 불길 속에서 타 죽었다. 이와 같은 방법으로 이 귀부인은 아득한 옛날부터 씨족의 소유에 속했던 794,000에이커의 토지를 자기 것으로 만들었다. 그는 추방된 주민에게 한 가족당 2에이커씩 약 6,000에이커의 토지를 해변에 배당했다. 이 6,000에이커의 토지는 종전에는 황무지였으며 소유자에게 아무런 수입도 가져다주지 못했다. 이 공작부인은 고귀한 심정에서 수 세기 동안 자기의 가문을 위해 피를 흘린 씨족민들에게 에이커당 평균 2실링 6펜스의 지대로 소작을 주었다. 씨족민들로부터 약탈한 전체 토지를 29개의 대규모 차지 목양지로 그 각 목양지에는 불과 한 가족이 대개는 잉글랜드로부터 이주해 온 농장관리인이 거주했을 뿐이다. 1825년에는 벌써 15,000명의 게일인이 131,000마리의 양으로 교체되었다. 주민 중 해변에 추방된 사람들은 어업으로 생활하려고 했다. 그들은 양서류가 되어 어떤 영국 저술가가 말한 바와 같이 반은 육상에서 반은 수상에서 생활했는데, 그러나 수륙(水陸)을 합하더라도 그들의 생활의 절반밖에 보장되지 않았다.[92]

이 모든 것은 "땅을 자본으로 통합시키는 것"이 가능해진 동시에 도시의 산업을 육성하는 데 필요한 잉여노동 군대를 창출했다는 의미였다.[93]

그러나 마르크스는 이러한 질문을 한다. "자본가들은 최초에 어디에서 생겨났는가? 농업 농민의 수탈을 통해 직접 창출되는 유일한 계급은 대토지소유계급이기 때문이다." 마르크스는 이 질문에 대한 답을 두 부분으로 나누었다. 하나는 자본주의 농업가에게서 기원을 찾고, 다른 하나는 산업 자본가들에게서 기원을 찾았다. 전자는 점진적으로 등장했고 14세기 후반부에 초기 형태의 토지 관리인(bailiff)에서 등장했다고 말할 수 있다. 농업가가 실질적 농업 노동을 수행할 수 있도록 지주가 씨앗, 가축, 농기구를 제공하기 시작한 게 바로 이 시기였다. 결국, 이것은 지대에 기초한 발전된 체제의 형태를 취한다. 무엇보다 이것의 전체 과정은 15세기 말에 시작된 농업혁명과 울타리치기 운동때문에 크게 촉진되었다. "공유지의 강탈은 농업가가 거의 아무런 비용도 들이지 않고 자신의 가축 수를 많이 증가시킬 수 있도록 해주었다. 반면, 가축 자체는 토지 경작을 위해 필요한 더 많은 양의 거름을 산출했다."[94]

아담 스미스가 지적했던 것처럼, 노동분업의 수준은 부분적으로 시장의 수준에 의존한다. 마르크스에게 있어서, "산업 자본가의 기원"은 영국사에 관한 이야기라기보다는 차라리 세계사에 관한 이야기라 할 수 있었다. 산업 자본가는 점진적으로 나타난 것이 아니라 순식간에 등장

92 같은 책, 891-92.

93 같은 책, 895.

94 같은 책, 905-6.

했다. 이것은 비(非)자본주의 세계에 대한 약탈과 대서양 양안(洋鞍)의 노예 체제를 위한 삼각무역의 창출이라는 형태를 띠었다. 이에 대해 마르크스는 다음과 같은 유명한 표현을 했다.

> 아메리카에서 금과 은의 발견, 광산에서 아메리카 원주민들의 박멸과 노예화와 매장, 인도에 대한 정복과 약탈의 시작, 아프리카를 상업적 흑인 사냥터로 전락시킨 것 등은 모두 자본주의적 생산 시대의 새벽을 특징짓는 것들이다. 이러한 목가적인 행위들이 본원적 축적의 주요 계기가 되었다.[95]

영국과 뉴잉글랜드의 청교도들이 촉진한 전리품의 거래, 자바에서의 노예 거래, 인도의 정복과 약탈, 아편 무역 등, 이것은 모두 자본이 세계 체제를 창출하는 수단들이었다. 이 체제에서 자본은 유럽에 이익이 되는 방향으로 자본주의적 산업을 위한 부와 원자재를 추출해 갈 수 있는 통제권을 손에 쥐었다. 반면 자본은 다른 곳의 공동체적 소유체제들을 파괴했다. 이 모든 것은 산업자본의 발생을 위한 최초 축적을 할 수 있게 했던 더 큰 지구적 수탈의 일부분이다. 그러므로 마르크스의 주장에 따르면, 캐리가 "다른 모든 나라를 순전히 농업 민족으로 남겨두고, 영국이 제조업을 전담하려고 시도했다"고 하여 영국을 비난한 데에는 "그럴 만한 이유가 없었던 것이 아니었다." 이윽고 "세계의 공장"으로 알려지게 되는 영국 내부에서 일어난 변화는 엄청난 것이었다. 그 변화는

95 같은 책, 915.

"한 편에서 사회적 생산수단과 생활수단을 자본으로 변형시켰고, 반대편에서 다수의 인구를 임금노동자로 근대 역사의 인위적 산물인 자유로운 '노동 빈민'으로 변형시켰다."[96]

('이른바') 본원적 축적은 자본의 전사(前史)이자 전제조건이다. 이것이 대변하는 탈바꿈과정은 이전 사회를 자본주의적 전유체제로 인도했다. 이것은 소외된, 그러나 형식적으로는 자유로운 노동에 대한 착취에 의존한다. 그리고 이로부터 자본주의적 축적의 모든 역사적 경향—자본주의 발전의 "내재적 법칙들"—이 생겨난다. 마르크스는 이러한 조건들 안에서 인구 자체를 규제하는 새로운 법칙들을 이용해, 이 법칙을 극히 간결하게 표현했다. 그는 이 법칙을 자본주의적 축적의 "절대적 일반 법칙"이라고 불렀다. 이것은 프롤레타리아트의 착취를 기반으로 건설된 자본주의 계급사회의 경향이다. 이 법칙에 따르면, 사회는 양극화되어 더욱더 많은 부가 더한층 소수의 손에 집중되는 반면 인구의 압도적 다수는 실업상태의 산업예비군의 지속적 재생산으로 지위가 계속 하락해 상대적 빈곤 및 퇴보 상태에 놓이게 된다. 마르크스는 이를 다음과 같이 표현했다.

> 사회적 부, 기능 자본, 자본 성장의 정도에 에너지가 크면 클수록, 따라서 프롤레타리아트의 절대적 숫자와 그들의 노동생산성 역시 크면 클수록, 산업예비군의 숫자도 그만큼 더 커진다. 현역 노동 군대와 비교했을 때 이 산업예비군의 숫자가 더 크면 클수록, 확실한 잉여 인구의 숫자도

96 같은 책, 912, 925.

그만큼 더 커진다. 이들의 비참함은 그들이 노동형태 속에서 겪어야만 하는 고문의 크기와 반비례한다. 마지막으로 노동계급과 산업예비군 중 빈민화한 부문이 더 확대되면 될수록, 공식적 빈민의 숫자는 더 커진다. **이것이 자본주의적 축적의 절대적 일반 법칙이다.** 모든 다른 법칙들과 마찬가지로 이 법칙 역시 다양한 환경에 따른 자체 작용 과정에서 수정되지만, 이에 대한 분석은 여기서 우리의 관심사가 아니다.[97]

이러한 방식으로 마르크스는『자본론』1권의 마지막 두 편에서 ― 맬서스의 이론이 취한 초(超)역사적 (그리고 본질적으로 비(非)발전적) 형태와는 매우 다른 ― 인구 법칙을 강조한다. 자본주의의 전제조건은 토양으로부터 다수의 인구를 추방하는 것이며, 이것이 자본 자체의 역사적 발전을 가능케 했다. 이것은 인구 중 부자와 빈자 사이의 계급 양극화 증대, 농촌으로부터 도시의 적대적 분리라는 형태를 띤다. (체제 중심의 산업 발전을 위해 일부 나라들을 단순히 농업 생산기지로 단순한 원자재의 공급지로 전락시킨 사실에서 볼 수 있듯이, 이것은 세계적 규모로 되풀이되었다.)

마르크스에게 이 모든 것은 그가 자본주의 사적 소유 체제의 "종차"(differentia specifica)라고 명명했던 것 ― 자본주의가 자연에 기초한 욕구의 모든 형태로부터 체계적인 소외를 만들어낸 것을 바탕으로 세워졌다는 사실 ― 과 떼려야 뗄 수 없는, 사실상 논리적인 부산물이었다. 그러므로 인위적인 자본체제 안에서는 진정한 보편적 자연 욕구의 충족이 아니라 교환가치(즉 이윤)의 추구가 생산의 목적과 동기를 구성한다. 그 결과 한

97 같은 책, 798.

편에서 끝이 어딘지도 모를 만큼의 부와, 다른 한 편에서 인간성 자체를 모두 부정당한 소외되고 착취 받고 타락한 존재 사이에서 생겨난 극단적인 양극화가 자본주의 체제를 가로지르는 단층선과 같은 모순을 낳는다. 결과적으로 사회적 노동의 발전을 왜곡하고 제약하는 자본주의의 "외피"는 산산이 조각나고, 자본주의 사적 소유의 조종이 울려 퍼진다. 수탈자가 수탈당한다.[98]

그러나 이 모든 것과 관련해 마르크스는 계속해서 지구로부터의 소외가 자본주의 체제의 필수불가결한 요소라고 주장했다. 그러므로 자주 무시되어온 『자본론』 1권의 마지막 장인 「근대 식민이론에 대하여」에서, 그는 에드워드 웨이크필드(Edward Wakefield)의 식민이론을 강조한다. 이 장에서 웨이크필드는 식민지 산업을 위한 값싼 프롤레타리아 노동력을 유지할 수 있는 유일한 방법은 인위적으로 지가를 올리는 방법을 모색하는 것이라고 주장했다. 그렇지 않으면, 노동자는 곧장 토지를 찾아 산업을 떠날 것이고 자신을 소규모 소유자로 전환할 것이기 때문이다. 마르크스에게 이것은, 형식적으로 자유로운 노동의 체제 전반이 의존하고 있는 토대인, 인구를 토지로부터 분리하고 소외시키는 것이 지닌 모순을 보여주는 것이었다. 자본에 따른 토지의 속성 변혁에 대해 마르크스는 『정치경제학 비판 요강』에서 다음과 같이 이야기했다. "스튜어트가 말한 것처럼 너무 많은 입이 달린 토지를 '청소'하고, 대지의 자식들을 그들을 길러낸 가슴에서 떼어내며, 따라서 본성상 생존의 직접적인 원천으로 나타나는 토지에 대한 노동을 순전히 사회적 관계에 의존하는 매개적 생

98 같은 책, 769, 929.

존 원천으로 변혁한다." 그러므로 자본주의의 변혁, 임금노동의 폐지, 연합한 생산자들의 사회 창출을 위해서는 지구로부터 인간의 소외를 폐지하는 것이 필요하다.[99]

그래서 1840년대 이후로 계속해서 마르크스와 엥겔스는 자본주의가 의존하고 있는 이러한 자연으로부터의 소외를 극복할 필요성을 주장해왔다. 그들의 주장은 항상 농업과 산업의 통합을 통한 도시와 농촌 사이의 적대적 관계의 극복, 인구의 분산, 마르크스가 이야기해왔던 인간과 지구 사이의 물질대사적 관계의 "회복"과 관련되어 있었다. 마르크스는 다음과 같이 말한 히폴리트 콜린스(Hippolyte Collins)의 주장을 인용했다. "단지 튼튼한 팔뚝만을 가지고 있는 사람이 존재할 수 있는 것은 토지에 대한 개인적 전유 때문이다. …… 네가 어떤 사람을 진공 속에 가둔다면, 너는 그로부터 공기를 빼앗는 것이다. 네가 어떤 사람을 땅에서 내쫓을 때도 똑같은 짓을 하는 것이다. …… 왜냐하면 너는 그 사람을 아무런 부도 없는 공간에 가두는 것이고, 이를 통해 그에게 네가 원하는 방식에 따라 사는 것을 제외하고는 그 어떤 생활 방식의 여지도 남기지 않기 위하여 복지가 없는 공간에 그를 밀어 넣기 때문이다."[100]

엥겔스는 리비히를 따라 도시와 농촌 사이의 적대 극복을 생태학적 언어로 다음과 같이 표현했다.

---

99 같은 책, 931-40; Marx, *Grundrisse*, 276. 마르크스는 웨이크필드로부터 광범위한 발췌문을 만들어 놓았고, 1850년-1853년에 노트 해당 부분 여백에 정확하게 이러한 요점을 강조하는 세로선을 쳐놓았다. Marx and Engels, *MEGA*, part 4, vol. 9, 486-91을 볼 것.

100 Marx, *Capital,* vol. 1, 939.

> 도시와 농촌 사이의 대립 폐지는 단순히 가능하기만 한 것이 아니다. 그것은 농업생산과 그 외의 공중보건에서 필연이 된 것처럼, 산업생산 그 자체에서도 직접적인 필연이 되었다. 현재 공기, 물, 토양의 오염은 오직 도시와 농촌의 융합을 통해서만 종식될 수 있다. 그리고 이러한 융합만이 도시에서 점점 쇠약해지는 대중의 상황을 변화시킬 것이고 인간 배설물들이 질병 유발 대신에 식물 재배에 이용될 수 있을 것이다.[101]

그러므로 마르크스와 엥겔스는 미래 사회를 착상하면서 도시와 농촌 관계의 고차원적 종합을 제안했다. 이에 대해 버텔 올만(Bertell Ollman)은 이렇게 설명했다. 이것은 "도시 안에 공원, 숲, 정원 등을 위한 상당한 규모의 땅을 확대하는 것뿐 아니라 일정 산업을 농촌으로 이전시키는 것과 연관이 있을 것이다. 또한 나는 마르크스가 한 도시에 거주하는 인구의 수가 감소해야 하고 중소규모의 도시들이 나라 전역에 건설되어야 한다고 보았을 것으로 생각한다."[102]

마르크스의 공산주의 전망과 생태학적 지속가능성 사이의 밀접한 관련성은, 19세기 영국의 예술가이자 공예가이고 설계사이며 시인인 사회주의 활동가 윌리엄 모리스(William Morris, 1834—1896)의 유토피아 개념에서 분명히 나타난다. 그는 마르크스적 사회주의의 확고한 지지자였을 뿐 아니라 영국적 상황에서 초기 녹색사상가 중의 한 명이었다. 모리

101 Engels, *Anti-Dühring*, 351–52.

102 Bertell Ollman, *Social and Sexual Revolution* (Boston: South End Press, 1979), 56–57.

스의 기념비적 유토피아 소설, 『유토피아에서 온 소식』(*News from Nowhere*)에서, 모리스는 어떤 사회를 묘사했다. 이 사회에서는 세계 시장을 타도한 결과 이윤을 위한 인위적 필요에 맞춰진 낭비적 형태의 경제적 생산을 종식했다. 이후 "제대로 된 사용 목적이 없는 경우에는 아무 것도 **생산할 수 없는**" 방식으로 생산이 재조직되었다. 사회는 협소하게 정의된 도구주의적 목표들을 포기했기 때문에, 지적 탐구와 독립적 공예를 추구하기 위한 자유시간이 더욱 유용하게 되었다. 한편 노동 자체는 인간의 창조성에 대한 욕구와 사회적 욕구의 수행, 이 둘 모두에 봉사하는 것으로 간주했다. 마르크스의 정신을 계승하는 모리스에 따르면, 이러한 혁명 이후의 유토피아적 사회질서에서는 "도시와 농촌 사이의 차이가 점점 줄어든다." 혁명 이후 초기에는, 사람들이 도시에서 농촌으로 몰려갔지만—농촌의 인구가 도시의 인구보다 훨씬 더 많았다—"주변 환경의 영향에 굴복해 촌사람이 되어 버렸다." 이 책의 설명에 따르면, 19세기의 영국은 "제대로 관리되지 않고 가난에 찌든 농장들로 둘러싸이고 공장주에게 약탈당하는, 거대하고 더러운 공장들과 그것보다 더 불결한 도박 소굴의 나라가 되었다. 이제는 이곳이 아무것도 낭비되지 않고 아무것도 망가지지 않으며, 필요한 거주지와 헛간, 공장들이 나라 전역에 깔끔하고 깨끗하며 아름답게 분산된 정원으로 탈바꿈했다." 그렇지만 이러한 정원의 존재는 결코 야생지역의 보존을 배제하지 않았다. 야생지역은 그 곳의 고유한 가치대로 유지되었다. 반면 인구는 안정적으로 유지되며 골고루 퍼져 살게 되었다(마르크스와 엥겔스가 『공산당 선언』에서 발표한 강령 일부이다).[103]

마르크스의 전망에 매우 가까운 모리스의 전망은(그는 마르크스를 읽고 또 읽었다) 마르크스의 분석이 지닌 진정 혁명적 성격을 일깨워준다. 마르크스의 분석은 아주 이른 시기의 저작들에서부터 이미, 자본주의 하에서 발생하는 지구로부터 인류의 소외를 자본축적 체제 안에서 발생하는 소외의 전제조건으로 설명했다. 이와 관련하여 마르크스는 어떠한 것도 무로부터 오지 않고 어떠한 것도 무로 환원되지 않으며, 따라서 모든 인간의 생산은 물질의 변형 및 보존과 관련이 있다고 주장한 에피쿠로스의 견해에서 크게 벗어나지 않았다.[104] 마찬가지로 마르크스는 이러한 분석에서 나오는 다음의 주장, 즉 토지는—미래 세대들을 위해—보존되고 경작되어야 한다는 주장을 일관되게 고수했다. 이것은 자연이 부과한 인간의 생산 및 존재 조건을 구성하며, 자본주의가 일으키는 생산 일반의 조건으로부터의 소외를 가장 보편적으로 표현하는 점이었다. 그러므로 자본주의에 맞선 혁명은 고유한 노동착취 관계들을 끝장내야 할 것뿐 아니라—근대 과학과 산업의 수단들을 사용하여 인류와 자연 사이의 물질대사적 관계를 합리적으로 규제하는 것을 통해—자본주의의 궁극적 토대이자 전제조건인 지구로부터의 소외를 극복할 것을 요구한다. 이러한 맥락에서만 비로소 마르크스가 빈번히 요구한 "임금노동의 철폐"가 온전한 의미를 갖는다.

103 William Morris, *News from Nowhere and Selected Writings and Designs* (Harmondsworth: Penguin Books, 1962), 244-46, 267; William Morris, 「Three Letters on Epping forest」, *Organization & Environment*, vol. 11, no. 1 (March 1998), 93-97.

104 Lucretius, *The Nature of the Universe*, 13-15 (1.145-225).

제6장
우리의 견해를 위한 자연사적 토대

다윈은 1842년에 연필로 종의 변이(transmutation) 이론에 대한 최초의 짧은 초고를 작성했다. 2년 후, 그는 훨씬 더 긴 초고를 작성하여, 부인인 엠마에게 자신이 죽게 되면 이것을 꼭 출판해야 한다고 엄격하게 당부했다. 그는 1858년이 되어서야—자신의 이론을 노트에 처음으로 분명히 정리한 지 20년이 지난 후였다—이 이론을 젊은 경쟁자인 알프레드 러셀 월러스(Alfred Russell Wallace)와 공동명의의 논문으로 제출해서 공개했다(『종의 기원』은 다음 해 출간되었다). 그가 이러한 식으로 이론을 공표한 것은 월러스가 자신을 앞지를 수도 있는 상황이 발생했기 때문이었다. 이것은 (1장에서 살펴보았듯이) 스티븐 제이 굴드가 "다윈의 지연"이라고 부른 문제를 제기했다. 특히 변이 이론이 담긴 다윈의 초기 노트들이 출간되면서, 다윈 연구자들은 이 문제에 대해 더욱더 관심을 가지게 되었다.

다윈의 지연에 대한 전통적 해석은 다윈이 합리적 과학자였기 때문에, 훨씬 더 강력한 이론을 구성하기 위해 차근차근 증거를 축적하고 있었다는 것이다. 그러나 이러한 해석은 왜 그가 여러 해 동안 분류학과 만각류(蔓脚類)의 자연사에 관한 여러 권의 저작을 저술하는 활동 등에 몰두했는가를 설명해야 한다. 다윈의 노트들을 통해 제공된 증거를 토대로, 과학사가들은 최근 사뭇 다른 결론들에 도달했다. 이제 다윈 연구자들은 이 결론을 거의 보편적으로 받아들이고 있다. 이에 따르면, 다윈은 "고뇌하는 진화론자"이자 "마지못한 혁명가"이며 겁먹은 유물론자라는 것이다. 다시 말하면 다윈은 엘리트 집단 안에서 체면과 지위를 잃을 수 있음을 걱정하며 자신의 과학적 발견을 전통적인 휘그적·국교적 믿음과 화해시키려고 했다.[1] 그렇다고 다윈의 지연이 비겁함에서 비롯되었다고 보는 것은 심각한 잘못이다. 오히려 그를 과학자인 동시에 불온한 사회 변화의 시기에 유물론에 뿌리를 둔 자신의 과학적 견해들을 진전시키고자 노력하면서도 특정한 계급적 지위를 지키고자 한 복합적인 사회적 행위자로 이해하는 것이 필요하다. 산업가 조사이어 웨지우드(Josiah Wedgwood)의 외손자로, 켄트의 다운하우스가 있는 사유지에서 살면서 자기 돈(과 부인의 돈)을 철도 주식에 투자했던 다윈은 부르주아 질서의 강력한 신봉자였다. 다윈의 과학은 혁명적이었지만 다윈이라는 사람 자체는 그렇지 않았다. 여기에 그의 내적 딜레마가 놓여있었다.[2]

---

1 "고뇌하는 진화론자"라는 용어는 Adrian Desmond and James Moore, *Darwin: The Life of a Tormented Evolutionist* (New York: W. W. Norton, 1991)에서 가져온 것이다. "마지못한 혁명가"라는 용어는—마찬가지로 다윈을 묘사하는 데 사용되었다—Michael Rose, *Darwin's Spectre* (Princeton, N. J.: Princeton University Press, 1998)에서 가져온 것이다.

2 이 점에서 사회주의자였던 알프레드 러셀 월러스는 다윈과 동일한 딜레마에 직면하

다윈이 살던 시절의 영국은 불만으로 끓어 넘치는 솥과 같았다. 1839년 8월, 버밍엄에서 열린 영국과학진흥협회 회의에 참석했을 당시, 그는 이 도시가 계엄령 직전의 상태임을 알게 되었다. 차티스트 대회가 이곳에서 열리고 있었으며, 사회주의자와 적색 라마르크주의 진화론자들이 여기에 참석하고 있었다. 소유, 결혼, 협조적이지 않은(uncooperative) 국가를 비난하는 50만 부나 되는 팜플렛들이 뿌려졌다. 다윈이 진화론의 밑그림을 그리고 있던 1842년에는, 차티스트가 조직한 총파업으로 나라 전체가 마비되었다. 많은 산업도시들에서 소요단속법(Riot Act)이 발효되었고, 몇몇 곳에서는 시위자가 총에 맞아 사망했다. 그때 무신론자들은 『이성의 신탁』(*Oracle of Reason*)이라는 불법 저가신문(penny paper)을 막 창간했다. 이 신문은 수천 부나 팔리고 있었다. 신문은 지질학 기사와 혁명적 라마르크주의를 실어 종교를 공격했다. 『이성의 신탁』에 기고하던 윌리엄 칠턴(William Chiton)은 혁명적 계급 용어들로 유물론을 소개했다. 그의 주장은 "인간은 단지 조직된 원자들의 모음이다"라는 식의 진화론적 개념들과 결합해 있었다. 『이성의 신탁』은 페일리의 자연신학이 "해로운" 현상유지의 정당화라고 공격했다. 1842년에 『이성의 신탁』의 편집자인 조지 홀요크(George Holyoake)는 신이 존재하지 않으며 경제적으로 어려운 시기에는 빈민이 성직자를 부양할 필요가 없다는 주장을 하는 등 신성모독을 공공연히 유포했다. 이 기간에 다윈은 맬서스 목사뿐 아니라 곡물법을 공격하는 윌리엄 코벳(William Cobbett)의 『농촌 편력』(*Rural Rides*)을 읽었다. 폭동을 두려워 한 늙은 "철의 공

■

지 않았다.

작", 웰링턴 공작은 근위대와 경찰 특수부대를 소집했다. 다윈의 동료이자 협력자인 동물학자 리처드 오언(Richard Owen)은 명예포병중대에서 훈련을 받고 경찰을 증원하기 위해 출동했다. 하루하루 지나면서, 만 명에 이르는 시위대가 수도 곳곳의 공유지에 모여들었다. 다윈과 그의 부인 엠마는 총파업 4주차에 런던을 떠나 농촌으로 둘러싸인 새집인 켄트의 다운하우스로 이사했고, 이를 다행으로 여겼다.[3]

그렇지만 새로운 환경으로 바뀌었다고 해서, 자신의 이론을 최초로 자세히 저술하던 당시 다윈을 사로잡은 딜레마가 작아지진 않았다. 에이드리언 데스먼드와 제임스 무어는 그들이 쓴 전기 『다윈 평전: 고뇌하는 진화론자의 초상』(*Darwin: The Life and Times of a Tormented Evolutionist*)에서 다음 내용을 말했다.

> 물론 다윈은 출판할 수 없었다. 유물론은 그를 마비시켰고, 우리는 왜 그랬는지 알 수 있다. 그것은 대지에 대한 기독교적 법칙을 불경하게 조롱하는 것이라고 교회 및 국가 세력에 의해 비난받았다. 그는 세상 물정에 매우 밝아서 위험, 즉 저주받을 계급적 함의들을 분간할 수 있었다. 그는 자신이 받게 될 대우에 대해 환상을 전혀 가지고 있지 않았다. …… 인간과 유인원을 하나로 연결한다면, 그는 타락한 무신론자나 교회의 "간음"을 저주하는 극단적 반(反)국교도와 동일시될 위험에 처할 것이었다. "모든 구조"가 그의 도움 없이도 금방이라도 찢겨나갈 준비가 되어 있었다. 낡은 세계가 "흔들리고 무너지고" 있는 마당에, 그가 굳이 이 해체를 거

3 Desmond and Moore, *Darwin*, 291–98.

들고 있는 것처럼 비칠 필요는 없었다. 궁극적으로 그는 자신의 체면을 걱정했다. 사회주의적 수평파들에 맞서 인간의 영혼을 지키기 위해 앞에 나서 화약을 재고 있던 옥스브리지(Oxbridge)의 분위기에 둘러싸여 있던 한 신사에게, 자기 이론을 출간하는 것은 배신—구질서에 대한 배반—에 다름없었다.[4]

진화론적 사고는 오랫동안 유물론과 관련되어 있었고—서로서로를 의미했다—고대의 유물론자들인 엠페도클레스, 에피쿠로스, 루크레티우스에게서 처음 등장한 것으로 알려졌다. 환경에 대한 적응을 통한 종의 생존이라는 개념, 그리고 더 중요하게는 적응에 실패한 종의 멸종이라는 사고("제거이론"(elimination theory)이라고 알려져 있었다)를 고대에 가장 명확하게 진술한 인물이 바로 루크레티우스였다. 루크레티우스는 기원전 55년에 사망했는데, 그 후 생명의 기원에 관한 진화론적 사유는 18세기 중반이 될 때까지 다시 등장하지 않았다. 그 결과 폴 시어스(Paul Sears)가 『찰스 다윈: 문화적 힘을 지닌 자연주의자』(*Charles Darwin: The Naturalist as a Cultural Force*, 1950)에서 쓴 것처럼, "루크레티우스 이후 생명의 기원과 발전에 대한 숙고는 1,800년간 동면상태"였다가 장 밥티스트 라마르크(Jean Baptiste Lamarck, 1744–1829)와 에라스무스 다윈과 같은 사상가들에 의해 비로소 부활했다. 그렇지만 다윈의 『종의 기원』이 출판될 때까지 이러한 견해들은 대부분 존경받는 과학계와 주류 사상계에서 배제된 채 지하세계의 유물론자들에게 한정되어 있었다. 무엇보다 그들은 진화

4 같은 책, 296.

의 기제에 대해 명확하게 설명할 수 없었다.[5]

우리는 이제, 아직 에딘버러에서 청년 의학도로 있을 당시 다윈이 산책 친구이자 초기 조언자인 라마르크주의 생물학자 로버트 그랜트(Robert Grant)를 통해 유물론적 진화론을 접하게 되었음을 알게 되었다. 또한, 그가 새롭게 등장한 유물론적 견해들이 플리니우스 협회 안에서 검열당하는 것을 보았던 곳도 바로 에딘버러였다. 그 후 케임브리지대학 시절, 스스로도 잘 알고 있었듯이 다윈은 여전히 페일리의 『자연신학』—그는 (설계의 증거로 간주한) 종이 자신의 환경에 완벽히 적응한다는 주장의 논리와 강조점에 도취했다—에 사로잡혀 있었다. 그렇지만 유물론적·진화론적 의구심이 그에게서 사라진 것은 아니었다.

케임브리지대학 시절, 다윈은 자체로 독실한 기독교도라고 생각했지만, 집안 배경이 그가 항상 보여준—그리고 비글호 항해 이후 더욱 강해진—자유사상적인 경향을 자극했음에는 의심의 여지가 없다. 할아버지 에라스무스는 온건한 이신론(理神論)자였고, 아버지 로버트는 불신자였다. 삼촌 조사이어 웨지우드는 유니테리언교인이었으며, 형 에라스무스도 역시 (다윈이 비글호 항해에서 돌아왔을 당시) 불신자였다. 따라서 자유사상 가문이라는 다윈의 집안배경이 그를 당대의 주요 자연주의자들과 충

5 Rose, *Darwin's Spectre*, 49–50; Paul B. Sears, *Charles Darwin: The Naturalist as a Cultural Force* (New York: Charles Scribner's Sons, 1950), 20; Henry Fairfield Osborn, *From the Greeks to Darwin* (New York: Charles Scribner's Sons, 1927), 37–43, 57–63. 방대함은 덜하지만 에른스트 마이어도 시어스와 비슷하게, "루크레티우스와 갈레노스 이후 르네상스가 오기까지 제대로 된 결론이 전혀 나오지 않았다"고 주장했다. Mayr, *The Growth of Biological Thought* (Cambridge, Mass.: Harvard University Press, 1982), 91.

돌하는 위치에 있게 만든 잠재요인이었다. 에른스트 마이어의 말마따나 "당시 영국의 모든 자연주의자는 케임브리지대학에서 식물학(J. S. 헨슬로우(J. S. Henslow))과 지질학(아담 세즈윅(Adam Sedgwick))을 가르치는 교수들처럼 서품을 받은 성직자들이었기 때문이다."[6]

신화에 관한 다윈의 탐구는 찰스 라이엘의 『지질학 원리』(*Principles of Geology*) 1권을 비글호 항해 때 가져가 읽으면서 매우 크게 강화되었다. 그는 비글호에서 박물학자로 일했다. 라이엘은 지질 변화가 끝없는 시간동안 일어나는 매우 점진적이고 균일한 과정이라고 생각했다. 이러한 생각이 다윈에게 종의 변이라는 개념을 서서히 정립할 수 있게 만든 토대가 되었다(비록 라이엘은 당시 종의 변이라는 가정을 거부했지만 말이다). 다윈의 노트를 살펴보면, 그가 1840년대 초반 탐구를 계속했고, 자신의 이론을 쓰고, 고쳐 쓰기를 반복했다는 것을 알 수 있다. 그러나 당시는 순조롭게 출판을 할 수 있는 상황으로 보이지 않았다. 따라서 그는—비글호의 세계 항해일지를 출판하고(이 책은 그를 곧장 과학계 안팎의 유명인사로 만들었다) 남아메리카의 지질학, 산호초, 화산섬에 관한 저작을 저술하는 등—자신의 과학적 명성을 구축하는 한편, 언젠가 출판될 것이라는 희망을 품고 가장 중요한 사상인 자연선택 이론을 계속 발전시켜 나갔다. 다윈과 막역했던 몇 안 되는 사람 중 한 명인 생물학자 조셉 후커(Joseph Hooker)는 1847년에 그에게 "많은 사례를 상세하게 설명하지 못하는 사람은 종의 문제를 고찰할" 권리가 없다고 이야기하는 편지를 보냈다. 사실 후커가 이 편지를 쓰면서 다윈을 염두에 두고 있었던 것은 아니었다.

6 Ernst Mayr, *One Long Argument: Charles Darwin and the Genesis of Modern Evolutionary Thought* (Cambridge, Mass.: Harvard University Press, 1991), 3, 13.

그런데도 다윈은 이 말을 개인적으로 받아들였으며, 따개비에 대한 포괄적인 연구를 수행해야겠다고—그래서 종의 변이에 대해 발표할 수 있는 권리를 얻겠다고—마음먹은 것도 일정부분 이러한 이유에서였다. 코페르니쿠스의 혁명만큼이나 중요하고 주류 견해를 위협하는 이론적 과학 혁명을 심사숙고하고 있던 다윈은 우선 부정할 수 없는 경험적 과학 연구자라는 명성을 쌓고자 했다. 그렇지만 이것 자체는 일종의 지연 전술일 뿐이었다. 다윈에게서 주로 문제가 되었던 점은, 사회적 함의나 시대적 분위기 때문에 자신의 이론을 공표할 수 없을 것이라고 스스로가 느꼈다는 점이다.[7]

다윈은 1854년까지 따개비에 관한 연구를 끝마치고 다시 자연선택에 관한 작업으로 돌아왔다. 그는 1856년에 종의 변이에 관한 글 하나를 쓰기 시작했다. 이때에는 그의 과제가 좀 더 쉬워졌다. 그가 처음 자기 이론의 초고를 썼을 때보다 역사적 상황이 크게 변화했다는 사실 때문이었다. 런던에서 대박람회가 개최된 1851년이 되자, "혁명의 시대"는 지나가고 "자본의 시대"가 그 자리를 대신한 것처럼 보였다. 대박람회는 세계의 산업 공장이라는 영국의 패권적 지위를 축복했다. 5년 전 이루어진 곡물법의 폐지는 영국 경제에 대한 제조업 자본의 지배력 향상을 반영했다. 이러한 상황들은 산업 자본주의 체제와 양립하는 한, 유물론적·진화론적 과학이 더는 쉽게 억압당하지 않는다는 것을 의미했다.

토머스 헉슬리(Thomas Huxley, 1825—1895)가 『종의 기원』이 처음 출판되었던 1859년에 쓴 것처럼, "세상에서 말하는 변이 이론은 항상 밖으로

7 Desmond and Moore, *Darwin*, 341, 369.

튀어나오려고 위협하는 '벽장 속의 해골'"이었다. 다음 질문이 자주 제기되었다. "일관된 총체"로서 천문학, 물리학, 화학, 의학을 지배하고 있다고 증명된 물질적 법칙을 왜 생물학, 생명의 영역은 따르면 안 되는가?

1850년대 내내, '변이'라는 문제가 사라지지 않았다. 이 문제가 제기되었던 방식의 하나로 에딘버러의 출판업자 로버트 잼버스(Robert Chambers, 1802–1871)가 익명으로 출판한 『자연사에 깃든 창조의 자취들』(*The Vestiges of the Natural History of Creation*, 1844)이라는 책을 들 수 있다. 이 책은 순식간에 인기도서가 되었다. 7개월 만에 4판을 찍었고 최종 10판까지 갔는데, 1860년까지 24,000부가 팔렸다. 챔버스가 겨냥한 『자연사에 깃든 창조의 자취들』의 독자는, 저자가 "성직자의 개"라고 불렀던 사람들도 과학자들도 아니라 빅토리아 시대의 평범한 식자들이었다. 그의 주장은 비록 결점이 있었지만, 인상적이었다. 확실히 진화 학설이 교육받은 일반 대중 사이에서 처음으로 공개적인 논쟁 주제가 되었다. 『자연사에 깃든 창조의 자취들』에는 약점이 많았다. 따라서 이 책은 옥스퍼드 주교 샘 윌버포스(Sam Wilberforce)와 케임브리지대학의 지질학자이자 자연신학의 옹호자인 아담 세즈윅뿐 아니라, 훗날 "다윈의 불독"으로 알려진 토머스 헉슬리에게도 물어 뜯겼다. 그렇지만 이것이 훗날 다윈의 성공을 위한 길을 마련하는 해독제 역할을 했다는 점을 낮게 평가해서는 안 된다. 데스먼드와 무어는 『자연사에 깃든 창조의 자취들』을 염두에 두고, "40년대 중반에 이르러 변이 이론은 초라한 해부실에서 벗어나 거리로 나왔고 응접실로까지 진출했다"고 썼다. 위대한 영국의 낭만주의자 존 러스킨(John Ruskin)은 한 때 자연을 목적론적 측면에서 보았지만, 1850년대 초반에 이르러 회의에 빠져 번뇌했다. 그는 1851년에 한 편지에서 이렇게 썼다. "지질학자들이 나를 그냥 내버려만 뒀다면, 나는 매우 잘 지냈을 텐데. 그런데 저 무시무시한 망치가! 나에게는 성경의 모든 구절마디마다 이 망치가 내려치는 소리가 들린다."[8]

1850년대 후반이 되자 다윈은 웅장한 규모로 자신의 사상을 공표하고 방대한 연구를 통해 모든 반대를 극복하기로 결정했다. 1858년까지 그는 책을 내기 위해 여러 장의 글을 썼다. 이것은 훗날 **자연선택**에 관한 위대한 저작이 될 터였다. 그러나 1858년 6월, 알프레드 러셀 월러스가 보낸 20쪽 가량의 편지가 도착했다. 이 편지에는 월러스가 요약한 자연선택 이론이 적혀 있었다. 그것은 월러스가 독자적으로 발전시킨 것이지만, 다윈이 1842년에 그린 밑그림과 매우 유사한 주장을 제시하고 있었다. 이에 당황한 다윈은 같은 해 월러스와 함께 논문을 공동 발표하는 방식으로 그의 이론을 제출했다(두 당사자들이 부재한 상태에서 찰스 라이엘과 조셉 후커가 발표를 진행했다). 그리고 곧 이어 『종의 기원』을 신속하게 완성했다. 다윈은 이 책을 계속 더 긴 저작의 단순한 "개요"로 보았지만, 더 긴 저작의 출간은 그 후 결코 실현되지 않았다. [8]

8 Thomas H. Huxley, *Darwiniana* (New York: D. Appleton and Co., 1897), 13; Desmond and Moore, *Darwin*, 320-23; Loren Eiseley, *Darwin's Century* (New York: Doubleday, 1958), 133; J. W. Burrow, 「Editor's Introduction」, in Charles Darwin, *The Origin of Species by Means of Natural Selection* (Harmondsworth: Penguin Books, 1968), 20에서 Ruskin을 인용함.

『종의 기원』

『종의 기원』의 전체 제목은 『자연선택에 의한 종의 기원에 대하여; 혹은 생존투쟁에 유리한 혈통의 보존』(*On the Origin of Species by Means of Natural Selection; Or the Preservation of Favoured Races in the Struggle for Life*)이다. 다른 많은 위대한 발견과 마찬가지로, 다윈의 저작에 담긴 본질적 사상은 — 그것의 내적 작용과 분지들이 끝없이 복잡하게 이어져도 — 아주 단순하다. 책의 앞 장들에 담겨 있는 기본 이론은 다음과 같이 전개된다. 모든 유기체들은 "높은 수태력"(superfecundity), 즉 살아 남을 수 있는 것보다 훨씬 더 많은 자손을 낳는 경향이 특징이다. 이 자손들은 다양하며 원형의 단순한 복제물이 아니다. 이 변이(variation)의 일부는 미래 세대에게 대물림된다. (이 시대는 유전학이 발전하기 전이기 때문에 다윈은 '형질유전'에 대해 알지 못했다. 그러나 형질이 유전된다는 사실 자체는 당시에 잘 알려져 있었다.) 다윈의 결론은 이렇다. 모든 자손들이 생존하는 것이 아니기 때문에, 이렇게 수많은 자손 중에는 이러한 생득적 변이 과정으로 특정 환경의 제한된 조건들에 최적화되어 통계상 더 높은 생존율을 보이는 자손이 반드시 존재한다. 따라서 후대에게 이러한 변이들을 (적어도 어느 정도) 물려줄 수 있는 자손들이 존재하며 이러한 자손들 사이에는 생존투쟁이 필연적으로 발생한다. 매우 장기간의 지질학적 시간동안 일어나는 이러한 유리한 변이들의 축적은 종의 진화 — 즉 변형을 동반한 유전(descent with modification) — 를 낳는다.[9]

9 Stephen Jay Gould, *Full House: The Spread of Excellence from Plato to Darwin* (New York: Three Rivers Press, 1996), 138.

다윈은 서론에서, 저작의 주요 기여가 단지 『자연사에 깃든 창조의 자취들』을 쓴 저자의 작업처럼 이미 수만 번은 제안되었을 내용인 종의 변이를 가정한데 있는 것이 아니라, 이러한 변이가 발생하는 명확한 기제—생득적 변이에 따른 자연선택—를 설명한 것에 있다는 점을 분명히 했다. 무엇보다 이론의 목표는 자연 도처에서 발견되는—그리고 자연신학의 전통에서 중요하게 강조된—환경에 대한 놀라운 적응(과 공적응)을 평가하는 것이었다.

다윈의 발표 전략은 단순하고 우아했다. 그는 1장을 독자들이 가장 잘 알고 있는 것—농업과 동물 사육에 종사해온 인간의 오랜 역사에서 가져온 식물과 동물을 "재배사육할 때 일어나는 변이" 조건—에서 시작했다. 여기서 그는 인위 선택이 대개 서로 다른 종으로 인식되는 분리된 종에서 일어나는 것보다 더 큰 변이들을 낳으며, 이 변이들을 거슬러 올라가면 공통 조상을 찾을 수 있다고 설명했다. 그 후 2장에서 "자연에서 일어나는 변이" 문제로 돌아왔다. 자연에는 무수한 변이가 존재하지만 그것이 전부가 아니었다. 자연에서 육종가의 활동과 동일한 결과를—막대한 시간에 걸쳐 더 큰 규모로—일으키는 기제는 무엇인가라는 문제가 제기되었다.

이에 대한 답은 "생존투쟁"이라는 제목의 3장에 나온다. 여기서 다윈은 이 기제의 작용을 분명히 밝히기 시작한다. 이것은 4장에서 "자연선택"의 원리로 더욱 완전하게 정교화 된다. 저작의 나머지 부분은 그 후 생존투쟁이라는 맥락에서 자연선택의 일반원리로 제기된 한껏 복잡한 쟁점들을 탐구하는 데 바쳐졌다. 예를 들어 6장에서—눈(eye)과 같이—페일리주의 자연신학자들이 매우 강조했던 극도로 완벽한 기관들의 진화라는 쟁점을 고찰했다. 그리고 7장에서 벌이 벌집을 만드는 것과 같은 복잡한 본능행위의 발달이라는 문제를 다루었다. 각각의 경우에서, 그는 어떻게 셀 수 없이 많은 점진적 변화 속에서 자연선택을 통해 모든 일이 발생할 수 있었는지 설명했다. 그 결과, 적응의 절묘함을 신이 자연에 개입한 반박할 수 없는 증거로 드는 자연신학적 주장이 마침내 사그라졌다. 다윈의 주장은 자연에서 일어나는 유기체의 변이와 적응을 인식했다는 점에서 자연신학보다 더 진전되었다. 그러나 그는 이 과정에서 목적인에 호소하지 않았다.

모든 주장의 중심에는 "생존투쟁"이라는 생각이 있었는데, 이것은 상당 부분 맬서스로부터 영감을 받았다. 다윈은 『종의 기원』 서론에서 다음과 같이 진술했다.

> 이것은 동물과 식물의 모든 영역에 적용된 맬서스의 학설이다. 각 종은 생존할 수 있는 것보다 훨씬 더 많은 개체들을 낳고, 그 결과 생존투쟁이 빈번히 되풀이된다. 이에 따라 어떤 존재든 복잡하고 때로는 다양한 생명의 기여를 통해 스스로를 어떠한 방식으로든 조금이라도 적합하게 변이시킨다면, 더 나은 생존의 기회를 가질 것이며, 따라서 **자연선택** 될 것이다. 강력한 유전의 원리로 어떤 선택된 변종은 새롭고 개량된 형태로 쉽게 번식해갈 것이다.[10]

"생존투쟁" 자체를 다룬 장에서 이 원리는 다소 다른 방식으로 진술되었다. 이곳에서 다윈은 다음과 같이 썼다.

---

10 Darwin, *The Origin of Species*, 68.

모든 유기적 생물은 높은 비율로 증가하는 경향이 있다는 사실로부터, 생존투쟁이 불가피하게 뒤따른다. 자연적 수명이 끝날 때까지 여러 차례 알과 씨앗을 만드는 모든 생물은 생애의 어떤 시기에, 어떤 계절이나 우연한 해에 파괴되는 고통을 겪게 된다. 이런 일이 일어나지 않는다면 기하급수적 증가의 원리로 그 수가 금방 과도할 정도로 증가해서 어떤 나라도 생성물을 부양할 수 없을 것이다. 다시 말하면 생존가능한 수보다 더 많은 개체들이 태어나기 때문에, 모든 경우 개체는 동일한 종의 다른 개체와, 혹은 종이 다른 개체들과, 혹은 물리적 생존 조건과 생존투쟁을 벌이지 않을 수 없다. 이것은 다양한 힘을 통해 동물과 식물의 모든 영역에 적용된 맬서스의 학설이다. 이 경우에는 [맬서스가 관심을 가진 인간의 경우와는 반대로] 인위적인 식량 증가가 존재할 수 없고 결혼을 신중하게 자제하지도 않는다. 일부 종들이 당장 다소 빠르게 증가할지라도, 모두가 그럴 수 있는 것은 아니다. 세계가 그들을 모두 품을 수 없기 때문이다. 자연에 있는 모든 유기적 생물이 파괴되지 않는다면, 매우 높은 비율로 증가하여 지구를 조만간 단일 종의 후손들로 뒤덮을 것이라는 규칙에는 예외가 존재하지 않는다. 심지어 천천히 자라는 인간도 25년마다 두 배가 되며, 이러한 비율로 증가한다면 수천 년 안에 후손들에게는 문자 그대로 서있을 자리도 없을 것이다.[11]

자연 안에서 생존투쟁이 매우 격렬하기 때문에 다윈은 (노트에서 처

11 같은 책, 116-17.

음 사용된) 극적인 은유가 아니고서는 그것을 설명할 수 없었다. “자연의 얼굴은 순응적인 얼굴을 하고 있다. 표면에 다닥다닥 박힌 수만 개의 날카로운 쐐기는 끊임없는 일격으로 더 깊이 박히고 있다. 종종 한 쐐기가 박히면 곧장 다른 쐐기가 더 세게 박힌다.” 다윈이 반복해서 이용한 쐐기라는 이미지는, 스티븐 제이 굴드에 따르면, “표면이 쐐기들로 완전히 가득 차 있다는 이미지를 제시한다. 이것은 자연 경제 안에서 ‘빈방 없음’ 표시를 내건 종들을 의미한다. 진화적 변화는 한 종이 다른 종을 퇴출시킴으로써(쐐기 박기) 스스로 완전히 자리 잡을 수 있을 때에만 발생할 수 있다.” 다윈의 주장에 따르면, 모든 유기적 생물들은 “기하급수적 비율로 증가하고자 애쓰고” 있고, 유기적 생물들 각각은 “생애의 특정 시기에, 특정 계절이나 어떤 우연한 해에, 각 세대에, 혹은 세대교체기에, …… 생존을 위해 투쟁하고 커다란 파괴로 고통 받지” 않을 수 없다.[12]

그렇지만 신중한 다윈은 “생존투쟁”이란 개념을 단지 (혹은 주로) 개별 유기체들 사이의, 그리고/혹은 종들 사이의 직접적 투쟁을 의미하는 것으로 봐서는 안 된다고 설명했다. 그가 쓴 내용에 따르면 다음과 같다.

> 나는 포괄적이고 은유적인 의미에서 생존투쟁이라는 용어를 썼다. 이것은 어떤 존재가 다른 존재에 의존하는 것을 포함하며 (더 중요하게는) 개체의 생활뿐 아니라 후손을 남기는데 성공하는 것도 포함한다. 기근이 발생하면 두 마리의 개과 동물들은 누가 먹이를 얻어 살아남을 것인가를

12 같은 책, 119, 129; Stephen Jay Gould, *Eight Little Piggies* (New York: W. W. Norton, 1993), 302.

> 둘러싸고 서로 투쟁할 거라고 말하는 것은 진실일 것이다. 그러나 사막의 끝자락에 있는 한 식물은 가뭄에 맞서 생존투쟁을 하고 있다고 말할 수 있다. 비록 수분에 의존하고 있다고 말하는 것이 더 적절하겠지만 말이다. …… 겨우살이는 사과나무나 다른 몇몇 나무들에 의존한다. 이 기생식물이 너무 많이 자라면 기생하고 있는 나무를 시들어 죽게 만들 것이기 때문에, 겨우살이가 기생하고 있는 나무와 투쟁하고 있다고 말하는 것은 다소 무리가 있을 수 있다. 오히려 같은 가지에 서로 가까이 붙어 성장하는 겨우살이 묘목들이 서로 투쟁하는 관계라고 말하는 게 더 올바를 것이다. 겨우살이의 씨앗이 새를 통해 퍼지기 때문에, 그것의 생존은 새들에게 의존한다. 그리고 은유적으로 말하자면, 새들을 유혹하여 다른 과실수의 씨앗보다 자기 씨앗이 더 잘 먹혀 퍼질 수 있도록 하기 위해 겨우살이는 다른 과실수와 투쟁하고 있다. 이렇게 거론된 몇 가지 의미에서, 나는 편의상 생존투쟁이라는 일반적 용어를 사용한다.[13]

다윈은 종종 "생존투쟁"이라는 개념을 문자 그대로의 의미보다는 은유적 의미로 이해해 사용했다. 이 때문에 그의 이론은 "맬서스주의적" 색조를 띠었다. 그러나 이는 대부분 잘못 이해한 것이었다. 맬서스의 『인구론』을 읽은 것이 다윈에게 영감을 주었던 것은 사실이다. 그러나 맬서스에 대한 그의 직접적인 지적 부채는 매우 제한된 것이었다. 이것은 기하급수적 비율을 보이는 자연적 증가가 생존투쟁과 결부된 어떤 외부적 요인으로 억제되어야 한다는 가정 이상을 별로 넘어서지 않

13 Darwin, *The Origin of Species*, 116.

는다.

맬서스가 다윈에게 영감을 준 것은 분명 진화생물학자들이 "개체군적"(population) 사고라고 부른 것과 관련되어 있다. 신다윈주의적 종합의 중요한 기여자 중 한명인 에른스트 마이어(Ernst Mayr)(스티븐 제이 굴드는 그를 "생존해 있는 학자 중 가장 위대한 진화학자"라고 불렀다)의 말에 따르면, 개체군적 사고는 "유성(有性)번식하는 종들의 개체군에 속해 있는 모든 개체들의 고유함을 강조하고 개체군의 진정한 변이성을 강조하는 관점"이다. (억제되지 않을 경우) 인구(population) 증가가 기하급수적 비율로 일어난다는 맬서스의 논의는 단일 종의 개체들 사이의 투쟁을 부각했고, 이것을 심지어 우세 종인 인간에게도 적용했다. 인간도 하나의 종이며, 일반적 규칙에는 어떤 예외도 없기 때문이었다. 이러한 통찰을 개체군적 사고와 결합시키고 변이, 따라서 (단순히 서로 다른 종들 사이의 생존투쟁이 아니라) 주어진 개체군 내에서 생존투쟁에 초점을 맞춤으로써, 다윈은 작고 수많은 생득적 변이들을 통해 일어나는 진화 과정, 즉 그가 "변형을 동반한 유전"이라고 부른 것의 원동력을 완전히 그려낼 수 있었다. 다윈 스스로 맬서스를 읽고 지적 돌파구(영감을 얻게 된 계기)를 만들 수 있었다고 말했지만, 마이어가 지적하는 것처럼 맬서스는 종이 어떤 매우 엄격한 한계를 넘어 변이할 수 있다는 생각을 부정했다. 이것은 적응 과정에서 "개선"이 일어날 가능성 자체를 부정하는 것이었다. 사실 맬서스가 중요하게 생각한 산술급수적 비율—그는 이것을 식물과 동물에 적용했다—은 애초부터 이러한 매우 부정적인 가정에 기초한다. 다시 말하면, 인간이 생계를 의존하고 있는 토양 조건이나 동·식물 종들은 (매우 조금밖에) 개선될 수 없었기 때문에 농업 생산성은 제약된다. 맬서스의 자연신학적 견해에서 볼 때, 적응은 종의 변이가 낳은 산물이 아니라 자연에게 준 신의 선물—신의 고정된 설계의 일부—이었다. 따라서 그의 사고에는 진화론적 분석의 흔적조차 존재하지 않았다. 무엇보다도, 현대 생물학 내부에서 이해되고 있는 의미의 "개체군적 사고"는 맬서스에게는 전혀 존재하지 않았다. 마이어는 이 점을 대놓고 이야기한다. "흥미롭게도, 맬서스의 저작들을 살펴보면, 개체군적 사고의 흔적을 전혀 발견할 수 없다. 다윈에게 기하급수적 성장이라는 생각을 제공했다는 장들에는 해당 주제와 조금이라도 관련된 내용이 전혀 존재하지 않는다."[14]

맬서스가 다윈에게 직접 끼친 이론적 영향이 매우 작다 할지라도, 다윈이 맬서스식 은유로 자신의 견해들을 명시했던 점은 그의 학설이 수용되는 데 중대한 영향을 끼쳤음을 부정할 수는 없다. 마르크스가 이야기했던 것처럼, 이것은 자연세계에 적용된 "홉스의 만인에 대한 만인의 투쟁"을 발견한 것이나 다름없었다.[15] 사실 영국의 상층계급 속에 맬서스의 견해가 널리 퍼져있었다는 점을 감안할 때, 생존투쟁에 관한 맬서스식 해석이 아마도 불가피했을 수 있다. 다윈 자신은 이러한 지적 분위기뿐 아니라 (자신이 속한 계급을 반영하는) 친밀한 가족 분위기를 통해 맬서스주의를 접하게 되었다. 주요한 맬서스주의자이자 맬서스 본인과도 가까운 지인이었던 해리엇 마티노는 다윈의 형인 에라스무스와 오랜 친분이 있었다. 다윈의 사촌(부인인 엠마의 오빠—엠마는 웨지우드 집안 사람이었고, 다윈의 사촌이었다)인 헨슬레이 웨지우드는 제임스 매킨토시 경의 딸인 패니 매킨토시와 결혼했다. 제임스 매킨토시는 맬서스의 친한 친구이자

14 Mayr, *One Long Argument*, 79–81, 184; Gould, *Full House*, 41.

15 Marx to Engels, June 18, 1862, in Karl Marx and Friedrich Engels, *Selected Correspondence* (Moscow: Progress Publishers, 1975), 120.

헤일리버리 동인도대학의 동료 강사였다. 맬서스의 딸인 에밀리는 팬니와 헨슬레이의 결혼식에서 신부 들러리를 섰다. 이 모든 상황을 종합했을 때, 맬서스는 확실히 웨지우드-다윈 일가의 만찬 식탁에서 꾸준히 거론되던 논의 주제였을 것이다.[16]

다윈은 『종의 기원』 1869년 판에서 "자연선택"과 대충 비슷한 말인 "적자생존"(survival of the fittest)이란 개념을—1864년 허버트 스펜서(Herbert Spencer)가 처음 도입한 용어—마지못해 채택했다. 이것은 다윈의 이론이 맬서스적으로 해석되는 데 훨씬 더 큰 기여를 했다. 이는 결국 "사회다윈주의"라는 이름으로 알려지게 된 이론으로 나아가는 길을 닦았다.[17] 생물학에서 "적자"(fittest)라는 개념은 개별 유기체가 생존하여 결국 자손에게 자신의 유전자를 물려줄 수 있는 정도가 되었음을 의미한다. 그렇지만 스펜서주의/맬서스주의, 다시 말해 사회다윈주의는 "적자" 개념을 인간사회에 적용했고, 이때 쓰인 "적자" 개념은 사실상 강자의 법칙과 상류층의 우월성을 정당화하는 것이었다. 맬서스의 이론은 18세기식 균형이론이었다. 그것은 생존투쟁을 집행해 인구 성장과 생산수단의 균형을 유지시키는 엄격한 자연 법칙들 때문에, 사회 영역에서 개선이나 진보가 불가능하다는 것을 보여주기 위해 고안된 것이었다. 그러나 J. W. 버로우가 다윈의 『종의 기원』을 소개하는 글에서 지적했듯이, 스펜서는 "[맬서스의] 이론을 '부적격자'(unfit)의 제거에 근거한 인간 진보이론의

16 Desmond and Moore, *Darwin*, 201.

17 Diane Paul, 「Fitness: Historical Perspectives」, in Evelyn Fox Keller and Elisabeth A. Lloyd, eds., *Keywords in Evolutionary Biology* (Cambridge, Mass.: Harvard University Press, 1992), 112–14.

토대로 삼았고 이를 통해 맬서스를 뒤엎었다."[18]

미국에서는 사회다윈주의자 윌리엄 그래엄 섬너(William Graham Sumner)가 이러한 견해를 받아들였다. 그는 "백만장자는 자연선택의 산물"이라고 주장했다. 그의 전망은 존 D. 록펠러, 제임스 J. 힐, 앤드류 카네기와 같은 도둑남작들에게 매우 매력적이었다. 록펠러는 주일학교 교실에서 "거대 기업의 성장은 단지 적자생존일 뿐이며 …… 자연의 법칙과 신의 법칙이 작용한 것일 뿐이다"라고 말했다. 국제적으로 사회다윈주의는, 조셉 콘래드(Joseph Conrad)의 『암흑의 핵심』(*Heart of Darkness*)에 나오는 쿠르츠가 "모든 짐승을 몰살시켜라"라고 간결하게 요약한 것처럼, 대규모 폭력과 전멸이라는 제국주의 정책을 정당화하는 데 이용되었다.[19] 이것은 올바로 이해된 다윈의 이론과 배치되는 것으로, 다윈 본인을 파문시키는 것이나 다름없었다. 그러나 사회다윈주의의 이미지가 너무 강력하게 널리 퍼졌기 때문에, 이것이 오늘날까지도 다윈주의의 대중적 이미지를 지배하고 있다.

"적자생존"이란 생각과 스펜서주의·맬서스주의가 때때로 다윈의 과학적 메시지를 압도하는 것처럼 보이지만, "진화"라는 개념 역시 "적자생존"과 마찬가지로 『종의 기원』 1판에는 등장하지 않았다. 이 초판에

18 Burrow, 「Editor's Introduction」, 33.

19 Richard Hofstadter, *Social Darwinism in American Thought* (Boston: Beacon Press, 1955), 58에서 Sumner를 인용함. 또한 William Graham Sumner, *Social Darwinism* (Englewood Cliffs, N. J.: Prentice-Hall, 1963)을 볼 것. Alan Chase, *The Legacy of Malthus: The Social Costs of the New Scientific Racism* (New York: Alfred A. Knopf, 1977)에서 John D. Rockefeller를 인용함. 콘래드와 절멸주의에 대한 비판은 Sven Lindquist, *Exterminate all the Brutes* (New York: New Press, 1996).

서 다윈은 단지 "자연선택", 종의 "변이성", "변형을 동반한 유전"을 언급했을 뿐이다(그는 "진화하다"(evolve)라는 용어를 딱 한번 사용했을 뿐이며, "진화"(evolution)라는 단어는 전혀 사용하지 않았다). "전개"(unrolling)와 "진보"(progress)라는 의미를 지닌 "진화"는 대체로 목적론적 견해—유기적 과정 전체에서 더 큰 완성을 향한다는 방향의 의미 를 내포하고 있었다. 이것은 다윈의 단호한 유물론적 견해와 대립했다. 그는 자신이 소지하고 있던 『자연사에 깃든 창조의 자취들』의 여백에 다음과 같은 경구를 써놓았다. "고등도, 열등도 없다."

다윈의 이론에서 자연선택은 오직 특정 환경에 대한 적응과 관련되어 있었다. 만약 환경이 변화한다면, 과거의 환경에 훌륭하게 적응했던 종(예를 들어 매머드)이 새로운 환경에 적응하지 못할 수 있다. 변화하는 특정 환경에 대한 적응가능성은 우월성이나 열등성을 전혀 암시하지 않는다. 그러나 여기서도, 진화를 일반적 진보와 노골적으로 결부시킨 스펜서주의적 견해가 승리했다. 그 결과 다윈의 이론은 원래와는 다른 이론—엄밀히 말해 진보에 대한 부르주아적 이상을 강화하는 이론—으로 급속하게 바뀌어버렸다. 따라서 그의 이론이 지닌 보다 혁명적·유물론적 측면들은 제거되었고, 훗날의 생물학자들이 사실상 재발견해야만 했다. 오늘날 생물학자들은 더 이상 고등 혹은 열등이라는 용어로 진화를 사고하지 않는다. 그러나 일반 대중들은 계속 이 용어를 스펜서주의의 의미로 사용하고 있다.[20]

불행하게도 다윈은 이따금 자기 분석 안에 이러한 비일관성—그의 계급적 지위에서 비롯된 비일관성—을 허용했다. 따라서 다윈 자신이 진보로서의 진화라는 견해가 등장하는데 기여했다. 『종의 기원』의 마지막에서 두 번째 문단(자기 학설의 혁명적 본성을 완화시키고 동요하는 독자들을 진정시키기 위한 목적에서 쓰인 문단)에서, 그는 "자연선택이 오직 각 존재의 이익으로, 그리고 이익을 위해 작동하는 것처럼, 모든 육체·정신의 자질은 완벽을 향해 진보하는 경향이 존재할 것이다"라고 썼다. 이미―자신의 책에서뿐 아니라, 이론 노트에서는 훨씬 더―단호한 유물론적 입장, 다시 말해 반(反)본질주의/반(反)목적론 입장을 받아들인 사상가에게, 이것은 사상 초유의 시치미떼기 사례라고 할 수 있다.

다윈과 헉슬리, 목적론의 패배

그럼에도 불구하고, 다윈의 사상에 담긴 혁명적 성격은 쉽게 묻히지 않고 처음부터 우뚝 서 있었다. 1860년 6월, 영국과학진흥협회는 옥스퍼드에서 모임을 가졌다. 이 모임은 과학사에서 가장 기억에 남을 충돌 중 하나가 되었다. 『종의 기원』이 출간된 지 대략 7개월이 지난 6월 30일 토요일, 수백에서 천을 헤아리는 수많은 사람들이 새로 지어진 옥스퍼드의 고딕풍 박물관에 가득 모였다. 주요한 다윈주의자였던 토머스 헉슬리와 조셉 후커, 이 두 사람도 모임에 참석했다. 하얀 넥타이를 한 성직자들이 방 한가운데를 차지하고 있었다. 연단에는 수학자이자 조류학자로 영국과학진흥협회 부의장이었던 옥스퍼드 주교 샘 윌버포스(옥스포드대학 학생들은 그의 웅변 솜씨를 빗대어 "비누 같은 샘"이라는 별명을 지어주었다)가 있었다. 윌버포스 주교는 다윈의 『종의 기원』에 관해 일장 연설을 한

20 Stephen Jay Gould, *Ever Since Darwin* (NewYork: W. W. Norton, 1977), 34–38; Burrow, 「Editor's Introduction」, 33.

후, 청중 속에 있던 헉슬리에게 일격을 가하기 위해 유인원이 그의 가계에서 아버지 쪽 조상인지 어머니 쪽 조상인지 빈정대며 물었다. 이것은 분명 헉슬리가 빅토리아 시대 숙녀의 신성불가침을 비난해왔음을 보여줌으로써 승기를 잡으려는 의도였다. 헉슬리는 그것의 함의를 단순히 부정(하거나 긍정)하여 속물로 비치지게 되는 함정에 빠지지 않고, (그가 나중에 한 편지에서 이 사건에 대해 이야기한 것에 따르면) 다음과 같이 답했다.

> 토론을 위해 그런 주제에 대한 제 의견을 제시하라고 하는 상황이 저에게 일어난 적이 없었습니다만, 저는 이런 상황에서조차 고귀하신 주교님을 맞이할 준비를 제법 했습니다. 이제 제 이야기를 하겠습니다. 제게 놓인 문제가 제 할아버지로 볼품없는 유인원을 두었는지, 아니면 자연으로부터 높은 능력을 부여받았고 커다란 영향력을 수단으로 지니고 있지만 이 재능과 영향력을 근엄한 과학적 토론 자리에서 단지 조롱하기 위한 목적에 허비하는 인간을 두었는지라는 문제라면, 저는 주저하지 않고 차라리 유인원을 택하겠노라고 단언하겠습니다.

강당에 있던 학생들에게서 웃음소리가 멈추지 않고 터져 나왔다. 과학의 심판자라는 지위와 부에 대한 공격이 이보다 더 분명하게 드러날 수는 없었다. 다윈의 유명한 항해에서 비글호의 선장이었으나 그 후 정신이 이상해진 로버트 피츠로이(Robert Fitzroy)는 이 중요한 대결이 벌어지고 있는 와중에, 다윈주의가 목적론을 공격하는 것이 자신의 탓이라고 책망하며 성경을 자기 귀에 대고 돌아다니면서 “성경, 성경”을 외쳤다. 당연히 이 아수라장에서 일어난 일에 대한 인식은 다 달랐다. 그러나 헉슬리, 조셉 후커 등 다윈주의자들로 구성된 “신형군”은 자신들이 승리했다고 믿고 싸움터에서 빠져나왔다. 그리고 재빨리 다운하우스에 있는 다윈에게 승리를 알렸다. 역사는 자연신학이 결정적인 패배를 당했다고 기록할 것처럼 보였다.[21]

다윈의 혁명은 본질주의와 목적론이라는 전통 사상의 두 가지 근본적인 교의에 일격을 날렸다. 마이어는 다음과 같이 쓰고 있다.

> 다윈의 이론이 도전했던 이데올로기 중, 본질주의 철학보다 더 깊게 파헤쳐진 것도 없었다. …… 플라톤과 그 후 일부 추종자들이 본질주의에 대해 독단적인 태도를 보이지 않았음에도, 특정 철학으로서 본질주의는 대개 플라톤으로 여겨졌다. …… 세계를 동굴에 비유한 플라톤의 우화는 유명하다. 우리가 보는 세계의 현상은 불을 통해 동굴의 벽에 드리워진 진정한 대상들의 그림자에 다름 아니다. 우리는 진정한 본질을 결코 볼 수 없다. 변이는 근저에 있는 불변의 본질들이 불완전하게 반영된 것이다.[22]

케임브리지대학 시절 다윈의 스승들은 모두 플라톤주의와 스콜라 철학을 공부하고 자연신학에 순응한 (목적론자일뿐 아니라) 본질주의자였다. 위대한 지질학자이자 훗날 다윈의 조언자였던 찰스 라이엘조차도 "공통의 부모로부터 나온 후손들에는 일정한 원형에서 벗어날 수 없는

21 Adrian Desmond, *Huxley: From Devil's Disciple to Evolution's High Priest* (Reading, Mass.: Perseus Books, 1997), 276–80; Gould, *Ever Since Darwin*, 33; Hal Hellman, *Great Feuds in Science* (New York: John Wiley & Sons, 1998), 81–85.

22 Mayr, *One Long Argument*, 40–41.

고정된 한계들이 존재한다"라고 주장했다. 마찬가지로 존 스튜어트 밀은 종(種)을 일컬어 "그것들 사이에 뚫고 갈 수 없는 장벽이 존재하는" 자연의 산물이라고 썼다. 이와 반대로 다윈은 모든 종(種)들은 변이할 수 있으며 사실상 어떠한 고정된 구분도 존재하지 않는다고 보았다. 종(種)의 획정은 학문적 발견에는 유용하지만, 본질적으로 자의적이고 변화하는 것이었다. 헉슬리에 따르면, "일단 한 인종이 등장했다고 해서, 그들의 선조도 그렇지 않았는데 갑자기 고정불변의 실체로 되는 것은 아니다." 종(種) 자체에도 마찬가지의 방식이 적용된다. 이것이 사실상 "변이 가설"의 본질이었다.[23] 무엇보다, 다윈의 본질주의 비판에 담긴 궁극적 함의는 훨씬 더 심대한 것이었다. 그것은 인간이 고정된 고귀한 지위를 갖는다는 가정과 "인간 본성"이 영구불변이라는 생각에 의문을 표했다.

목적론에 대한 다윈의 혁명적 비판은 자연신학의 중심 교리를 직접 겨냥했다는 점에서 매우 중요하다. 1864년에 토머스 헉슬리가 말한 것처럼, "일반적으로 이해되는 목적론의 내용은 다윈씨의 주먹을 맞고 치명타를 입었다." 헉슬리에 따르면, 목적론적 주장은 다음과 같았다.

> 어떤 기관, 혹은 유기체 (A)는 정확히 어떤 기능, 혹은 목적 (B)을 수행하는 데 적합하다. 따라서 그것은 이 기능을 수행하기 위해 특별히 만들어진 것이었다. 페일리의 유명한 실례는 이렇게 주장한다. 시계의 모든 부품은 시간을 보여준다는 기능, 혹은 목적에 적응한 것이다. 이것은 시계가 이러한 목적을 위해 특별히 발명된 것임을 입증하는 증거이다. 이러한

23 같은 책, 41에서 Lyell과 Mill을 인용함; Huxley, *Darwiniana*, 42, 54.

> 근거에서, 우리가 파악하기에 시간이 잘 맞는 시계를 만들어내는 것처럼 척척 결과물을 만들어낼 수 있는 유일한 이유는 바로 이 목적에 수단들을 적응시킬 줄 아는 발명하는 지성이 존재하기 때문이다.

그러나 의도나 발명자 없이도 전적으로 우연적인 자연과정을 통해 동일한 결과들이 만들어진다는 점을 보여줄 수 있다면, "고유한 창조의 학설"을 위해 설계를 논하는 목적론적 주장은 무력해질 것이다. 헉슬리에 따르면, 이것이 다윈의 업적이 낳은 커다란 범죄였다.[24]

목적론적 입장은 다음과 같이 주장한다. 쥐를 잡는 게 고양이의 최우선 목적이며 고양이는 이를 위해 특별히 발명되었기 때문에, 고양이가 쥐를 잡는데 매우 잘 적응한 것이다. 그러나 헉슬리의 시각에서 볼 때, 이러한 목적론적 주장은 "변증법의 문제로, …… 그렇게 대단한 것이 아니다." 헉슬리는 다음과 같이 공언했다. "다윈주의는 고양이가 쥐를 잘 **잡기 위해서** 존재한다고 상상하는 것이 아니라 고양이가 쥐를 잘 **잡기 때문에** 존재한다고 추측한다. 쥐 사냥은 고양이가 생존하기 위한 목적이 아니라 조건이다." 다윈을 목적론과 양립시키는 방법을 찾기 바란—그리고 자기주장의 근거를 다윈이 『종의 기원』 말미에서 유기체들이 "완벽"을 향해 진화하는 경향이 있다고 오해하기 쉬운 진술을 한 것에서 찾았던—사람들에 대해, 헉슬리는 "만약 우리가 『종의 기원』의 정신을 올바르게 이해한다면, 일반적으로 이해되는 목적론에 대해 다윈의 이론보다 더 완벽하게 반대하는 이론도 없을 것이다"라고 단언했다. 헉슬리는 다

24 Huxley, *Darwiniana*, 54, 82-85.

윈이 "완벽을 향해" 나아가는 유기체들의 경향을 언급한 것을 대수롭지 않게 여겼고, 제대로 이해되는 한 다윈의 이론은 진보를 단선적으로 파악하는 것이나 목적을 지향하는 목적론적 과정과는 아무런 관계도 없다고 확실하게 말했다.

> 따라서 완벽을 향한 점진적 진보는 다윈주의적 신조의 필연적 일부를 형성하지 않는다. 오히려 다윈주의적 신조가 어떤 상태의 무한한 지속이나 점진적 퇴보와 완벽하게 양립 가능한 것으로 나타난다. 예를 들어 빙하기가 되돌아오고 극지의 기후조건들이 세계로 확산되는 것을 가정해 보자. 이러한 환경 아래에서, 자연선택의 작동은 전체적으로 고등한 유기체들을 제거하고 열등한 생명의 형태들을 소중히 여기는 경향을 보일 것이다.

환경이 급속하게 변화할 수 있으며, 따라서 털북숭이 매머드처럼 이전에는 환경에 훌륭하게 적응했던 어떤 유기체가 더 이상 제대로 적응할 수 없게 된다는 사실은 그 자체로 단순한 진보 개념과는 모순되었다.[25]

헉슬리에게 다윈주의 혁명의 의의는 처음부터 "목적인 학설"의 절멸에 있었다. 더욱이 다윈은 "사용을 통한 변형"과 일단 이렇게 생겨난 변형이 대대로 유전된다는 라마르크주의 가정에 의존하지 않고서도, 이것을 이루어냈다. (예를 들어, 라마르크는 짧은 목을 지닌 새들이 시간과 인내를 가지고 물에 젖지 않은 채 물고기를 잡으려고 노력한 결과, 우리가 보는 모든 왜가리들과

25 같은 책, 57, 85-91.

목이 긴 섭금류가 등장했다고 잘못 관찰했다.) 그러나 『종의 기원』에 대한 초기 논의들에서 헉슬리가 이야기한 문제, 즉 다윈이 자연선택의 역할을 "과대평가"했는지 여부의 문제가 계속 남아있었다. 헉슬리의 생각은 이러했다.

> 우리가 생각하기에 다윈 씨는 "자연은 도약하지 않는다"(Natura non facit saltum)란 경구에 쩔쩔매지 않았다면, 다윈 씨의 입장이 지금보다 더 확고했을지도 모른다. 이 말은 그의 책 속에서 매우 자주 등장한다. 우리가 믿기에 …… 자연은 지금이나 예전이나 도약을 하며, 이러한 사실을 인식하는 것은 변이 학설에 대한 많은 사소한 이의제기들을 다루는 데 적지 않은 중요성을 갖는다.[26]

다윈이 오로지 느리게 일어나는 자연선택의 과정만을 진화의 유일한 기제로 강조했는지에 대한 의심이—심지어 그의 가장 중요한 추종자들 사이에서도—계속되었고, 이러한 의심은 그의 남은 생애 동안 더욱 커져 갔다. 다윈이 인생 말년에 자연선택을 진화 발전의 배타적 원인으로 믿는 입장에서 물러섰다. 이것은 그의 이론에 대한 세 가지 반론 때문이었다. 이 반론 중 첫 번째는 화석 기록의 불완전성과 종들 사이에 존재하는 매개 표본의 부재에 집중했다. 지질학적 변화를 설명하는 데 격변적 사건들을 제거한—그 결과 지질학적 시간을 엄청나게 확장시켰고, 느리고 점증하는 변화들이 작동방식이 된—라이엘의 동일과정론적 지질학으로, 다윈은 자연에서 "도약"을 일체 제거했다. 그렇지만 그 후

26 같은 책, 6, 12, 20, 77.

곧장 쏟아져 나온 고생물학적 기록은 서로 연결시킬 수 없는 엄청난 격차들이 존재한다는 사실을 명시하는 것으로 보였다. (이제 과학자들은 진화의 역사에서 갑작스럽고 비약적인 변동이 존재한다는 사실을 인정하며, "단속 평형"과 같은 개념들을 통해 이것을 자연선택에 따른 진화 이론에 통합했다.)

두 번째 비판은 물리학에서 나왔다. 다윈이 살았을 당시 가장 위대한 물리학자였던 윌리엄 톰슨(William Thomson)(훗날 켈빈경이 된다)은 지구 지각(地殼)의 냉각 비율을 가정하고 이에 따라 지구의 역사를 계산했다. 그는 이에 근거하여(여기서 태양은 비유컨대 거대한 석탄덩어리로 가정되었다), 지구가 대략 1억 년 정도 되었다고 주장했다. (그가 계산한 추정치가 단순화된 가정들에 근거한다는 점을 고려하여, 경우에 따라 그 결과를 2천만 년에서 4억 년까지로 넓게 봤다.) 이것은 확실히 6천 년이라는 성경의 견해보다는 훨씬 큰 수치지만, 다윈의 자연선택 이론처럼 알려진 모든 종들의 진화를 우연한 변이들의 점진적 축적으로 설명하는데 필요한 것보다는 너무나 작은 값이었다. (1896년, 프랑스의 물리학자 앙투안 앙리 베크렐(Antoine Henri Becquerel)이 방사능을 발견한 이후, 톰슨의 추정치는—부족한 지식에 근거하고 있는—부정확한 것임이 밝혀졌다. 추정된 지구의 역사는 다시 한 번 라이엘적 비율로 증가했다.)

마지막으로, 1867년에 공학 교수인 플레밍 젠킨(Fleeming Jenkin)은 다음과 같은 주장을 끌어왔다. 당시에는 유전되어 온 각 부모의 특성이 자손대대로 내려갈수록 뒤섞이게 된다고 추측했는데, 그렇다면 변이가 자손들에게서 재현될 가능성은 사실상 미미할 것이라는 주장이었다. 이러한 가능성은 다음 세대에서 절반이 되고, 그 다음 세대에서 또 절반이 되는 일이 계속 반복될 것이기 때문이다. 이러한 가정에 따르면, 변이는 꾸준히 그 양이 감소하면서 흩어지게 것이고, 어떤 일정한 개체군대(代)에 이르면 완전히 사라질 것이었다. (역설적으로 이에 대한 대답은 멘델주의 유전학의 형태로 이미 준비된 상태였지만, 20세기 초반까지 과학계에 알려지지도 인정받지도 않았다. 이것은 유전인자가 유전과정에서 희석되지 않는 불가분의 미립자처럼 행동한다는 것을 보여주었다.)[27]

물리학자 톰슨의 비판에 직면하여, 헉슬리는 "생물학은 자신의 시간을 지질학으로부터 가져온다. 우리가 생명형태의 느린 변화율을 믿는 유일한 이유는, 생명형태가 일련의 퇴적물들이 생성되는 데 걸린 시간을 뛰어넘어 살아남았으며, 지질학이 알려주는 바에 따르면 이 퇴적물들이 만들어지는 데 오랜 시간이 걸렸다는 사실 때문이다. 만약 지질학적 시계가 틀렸다면, 박물학자들이 할 수 있는 일이라고는 이에 맞추어 변화의 속도에 대한 자신의 견해를 수정하는 것뿐이다." 그렇지만 이러한 식의 방어는 기껏해야 행동을 지연하는 것에 불과했다. 헉슬리는 진화 과정을 설명하는 이론으로 자연선택을 대체할만한 어떠한 이론도 손에 쥐고 있지 않았기 때문이다. 그는 지질학을 존중하면서도, 지질학적 변화와 관련하여 순수한 동일과정론을 절대시하는 것에서 한발 물러나 전통적으로 격변론과 연관되어 있던 요소들을 추가할 필요가 있다는 의견을 넌지시 밝혔다. 당시 생물학적 진화와 관련하여 자연선택을 대체하고 진화적 변화의 시계를 빨리 가게 할 수 있는 유일한 대안으로, 라마르크주의나 아니면 어떤 대규모 변이나 도약 이론이 있었다. 그러나 헉슬리는 톰슨의 주장에 대응하는 과정에서 이 중 어떤 것도 제시하지 않았다.[28]

27 Burrow, 「Editor's Introduction」, 46–47; Eiseley, *Darwin's Century*, 211–16, 233–44, 252–53; Heilman, *Great Feuds in Science*, 105–19.

28 Thomas Huxley, *Lay Sermons, Addresses and Reviews* (New York: D. Appleton and

다윈 자신은 이런 수사적 승부에 구애받지 않았으며, 톰슨과 젠킨이라는 악몽 때문에 점점 더 젊은 시절(그리고 그의 할아버지)의 라마르크주의적 개념으로 후퇴하지 않을 수 없었다. 점차 그는 획득형질의 유전이라는 라마르크의 개념을 채택했지만, 언제나 자신의 자연선택 이론을 가능한 한 유지하고자 투쟁했다. 심지어 『종의 기원』 초판에서는 이러한 라마르크주의적 견해들은 전혀 존재하지 않았다. 라마르크주의적 견해들이 무대 뒤편에 매우 많이 존재하고 있었는지는 몰라도, 중심 무대는 자연선택이 장악하고 있었다. 그러나 6판에 이르러, 라마르크주의는 다윈의 논의에서 큰 역할을 했다. 다윈이 이렇게 한 것은 단지 그래야만, 톰슨의 물리학과 한 대열에 있는 지질학이 허용하는 훨씬 짧은 시간에 부합하여, 생물학의 시계를 빨리 돌릴 수 있었기 때문이다.[29]

다윈 말년에 이르러서 가장 저명한 추종자들조차도—심지어 어느 정도는 자신도—자연선택 이론을 거부했고 남은 세기 동안 계속 영향력이 감소했다(그의 이론은 20세기에 들어서서 일어난 신다윈주의적 종합 이후에야 완전히 부활했다). 그럼에도 불구하고 진화론적 견해 일반은 승리했고 자연신학은 극복되었다. 유물론자인 헉슬리는 1860년에 이렇게 선언했다. "멸종한 신학자들은 헤라클레스의 요람 옆에 목 졸려 죽은 뱀들처럼 모든 과학의 요람 옆에 뻗어 있다." 헉슬리의 전기 작가 중 한명이 말한 것처럼, 헉슬리는 다윈의 변형을 동반한 유전 이론을 가지고 호전적인 진격을 감행했다. 이것은 "'성직자주의'에 대한 맹공"이었다. 헉슬리보다는 덜 호전적인 옹호자였고 뒤늦게 진화론으로 전향했던 찰스 라이엘도 문

Co., 1871), 246

29 Eiseley, *Darwin's Century*, 239–42.

제를 동일한 측면에서 보았다. 라이엘은 한번은 미국에 사는 친구들에게 자기 나라가 "스페인을 제외하고는 유럽의 어떤 나라보다도 성직자의 힘이 센 나라"라고 불평했다. 그는 지질학 문제가 3만 명이나 되는 성직자들의 판결에 복종해야 한다고 불만을 토로했다. 따라서 다윈주의 혁명은 주요한 주창자들에 의해 과학을 종교에 묶어두고자 하는 자연신학에 대한 과학의 (그리고 일부에게는 유물론의) 승리로 간주되었다. 앞선 다른 과학 혁명이 그랬듯이, 이 과학 혁명도 종교를 타도하기보다는, 단지 과학을 물질세계의 유일한 중재자로 남겨두고 (에피쿠로스 철학에서 나오는 공간들 사이에 갇혀 사는 신들처럼) 종교를 뒤편으로 밀어내고자 했을 뿐이었다.[30]

폴 쇼레이(Paul Shorey)가 『플라톤주의: 고대와 근대』(*Platonism: Ancient and Modern*)에서 썼듯이, 토머스 헉슬리 및 영국의 물리학자 존 틴들(John Tyndall)과 같은 유물론적 과학자들에게, "루크레티우스의 장엄한 시"는 "과학적 정신과 시심(詩心)의 가장 참된 표현"이었다. 빅토리아시대의 위대한 시인인 알프레드 테니슨 경(Alfred Lord Tennyson)이 1892년에 사망했을 당시, 왕립협회를 대표하여 장례식에 참석한 헉슬리는 "다윈주의적" 견해를 진작 예견했다고 알려진 테니슨이 "루크레티우스 이후 과학의 흐름을 이해했던 첫 번째 시인"이라는 과학적 명예를 가질 권리가 있다고 언명했다. 앞서 몇 년 동안 리처드 오언으로부터 "루크레티우스주의적" 벼락출세자라고 공격을 받았던 헉슬리는, 투사 같은 평소의 모습

30 James A. Secord, 「Introduction」, in Charles Lyell, *Principles of Geology* (Harmondsworth: Penguin Books, 1997), xxiv; Huxley, *Darwiniana*, 52; Desmond, *Huxley*, 271-72.

대로, (루크레티우스를 매개로) 다윈주의가 대변했던 목적론에 대한 유물론의 거대한 승리를 세계에 상기시키는 식으로 테니슨의 생애 업적을 기념하기로 마음먹었다. 헉슬리는 다른 곳에서 루크레티우스가 "괴테를 제외하고는 고대나 근대 시기의 어떤 시인보다도 과학적 정신을 깊게 흡수"했다고 말했다.[31]

헉슬리와 친밀한 관계였고 루크레티우스를 자신의 과학적 선조 중 한 명으로 보았던 또 다른 사상가가 독일에 있었다. 그는 바로 다윈의 주요한 추종자였던 에른스트 헤켈(Ernst Haeckel, 1834–1919)이었다.[32] 마르크스의 『자본론』이 출간되기 일 년 전인 1866년, 헤켈은 『유기체의 일반형태』(*Generelle Morphologie der Organismen*)에서 "Ökologie", 즉 "생태학"(ecology)라는 단어를 만들어냈다. 그는 이 단어를 만드는 과정에서 "경제학"(economy)이란 단어와 어원이 똑같은 가계(家計)를 뜻하는 그리스어 'oikos'를 끌어 왔다. 헤켈에게 있어서, 생태학은 다윈이 『종의 기원』에서

31 Paul Shorey, *Platonism: Ancient and Modern* (Berkeley: University of California Press, 1938), 17; Desmond, *Huxley*, 595; Huxley, *Lay Sermons*, 346. 헉슬리는 자연발생이란 생각을 받아들였다는 이유로 그보다 앞선 철학자들, 과학자들과 함께 루크레티우스를 비판했다. 1850년에 쓰였고 "자연, 이빨과 발톱이 붉은"이란 시구가 나오는 테니슨의 위대한 시 『인 메모리엄』(*In Memoriam*)이 나온 역사적 맥락에 대해서는, Stephen Jay Gould, *Dinosaur in a Haystack* (New York: Random House, 1995), 63-75를 볼 것. 또한 테니슨은 "루크레티우스"라는 제목의 장편 시—위대한 로마 시인의 죽음에 대한 공상적 설명으로, 루크레티우스의 철학적 개념들도 함께 파고든다—를 썼다. Alfred Lord Tennyson, *The Poems of Tennyson in There Volumes* (Berkeley: University of California Press, 1987), vol. 2, 707-21.

32 Ernst Haeckel, *Monism as Connecting Religion and Science: The Confession of Faith of a Man of Science* (London: Adam & Charles Black, 1895), 4; Anna Bramwell, *Ecology in the 20th Century* (New Haven, Conn.: Yale University Press, 1989), 44.

"자연 경제"라고 불렀던 것과 관련이 있었다. 따라서 1866년에 "생태학" 이란 단어를 정의하면서, 헤켈은 다음과 같이 썼다.

> 우리에게 생태학은 자연 경제와 관련된 모든 지식을 의미한다. 무기(無機)적, 유기적 환경 모두에 대한 동물의 총체적 관계들에 대한 탐구로, 여기에는 무엇보다도 동·식물들이 직접적으로, 간접적으로 접촉하게 되는 우호적이기도 하고 해롭기도 한 관계들이 포함된다. 다시 말해 생태학은 다윈이 생존투쟁의 조건들로 언급했던 모든 복잡한 상호관계들에 대한 연구이다. 종종 협소한 의미의 "생물학"이란 이름으로 부정확하게 언급했던 이러한 생태학이라는 과학은 대개 이제껏 "자연사"라고 언급한 학문의 주된 구성요소들을 형성해왔다.[33]

헤켈의 "생태학" 개념은 천천히 수용되었다. 그것은 다윈주의 문헌에서 곧바로 수용되지 않았으며, 20세기에 들어서야 유행하기 시작했기 때문이다. 마르크스와 엥겔스는 헤켈의 저작에 매우 친숙했고, (인류를 창조의 중심에 두는 목적론적 견해를 거부하면서) 진화론적 측면에서 인간 종을 동물 세계의 일부로 보았다. 그들은 "생태학"이라는 새로운 개념 자체보다는 (헤켈이 자신의 신조어 "생태학"과 동의어라고 말한) "자연사"라는 더 오래된 개념을 받아들였다. 이와 동시에 그들은 "자연사" 개념을 베이컨적 방식으로 적용했다. 이는 생산과 관련된 인류의 "자연사"에 초점을 맞추는 것이었다. 이와 달리 헤켈은 자신의 "생태학" 개념에 그가 원래부터 갖고

33 Frank Benjamin Golley, *A History of the Ecosystem Concept of Ecology* (New Haven, Conn.: Yale University Press, 1993), 207에서 Haeckel을 인용함.

있던 철학적 "일원론"과 연관된 사회다윈주의적 함의가 스며들게 했다. 이것은 훗날 그의 『종교와 과학을 연결하는 일원론: 과학에 종사하던 한 사람의 신앙 고백』(*Monism ad Connecting Religion and Science: The Confession of Faith of a Man of Science*, 1892)에서 의심의 여지없이 나타난다. 여기서 그는 다음과 같이 썼다.

> 우리는 이제 지구상의 모든 유기적 자연이 만인에 대한 만인의 가차 없는 전쟁을 통해서만 존재한다는 것을 안다. 소수의 선택된 개체들이 계속 생존하여 생명을 누리기 위해, 수천 종의 동·식물이 매일 지구의 도처에서 사라지고 있다는 점은 분명하다. …… 인간사회의 이해집단들 간의 맹렬한 전쟁은 오직 생물세계 전체를 지배하는 끊임없고 가공할 전쟁의 미약한 모상일 뿐이다. 50년 전 우리는 자연 안에 존재하는 신의 자애와 지혜라는 아름다운 꿈을 아이들처럼 경건하게 들었지만—적어도 사유하는 교육받은 사람들 사이에서—그것은 이제 더 이상 신용을 얻지 못한다. 그것은 유기체들의 상호 관계에 대한 더 깊은 지식, 생태학과 사회학의 진전, 그리고 기생(寄生)생물과 병리학에 대한 지식 앞에서 사라졌다.[34]

이러한 사회다윈주의적 견해로, 헤켈의 견해는 결국 국가 사회주의(National Socialism)에 영향을 끼치는 비극적 방향으로 나아갔다. 스티븐 제이 굴드가 쓴 것처럼,

34 Haekel, *Monism*, 73-74.

그의 진화론적 인종주의, 그가 독일 민중에게 인종적 순수성과 "정의로운" 국가를 향한 굽히지 않는 헌신을 호소한 것, 가혹하고 무정한 진화의 법칙들이 인류 문명과 자연 모두를 지배하며 뛰어난 인종에게 다른 인종을 지배할 권리를 부여한다는 그의 믿음, 객관적 과학에 관한 용감한 발언들과 항상 이상하게 결합해 있는 비합리적 신비주의—이 모든 것이 나치즘의 등장에 기여했다. 그가 건설하고 지도했던 일원론 동맹은 비록 평화주의자나 좌파를 일부 포함했지만 적극적인 히틀러 지지로 큰 탈 없이 이동했다.[35]

마르크스와 엥겔스: 노동과 인간의 진화

마르크스가 생애의 가장 생산적인 시기를 보내기 시작했을 때(『정치경제학 비판을 위하여』는 1859년에, 『자본론』 1권은 1867년에 출판되었다), 영국 전체가 다윈주의 혁명으로 경천동지했다. 이러한 과학상의 혁명을 무시할 수 없었던 마르크스는 이 기회를 자신의 유물론적 자연관(자연사에 대한 접근)에 명확성을 더하여, 유물론적 역사관과 유물론적 자연관 사이의 관계를 보다 구체적으로 만드는 데 이용했다. 마르크스는 다윈의 책을 "획기적 저작"이라고 불렀다. 이 책이 마르크스에게 준 충격은 궁극적으로 책이 몰고 온 인류 진화에 대한 이해와 관련되어 있었다. 이것은 마

35 Stephen Jay Gould, *Ontogeny and Phylogeny* (Cambridge, Mass.: Harvard University Press, 1977), 77-78.

르크스가 인간의 진화와 인간의 노동 사이에 존재하는 관계에 관해 일정한 가정을 세우도록 만들었다. 이러한 반응은 복잡하고 비판적인 성격을 지녔고, 이를 판단하기 위해서는 1859년부터 1867년까지(『종의 기원』이 세상에 나온 시기부터 『자본론』 1권—여기서 마르크스는 자신과 다윈의 관계를 요약했다—이 출간된 시기까지), 다윈에 대한 마르크스의 견해를 차근차근 검토하는 것이 필요하다. 그리고 그 후 어떻게 이러한 이론적 입장이 (주로 엥겔스에게로) 발전하게 되었는지를 정교화 할 것이다.

『종의 기원』 1판은 1859년 11월 말에 출간되었다. 이 책은 단 1,250부만 나왔고 출간 하루 만에 완판이 되었다. 1859년 12월 12일, 1,250부 중 한 권을 손에 넣은 엥겔스는 마르크스에게 그 소식을 전했다.

> 그나저나, 내가 이제 막 읽고 있는 다윈은 정말로 훌륭하네. 아직까지 파괴되지 않았던 목적론의 한 측면이 있었는데, 방금 파괴되었네. 자연에서 일어난 역사적 진화를 이렇게 장엄하게 설명하려는 시도는 지금까지 결코 없었을 것이고, 확실히 이렇게 좋은 결과를 내지도 못했을 것이네. 물론 사람들은 조야한 영국식 방법론을 견뎌내야만 할 것이네.

1년 후 마르크스는 다윈에 대한 연구에 착수했으며, 1860년 12월 19일에 친구에게 답장을 썼다. "나의 지난 4주는 고난에 찼네만[마르크스는 병을 심하게 앓은 아내 예니를 간호하고 있었다], 그 사이 모든 종류의 책들을 읽었다네. 이 중에는 자연선택에 관한 다윈의 책도 있었지. 이 책은 비록 조야한 영국식 문체로 전개되긴 했지만, 우리의 견해를 위한 자연사적 토대를 포함하고 있는 책이네." 한 달 후, 마르크스는 독일 사회주의자인 페르디난트 라살레에게 다음과 같이 논평했다.

> 다윈의 저작은 가장 중요하고, 그것이 자연과학 안에서 역사적 계급투쟁을 위한 토대를 제공한다는 점에서 나의 의도에 딱 맞습니다. 물론 사람들은 서투른 영국식 논증 문체를 견뎌야만 합니다. 모든 단점들에도 불구하고, 이 책을 통해 처음으로 자연과학 내부에서 존재하던 "목적론"이 치명적 일격을 받았을 뿐 아니라 그것의 합리적 의미가 경험적으로 설명되었습니다.[36]

다윈의 저작은 마르크스에게 큰 충격을 주었다. 독일 공산주의자이자 동료 망명자인 친구 빌헬름 리프크네히트(Wilhelm Liebknecht)는 다음과 같이 회상했다. "다윈이 자신의 연구 저작에서 내린 결론을 대중 지식으로 가져왔을 당시, 우리[마르크스와 리프크네히트]는 몇 달 동안 다윈과 그의 과학적 발견이 갖는 엄청난 의의에 대한 것 말고는 어떤 주제도 이야기하지 않았다."[37]

폴 헤이어(Paul Heyer)는 『자연과 인간 본성, 사회』(*Nature, Human Na-*

---

36 Karl Marx and Friedrich Engels, *Collected Works* (New York: International Publishers, 1975), vol. 40, 551; vol. 41, 232, 246–47. 마르크스가 엥겔스에게 보낸 1860년 12월 19일자 편지는 Karl Marx and Friedrich Engels, *Selected Correspondence, 1846-1895* (New York: International Publishers, 1936), 126에서 인용함. 마르크스의 진술은 칸트의 "목적론적 판단 비판"을 연상케 한다. 목적론은 부정되었다. 그러나 **현실의** 자연 과정들에 대한 **합리적** 설명을 제공해야 한다는 본질적 임무가 확인되었다.

37 William Liebknecht, 「Reminiscences of Marx」, in Institute of Marxism–Leninism, ed., *Reminiscences of Marx and Engels* (Moscow: Foreign Languages Publishing House, n. d.), 106; Friedrich Lessner, 「Before 1848 and After」, in 같은 책, 161.

ture and Society, 1982)에서, 마르크스가 "결정론뿐 아니라 자유도 인정하는" 에피쿠로스의 열린 유물론에 이끌렸던 사실이 다윈에 대한 그의 엄청난 열정을 설명하는 데 도움을 준다고 이야기했다. 헤이어는 다음과 같이 지적한다. "다윈의 자연선택에 따른 진화 이론에 담긴 내용 중 하나는 무작위적 우연, 기회주의, 환경결정론의 상호작용을 강조한다는 점이었고, 이것이 분명히 마르크스의 철학적 감수성을 즐겁게 했을 것이다. 다윈의 비판자 중 상당수가 다윈의 접근법이 기계론—철학자들이 때대로 기계론적 유물론이라고 칭하는 것—이라고 잘못 이해했지만, 마르크스는 다윈이 자신의 견해와 양립가능한 유물론적 전망을 제공했다고 믿었다. 비록 마르크스의 견해는 다른 현상들에 적용된 것이었음에 불구하고 말이다."[38]

1862년 6월에 마르크스는 『종의 기원』을 다시 읽었고, 엥겔스에게 다음의 편지를 썼다.

> 다윈에게서 또 다른 모습을 찾아냈지만, 다윈 자신도 **역시** 식물과 동물에 "맬서스주의" 이론을 적용했다고 말해야 했다는 점을 재미있게 보고 있네. 맬서스씨의 경우 모든 사태가 식물과 동물에는 적용되지 않고 오직 식물과 동물에 대립하여 인간에게만—기하급수적으로—적용된다고 보았는데, 마치 그러지 않았던 것처럼 말일세. 주목할 만한 일은 다윈이 어떻게 동물과 식물 사이에서 노동 분업, 경쟁, 새로운 시장의 개척, "발명", 맬서스적 "생존투쟁"이 존재하는 영국 사회를 재발견하게 되는가라

38 Paul Heyer, *Nature, Human Nature and Society* (Westport, Conn.: Greenwood Press, 1982), 12-13.

네. 이것은 홉스의 만인에 대한 만인의 투쟁이네.[39]

이 시기 동안, 마르크스는 친구인 독일의 공산주의자 빌헬름 리프크네히트와 함께, 토머스 헉슬리가 다윈과 진화론을 주제로 영국 노동자를 대상으로 진행하는 "대중 강의"에 여러 차례 참석했다. 이 강의들은 노동자들을 대상으로 했다는 사실에도 불구하고 매우 깊이 있는 내용이었다. 헉슬리는 1863년의 강의들에 크게 만족하여 노년에 『다위니아나』(*Darwiniana*) 전집에 이 강의를 포함시킬 정도였다. 또한 마르크스는 국제노동자협회에서 활동하는 독일인 친구 프리드리히 레스너(Friedrich Lessner)와 함께, 1860년에서 1864년 사이에 런던대학에서 개최된 헉슬리와 틴들의 강의들에 종종 참석했다. 마르크스는 헉슬리의 유물론을 높이 사는 편이었지만 항상 종교적 관점이 "빠져나갈 구멍"을 두는 헉슬리의 경향 — 철학적 유물론을 사변적이라고 사실상 부정하는 수준에 이르렀지만(이 점에선 종교와 별반 다를 바 없다), 과학적 분석에서는 유물론을 절대 긍정했다 — 에 대해서는 비판했다. 헉슬리가 초기의 많은 진술들과 모순을 보이면서 "나는 개인적으로 유물론자가 아니며, 반대로 유물론에 중대한 철학적 오류가 있다고 믿는다"라고 공언했던 사정에는, 이러한 매우 복잡한 사정이 있었던 것이다.[40] 결국 헉슬리가 채택한 견해는 랑게

39 Marx and Engels, *Collected Works*, vol. 41, 381.

40 Liebknecht, 「Reminiscences of Marx」, 106; Huxley, *Darwiniana*, 303–475; Marx and Engels, *Collected Works*, vol. 43, 183; Huxley, *Lay Sermons*, 130–39. 예니 마르크스와 마르크스의 딸들도 헉슬리의 강연에 종종 참석했으며 강연에 대한 보고서를 남겼다는 점도 언급할 필요가 있다.

의 『유물론의 역사』(*History of Materialism*)에서처럼, 칸트적 관점 안으로 유물론을 포섭한 것이었다.[41]

엥겔스는 다윈주의 혁명과 당시 돌파구를 내고 있던 고생물학과 민족학의 성과들을 나름대로 연구하고 있었다. 그는 1863년 봄에 찰스 라이엘의 『인간의 고대에 관한 지질학적 증거』(*Geological Evidences of the Antiquity of Man*)와 토머스 헉슬리의 『자연에서 인간의 위치에 관한 증거』(*Evidence as to Man's Place in Nature*)를 읽었다. 이 책은 둘 다 같은 해에 출간되었으며, 엥겔스가 보기에 "매우 훌륭한" 서적이었다.[42] 헉슬리의 책은 인류와 유인원들 사이의 해부학적 유사성—긴밀한 혈통 관계—을 보여주었다. 라이엘의 책은 다윈주의 혁명과 비슷한 시기에 발생한 민족학적 시간의 혁명을 제시했다. 이 책에서 라이엘은 인류라는 종이 고대 때부터 있었다는 증거를 제공했다. 당시까지 존재하던 과학적 합의—여기에는 라이엘의 책인 『지질학 원리』도 포함된다—를 깨고, 라이엘은 인류가 단지 몇 천 년 정도가 아니라 수천 세기 동안 지구상에 존재해왔다는 사실을 마지못해 인정하지 않을 수 없었다.[43]

1866년 8월, 마르크스는 피에르 트레모(Pierre Trémaux)가 파리에서 출간한 『인간 및 다른 생물의 기원과 변형』(*Origine et transformations de l'homme et des autres êtres*)이라는 제목의 책을 읽었다. 트레모의 저작에는

41 Frederick Albert Lange, *The History of Materialism* (New York: Humanities Press, 1950).

42 Hal Draper, *The Marx-Engels Chronicle* (New York: Schocken Books, 1985), 116.

43 Francis C. Haber, *The Age of the World: Moses to Darwin* (Baltimore, Md.: Johns Hopkins University Press, 1959), 285.

지독한 오류들이 많이 포함되어 있었고 과학적 중요성도 거의 없었다. 그러나 마르크스는 처음엔 생물학적 진화를 지질학적 천이(succession)의 조건들과 변화하는 토양 조건에 따라 규정받는 것으로 보려고 한 그의 시도에 감명을 받았다. 마르크스에게, 이것은 그 책의 단점들에도 불구하고 "다윈 이상의 **매우 중요한** 진전"이었다. 이 책은 진보뿐 아니라 "다윈이 설명할 수 없었던 퇴보"까지 모두 지질학적 변화의 결과로 설명했다. 또한 이 책은 종의 매우 더딘 발전과 비교하여 "단순하고 과도적인 형태들의 급속한 멸종"을 지적했다. "따라서 고생물학에서 존재하는 간극들은 다윈을 혼란스럽게 만들었지만, 여기서는 필연적인 것이 되었다." 이러한 실험적인 언급을 두고 볼 때, 마르크스는 지질학적 천이와 연결되고 토양의 영향을 강조하는 진화적 변화 이론을 모색하고 있었던 것으로 보인다. 그리고 그는 고생물학적 기록 속에 있는 간극들을 진화론의 중요한 문제로 보았다. 그러나 엥겔스는 빈약한 지질학 지식을 가지고 있고 인종과 관련하여 터무니없는 생각을 하고 있던 트레모에 대해 매우 비판했다. 엥겔스는 마르크스에게 이러한 점을 납득시킨 것으로 보인다. 그 때문에, 1866년 10월 이후엔 트레모에 대한 언급이 마르크스에게서 완전히 사라진다.[44]

따라서 『자본론』 1권이 출간될 때까지 마르크스와 엥겔스는 서로 서

44 Marx and Engels, *Collected Works*, vol. 42, 304-5, 320-24, 327. 트레모를 칭찬했던 마르크스의 오류는 (비록 그가 트레모의 "지질학적 실책들"과 "문헌적·역사적 비판"에서의 결함들을 언급했지만) 최근 스티븐 제이 굴드가 강조했다. 굴드는 트레모의 책에 대해 "나는 이것보다 더 엉터리이고 자료도 빈약한 명제는 읽어본 적이 결코 없다"고 설명했다. Stephen Jay Gould, 「A Darwinian at Marx's Funeral」, *Natural History*, vol. 108, no. 7 (Spring 1999), 64.

신을 왕래하면서 다윈의 저작이 갖는 다음의 측면들을 논의했다. 다윈이 자연사의 영역에서 목적론에 대해 치명타를 날렸다는 사실, 다윈이 식물계와 동물계에서 맬서스적/홉스적 관계들을 발견했다는 반어적 상황(또한 맬서스의 이론은 식물계와 동물계의 진화를 필요로 하지 않는다는 사실을 다윈이 이해하지 못했다는 점), 다윈의 이론이 자연적·역사적으로 "우리의 견해를 위한 토대"를 제공했다는 사실. (이에 더해, 지질학적 천이와 진화 사이의 관계와 고생물학적 기록이 지닌 불완전성의 문제 같은 사안들이 언급되었다.)

마르크스가 다윈 이론이 자신의 분석을 위한 자연사적 "토대"를 제공한다고 강조한 사실이 일부 현대의 비판가에게는 심각한 수수께끼로 다가왔다. 실제로 마르크스는 자신의 편지에서 이것을 어떤 의미로 말한 것인지 특정하지 않았다. 이렇다보니 자연선택 및 "적자생존"이 계급투쟁과 어떤 관계가 있는지에 대해 온갖 종류의 억측이 생겨났다. 다윈 연구자인 랄프 콜프(Ralph Colp)는 "정확히 어떻게 자연선택 이론을 계급투쟁 이론의 '토대'로 볼 수 있다는 말인가?"라고 물었다.[45]

이 문제의 답변에 대한 열쇠는 『자본론』 1권에서 찾을 수 있다. 여기서 마르크스는 (두 곳의 각주에서) 인류 역사의 발전을 생산 및 기술의 변화를 통해 보는 자신의 분석과 다윈 이론 사이의 관계에 대해 간략하게 이론화했다. 마르크스는 다윈의 "획기적 저작"을 언급하면서, 어떻게 역사적으로 매뉴팩처 과정이 (이미 노동분업으로 분리된) "노동자 각각의 배타적이고 특수한 기능들에 노동자를 적응시킴으로써 노동의 수행을 배가"시켰는지에 관해 설명했다. 그는 이를 위해 다윈이 동·식물의 특화된 기

45 Ralph Colp, Jr., 「The Contacts Between Karl Marx and Charles Darwin」, *Journal of the History of Ideas*, vol. 35, no. 2 (April-June 1974), 330.

관(organ)들의 발전과 특화된 도구들의 발전을 비교한 것(『종의 기원』 중 "변이의 법칙"을 다룬 5장)을 이용했다. 더 나아가 『자본론』에서 마르크스는 동·식물의 자연적 진화 과정에서 일어나는 "자연 기술"의 발전과 인간의 역사 과정(인간의 진화)에서 일어나는 인간 기술의 발전을 서로 구별하기 위해 다윈이 제시한 이러한 구분을 끌어왔다.

> 다윈은 동·식물의 생명을 유지하기 위한 생산 도구로 봉사하는 자연 기술, 즉 동·식물의 기관(器官) 형성사에 직접 주목했다. 사회에서 인간의 생산적 기관(器官)의 역사, 사회의 모든 특정한 조직의 물질적 토대인 기관(器官)의 역사는 동일한 주목을 받아야 하지 않을까? 그리고 비코의 말처럼 인간의 역사는 자연사와 다르고, 우리는 자연사 속에서 자연사가 아닌 인간의 역사를 만들어 왔기 때문에, 이러한 역사를 편찬하는 것은 더 쉽지 않겠는가? 기술은 자연에 대한 인간의 능동적 관계, 자기 삶의 직접적 생산 과정을 드러낸다. 그리고 또한 그것을 통해 기술은 자기 삶의 사회적 관계들과 이런 관계들로부터 흘러나오는 정신적 견해들의 생산 과정을 털어 놓는다.[46]

물론 마르크스는 이렇게 "자연 기술"과 인간의 기술 사이의 비교를 도입하면서, "기관"이란 뜻의 그리스어 단어(organon)가 도구를 의미하기도 하며, 기관들이 애초 동물의 "다 자란" 도구들로 비춰졌다는 사실을 의식하고 있었다. 반면 도구는 인류가 만든 인위적 기관이다.[47] 엥겔스

---

46 Karl Marx, *Capital,* vol. 1 (New York: International Publishers, 1976), 461, 493.

47 Anton Pannekoek, *Marxism and Darwinism* (Chicago: Charles H. Kerr, 1912),

가 말한 것처럼, "협소한 의미에서 동물도 도구를 가지고 있지만, 이것은 단지 그들 몸의 사지를 일컬을 뿐이다."[48] 따라서 인간의 기술은 신체의 일부인 기관들로 이루어진 것이 아니라, "사회 속에 살아가는 인간의 생산적 기관"인 도구들을 사회적으로 생산하는 과정에서 생겨났으며, 이러한 점에서 자연 기술과 구분된다. 『경제학철학 수고』에서 이미 분명하게 나타난—그는 도구를 인류의 외적 연장(延長), 다시 말해 "인간의 무기(無機)적 신체"로 보았다—자연과 인간의 관계 이해와 다윈의 분석 결과로, 마르크스는 『자본론』을 저술하면서 노동과정과 자연에 대한 인간의 관계를 유물론과 진화론의 측면에서 정의할 수 있었다. (이것은 결국 인류와 자연 사이의 물질대사적 상호작용이라는 견해로 이어졌다.)

> 인간의 신체기관들만이 노동도구로 봉사하는 채집의 경우처럼 열매와 같이 이미 만들어져 있는 생활수단들에 대한 고찰을 고려하면, 노동자가 직접적으로 소유하는 대상은 노동대상이 아니라 노동도구이다. 따라서 자연은 인간 활동의 기관 중 하나가 되며, 인간은 자연을 자신의 신체기관에 합병시키고, 성경의 말씀에도 불구하고 재능을 자신에게 부가한다. 대지는 인간의 고유한 식량창고일뿐 아니라 인간의 공구점이기도 하다. 예컨대 대지는 인간에게 던지기, 갈기, 압착하기, 자르기 따위의 목적에 사용되는 돌을 공급한다. 대지 자체가 하나의 노동도구이다. 그러나 농업에 이러한 방식을 이용하기 위해서는 다른 많은 도구들과 비교적 높은 발

50; K. Timiryazeff, 「Darwin and Marx」, in David Ryazanoff, *Karl Marx: Man, Thinker and Revolutionist* (New York: International Publishers, 1927), 170-73.

48 Marx and Engels, *Collected Works*, vol. 25, 330.

> 전 단계의 노동력이 전제되어야 한다. 노동과정은 아주 조금이라도 발전하게 되면 특수한 목적의 도구들을 필요로 한다. 그 결과 가장 오래된 동굴에서 석제 도구와 무기가 발견된다. 인간의 초창기 역사에서, 가축화된 동물들, 즉 노동에 의해 개량되고 특별히 길러진 동물들은 그 나름대로의 역할을 해온 돌, 나무, 뼈, 조개껍질과 함께 노동도구로 주요한 몫을 담당해왔다. 노동도구의 이용과 제작은 비록 다른 동물들에게서도 맹아적으로 나타나지만, 인간의 노동과정에 고유한 특징이며, 따라서 프랭클린은 인간을 "도구를 만드는 동물"로 정의했다. 사멸한 동물 종을 해명하는 데 화석 유골이 중요한 역할을 하는 것과 마찬가지로 과거 노동도구였던 유물들은 사멸한 사회의 경제구성체들을 탐구하는 데 있어서 중요한 역할을 한다.[49]

그렇다면 마르크스의 관점에서, 인간의 진화를 추적하기 위해서는 화석 이상으로 도구의 발전이 중요했다. 동물이 특정 환경에 적응하는 방편을 대변하는 것이 동물의 기관이듯이, 인간의 생산 기관의 발전을 대변하는 것이 도구이기 때문이다. 이렇게 매우 정교한 방법을 통해, 마르크스는 인간의 발전과 진화가 지닌 독특한 본성을 상술하고자 했다. 이러한 마르크스의 분석은 다윈의 『종의 기원』이 출간된 지 8년 후의 일이고, 『인간의 유래』(*Descent of Man,* 1871)가 출간되기 4년 전의 일이었다. 무엇보다 이러한 분석은 면밀한 연구에 근거했다. 마르크스는 라이엘의 『인간의 고대에 관한 지질학적 증거』를 주의 깊게 읽으며 방주(旁註)를 남

49 Karl Marx, *Capital*, vol. 1 (New York: Vintage, 1976), 285-86.

졌다. 그는 선사시대 도구제작의 발전에 관한 라이엘의 분석을 꼼꼼히 검토하고, "야만 부족들은 새로운 발명들을 채택하길 꺼린다"는 그의 가정에 의문을 표했다.[50]

역사적 견지에서 이러한 내용을 모두 살펴보기 위해서는, 다윈과 함께 자연선택 이론의 공동 발견자인 알프레드 러셀 월러스가 1864년에 「자연선택 이론으로부터 연역한 인류의 기원과 인간의 고대」라는 영향력 있는 논문을 썼다는 점을 언급하는 게 필요하다. 월러스는 동물은 신체 구조를 수정함으로써만 주변 환경의 변화에 적응할 수 있다고 주장했다. 이것은 다윈이 이미 제시했고 훗날 다윈주의 이론에서 더 광범위하게 채택된 내용이었다. "동물이 자신의 먹이, 겉모습, 혹은 무기를 바꾸고자 한다면, 자기의 신체 구조와 내부 조직을 그에 상응하게 변화시켜야 한다." 그렇지만 그의 주장에 따르면, 인류는 "무기와 도구를 만듦으로써", 따라서 "자연으로부터 벗어나 자연이 다른 모든 동물들에게 행사하는 힘이자 외부 형태와 구조를 변화시키는 힘을" 손에 쥠으로써 자신과 환경 사이의 관계를 변화시킬 수 있었다. 월러스가 볼 때, (정신과 구분되는) 인간의 신체는 진화 과정에서 상대적으로 벗어나 있다. 이것은 "정신"의 발전을 촉진한 도구제작 능력—혹은 인간의 기술—의 결과였다. (월러스는 사상의 초기 단계에서조차 정신 혹은 지성을 물리적 신체와는 분리된 것으로 보는 경향을 보여주었다. 그래서 그는 두뇌 자체의 진화에 관해서는 이야기하지 않았다. 이 경향은 훗날 그를 유심론의 방향으로 이끌었고, 다윈의 일관된 유물론적 입

50 Institute of Marxism-Leninism, *Ex Libris, Karl Marx und Friedrich Engels* (Berlin: Dietz Verlag, 1967), 132-33; Charles Lyell, *The Geological Evidences of the Antiquity of Man* (Philadelphia: George W Childs, 1863), 376-77.

장과 근본적인 단절을 하게 만들었다.)[51]

마르크스는 월러스보다는 다윈에 훨씬 가까운 용어를 사용하여 도구제작의 독자성을 지적하면서 자연 기술과 인간의 기술을 구분하고자 했다. 일부 동물이 비슷한 능력을 보이기는 하지만, 그는 도구제작이 인류만의 "특징"이라고 보았다. 마르크스가 이러한 주장을 한 것은 월러스

---

51 Alfred Russell Wallace, 「The Origin of Human Races and the Antiquity of Man Deduced from the Theory of Natural Selection」, *Journal of the Anthropological Society of London*, vol. 2 (1864), clxii-clxiii. 월러스의 주장은 진화에서 도구제작의 역할에 관한 것에 머물지 않았다. 그는 도구제작이 인간의 신체를 변화로부터 단절시키는 데 영향을 끼쳤다고 주장했다. 이러한 주장은 인류 기원의 설명과 관련하여 훨씬 더 미심쩍은 시도의 일부였다. 그의 생각에 따르면, 도구제작을 시작한 이후 인간 진화가 거의 배타적으로 "정신"의 발전이라는 형태를 띠어왔다는 사실로부터, 인류의 실질적인 해부학적 유사성이 설명될 수 있었다. 그는 이것이 더 탁월한 지성을 가진 백인 유럽인을 다른 "열등한 인종들"과 구분시켜준다고 주장했다. 다윈주의 진화론자인 월러스는 당시 유럽의 교육받은 계급들이 공통적으로 갖고 있던 특정한 인종주의적 믿음 중 대다수를 지지하지 않았다. 그럼에도 불구하고 그는 이 논문에서 다음과 같이 주장했다. **"생존투쟁에 유리한 인종들의 보존"**은 …… 유럽인과 접촉하게 된 모든 열등하고 정신적으로 미발달된 개체군들의 불가피한 멸종을 낳았다. 북미와 브라질의 붉은 인디언, 남반구의 태즈메이니아인, 오스트레일리아인, 뉴질랜드인은 어떤 특별한 원인 때문이 아니라 불평등한 정신적, 육체적 투쟁의 불가피한 결과 때문에 모두 죽었다. 유럽인의 육체적 자질뿐 아니라 지적, 도덕적 자질은 우월하다. …… [그래서] 이것은 야만인과 만났을 때 유럽인이 생존투쟁에서 승리할 수 있도록 한다. …… 북미와 오스트레일리아에서 우거진 유럽의 잡초가 타고난 조직의 활력과 더 큰 생존, 번식 능력으로 토착종의 번식을 전멸시킨 것처럼 말이다. 같은 책, clxv. 이러한 주장이 제국주의적 인종 지배(심지어 말살) 정책(조셉 콘래드의 『암흑의 핵심』에 나오는 등장인물 쿠르츠의 대사 "모든 짐승을 몰살시켜라"로 요약된다)을 정당화하는 데 일조했다는 사실은 의심의 여지가 없다. Lindqvist, *Exterminate All the Brutes*를 볼 것.

의 논문이 나온 지 3년밖에 지나지 않은 시점이었다. 마르크스는 이러한 방식으로 다윈과 연결된, 인간 사회의 발전에서 노동의 역할(이것은 물론 도구제작의 발전과 관련되어 있었다)에 관한 자신만의 고유한 일반 이론에 자연적·역사적 토대를 제공하고자 했다.

엥겔스는 「유인원에서 인간으로의 이행에서 노동이 한 역할」이라는 소론에서 이러한 분석을 훨씬 더 발전시켰다(1876년에 쓰였으나, 엥겔스 사후인 1896년에 처음 출판되었다). 엥겔스의 분석—자신의 유물론 철학에서 도출된 것이지만 또한 몇 해 전 헤켈이 주장한 견해로부터 영향을 받았다—에 따르면, 인류의 조상인 영장류가 나무에서 내려오면서 (인간 두뇌의 진화에 앞서) 직립 자세가 최초로 발전했고, 도구제작을 할 수 있게 손이 자유로워졌다.

> **손이 자유로워졌고** 그리하여 훨씬 더 큰 솜씨와 기술을 획득했다. 그리고 그 결과로 획득된 더 큰 유연성이 세대에서 세대로 유전되면서 더 커져갔다. 이렇듯 손은 노동의 기관일 뿐 아니라, **또한 노동의 산물**이기도 하다. 오직 노동을 통해서만, 더 새로운 작업에 적응하는 것을 통해서만, 그 결과 일어난 근육과 인대의 특수한 발전과, 마찬가지로 오랜 시간에 걸쳐 일어난 뼈의 특수한 발전이 유전되는 것을 통해서만, 그리고 이렇게 유전된 개선들을 새롭고 더욱 더 복잡한 작업에 되풀이하여 사용하는 것을 통해서만, 인간의 손은 라파엘의 그림, 토르발센의 조각, 파가니니의 음악을 불러낼 수 있을 정도로 높은 수준의 완성도를 획득했다.[52]

52 Friedrich Engels, *The Dialectics of Nature* (New York: International Publishers, 1940), 281.

그 결과, 초기 인간(사람과(科))은 자신들을 둘러싼 특정 환경에 맞추어 자신들의 관계를 변경할 수 있었고 자신들의 적응성을 근본적으로 개선할 수 있었다. 가장 독창적으로 도구를 만들고 사용했던 사람이 가장 잘 생존할 수 있었을 것이다. 이것은 진화과정이 뇌 크기의 증가와 (사회적 노동과정에서 필수적인) 언어의 발전 방향으로 선택압을 가했으며, 궁극적으로는 현생 인류의 등장을 낳았음을 의미한다. 따라서 엥겔스가 볼 때, 인간의 두뇌는 손과 마찬가지로 복잡하고 상호작용하는 일련의 관계들을 통해 진화했다. 이제 진화생물학자들은 이것을 "유전자·문화 공진화"라고 부른다. 스티븐 제이 굴드의 주장에 따르면, 인간 두뇌의 진화에 관한 모든 과학적 설명들은 지금까지 유전자·문화 공진화 이론들이었으며, "19세기에 나온 유전자·문화 공진화에 관한 최고의 입장은 프리드리히 엥겔스가 만든 것이었다."[53]

20세기 초반까지도 과학계의 합의는 근본적으로 엥겔스가 제시한 것과 같은 설명에 반대했다. (과학계는 대부분 엥겔스의 이론을 알지 못했으며, 불행히도 엥겔스의 이론이 진화학의 발전에 끼친 영향력은 거의 확인되지 않는다.) 대부분의 생물학적 사상의 지적 초점은(엥겔스는 관념론적 견해의 지배를 받고 있다고 보았다) 오히려 인간 진화의 이면에 놓인 추진력으로 두뇌의 발전을 엄청나게 강조한다. 영장류와 인류 사이의 "잃어버린 고리"(missing

53 Stephen Jay Gould, *An Urchin in the Storm* (New York: W. W. Norton, 1987), 111-12. 엥겔스가 처음으로 발전시켰고 훗날 고생물학적 발견들의 결과로 인류학자들에 의해 발전하게 된 유전자·문화 공진화 접근법은 Charles J. Lunuden and Edward O. Wilson, *Promethean Fire: Reflections on the Origin of Mind* (Cambridge, Mass.: Harvard University Press, 1983)로 유명해진 실증주의적 사회생물학 접근법에 대한 최상의 대안으로 남아 있다.

link)가 발견된다면, 그것은 양쪽을 중간에서 매개하는 발전 정도의 두뇌 크기를 보여줄 것이라고 기대되었다. 이러한 기대는 4백만 년 전까지로 거슬러 올라가는 오스트랄로피테쿠스 속(屬)이 1920년대에 발견되기 시작하면서 무너졌다. 오스트랄로피테쿠스의 두뇌는 별로 커져 있지 않았고, 신체도 전반적으로 유인원의 비율을 보였다. 그럼에도 불구하고 오스트랄로피테쿠스 속(屬)들은 명백히 사람과(科)의 종들이었다. 그들은 직립자세와 진화한 손(과 발)을 보여주었으며 이미 도구제작자들이었다.[54]

20세기 들어 오스트랄로피테쿠스 속(屬)의 다양한 유골이 발견된 것과 관련된 커다란 고생물학적 발견들로 최근 몇 십 년 동안 19세기 엥겔스의 분석과 매우 일치하는 인간 진화 이론이 발전했다. 인류학자인 셔우드 L. 워시번(Sherwood L. Washburn)은 『사이언티픽 아메리칸』(*Scientific American*) 1960년 9월호에 실린 「도구와 인간 진화」(「Tools and Human Evolution」)란 소론에서 이러한 발견들이 낳은 충격을 드러냈다.

> 최근 일련의 발견들에 따르면 50만 년 전 살았던 인간 이전의 영장류들은 석기 도구와 관련되어 있었다. 여러 해 동안 연구자들은 아프리카의 고대 퇴적층에서 가장 단순한 종류의 도구들을 발견했다. 처음에, 그들은 이 도구들이 큰 두뇌를 가지고 완전히 두발 보행을 하는 인간이 존재하는 증거라고 추측했다. 이제 이 도구들은 훨씬 더 원시적인 피조물과, 즉 완벽하게 두발로 걷지 못하고 작은 두뇌를 가진 인간과 흡사한 존재, 인간·유인원들과 관련되어 있음을 발견했다. 이러한 발견이 있기 이전 지배

54 Gould, *Ever Since Darwin*, 207–13.

> 적인 견해는, 인간은 신체구조가 이미 대략적으로 만들어진 상태에서 진화했고 그 후 현재와 같은 도구들과 새로운 생활 방식을 발견했다는 것이었다. 이제 인간·유인원들—달릴 수는 있지만 아직 두발로 걸을 수는 없고 현존하는 유인원의 두뇌보다 더 크지 않은 두뇌를 가진 피조물—이 이미 도구제작 및 이용 방법을 알고 있었던 것으로 간주된다. 여기서 현생 인류의 신체구조는 자연선택에 의한 변화의 결과이며 도구를 이용하는 생활 방식과 함께 유래한 것이 분명하다는 결론이 나온다.[55]

이 분석은 1974년에 셔우드 워시번과 루스 무어(Ruth Moore)가 제시한 "도구가 인간을 만들었다"라는 명제로 발전되었다. 이 저자들의 설명에 따르면,

> 몇몇 유인원들이 밀림을 떠나자마자, 그리고 가장 능숙하게 직립하여 두발 보행을 하는 무리가 새로운 지역에서 생존하게 되자마자, 그들의 다리가 더 길어지게 되고 발과 골반도 변화했다. 그러나 처음에는 머리 두개골과 작은 뇌에 변화가 거의 없었으며, 몸통과 가슴의 너비, 짧은 요추 부위, 팔의 길이에 전혀 변화가 없었다고 할 수 있다. 뼈와 관절, 근육은 대부분 그들이 유인원이었던 시절 계속 지니고 있었던 것을 그대로 지니고 있었다. 그 후 손이 변화하기 시작했다. 석기 도구들은 쪼개서 만들어야 했는데, 이를 가장 잘 능숙하게 다룰 수 있어 더 많은 식량을 획득할 수 있는 무리가 결정적 이점을 지녔다. 올두바이 협곡에서 리키가 발견한

55 Sherwood L. Washburn, 「Tools and Human Evolution」, *Scientific America*, vol. 203, no. 3 (September 1960), 63.

손뼈들은 대략 현재 인간의 손뼈와 현생 유인원의 손뼈 사이의 중간 형태였다. 엄지가 더 길게 자라 힘을 줘서 물건을 잡을 수 있었다.[56]

워시번과 무어에 따르면, 인간 진화의 핵심은 도구제작과 관련된 손의 발전과 노동 일반 속에서 설명되어야 한다. 이러한 방식으로 근대 인류학 이론의 상당수가 19세기 엥겔스가 개척했던 유물론적·공진화적 견해에 가까워졌다. 애당초, 인간 사회의 발전뿐 아니라 "유인원을 인간으로 이행"하게 만든 비밀은 바로 노동이었다. 무엇보다, 노동을 통해 인류가 점하는 독특한 생태학적 지위를 정의할 수 있었다. 따라서 마르크스와 엥겔스는 지구에 대한 인간의 관계를 공진화적 차원에서 보았다. 이것은 우리로 하여금 인류가 자신을 둘러싼 환경을 오로지 자신이 선택한대로 변형하는 것이 아니라 자연사에 의해 제공된 조건에 따라 변형한다는 점을 인식할 수 있게 해준다. 그렇기 때문에 이것은 생태학의 이해에서 중요한 견해인 것이다.

엥겔스는 이후의 저작들에서 계속 다윈의 자연선택 이론이라는 측면에서 자연사를 이해했으며, 다윈의 이론에 대한 공격이 증가함에 따라 다윈 이론의 강력한 옹호자로 남았다. 1878년에 오이겐 뒤링(Eugen Dühring)의 "과학 혁명"에 대한 비판서와 (『자연 변증법』(*The Dialectics of Nature*)을 포함한) 여타의 저작들에서, 엥겔스는 다윈의 견해를 옹호하고 그것의 왜곡에 맞서고자 했으며, 사회다윈주의적 경향(다윈을 이용하여 사회 영역에

56 Sherwood Washburn and Ruth Moore, *Ape into Man* (Boston: Little, Brown, 1974), 186. 또한 Kenneth P. Oakley, *Man the Toolmaker* (London: British Museum, 1972); Rose, *Darwin's Spectre*, 156-58을 볼 것.

서 맬서스적 관점을 조장하는 것)에—특히 이러한 경향의 발전들이 성장 초기의 사회주의 운동에 영향을 끼치는 곳에서—반대하고자 했다. 뒤링에 대한 응답(엥겔스는 출판하기 전에 이 책의 모든 내용을 마르크스에게 읽혔다)에서, 엥겔스는 뒤링의 **고발**에 맞서 다윈을 옹호했다. 뒤링은 다윈이 단지 맬서스의 이론을 식물과 동물의 영역에 이전했을 뿐 결코 동물 육종가의 관점을 넘어서지 못했으며, 『종의 기원』에서 쓸모있는 내용은 사실상 모두 라마르크에게서 가져온 것이라고 주장했다.

엥겔스는 식물계와 동물계를 생존투쟁으로 설명하는 견해를 반대하기는커녕, 오히려 강력하게 지지했다. 그럼에도 불구하고 그는 "생존투쟁"이란 다윈주의의 용어는 단지 개체들이나 종들 사이의 직접적 투쟁이라는 측면에서만 볼 게 아니라 (보다 중요하게는) 공간과 햇빛을 얻기 위한 식물의 투쟁같이 생존을 위한 투쟁이라는 관점에서도 봐야 한다고 주장했다. 엥겔스는 다음과 같이 지적할 정도였다.

> 다윈은 생존투쟁이라는 생각의 **기원이** 맬서스로부터 비롯되었다고 말할 의도가 꿈에도 없었을 것이다. 그는 단지 그의 생존투쟁 이론이 식물과 동물의 세계 전체에 적용된 맬서스의 이론이라고 말했을 뿐이다. 맬서스주의 이론을 매우 순진하고 무비판적으로 받아들이면서 다윈이 범한 실수가 아무리 큰 것이라 하더라도, 누구든지 자연에서 일어나는 생존투쟁을 지각하는 데 맬서스주의적 안경이 전혀 필요치 않다는 것을 한 눈에 알 수 있다.

다윈이 "동물 육종가"의 시각 이상을 결코 넘어서지 못했다는 뒤링의 고발에 반대해 다윈을 옹호하면서, 엥겔스는 다윈 사상의 발전을 단계적으로 논의했다. 엥겔스는 어떻게 다윈 사유의 기원들을 비글호의 항해에서 발견할 수 있는지, 어떻게 그가 자신의 견해를 도입하기 위해 재배사육 안에서의 변이를 이용했는지 설명했고, 그럼에도 불구하고 진정한 분석의 초점은 인위적 변이와 인위적 선택이 아니라 자연 변이와 자연선택에 있었다는 것을 설명했다. 마지막으로 엥겔스는 다윈이 라마르크보다 못하다고 주장하는 뒤링의 시도에 대해 결정적인 공격을 가했다. 엥겔스의 주장에 따르면, 라마르크의 중요성은 일단 다윈의 혁명이 일어나야만 완전하게 평가될 수 있었다. 그러나 획득형질의 유전이라는 라마르크의 견해에는 결함이 있었다. 라마르크의 시대에는 발생학과 고생물학이 올바르고 과학적인 진화이론을 가능하게 할 정도로 충분히 발전하지 못했다. 엥겔스는 뒤링의 접근법이 (라마르크를 불러내려고 했음에도 불구하고) 얄궂게도 여전히 "성직자의 사고방식"인 자연신학의 목적론을 연상케 한다고 주장했다.[57]

엥겔스가 다윈의 이론을 충실히 고수한 것은 러시아 인민주의 이론가들에 대한 그의 대응에서 훨씬 더 분명하게 드러났다. 러시아 인민주의자들은 협력과 상호부조주의라는 방향—궁극적으로 표트르 알렉세예비치 크로포트킨(Petr Alekseevich Kropotkin, 1842—1921) 대공의 저작과 동일시되는 운동—에서 자연을 분석하고자 했다. 지도적 러시아 인민주의 사상가 표트로 라브로비치 라브로프(Pyotro Lavrovich Lavrov, 1823—1900)가 1873년에 급진적 망명가 잡지인 『전진』(*Vpered*)에 「사회주의와 생존투쟁」이라는 제목의 사설을 출판했다. 라브로프는 맬서스주의를 다윈의

57 Friedrich Engels, *Anti-Dühring* (Moscow: Progress Publishers, 1969), 83-93, 220.

이론으로부터 추방해, 생존투쟁이 생명의 법칙이기 때문에 사회주의는 불가능하다는 식으로 사회주의를 비판하는 것에 맞서고자 했다. 이를 위해 라브로프는 생존투쟁이 다양한 수준에서 발생하며 가장 낮은 수준의 생존투쟁이 동일한 종(種)과 과(科)의 개체들 사이에서 일어나는 것이라고 주장했고, 이를 통해 다윈의 "생존투쟁" 개념을 해체했다. 그의 글에 따르면, 이러한 투쟁에서 발생하는 "사상자는 셀 수 없으며 자연은 시체로 넘쳐난다." 그렇지만 가장 높은 형태의 생존투쟁은 "곤충 사회"의 경우처럼 사회로 조직된 종들 사이에서 발생하는 투쟁이었다. 이러한 "사회"의 주된 특징은 "연대"와 "상호 원조"였다. 라브로프의 주장에 따르면, 이러한 상호 원조는 다윈주의를 근거로 사회주의가 불가능하다고 주장하는 사람들에 대한 궁극의 답변이었다.[58]

라브로프는 자신의 분석을 가지고 프리드리히 엥겔스와 토론했다. 1875년에 엥겔스는 맬서스주의와 사회다윈주의에 맞서고자 하는 라브로프의 바람에 공감을 표하면서도, "생존투쟁"이나 "협력"과 같은 일면적 표현들에 너무 마음을 빼겨 변증법적 상호연관성들을 시야에서 놓치지 말라고 훈계하는 답장을 작성했다. 이와 관련하여 엥겔스는 다윈보다 앞서 일부 과학자—"포크트, 뷔히너, 몰레쇼트 등등"—가 "리비히가 보여준 것처럼, 유기적 자연 안에서의 **협력**, 즉 식물계가 산소와 동물계의 먹이를 공급하고 역으로 동물계가 식물에 탄산염과 퇴비를 제공하는 방식"을 어떤 식으로 강조했는지 역설했다. 그러나 엥겔스는 이들이 이제 "생존**투쟁** 말고는 아무 것도 보지 않는다"고 지적했다. 엥겔스는 "두

58 Daniel P. Todes, *Darwin Without Malthus: The Struggle for Existence in Russian Evolutionary Thought* (New York: Oxford University Press, 1989), 36-39.

가지 파악"—즉 하나는 주로 리비히로부터 나왔고 다른 하나는 주로 다윈으로부터 나왔다—이 "어느 정도는 정당화될 수 있지만, 그것 하나하나는 일면적이고 협소하다. 자연체들의 상호작용은 삶과 죽음이 공존하는—반목만큼이나 조화로 이루어져 있으며, 경쟁만큼이나 투쟁으로 이루어져 있다"고 주장했다. 재차 거론컨대, 엥겔스가 진짜 문제라고 생각한 것은 생존투쟁이 자연 속에 존재한다는 생각, 다시 말해 (비록 이것이 자연에 대한 일면적 이해를 만들어내는 경향이 있다 하더라도) 식물계와 동물계에서 맬서스주의나 홉스의 만인에 대한 만인의 투쟁을 추론하는 것이 아니었다. 진정한 문제점은 "유기적 자연에서 나온 이론들을 역사에 다시 끼워 맞춘 후, 그것이 인간 사회의 영원한 법칙들로서 유효함을 증명했다고 주장하는" 몇몇 이론가의 시도였다.[59] 예컨대 마르크스와 엥겔스가 지지했던 변증법이고 공진화의 시각에서 보았을 때, 유기적 자연(과 인간과 자연의 관계)은 조화와 반목을 모두 특징으로 가지고 있었다. 이것은 리비히와 다윈 모두와 관련된 통찰력 있는 시각이었다.

1873년, 『자본론』 1권의 독일어 2판이 출간되었다. 다윈의 『인간의 유래』가 선보인지 2년이 지난 해였다. 마르크스는 다음과 같은 글을 적은 신판 한 부를 다윈에게 보냈다. "찰스 다윈 씨에게 / 당신의 진실한 찬양자 중 한 사람이 / 칼 마르크스(사인함) / 런던 1873년 6월 16일 [1] 모데나 빌라 / 마이트랜드 파크." 그해 10월에 다윈이 마르크스에게 답장을 보냈다.

59 Marx and Engels, *Collected Works*, vol. 45, 106-8.

선생님.

『자본론』이라는 훌륭한 저작을 보내주시고 저에게 경의를 표해주신 것에 감사를 드립니다. 그리고 제가 정치경제학의 심오하고 중요한 주제에 대해 더욱 이해해, 이 책을 받을 자격이 충분히 있었기를 진정으로 바랍니다. 우리의 연구들이 매우 다르다 할지라도, 모두가 진심으로 지식의 신장을 바라고 있으며, 이것이 확실히 장기적으로 인류의 행복에 보탬이 될 것이라고 믿습니다.

저는 계속 선생님이라고 부르겠습니다 / 여불비례([餘不備禮] / 찰스 다윈.[60]

60 Margaret A. Fay, 「Marx and Darwin: A Literary Detective Story」, *Monthly Review*, vol. 31, no. 10 (March 1980), 41에서 Marx and Darwin을 인용함. 이것이 마르크스와 다윈의 유일한 접촉이었다. 오랫동안 마르크스가 다윈에게 『자본론』 한 권을 헌정하겠다고 제안하는 편지를 썼다는 이야기가 떠돌았다. 이것은 마르크스의 서류들 속에서 발견된 다윈의 1880년 편지에 근거한 것이었다. 그렇지만 최근 학계는 다윈의 편지가 마르크스에게 쓴 것이 아니라 장차 마르크스의 사위가 되는 에드워드 에이벌링에게 쓴 것임을 밝혔다. 에이벌링은 한때 (엥겔스 사후) 엘리노어 마르크스 에이벌링과 함께 마르크스의 서류를 책임진 적이 있다. 런던 대학에서 동물학 박사학위를 받고 런던 병원에서 비교 해부학 강사로 있던 에이벌링은 여러 차례 다윈을 만났고 자신의 책, 『학생을 위한 마르크스』(*The Student's Marx*, 1881)를 다윈에게 헌정하겠다는 제안을 했다. 다윈은 이 책을 편찬할 때 들어간 논설 중 몇 개에 대해 자신의 견해를 제시한 적이 있었다. 그렇지만 다윈은 에이벌링의 급진적 세속주의와 결부되지 않길 바랐기 때문에 이 제안을 거절했다. 같은 책.

곤경에 처한 유물론자들

"과학계의 대민주주의자"이자 헉슬리의 가장 친한 친구인 존 틴들(1820–1893)은 1874년에 벨파스트에서 영국과학진흥협회 의장 취임연설을 했나. 연설의 골사는 주류에 내한 전생 선언과 에피쿠로스에서부터 다윈에 이르는 유물론의 발전에 대해 길게 해설하는 것이었다. 틴들의 말을 빌리자면, 틴들과 헉슬리는 "루터가 보름스에서 한 행동을 본받아" 아일랜드에 갔고, "그곳에서 지옥의 모든 악마들"과 만났다.[61]

틴들은 아일랜드 신교 집안에서 태어났으며, 철도 측량사로 처음 경력을 쌓았다. 그는 나중에 독일에서 위대한 과학자 분젠의 지도 아래 화학을 공부했으며, 피상적이지만 어쨌든 독일철학에 익숙해졌다. 1851년, 그는 런던에 왔으며 곧 이곳 왕립협회에서 마이클 패러데이(Michael Faraday)의 조수가 되었다. 그는 나중에 패러데이의 자리를 물려받는다. 틴들은 지도적 물리학자이자 화학자로 부상했으며, 영국에서 과학의 가장 훌륭한 스승이자 보급자라는 명성을 얻었다. 그는 헉슬리의 전우였고, 1860년대와 1870년대의 사나운 분위기 속에서 다윈 진화론의 장려를 목적으로 하는 유물론적 과학자들이 모인 작은 집단의 일원이었다. 틴들은 기계론과 결부된 견해들을 종종 제시했지만, 알프스산맥을 등산하길 즐기는 사람이었고 시적인 유물론자로 알려져 있었다. 이것은 그의 사상에 인간주의적 성격을 부여했다.[62]

61 Desmond, *Huxley*, 445에서 Tyndall을 인용함.

62 A. S. Eve and C. H. Creasey, *Life and Work of John Tyndall* (London: Macmillan, 1945); Roy McLeod, 「Tyndall, John」, *Dictionary of Scientific Biography* (New

프리드리히 엥겔스는 틴들이 "벨파스트 연설"에서 제시한 내용을 일러, "영국에서[원문그대로] 이러한 청중들에게 행해진 연설 중에서는 가장 대담한 연설"이라고 말했다. 그는 에피쿠로스로 거슬러 올라가는 일관된 유물론 철학을 제공하고자 했으며 과학의 혁명적 발전들을 옹호하고자 했다. 프리드리히 알베르트 랑게(Friedrich Albert lange)가 쓴 『유물론의 역사』의 영향을 받아, 틴들은 과학의 전체 역사를 역추적했다. 그는 베이컨이 "데모크리토스에 대한 높은 평가"를 보여주었으며, "베이컨이 데모크리토스를 플라톤이나 아리스토텔레스보다 무게가 더 나가는 금속 같은 인물로 간주했다"는 사실을 지적했다. 처음으로 적응과 "적자생존"이란 개념을 도입했던 사람은 바로 소크라테스 철학 이전 사람인 엠페도클레스였다. 그렇지만 틴들에게 있어서, 고대 유물론은 에피쿠로스와 루크레티우스의 저작 속에서 최고점까지 발전했다. 베이컨이 『학문의 존엄과 진보에 관하여』에서, 그리고 마르크스가 박사학위 논문 서문에서 말했던 것처럼, 틴들은 에피쿠로스가 감행한 정통 종교에 대한 도전의 본질이 "군중들의 신들을 거부하는 사람이 아니라 신들을 받아들이는 사람이 불경한 인간이다"라는 진술이라고 인정했다.[63]

틴들이 보았을 때, 원자와 허공에 대한 논법을 제시하고 물질은 창조될 수도 파괴될 수도 없다는 점을 인식한 에피쿠로스는 루크레티우스

York: Charles Scribner's Sons, 1976), vol. 13, 521–24; James R. Friday and Roy M. McLeod, *John Tyndall, Natural Philosopher, 1820-1893: Catalogue of Correspondence, Journals and Collected Papers* (London: Mansell, 1974); Elbert Hubbard, *Tyndall* (East Aurora, N.Y.: Roycrofters, 1905).

63 John Tyndall, *Fragments of Science* (New York: A. L. Burt Co., n. d.), 443–47; Marx and Engels, *Collected Works*, vol 45, 50.

를 경유하여 근대 과학적 시각의 본질을 제공했다. 지오다노 브루노는 (루크레티우스를 통해) 에피쿠로스로부터 받은 사상적 영향력으로 가장 빨리 코페르니쿠스 천문학으로 전향한 사람 중 한 명이 되었다. 틴들의 주장에 따르면, 에피쿠로스는 브루노로 하여금 "세계의 무한성이란 생각"으로 나아가게 만들었다. 에피쿠로스가 말한 "공간 사이에서 영원히 낙하하는 원자들이라는 막연하지만 장대한 파악은 칸트에게 성운 가설의 영감을 주었다. 칸트는 이 가설을 처음으로 제출한 사람이었다." 확실히 고대 원자론자들은 자기력이나 전기에 관한 관념이 없었으며, 따라서 분자력, 즉 "분자들이 끌어당기는 극들과 밀어내는 극들을 지닌다"는 사실을 전혀 이해하지 못했다. 루크레티우스는 휘어짐을 가정하면서 원자들을 모두 운동시키려다보니 물리학의 영역을 벗어나버렸다. 그렇다고 해서 그가 완전히 엇나간 것은 아니었다. 그의 본능이 근대 과학의 입장에서 보았을 때, 그를 올바른 방향으로 나아가도록 만들었기 때문이다. 에너지 보존과 관련하여 율리우스 로베르트 마이어(Julius Robert Mayer)와 다른 19세기 과학자들이 이뤄낸 발견들의 초창기 토대는, 고대 유물론자들이 매우 분명하게 선언한 물질의 파괴불가능성이란 견해였다.[64]

틴들은 17세기 데카르트와 홉스의 저작을 찬양했다. 하지만 그의 설명에 따르면 가상디야 말로, 그가 보인 기독교 신앙에도 불구하고 에피쿠로스에 근거한 근대 유물론의 확고한 철학적 토대를 최초로 제공한 인물이었다. 가상디에게 있어서, "모든 변화의 원리는 물질 안에 존재한다. 인위적 생산의 운동 원리는 작용 대상인 물질과는 다른 것이다. 반

64 Tyndall, *Fragments of Science*, 450, 458, 478, 484-85.

면 자연의 동인(動因)은 내부에서 작용하며, 물질 자체의 가장 능동적이고 유동적인 부분이다. 따라서 이 용감한 성직자는 교회나 세상의 견책을 당하지 않고서도 다윈 씨를 앞질러 버렸다."[65]

틴들은 다윈의 위대한 업적을 다음과 같이 이해했다. 다윈은 목적론자가 이른바 증거라고 제시한 것들의 모든 세부적 내용을 고찰하면서도, "목적론을 거부하고 이러한 경이로움을 자연적 원인으로 돌렸다." 그렇지만 다윈이 해결하지 못한 문제가 있다. 바로 "최초의 형태", 즉 창조자가 만든 게 아니라면 무엇으로부터 생명이 나왔는가였다. "자연은 신의 간섭 없이 자연 자체의 모든 일을 스스로 처리하는 것으로 보인다"는 루크레티우스의 견해와 물질은 "우주의 어머니"라는 브루노의 주장을 강조하면서, 틴들은 과학에서 순수한 유물론적 설명들의 필요성을 단언했고 이것을 과학 자체의 발전과 동일시했다. "과학의 확고부동한 지위는 몇 마디의 말로 묘사될 수 있다. 우리는 우주론의 영역 전체를 요구하며, 이것을 목적론으로부터 떼어놓을 것이다."[66]

틴들은 파스퇴르와 함께 자연발생에 대한 결정적인 과학 비판을 하는 데 기여한 것으로 유명했다. 그럼에도 불구하고 그는 장구한 시간의 심연 속에서 생명이 물질로부터 발생했고, 생명의 기원은—칸트와 라플라스의 성운 가설에 의해 설명되는—태양계의 기원과 관련이 있다고 여러 차례 주장했다. 예컨대 생명은 어느 시점에서 무생물로부터 발생했다. 이것을 가능하게 만든 조건들은 태양계의 역사에 속하며, 이제 더 이상 존재하지 않는다. 이로부터 4년 전인 1870년, 헉슬리는 영국과학진

65 같은 책, 462.

66 같은 책, 475-16, 485-86, 491.

홍협회 의장 연설을 하면서 성운 가설과 분명하게 연관시키지는 못했지만 이와 유사한 (그리고 오늘날의 과학적 견해들과 놀랄 만큼 비슷한 윤곽을 가진) 입장을 채택했다. 이때 그는 다음과 같이 선언했다. "지질학적으로 기록된 시간의 심연을 넘어 지구가 물리·화학의 조성들을 형성하고 있던 훨씬 더 먼 과거를 볼 기회가 내게 주어진다면, 그것은 한 인간이 그의 유년기를 되살릴 수 없는 것처럼 다시는 볼 수 없는 것일 테지만, 그곳에 생명이 없는 물질로부터 생명이 있는 원형질이 진화했다는 증거가 존재하길 기대할 것이다." 다윈의 천적인 윌리엄 톰슨은 이에 대해 헉슬리가 "자연발생"을 지지한다고 부당하게 비난했다.[67]

틴들의 "벨파스트 연설"은 폭풍이 몰아치는 것과 같은 저항을 야기했다. 그는 특히 "물질을 …… 모든 생명 형태와 특질이 의존하는 전망과 잠재력"으로 인식한 것 때문에 공격받았다. 그는 인류의 "파멸"을 재촉하고 신성모독을 조장했다고 비난받았다. 그는 난타당하고 있는 자신을 방어해야 한다는 것을 깨달았다.[68] 엥겔스는 틴들과 헉슬리가 벨파스트에서 한 연설을 읽고 나서 당시 독일에서 체류 중이던 마르크스에게 편지를 보내, 이 모든 것이 다시 한 번 "이 사람들이 처한 곤경과 그들이 물자체를 고수하는 방식, 철학이 자신들을 구출해주길 바라며 내뱉고 있는 그들의 고통에 찬 외침"을 드러냈다고 보고했다. 엥겔스는 마르크스에게 틴들의 연설이 만들어낸 "무시무시한 효과와 공포"에 대해서 썼고, 주류에 대한 틴들의 용감한 도전을 이야기했다. 그리고 다음의

67 같은 책, 500, 641; Hellman, *Great Feuds in Science*, 112–13.

68 Tyndall, *Fragments of Science*, 499; Eve and Creasey, *Life and Work of John Tyndall*, 185–94.

내용을 추가했다. "그가 에피쿠로스를 인지한 것은 우리를 즐겁게 하는 일이네. 많은 일이 확실해질 것이네. 자연에 대한 진정한 반성적 견해가 복귀하는 것은 독일보다는 이곳 영국에서 훨씬 더 진지한 진보를 만들 것이고, 이곳 사람들은 적어도 에피쿠로스, 데카르트, 흄, 칸트에서 구원을 찾으려고 할 것이네. …… 물론 18세기 프랑스 사상가는 여전히 금기시되고 있네." 틴들과 헉슬리와 같은 강고한 유물론자들은 자신들이 난관에 빠졌다는 것을 깨닫고 있었다. 엥겔스는 그들의 난관을 어떻게 극복할 것인지 깊이 생각했고, 헤겔의 변증법에, 특히 『엔치클로페디』에 출구가 있다고 제안했다. 보다 "대중적인" 개괄이 목적인 이 책은 분석의 상당수가 관념론으로부터 상대적으로 자유로웠고, "이 과학자들을 위해 맞춤제작"된 책이었다. 엥겔스가 자신만의 거대한 기획을 정식화하기 시작했던 시기가 바로 이때였다는 점에는 의심의 여지가 거의 없다. 이것은 미완에 그쳤고 『자연 변증법』이란 모습으로 남게 되었다.[69]

엥겔스의 더 큰 기획은 원래 『반(反)뒤링론』 초판 서문으로 쓰려고 1878년에 썼던 초고인 "변증법에 대한 『반(反)뒤링론』의 「구 서문」"에서 분명하게 나타났다. 그러나 엥겔스는 축약한 서문을 이 책에 쓰기로 마음먹었다. 「구 서문」에서 엥겔스는, 부분적으로는 마르크스가 그에게 제공했던 노트들에 의존하여, 자연과학자들이 철학의 역사에 무지한 상태에서 글을 쓰는 경우가 빈번하다는 점에 주목했다. 그 결과는 다음과 같았다.

> 철학에서는 수세기 전부터 제기되어 대부분 오래 전에 철학적으로 일

69 Marx and Engels, *Collected Works*, vol. 45, 50–51; Desmond, *Huxley*, 444–46.

단락된 문제들이, 이론화를 지향하는 자연과학자들 사이에서는 빈번하게 참신한 지식으로 등장하여 한동안 유행하기까지 한다. …… 물리학과 화학이 다시 한 번 오로지 분자와 원자만을 다루게 된 이후로 고대 그리스의 원자론 철학이 필연적으로 다시 전면에 등장했다. 그러나 최고의 물리학자나 화학자조차도 이 철학을 얼마나 피상적으로 다루었는가? 그 결과 케쿨레는 …… 원자론이 레우키포스가 아니라 데모크리토스에서 시작되었으며, 돌턴이 최초로 질적으로 서로 다른 원소원자들의 존재를 가정했고 이 원소원자에 서로 다른 각각의 원소를 특징짓는 서로 다른 무게를 부여했다고 설명하고 있다. 그러나 누구든 디오게네스 라에티우스를 읽어보면, …… 이미 에피쿠로스가 원자에 그 크기나 형태상의 차이뿐 아니라 무게의 차이까지 부여했고, 따라서 나름의 방식으로 원자의 무게와 원자의 부피를 이해하고 있었다는 것을 알 수 있다.[70]

---

70 Engels, *Anti-Dühring*, 393. 엥겔스는 현존하는 유일한 고대 철학사인 디오게네스 라에티우스의 『주요 철학자들의 생애』를 인용했다. 이 책은 에피쿠로스의 전기에 대한 주요 출처일 뿐 아니라 현존하는 에피쿠로스의 편지 세 통의 출처이기도 했다. Diogenes Laertius, *Lives of Eminent Philosophers* (Cambridge, Mass.: Harvard University Press/Loeb Classical Library, 1925), vol. 2, 572-15, 590-93(Diogenes Laertius X, 43-44, 61)을 볼 것. 여기에서 다룬 엥겔스의 논평들이 담긴 노트들은 『자연 변증법』에 포함된 한 단편에 있던 노트들로 밝혀졌다. 비록 마르크스와 엥겔스의 저작 편집자들이 이 단편이 쓰인 연도를 식별할 수 없었지만, 그것이 엥겔스가 인용한 (레우키포스와 데모크리토스뿐 아니라) 에피쿠로스의 문구들을 정확하게 포함하고 있다는 사실은 이 단편이 「구 서문」과 관련되어 있다는 점을 시사한다. 여기서 중요한 점은, 그리스 원자론자들을 특별히 발췌한 노트들의 필적이 마르크스의 필적이라는 점이다. 이는 마르크스가 이 노트들을 엥겔스에게 직접 건네주었을 수도 있음을 시사한다. Marx and Engels, *Collected Works*, vol. 25, 470-71, 672를 볼 것. A. Kekule과 관련하여, 엥겔스는 1878년에 본에서 출간된 『화학의 목표

엥겔스는 이렇게 고대 그리스 철학에 대해 무지한 이유를 (다른 곳도 마찬가지지만) 독일 사람들의 1848년 이후로 변증법과 헤겔주의가 지니는 의의에 대해 무지해졌기 때문이라고 보았다. 변증법적 지식의 두 가지 위대한 원천은 고대 그리스인과 헤겔이었다. 그들의 철학, 따라서 변증법을 이해하지 못한 것이, 근대 자연과학이 필요로 하는 철학의 발전을 가로 막는 주된 장애물이었다. 엥겔스는 "어떠한 경험적 자연과학도" 가지고 있지 않았다는 단순한 이유로 자연과학자들이 "그리스인들을 경멸하는 것", 특히 그리스 원자론 철학(즉 데모크리토스와 에피쿠로스, 루크레티우스)의 단편들을 경멸하는 것이, 얼마나 "가면 갈수록 설익은 짓"이 되고 있는지 언급했다. 그는 드디어 현대 자연과학이 그리스인들의 전체론적 시각이 지닌 강점을 어쩔 수 없이 받아들이기 시작했다는 점도 언급했다. 그렇지만 자연과학자들은 여전히 변증법적 지식의 두 번째 위대한 원천인 헤겔을 받아들이는 데 있어서는 첫 걸음도 떼지 못하고 있었다.[71]

물론 엥겔스의 목적은 자연과학에 적용할 수 있는 유물론적 변증법을 만들어내는 것이었다. 『반(反)뒤링론』을 쓸 당시 그는 18세기 프랑스 유물론자들이 이 목적을 위해서는 아무 쓸모가 없다고 결론내렸다. 프랑스 유물론자들은 "오로지 기계적인" 유물론을 발전시켰기 때문이었다. 철학사에서 답을 찾아본다면, 그 답은 그리스 유물론자들과 아리스토텔레스, 칸트, 헤겔에 있었다. 에피쿠로스와 관련하여, 디오게네스 라에티우스는 에피쿠로스가 변증법을 경멸했다고 주장했다. 이 주장은 의심의 여지없이 사람들을 주저하게 만드는 장애물이 되었다. 이 모든 사

와 성과』(*Aims and Achievements of Chemistry*)라는 팜플렛을 인용했다.

71 Engels, *Anti-Dühring*, 395–96.

정은 엥겔스가 말년에 에피쿠로스에 대한 마르크스의 논문이 에피쿠로스의 "내재적 변증법"을 설명한 것이라고 매우 열정적으로 이야기한 사실을 해명하는 데 도움을 준다.[72]

엥겔스에 따르면, 고대 그리스인들의 빛나는 직관은 경험적 지식으로 볼 때 18세기 과학보다 매우 뒤떨어지지만, 일반적 이해를 두고 볼 때에는 18세기 과학보다 여전히 우월했다. 그것은 혼돈으로부터 진화하여 발전하고 존재하게 된 물질세계에 대한 직관적인 이해를 보여주었기 때문이었다. 19세기에 와서야, 특히 다윈주의 혁명과 함께, 과학은 이러한 일반적 이해를 뛰어넘었다. 그럼에도 불구하고 다윈주의 유물론자들은 철학적으로 취약했고, 모든 곳에서 철학적·신학적 반대자들에게 포위당했다. 따라서 그들은 그리스 철학과 고전 독일 철학의 중요한 유산들로 이루어진 변증법적 유산을 필요로 했다.[73]

민족학적 시간의 혁명 : 모건과 마르크스

1859년에는 강력한 진화론을 최초로 제시한 다윈의 『종의 기원』만 출간된 것이 아니었다. 이와 긴밀히 연관된 "민족학적 시간의 혁명" 역시 일어났다. 이것의 원천은 다윈의 분석과는 무관했다. 그리고 빅토리아 시대의 자아(自我)관과 세계관을 바꿀 정도로, 많은 부분에서 다윈의

72 같은 책, 444; Alexei Mikhailovich Voden, 「Talks with Engels」, in Institute of Marxism-Leninism, ed., *Reminiscences of Marx and Engels*, 332-33.

73 Engels, *Dialectics of Nature*, 7, 13.

저작만큼이나 중요한 사건이었다. 그것은 바로 영국 남서부 토퀴리 부근 브릭스엄 동굴에서 발견된 결정적인 증거가 과학계에서 발표되어 수용된 사건이었다. 이에 따르면, 라이엘이 훗날 내린 결론처럼 인류는 수천 세기나 거슬러 올라가는 "머나먼 고대" 시기부터 지구에 존재해왔다.[74]

이 혁명의 의의를 파악하기 위해서는 다음의 내용을 이해하는 것이 중요하다. 훨씬 오래전에 지질학의 발전과 고생물학적 천이에 대한 이해가 창세기라는 낡은 성경의 시계를 파괴해버리고 사실상 무한한 시간이라는 생각을 만들었다. 이것은 다윈의 진화론을 가능하게 했다. 그러나 1859년까지 이러한 고생물학적 견해는 소수에 머물렀고, 인류에게까지 확장되지 않았다. 여전히 인간은 최근에야, 다시 말해 단지 몇 천 년 전에 지구상에 등장한 존재로 간주되었다. 따라서 화석 기록은 인류에게 적용되지 않았다. "인간의 화석 뼈는 존재하지 않는다"고 퀴비에는 주장했다. 보다 정확히 말하면, 추정컨대 대홍수 이전의 인간 따위는 존재하지 않았을 것이다.[75]

사실 다양한 인간 유골이 (때때로 원시 도구들과 함께) 유럽의 동굴들에서 발견되었다. 여기에는 1856년에 네안데르 계곡에서 발견된 최초의 네

74 "민족학적 시간의 혁명"이라는 용어는 Thomas R. Trautmann, *Lewis Henry Morgan ana the Invention of Kinship* (Berkeley: University of California Press, 1987), 35, 220에서 가져왔다. 브릭스엄 동굴에 대해서는 Melford E. Spiro, ed., *Context and Meaning in Cultural Anthropology* (New York: Free Press, 1965), 373-402에 실린 Jacob W. Gruber, 「Brixham Cave and the Antiquity of Man」과 Donald K. Grayson, *The Establishment of Human Antiquity* (New York: Free Press, 1983), 179-88을 볼 것.

75 Grayson, *The Establishment of Human Antiquity*, 51에서 Cuvier를 인용함.

안데르탈인 유골도 포함된다. 윌리엄 버크랜드(William Buckland)와 찰스 라이엘 등 19세기의 지도적 지질학 권위자들이 이 유골들의 일부를 조사했지만, 이러한 발견이 갖는 중요성은 의심받았다. 인간의 고대에 대한 증거가 축적되고 있었지만, 이것은 여전히 의문의 여지가 있었기 때문에 쉽게 부정당했다. 예를 들면 이러한 발견들은 미숙한 방식으로 발굴되었고, 지질학 작업에서 요구되는 느리고 신중한 과정을 밟지 않았으며, 종종 서로 상응하는 층서학적 전후맥락을 보존하는데도 실패했다. 이것은 과학적 관찰자들로 하여금 별개의 지질학적 지층들에서 나온 유골들임에도 불구하고, 서로 공존했던 유골들로 결론내리게 만들었다. 『브리지워터 논고』에 실린 논문 한편의 저자인 버크랜드는 1837년에 아직까지 어떤 인간 유골도 멸종한 동물들과 함께 발견되지 않았다고 결론내렸다. 이러한 견해는 1855년이 되어서도 라이엘에게 반복되었다.

독일 뒤셀도르프 근교의 네안데르탈인의 발굴과 관련된 고생물학적 발견이 더 중요한 의미를 갖고 있었지만, 라이엘의 견해를 바꾸고 그의 권위에 힘입어 민족학적 시간의 혁명을 초래한 것은 바로 런던 지질학회가 감독을 하여 발굴한 브릭스엄 동굴의 발견이었다. 라이엘은 브릭스엄의 발견들을 조사한 후 1859년 9월에 영국과학진흥협회 지질학 분과에서 행한 의장 연설에서, 인류가 아주 먼 고대 시대부터 지구상에 존재해왔다는 견해로 자신의 입장을 바꾸었다고 발표했다. 그 후, 더 많은 증거들에 대한 철저한 조사가 3년 동안 진행되었다. 이때, 라이엘은 프랑스의 동굴들에서 발견된 증거들을 재검토했다. 이것은 엄청난 저작인 『인간의 고대에 관한 지질학적 증거』(1863)의 출판으로 이어졌다. 이 책은 민족학적 시간의 이해에서 일어난 혁명을 명백한 것으로 만들었다. 라이엘의 책은 헉슬리의 중요한 비교해부학 저작인 『자연에서 인간의 위치에 관한 증거』와 같은 해에 출판되었다. 이 책에서 헉슬리는 네안데르탈인의 해골에서 나온 해부학적 증거를 검토하고 인간이 유인원과 같은 혈통에서 나왔다고 결론내렸다. 이 두 가지 발전은 서로 다른 방식으로 다윈주의 혁명의 결과들을 강화했고, 이 혁명을 명백하게 인류 자신에게 확장했다.[76]

민족학적 시간의 혁명이 19세기 중반의 사상가들에게 끼친 중요성을 과장하기란 쉽지 않다. 민족학의 발전에 기여한 중요한 다윈주의자인 존 러복(John Lubbock)은 저서인 『선사시대』(*Prehistoric Times*, 1865)의 첫 쪽에서 다음과 같이 썼다. "유럽에서 인간이 최초로 출현한 시기는 매우 먼 과거까지 거슬러 올라가며 역사도 전통도 인간의 기원이나 생활양식에 대해 어떤 빛도 비춰주지 않는다. …… 새로운 과학이 …… 우리 사이에서 탄생하고 있다. 그것은 이제껏 고고학자의 영역 안에 있던 어떠한 것보다도 훨씬 더 먼 고대의 시간과 사건들을 다룬다."[77] 영향력 있는 지질학자인 제임스 게이키(James Geikie)는 1881년에 이러한 발전을 되돌아보며, 다음과 같이 썼다.

> 매우 먼 고대 인류에 관한 여러 해 전의 논의 분위기를 말하자면, 솜강 유역의 일정한 충적기 퇴적층들에서 인간의 솜씨로 만든 것이 틀림없는 미숙한 석기 도구들이 발견되었다는 발표가 나왔을 때, 지질학자들은 대부분 그 소식을 불신하며 받아들였다. 인간의 출현은 단지 최근 일어난 일이고, 인간은 지금의 모습대로 출현했다. 그리고 이 문제는 연대기학자

76 Gruber, 「Brixham Cave」, 382–83, 396; Lyell, *Geological Evidences*.
77 John Lubbock, *Pre-historic Times* (London: Williams & Norgate, 1890), 1.

들과 역사가들만으로도 적절하게 토론될 수 있었다. 이것이 최근까지 대부분이 배워온 믿음이었다. 이러한 믿음은 정말 매우 깊게 배어 들어있다. 그래서 지질학자들의 회의와 무관심을 마침내 패배시키는데 성공한 이후에도 프랑스의 발견과 유사한 고대 인간 종에 대한 증거는 …… 때때로 언급되었음에도 불구하고, …… 여전히 번명해야 할 사실로만 인급되었다.[78]

민족학적 시간의 혁명이 갖는 의의를 가장 잘 이해한 사상가가 바로 루이스 헨리 모건(Lewis Henry Morgan, 1818–1881)이었다. 그는 종종 사회인류학의 창시자로 간주되었다. 모건은 『고대 사회, 혹은 야만에서 미개를 거쳐 문명까지 인간 진보의 행로에 대한 연구』(*Ancient Society, Or Researches in the Lines of Human Progress from Savagery through Barbarism to Civilization*, 1877) 서문에서 다음과 같은 내용을 썼다.

지상에 인류의 위대한 고대가 결정적으로 성립되었다. 지난 30년 동안 증거들이 발견되었고, 현재 세대가 매우 중요한 한 가지 사실을 인식하도록 요청받고 있는 최초의 세대라는 점은 유례없던 일이다.

인류는 이제 빙하기, 그리고 빙하기가 시작하기 훨씬 이전부터 유럽에서 존재하고 있었음이 밝혀졌다. 인간이 그보다 앞선 지질학적 시대에 등장했을 개연성조차 존재한다. 인간은 동시대를 살았던 많은 동물 종들보다도 오래 살아남았으며, 사람과(科)의 여러 가지들로 뻗어간 발전의

78 Gruber, 「Brixham Cave」, 374에서 Geikie를 인용함.

과정을 거쳐 갔다. 이러한 과정은 인간의 진보만큼이나 주목할 만한 일이다.

인간이 발전해온 기간을 예상한다면, 그것은 지질학적 시대들과 연결되어 있기 때문에 유한한 시간의 척도를 배제한다. 십만 년에서 이십만 년이면 북반구에서 빙하가 사라진 시대부터 현재 시기까지의 근사치로 터무니없진 않을 것이다. 알려지지 않은 실질적 존속기간에 대한 어떠한 근사치에 대해서도 아무리 의심이 수반된다하더라도, 인류의 존재는 헤아릴 수 없는 과거로까지 확장되며, 광대하고 심원한 고대 속에서 길을 잃게 될 정도이다.[79]

『고대 사회』에서, 모건은 보다 긴 민족학적 시간에 대한 이해를 포괄하는 인간의 사회적 발전에 관한 일반 이론을 제공하고자 시도했다. 여기서 그는 발전의 국지적 특수성을 뛰어넘어, 이론 수준에서 민족학의 자료들을 통해 알게 된 내용을 바탕으로 인간의 제도 및 관념의 발전에 존재하는 공통의 토대를 찾아내고자 했다. 이를 위해 인간의 세 가지 제도인 정부, 가족, 소유에 초점을 맞추었다. 이러한 과정 속에서 모건은 분명히 유물론적인 역사 접근법을 받아들였다. 이것은 그가 이 영역들의 진화를 물질적 조건 속에서, 즉 민족학적 기록을 통해 드러나는 지표들이라고 간주한 "생존 기술들"의 성장 속에서—그리고 이러한 다양

79 Lewis Henry Morgan, *Ancient Society,* 또는 *Researches in the Lines of Human Progress from Savagery Through Barbarism to Civilization* (New York: World Publishing Company, 1963), preface.

한 발명들과 도구들 속에서—이해한 것에 근거한 것이었다.[80] 방대한 시간 동안 이루어진 인류의 발전을 재개념화하고자 한 여타의 사상가들처럼, 모건은 루크레티우스의 개괄적 주장에 근접하게 되었다. 루크레티우스는 인류가 생존투쟁에서 처음에는 손톱, 이빨, 나무, 돌에 의존했지만, 그 후—그들이 "상호 협력"하고 불을 다룰 줄 알게 된 다음—잇따라 구리, 청동, 철을 이용해 도구와 무기를 단조해내는 법을 배웠다고 보았다. 러복은 『선사시대』(1865)에서 인간 발전을 자기 나름대로 석기, 청동기, 철기의 세 시대로 구분했고, 이 과정에서 루크레티우스를 인용했다. 그의 설명에 따르면, 루크레티우스는 "세 가지 시대들을 언급했다."[81]

모건은 다양한 "민족학적 시기들"의 윤곽을 야만(savagery)과 미개

80 『고대 사회』는 모든 인류가 공유하는 발전의 **일반 이론**의 예비적 개요를 제시하려고 시도했다는 점에서 중요성을 갖는다. 모건은—모든 구체적인 부분에서 이러한 발전을 실제로 묘사하는 것과는 별개로—단일한 발전이론이 존재한다고 보았다. Emanuel Terray, *Marxism and "Primitive" Societies* (New York: Monthly Review Press, 1972)는 이 점을 강력하게 강조했다. 엘리노어 리콕이 강조했듯이, 모건의 일반 이론은 국지적 차이들과 문화적 특수성들을 무자비하게 짓밟는 것을 의미하지 않았다. 사실상 『고대 사회』는 이러한 차이들을 가장 면밀하게 주의했다. 그러나 모건은 인류의 민족학적 진화에 대한 통일적 파악을 제공하려는 의도를 갖고 있었다. 이 점은 당시 널리 횡행하던 인종주의적 주장들과는 완전히 대립되는 것이었다. Eleanor Leacock, 「Introduction」, in Friedrich Engels, *The Origin of the Family, Private Property and the State* (New York: International Publishers, 1972), 11를 볼 것.

81 Lucretius, *On the Nature of the Universe* (Harmondsworth: Penguin Books, 1994), 154-61 (5.1010-1296); Lubbock, *Pre-historic Times, 6; Glyn Daniel and Colin Renfrew, The Idea of Prehistory* (Edinburgh : Edinburgh University Press, 1988), 9; Grayson, *The Establishment of Human Antiquity*, 12.

(barbarism)의 거대한 시대—각각은 초기, 중기, 후기로 나누어질 수 있다—와 문명(civilization)의 단계로 그렸다. 그의 주장에 따르면 (이 단계의 생존 기술에 관한 고전 출처로 루크레티우스를 언급했다), 초기 야만 시대에 인류는 주로 열매와 견과류로 생존했다. 생존의 토대로서 원시적 채집이 우세했다. 확신을 가지고 이야기할 수 있는 내용이 거의 없지만, 모건은 가장 초기의 생존 단계에서 인류는 작은 숲과 동굴에서 생존했고, 이곳을 소유하기 위해 다른 동물들과 경쟁했을 것이라는 루크레티우스의 주장을 인용했다.[82] 그 다음 중기 야만 시대에는 낚시를 이용한 생활이 발달했다. 이것은 "불의 이용에 관한 지식"으로 가능하게 되었다. 이것과 대비해 후기 야만시대는 활과 화살의 도입으로 정의된다.

초기 미개 시대를 대표하는 중요한 생존방식의 커다란 변화 지표는 토기 제작술의 실행이었다. 모건에 따르면, 중기 미개 시대의 특징은 지구 동쪽에서 일어난 동물의 가축화, 지구 서쪽에서(이곳에는 가축으로 만들기 적합한 큰 몸집의 동물들이 훨씬 드물었다) 일어난 관개를 이용한 곡물 재배와 어도비 벽돌 및 석재를 이용한 건축이었다. 후기 미개 시대는 철기의 제조로 시작하여 표음 문자의 발명과 문법을 갖춘 글쓰기의 활용으로 막을 내린다.

모건에 따르면, 미개에서 문명으로의 거대한 이행은 엄청난 문화적 전진이 일어난 시기를 의미한다. 그러나 위대한 야만 시대는 이미 풍부한 문자 전통을 가능케 했다. 그는 그리스의 영웅시대를 염두에 두고, "언어는 커다란 발전을 달성하여 고도의 구조적 형식을 갖춘 시가 천재

82 Morgan, *Ancient Society*, 9–10, 20; Lucretius, *On the Nature of the Universe*, 152–53 (5.925–75).

의 영감을 구현하기 시작할 정도였다"고 설명했다. 다른 모든 것들과 마찬가지로, 언어는 인간의 문화와 함께 발전해왔다. 그의 관찰에 따르면, "인간의 말은 가장 조잡하고 단순한 표현 형식에서 발전해온 것으로 보인다. 루크레티우스가 암시했듯이, 생각이 언어에 선행했던 것처럼 몸짓과 손짓 언어는 분절 언어에 앞서 존재했을 것이다. …… 이 거대한 주제는 그 자체로 지식의 출발점에 관한 것이지만, 현재의 탐구 범위 안에 있지 않다."[83]

그 대신, 『고대 사회』에서 모건의 분석은 일관되게 해당 생존 단계에서 성립된 인간 제도들의 물질적 토대에 초점을 두고 있었다. 그는 철제 보습이 "제한 없는 생존"의 시기를 열었다고 주장했다. 이것은 글쓰기와 더불어 문명의 단계를 특징지었다. 모건의 관찰에 따르면, 철제 보습의 도입과 함께 루크레티우스의 말마따나 "숲을 줄이고 넓은 들을 경작하겠다는 생각"이 등장했다. 모건은 이로부터 다소 과장된 결론들에 도달하여, "처음에는 다른 동물들과 별반 다르지 않았던 인류가 식량 생산에 대한 절대적 통제력을 획득했다고 말할 수 있는 유일한 존재이다"라고 주장했다.[84]

"야만", "미개"라는 용어들과 결부된 부정적 함의들 때문에 명칭은 바뀌었지만, 모건이 묘사한 단계들은 인류학에서 여전히 널리 사용되고 있다. 모건의 "야만"은 이제 일반적으로 (주변적 위치를 갖는 수렵이 결합

83 Morgan, *Ancient Society*, 5, 42; Lucretius, *On the Nature of the Universe*, 155–56 (5.1031–91).

84 Morgan, *Ancient Society*, 19, 26–27, 44; Lucretius, *On the Nature of the Universe*, 161–62 (5.1280–96).

된) 채집 사회라고 일컬어진다. 이것은 구석기 시대 전체를 아우르는 생존 양식이다. 오늘날에는 "미개" 대신에, 원예농업(horticurture)이 행해지는 사회들이 언급된다. 식물의 재배는 보통 약 만 년 전 신석기 혁명과 관련되어 있다고 본다. ("구석기", "신석기" 등의 용어는 원래 러복이 쪼개서 만든 조야한 석기 도구의 시대와 그 이후 등장한 갈아서 만든 석기 도구의 시대를 구분하기 위해 도입한 것이었다. 그렇지만 요즘에는 모건처럼 생존 형태의 변화를 훨씬 더 크게 강조한다.)[85]

모건은 도구들, 혹은 "발명들"의 발전에 주의를 기울였고, 초보적인 유전자·문화 공진화 이론을 암시했다.

> 발명 및 발견의 산출과 함께, 그리고 제도들의 성장과 함께 인간의 정신은 필연적으로 성장하고 확장했다. 그리고 우리는 두뇌 자체의 점진적 증대를 인정하게 되었다. 야만의 시기는 가장 단순한 발명조차 아무 것도 없는 상태에서 달성해야 하는 극히 어려운 조건에 놓여 있었기 때문에, 이러한 정신의 점진적 성장이 불가피했다.

이 주장은 『인류의 유래』에 있는 다윈의 주장과 매우 유사하다.[86]

---

85 Eleanor Leacock, 「Introduction, Part 1」, in Morgan, *Ancient Society*, lxi.

86 Morgan, *Ancient Society*, 36. 일부 분석가들은 이 주장이 19세기 인종주의 이론과 결부된 것이라고 보았다. 예를 들어 Trautmann, *Lewis Henry Morgan*, 30을 볼 것. 그러나 모건은 여기서 구석기 시대, 다시 말해 가장 이른 시기의 인간 문화들에 관해 이야기하고 있기 때문에, 이러한 결론은 논리적으로 전혀 합당하지 않다. 인간의 두뇌가 수백만 년 동안 점진적으로 증대했는가 하는 문제는 당시 다윈주의 진화론, 특히 다윈의 저작에서 중요한 내용이었다.

오랫동안 모건이 보여준 인간 사회의 발전에 대한 진화론적 접근법이 주로 다윈으로부터 나온 것이라고 추정되었다. 모건이 다윈을 알고 있었고, 다윈이 모건의 사상에 영향을 끼친 것은 분명했다. 그렇지만 최근 학계는 인간 사회의 진화에 대한 모건의 견해가 발전하는 데 있어서 루크레티우스(따라서 에피쿠로스)가 중요한 역할을 했다는 점에 초점을 맞춰 왔다. 토머스 R. 트라우트만(Thomas R. Trautmann)은 『루이스 헨리 모건과 친족의 발명』(*Lewis Henry Morgan and the Invention of Kinship*)에서 이렇게 말했다. 모건은 "다윈의 이론을 참신하게 보지 않고, 호라티우스, 그리고 무엇보다도 루크레티우스(모건은 그를 최초의 진화 이론가로 보았다)에게로 거슬러 올라 갈 수 있는 진화주의의 특수한 사례"로 간주했다. 이러한 주장의 근거는 모건의 글 자체에 있다. 『고대 사회』의 첫 번째 수고(작성일이 1872년에서 1873년으로 된 수고)는 "인간 발전론의 창세기인 로마 시대"라는 제목이 붙은 장을 하나 포함하고 있었다. 이것은 루크레티우스의 체계를 소개하는 내용이었다. 『고대 사회』 초기 수고에서, 모건은 다음과 같이 쓰고 있다.

> 인간이 네발로 걷는 동물로부터 유래했다고 설명하는 다윈주의 이론을 채택한 사람들과 그정도는 아니더라도 진화론을 채택한 사람들은 모두 인간이 낮은 단계에서 시작하여 경험적 지식을 점진적으로 축적하면서 문명에 이르는 자기 길을 걸어갔다는 사실을 인정한다. 어떠한 선택을 하더라도, 인간의 초기 상태는 극단적 조야함과 야만성 중 하나였을 것이고, 그것의 정확한 상태를 상상하는 것이 완전히 불가능하지는 않다 하더라도, 이해하는 게 쉬운 일은 아니다.[87]

트라우트만에 따르면,

> 이 문단은 모건이 다윈주의 이론을 단지 진화론의 특수한 사례로 이해했다는 것을 분명히 보여준다. 다시 말하건대, 모건은 자신이 이제 막 수행한 작업의 지적 소유권이 다윈에게 있지 않고 호라티우스와 루크레티우스에게 있다고 생각했다. 그리고 모건은 『고대 사회』의 초안 중 두 번째 장을 근대 진화주의에 선구적 역할을 한 "인간 발전론의 창세기인 로마 시대"를 비평하는 데 바쳤다.[88]

이에 앞서 칼 레삭(Carl Resak)은 자신이 쓴 모건에 대한 중요한 전기에서 본질적으로 동일한 취지의 내용을 이야기했다. 『고대 사회』의 초기 수고를 언급하면서, 레삭은 다음과 같이 썼다. "그[모건]는 진화론이 실제로는 다윈의 것이 아니라고 말하는 수준에 이르렀다. 호라티우스와 루크레티우스와 같은 고대 철학자들은 인간이 야만에서 시작하여 더디

87 Trautmann, *Lewis Henry Morgan*, 32, 172-73. 다른 책에서 트라우트만은 모건의 서재에 있는 책 중 "그[모건]가 훗날 다윈보다 훨씬 이전에 진화주의를 처음으로 주창한 인물이라고 강조했던 루크레티우스의 책이 라틴어 문헌 중 가장 처음 산 구매품이다"라고 썼다. 모건은 라틴어로 된 『사물의 본성에 대하여』를 한 부 가지고 있었고, 그 외에도 같은 책을 각각 운문과 산문으로 된 영어 번역본으로 소유하고 있었다. R. Trautmann and Karl Sanford Kabelac, *The Library of Lewis Henry Morgan* (Philadelphia: American Philosophical Society, 1994), 41, 198.

88 Trautmann, *Lewis Henry Morgan*, 173. 트라우트만은 이 책의 다음 페이지에서 "다윈의 사상과 모건의 사상 사이에는 특별한 연관성이 존재하지 않는다"라고 썼는데, 이것은 정확하지 않다. 인간 두뇌의 진화에 관한 이론에 존재하는 이 둘 사이의 연관성을 지적하지 않으면 안 된다.

고 구불구불한 오르막길을 올라갔다는 사실을 인식했다."[89]

이것을 기반으로 하여, 모건은 정부라는 관념, 가족이라는 관념, 소유라는 관념의 기원에 관한 자신의 분석을 발전시켜 갔다. 그의 책의 후반부는 이 세 부분으로 나눠진다. 모건의 분석은 마르크스의 흥미를 끌었다. 마르크스는 라이엘의 훌륭한 저작인 『인간의 고대』를 주의 깊게 읽었고, 이 책이 선사시대를 다루는 방법을 검토하여 책의 여백에 중요한 논평들을 남겼다.[90] 1857년과 1858년 사이, 마르크스는 『정치경제학 비판 요강』에서 이미 "만약 우리가 무기나 도구, 장식품을 만들기 위해 이용하는 금속, 금, 동, 은, 철밖에 알지 못한다면, 인간의 문명 수준을 선험적으로 결정할 수 없다"고 설명했다. 여기서 그는 청동이 철 이전에 알려져 있었다는 사실과 관련해 루크레티우스를 인용했다.[91] 훗날 마르크스는 『자본론』 1권에서 (아마도 라이엘을 언급하는 것으로 보이는데) "이른바 역사학 연구의 방법들을 활용하기보다는 자연과학의 연구에 의거하여" 진행되는 "선사시대" 연구분야에서 분류가 어떤 식으로 이루어지는지에 대해 썼다. "선사시대는 도구와 무기를 만드는데 사용된 재료들에 따라 석기, 청동기, 철기로 구분된다." 마르크스가 보기에, 이러한 선사시대 저술가들의 접근법은 "역사 저술가들"이 지금까지 이용해왔던 분류 방식보다 우월한 것이었다. 후자는 "모든 사회적 삶의 토대이고 따라서 모든

---

89 Carl Resak, *Lewis Henry Morgan, American Scholar* (Chicago: University of Chicago Press, 1960), 100. 호라티우스는 (베르길리우스처럼) 젊은 시절에 에피쿠로스로부터 많은 영향을 받았고, 루크레티우스의 시를 찬양했다.

90 Institute of Marxism-Leninism, *Ex Libris, Karl Marx and Friedrich Engels*, 132-33.

91 Karl Marx, *Grundrisse* (New York: Vintage, 1973), 182.

역사의 진정한 토대인 물질적 생산의 발전에 별로 주의를" 기울지 않는 경향이 있었기 때문이다.[92]

마르크스는 1880년부터 1882년까지 『민족학 노트』들에 광범위한 발췌문들을 남겨놓았다. 모건에 관한 노트가 주를 이루었지만, 존 버드 피어(John Budd Phear), 헨리 섬너 메인(Henry Sumner Maine), 존 러복의 저작에 대한 노트들도 있었다. 마르크스가 죽고 난 다음 해에 엥겔스는 마르크스의 이 노트들과 모건의 저작을 이용하여 『가족, 사적 소유, 국가의 기원』(*Origin of the Family, Private Property, and the State*, 1884)을 출간했다. 그는 이 책에서 자신의 주장을 발전시켰다. 엥겔스는 다음과 같이 말했다. "모건은 자기 나름의 방식으로 40년 전 마르크스가 발견했던 유물론적 역사관을 미국에서 새롭게 발견했다. 그리고 그는 미개와 문명을 비교한 결과 주요 지점들에서 마르크스와 동일한 결론에 이르렀다." 엥겔스는 모건을 따라 이제 사적 소유와 계급투쟁이 오직 현재까지 남아 있는 **기록된 역사**를 포괄할 뿐이라고 보았다. 모건이 등장하기 이전인 1860년대에, 러복과 다른 학자들은 친족집단들을 중심으로 사회가 조직된 시기를 "선사시대"라고 부르기 시작했다. 그럼에도 불구하고 특정 역사 시대를 규정하는 결정적인 조건들은 언제나 "직접적 삶의 생산과 재생산 …… 한편으로는 생존 수단의 생산, 즉 의식주와 그것의 생산에 필요한 도구들의 생산, 다른 한편으로는 인간 그 자체의 생산, 종의 번식"이었다.[93]

---

92 Marx, *Capital*, vol. 1, 286.

93 Karl Marx, *Ethnological Notebooks* (Assen, Netherlands: Van Gorcum, 1972); Engels, *The Origin of the Family, Private Property and the State*, 71–73.

그렇지만 이러한 분석은 가족, 사적 소유, 국가의 기원에 관한 논쟁들에서 중요성을 갖지만, 이 분야에서 마르크스의 (그리고 심지어 엥겔스의) 저작을 지배하던 다음의 중요한 요소들을 불분명하게 만드는 경향이 있었다. 다른 초기 "선사" 시대 분석가들과 마찬가지로 마르크스와 엥겔스가 이러한 연구들을 진행하게 된 이유가 바로 1859년에 시작된 민족학적 시간의 혁명이라는 점을 이해하는 것이 중요하다. 무엇보다 마르크스에게 이것은 농업의 발전, 다시 말해 토양과 맺는 장기적 관계에 대한 관심과 매우 긴밀하게 연결되어 있었다. 마르크스는 『자본론』 3권 집필뿐 아니라 러시아적 발전 방향에 대한 러시아 인민주의자들의 논쟁에도 관심을 가지고 있었다. 이 주제는 그가 죽기 전 10년 동안 진행한 연구(그는 1860년대 후반과 1870년대에 수백 쪽에 달하는 지질학·농화학 노트들을 꾸준히 작성했다)에서 계속된 중심주제였다. 러시아와 관련하여 쟁점은 고대 러시아 공동체적 토지 체제의 운명과 이것이 어떻게 혁명 전망과 관련되어 있는가였다. 마지막으로, 유물론적 역사관에 역사 발전의 근원에 관한 문제가 제기되었다. 이제 유물론적 역사관은 고대 그리스 이전 시기로, 기술된 역사 이전의 시기로, 문헌학적 분석 이전 시기로까지 확장되어야만 했다. 이때의 쟁점은 오랜 "선사" 시대동안 형성된 인류와 인간 제도들의 기원이었다. 생애 말년에, 마르크스는 우선 식민주의 문헌을 살펴보았다. 이것을 통해 그는 자연스레 세계 다른 곳들의 발전을 고찰하게 되었고, 지금은 "주변부"라 불리는 곳으로 자본주의가 침투해간 역사에 대해 점점 더 비판적인 태도를 갖게 되었다. 그 결과, 그는 지배 관점과 단절하고, 거대한 급진적 세계사 연대기를 구성하려고 노력했다. 이 주제에 몰두한 사실이 마르크스의 생애 마지막 10년을 규정짓는 것으로 보인다. 따라서 테오도르 샤닌(Teodor Shanin)은 이 시기를 "후기 마르크스"

라고 적절하게 묘사했다.[94]

인간 진화와 인간 사회의 기원에 관한 논쟁들이 서로 밀접하게 연결되어 있었다는 점을 이해해야 한다. 그래야만 마르크스의 투쟁과 이 투쟁이 그의 시대와 어떤 관계를 가졌는지를 제대로 이해할 수 있다. 1871년, 다윈은 오랫동안 준비해 온 『인간의 유래』를 출판했다. 이 책은 인간의 생물학적 진화를 설명하려고 했고, 이 과정에서 중요한 민족학적 문제들을 언급했다. 그렇지만 『인간의 유래』는 생각했던 것보다 큰 충격을 주지 못했다. 이 책이 나오기 전에 이미 헉슬리의 『자연에서 인간의 위치에 관한 증거』(1863), 라이엘의 『인간의 고대에 관한 지질학적 증거』(1863), 러복의 『선사 시대』(1865) 등 다른 책들이 출판되었기 때문이다. 『종의 기원』이 출판되고 브릭스엄 동굴의 발견이 있은 지 10년도 되지 않은 시기에 나온 이 책들은 인간 발전에 관한 생각에 혁명을 일으켰다. 마르크스가 『민족학 노트』에서 집중적으로 다루었던 네 명의 사상가들 중 가장 중요한 세 명의 인물들이(모건, 러복, 메인) 다윈의 『인간의 유래』에서 모두 언급이 되었다.

그렇다면 기술된 역사 이전 시기에 일어난 인간의 발전이란 문제에

94 Teodor Shanin, ed., *Late Marx and the Russian Road* (New York: Monthly Review Press, 1983). 마르크스는 1869년에 라이엘의 『지질학 원리』에서 광범위한 발췌를 했으며 1870년대에는 지질학과 화학의 수많은 저작들에서 발췌를 했다. E. Coleman, 「Short Communication on the Unpublished Writings of Karl Marx Dealing with Mathematics, the Natural Sciences and Technology and the History of these Subjects」, in Nikolai Bukharin et al., *Science at the Cross Roads Papers Presented at the International Congress of the History of Science and Technology, 1931* (London: Frank Cass, 1971), 233–35.

관해 사람들은 어떻게 생각하고 있었는가? 이 당시 마르크스는 농화학과 민족학뿐 아니라 지질학과 고생물학을 열정적으로 공부했다. 모건이 생존 기술을 강조한 점이 마르크스로 하여금 『고대 사회』에 관심을 가지게 만들었다는 사실에는 의심의 여지가 없다. 다윈의 분석(을 참작하기는 했으나 그것)과는 별개로 민족학에서 유물론적 접근법을 채택했던 모건은 생존 기술의 발전에 초점을 맞추었다. 그는 심지어 생존에 필요한 발명들과 두뇌의 발전 사이에는 연관성이 있다는 다윈의 암시를 포용했다. 생존 기술에 관한 개설은 『사물의 본성에 대하여』에서 나오는 루크레티우스의 분석을 이용하여 쓰였다. 루크레티우스에 대한 이해가 깊었던 마르크스는 루크레티우스에 대한 모건의 언급을 주의 깊게 노트에 적어 두었고, 이러한 식으로 생존 문제에 접근하는 방식에 어떤 깊은 함의—유물론적 자연관과 이로부터 비롯된 유물론적 역사관 사이의 관계—가 있는지 깨달았다. 모건이 발전시킨 방식(루크레티우스, 그리고 궁극적으로는 에피쿠로스에게서 영감을 받았다)처럼, 이렇게 생존 기술—생산과 재생산의 변혁이 끊임없이 일어나는 인간과 자연 사이의 관계—에 중점을 맞추는 것은 인간과 환경의 공진화에 초점을 둔다는 의미였고, 따라서 이는 철저히 생태학의 풍토였다. 이미 『자본론』에서, 마르크스는 "사멸한 동물 종을 해명하는 데 화석 유골이 중요한 역할을 하는 것과 마찬가지로 과거 노동도구였던 유물들은 사멸한 사회의 경제구성체들을 탐구하는 데 있어서 중요한 역할을 한다"고 말했다.[95] 모건은 생존 기술로부터 도구의 발전을 식별하는 식으로 생존 기술에 초점을 맞추었고, 이것은

95 Marx, *Capital*, vol. 1, 286.

마르크스의 분석이 이와 유사한 경로를—이것을 가족/친족 관계, 소유, 국가의 변화와 연결시키면서—따라갈 수 있도록 만들었다.

그렇지만 마르크스는 인류가 "식량 생산에 대한 절대적 통제력"을 발전시켰다는 모건의 주장에 대해서는 의견을 달리했다. 오히려, 생존 기술의 발전과 관련된 생태학의 문제는 자본주의 시대에도 존재했으며(모순들은 매우 극단화되었다), 자본주의보다도 더 오래갈 수도 있다. 연합한 생산자 사회는 이 문제에 대해 인간과 지구 사이의 물질대사적 관계에 대한 이해에 근거하여 합리적으로 접근해야만 한다.

1950년대 이후, 인류학자들은 이제는 사멸했거나 사멸할 위험에 처한 문화들 속에 담겨 있는 "전통의 환경 지식"을 이해하고자 했다. 이 과정에서, 인류학 내부에 민족생태학(ethnoecology) 분야가 등장했다. 이 학문의 목적은 생태위기를 특징으로 하는 시대에 필요한 지식을 회복하는 것뿐 아니라, 현재 자본주의의 침투에 의해 위협받고 있는 토착 공동체들의 문화적 생존이 중요함을 강조하는 것이었다. 관련 문헌들을 살펴보면, 유진 훈(Eugene Hunn)과 같은 지도적 민족생태학자들은 생존문제를 공동체와 토지 사이의 장기간의 관계로 이해했다. 또한 이러한 기본 생존 관계들에 관한 지식은, 인류와 자연을 서로 분리시키지 않는 생태학의 이해를 형성하는 데 있어서 매우 귀중한 유산이라고 주장했다. 마르크스는 그의 저작 전반—특히 『정치경제학 비판 요강』과 마지막 10년간의 저작들—에 걸쳐 전통적 공동체 관계뿐 아니라 지구와 소외되지 않는 관계의 중요성을 계속 강조했는데, 일부 민족생태학자들은 이것을 새로운 학문분야가 다루어야 할 필수적이고 중요한 지점으로 이해했다. 최근 훈은 「세계의 미래를 위한 생존의 가치」라는 논문에서 마르크스가 "자신들의 생계를 생산하고 이 과정에서 공동체를 재생산할 수 있게 해주는 인류 고유의 노동을 통해, 인류 공동체가 토지와 맺는 유기적 통일을 중시했다"고 주장했다.[96] 마르크스는 자신의 유물론적 역사관—위와 같은 방식으로 그의 유물론적 자연관, 다시 말해 그것의 자연사적 토대와 연결되어 있다—에서 토지로부터의 소외가 노동으로부터의 소외와의 관계 속에서 어떻게 발전해왔는가를 항상 중요하게 보았다. 이것은 오늘날 급진 민족생태학(그리고 보다 일반적으로는 문화유물론의 생태학)이 다루는 문제이다. 마르크스가 자신의 저작에서 몇 번이고 강조한 내용이 있다. 연합한 생산자 사회가 직면할 가장 중요한 문제는 바로, 자본주의 사회가 최종으로 혁명의 위기를 겪은 후 지배하게 될 보다 발전된 산업 조건들 안에서, 인류와 자연 사이의 물질대사적 관계를 어떻게 다룰 것인가 하는 점이다. 이러한 목적을 위해, 엄청나게 긴 민족학적 시간 동안 다양한 소유 형태를 발전시켜온 자연과 생존에 대한 인간의 관계를 더욱 많이 배우는 것이 반드시 필요하다. 따라서 마르크스는 자신의 분석을 통해 도출되는 유물론적 교훈들을 가지고—소외된 실존의 보다 완벽한 극복 잠재력을 구상하기 위한 방편으로써—거꾸로 인간 사회의 기원 및 인간과 자연 사이의 관계를 고찰하는 방향으로 나아갔던 것이다.

마르크스가 사망하기 일 년 전인 1882년, 마르크스와 엥겔스는 『공산당 선언』 러시아어 2판 서문에서 고대 러시아 공동체가 공동체적 토지 소유에 근거하여 "공산주의적 발전의 출발점으로 봉사"하면서 프롤레타리아트 혁명의 토대를 제공할 수 있는가라는 문제를 제기했다. 그들이

96 Eugene S. Hunn, 「The Value of Subsistence for the Future of the World」, in Virginia D. Nazarea, ed., *Ethnoecology* (Tuscon: University of Arizona Press, 1999), 23-36.

강조했듯이, 쟁점은 단지 공동체적 사회 형태들이 존재한다는 점이 아니라 자본주의 미국의 "거대 농장" 체제와 극명한 대비를 이루는 소외되지 않은 관계가 존재한다는 점이었다. 따라서 사회의 물질적 발전이라는 문제는 인간과 자연 사이의 관계의 물질적 발전과 연결되어 있었다. 역사는 두 경우에서 단순히 단선적이지 않으며, 복잡하고 모순적이며 변증법적 경로를 따른다. 혁명적 변혁을 위한 잠재력은 모두 이 복잡하고 모순적인 발전 속에 놓여 있다.[97]

청년 다윈주의자와 칼 마르크스

생애 마지막 몇 해 동안 마르크스가 보여준 민족학 주제들에 대한 흥미는, 이 시기 동안 마르크스가 청년 다윈주의자인 레이 랭커스터(E. Ray Lankester, 1847–1929)와 맺은 친밀한 우정이 신기한 일이 아니라는 점을 설명하는데 도움을 줄 수 있다. 당시 랭커스터는 이미 저명한 진화생물학자이자 왕립협회의 회원이었다. 그는 훗날 당대의 모든 영국 과학자들을 통틀어 가장 유명한 인사들 중 한 사람이 된다. 그는 1898년부터 1907년까지 대영박물관 이사(자연사 부문)로 봉직했는데 이것은 그의 학문분야에서는 최고의 지위였다. 랭커스터는 어린 시절부터 다윈, 헉슬리, 후커와 가깝게 알고 지냈으며 라이엘, 헤켈, 틴들과도 아는 사이었다.

97 Karl Marx and Friedrich Engels, 「Preface to the Second Russian Edition of The Manifesto of the Communist Party」, in Shanin, ed., *Late Marx and the Russian Road,* 138–39.

랭커스터는 헉슬리가 걸었던 길을 자처해서 걸었고, 헉슬리는 그를 자신의 문하생으로 여겼다. 랭커스터는 기본적으로 과학자였지만, 정치적으로 비(非)국교도에 가까웠으며 생애의 가장 활동적인 시기 동안에는 자신이 진보적 감성을 지닌 지적 귀족이라고 밝혔다(나이가 들어서는 보다 보수적으로 변했다). 그래서 랭커스터는 때때로 사회주의에 대한 공감을 보였고 그의 친구들 중에는 급진론자들이 많았다(젊을 땐 마르크스, 나이가 들어선 웰스(H. G. Wells), 홀데인이 여기에 포함된다. 그는 윌리엄 모리스도 알고 있었으며, 그를 존경했다). 독일어를 유창하게 구사했던 그는 1880년에 마르크스의 『자본론』을 열정적으로 읽었고, 마르크스에게 편지를 보내 자신이 "자본에 관한 당신의 위대한 저작을 …… 가장 커다란 즐거움과 소득을 얻으며" 흡수하고 있다고 설명했다. 수십 년이 지난 후 타이타닉 호 참사가 발생하자, 랭커스터는 『타임즈』에 기업연합체들이 "본성상 필연적으로 양심이 없으며" "수요와 공급의 법칙에 의해 내몰리는" 비(非)인격적 기구라고 썼다. 1905년에 "자연과 인간"이라는 영향력 있는 강연을 위해 작성한 노트들에서, 그는 "자본가는 값싼 노동을 원하고, 영국 민중이 잘 살게 되길 바라기는커녕 도리어 가난해서 자신들을 위해 노동하길 바랄 것이다"라고 단언했다. 그는—비록 뒤이어 일어난 10월 혁명에 당황하기는 했지만—러시아의 1917년 2월 혁명을 열정적으로 환영했다. 결국 그는 친구인 웰스처럼 볼셰비키에 매우 반대하게 되었다. 지적 귀족이었던 랭커스터의 견해를 살펴보면, 그는 종종 엘리트주의자였고 심지어 보수 성향이었음을 알 수 있다. 이점은 문화 영역에서 특히 심했다. 그의 전기 작가의 말을 빌자면, "그는 여성의 투표를 지지하지 않았으며, 게다가 투표하는 사람이 적은 게 더 좋다고 생각했다." 그렇지만 그의 출판된 글들을 전체적으로 살펴보면, 랭커스터가 전반적으로 "전투적

인간주의"에 헌신했음을 분명히 알 수 있다.[98]

과학자로서 랭커스터는 확고한 유물론자이자 다윈주의자였고, 종교와 미신의 반대자였다. 마르크스와 마찬가지로, 그도 말년에는 초기 인류의 민족학적 발전에 특히 관심을 가졌다. 랭커스터는 젊었을 때 프랑스의 선사시대 분야 개척자인 부셰 드 페르트(Boucher de Perthes)를 방문한 적이 있었다. 이렇듯 민족학적 시간의 혁명은 일찍부터 랭커스터를 사로잡았고, 이에 대한 관심은 그의 생애 내내 지속되었다. 그의 책인 『인간계』(*Kingdom of Man,* 1907)는 아주 원시적인 석기시대 도구들(원석기)의 발견에 근거하여 인간의 고대에 대한 평가를 확장했다. 랭커스터의 유물론과 다윈주의는 그로 하여금 종교뿐 아니라 다른 과학자들, 특히 윌리엄 톰슨(캘빈 경), 알프레드 러셀 월러스와 자주 충돌하게 만들었다. 랭커스터는 생기론에 의지하여 생명을 논하는 톰슨에 반대했다. 무엇보다 중요한 점은 그가 방사능의 발견이 지구의 나이에 대한 톰슨의 추정치를 뒤엎을 것—랭커스터는 이 사실을 1906년 영국과학진흥협회 의장 연설에서 강조했다—이라고 주장한 초기 다윈주의 과학자 중 한 명이었다는 점이다. 랭커스터는 인간 두뇌의 진화와 관련하여 "형이상학적" 설명들에 호소하고 있다는 이유에서 알프레드 러셀 월러스를 비판했다. 랭커스터는 인간 두뇌의 발전이 유물론의 언어로 설명될 수 있다고 주장했

98 Joseph Lester (edited, with additional material by Peter J. Bowler), *E. Ray Lankester and the Making of Modern British Biology* (Oxford: British Society for the History of Science, 1995), 10–11, 51–52, 183–92; E. Ray Lankester, *From an Easy Chair* (London: Archibald & Constable, 1909), 117–23.

다(『자연 변증법』의 수고에서 엥겔스가 말한 것과 유사한 주장이다).[99]

랭커스터는 당시 과학자들 사이에서 인간이 지구를 생태학적으로 퇴보시키는 것에 저항한 것으로 유명했다. 그는 대중적 논문인 「인간에 의한 자연의 소실」에서 "야만 시대와 문명 시대에 모두 인간의 사려 없는 무분별한 조처로 인해 생물세계가 대규모로 파괴되고 훼손되었다는 점"을 지적했다. 이는 당대에 나온 (그리고 여전히) 가장 강력한 생태학적 비판들 중 하나이다. 랭커스터는 종의 멸종, 그리고 이러한 멸종과 서식지 파괴 사이의 관계에 특히 관심이 있었다. 그에 따르면,

> 인류의 팽창이 가져 온 파괴적 결과 중 가장 불쾌한 것은 강이 오염되고 이로 인해 곰팡이와 부패균을 제외하고 강에서 사는 물고기와 거의 모든 생물들이 멸종했다는 점이다. 인간의 추악한 행동이 템즈강에서 멋진 연어를 쫓아내고 뱀장어란 무고한 생명을 살해한지 조만간 백년이 된다. 그렇지만 가장 오염되었던 때에도, 템즈강의 진흙은 피처럼 붉은 색을 띠었고(우리의 피와 같은 적수정(赤水晶) 색깔 때문에 정말로 '피처럼 붉은 색'이었다), 지렁이처럼 민감한 작은 벌레들이 떼로 살고 있었다. 그것은 오염된 물속에서도 예외적인 생명력을 지녔고 악취가 나는 진흙에서도 잘 성장했다. …… 특히 영국의 광산지대와 제조업지대에 있는 더 작은 개천들에서, 진보적 돈놀이꾼들은 자연의 가장 아름다운 것—송어

99 Lester, *E. Ray Lankester*, 89, 173, 179-81; E. Ray Lankester, *The Kingdom of Man* (London: Watts & Co., 1912), 9-13, 34-37, 45. 랭커스터의 유물론은 그가 생명의 기원에 관한 오파린과 홀데인의 이론을 몇 가지 지점에서 예측할 수 있게 해주었다. Lester, *E. Ray Lankester*, 90-91을 볼 것.

개천—을 생명이 전혀 없는 부식성 화학물의 하수구로 바꾸어버렸다. 모든 강과 해안의 물이 결국 역한 냄새의 불모지로 변하고 초원과 언덕이 구역질나는 화학 퇴비로 흠뻑 젖는 세계가 사람들의 마음을 사로잡자, 이렇게 죽음을 몰고 오는 검은 오물 수로들의 광경은 사람들을 오싹하게 만든다. 어쩌면 인간의 미래 세대들은 이러한 사물의 상태를 맞이하게 될 것이다! 과학이 이러한 공포를 몰고 왔다고 비판받아서는 안 된다. 이러한 일이 발생한다면, 그것은 무분별한 탐욕에 빠져 순전히 곤충처럼 증가한 인류 때문일 것이다.[100]

마르크스가 랭커스터와 만난 것은 1880년이었다. 마르크스의 생애 마지막 3년 동안 두 남자 사이에 굳은 우정이 발전했던 것으로 보인다. 마르크스와 랭커스터가 서로 알게 된 경위는 알려져 있지 않지만, 그들 사이에는 함께 아는 친구들과 지인들이 많았다. 이 중에는 유니버시티 칼리지에서 랭커스터의 동료였던 역사학 교수 E. S. 비즐리(E. S. Beesly)가 포함된다. 비슬리는 마르크스 가족과 여러 해 동안 가까운 친구였다. 우리는 1880년 9월에 마르크스가 유방암을 앓고 있던 부인 예니를 위해 의학적 도움을 받으려고 랭커스터와 접촉했다는 사실을 알고 있다. 랭커스터는 친한 친구인 내과의 H. B. 돈킨(H. B. Donkin)을 추천했다. 돈킨은 예니 마르크스를 치료했고 나중에는 마르크스의 병도 치료했다. 그 후 랭커스터는 마르크스의 집을 상당히 정기적으로 방문하는 사람이 되었고, 마르크스나 딸 엘리노어 모두 랭커스터의 저택에 초대받았

100 E. Ray Lankester, *Science from an Easy Chair* (New York: Henry Holt, 1913), 368-69.

다. 마르크스가 1883년에 사망했을 당시, 랭커스터는 장례식에 참여한 많지 않은 추모객 중 한 사람이었다. 마르크스와 랭커스터가 서로 알고 지내던 시기 동안, 마르크스는 인간의 고대를 다루는 민족학 노트를 열심히 작성하고 있었고, 다윈의 『인간의 유래』와 유사한 민족학 연구들을 진행한 인물들—즉 러복, 모건, 메인—의 저작을 탐구하고 있었다. 따라서 그들은 분명 유물론과 진화에 관한 보다 일반적인 주제들뿐 아니라 앞에서 언급된 몇몇 주제들에 대해서도 토론했을 것이다. 마르크스는 랭커스터를 대신해서 **퇴화**에 관한 그의 짧은 다윈주의 소론이 러시아어로 번역되었는지 알아봐 주기도 했다. 마르크스와 랭커스터의 관계가 오랫동안 신기한 일로 비춰졌지만, 마르크스가 생애 전체에 걸쳐 유물론과 과학에 관해 관심을 가졌다는 사실을 생각한다면, 이보다 더 자연스러운 일도 없다. 스티븐 제이 굴드가 지적했듯이, 만년의 마르크스는 분명히 다윈이 젊은 세대의 꽃이라고 평가할 정도로 장래성이 풍부한 젊은이와 친교를 맺는 것에서 즐거움을 찾았을 것이다. 다른 한편, 랭커스터와의 우정은 유물론적 자연관에 대한 마르크스의 확고한 헌신과 (맬서스로부터 해방된) 다윈이 "우리의 견해를 위한 자연사적 토대"를 제공했다는 오랜 신념을 상징하기도 했다.[101]

1881년 9월 28일, 다윈은 다운하우스에서 에드워드 에이벌링(Edward Aveling)(그는 훗날 마르크스의 딸인 엘레노어와 사실혼 관계로 지내게 된다)과 일군의 자유사상가들을 접대했다. 이들 중 눈에 띄는 인물로는 독일의

101 Lester, *E. Ray Lankester*, 185-87; Gould, 「A Darwinian Gentleman at Marx's Funeral」.

루트비히 뷔히너(Ludwig Büchner)가 있었다. 이어지는 이야기 과정에서 다윈은 마흔 살에 기독교를 최종적으로 완전히 포기했다고 시인했다. 그러나 그는 신의 문제와 관련하여 "불가지론자"이며 과학의 입장에서 종교를 공격하는 것을 꺼린다고 이야기했다. 다음 해 봄인 1882년 4월 19일, 다윈이 사망했다. 그는 자연사를 다루는 한, 죽는 날까지 일관된 유물론자로 살아갔다. 그러나 그는 종교에 대한 발언을 삼갔으며, 그 대신 스티븐 제이 굴드가 "중첩되지 않는 교도권"(Non Overlapping Magisteria, NOMA)이라고 이름붙인 계율을 수용했다. "중첩되지 않는 교도권"이란 과학과 종교가 본질적으로 서로 다른 영역들에서, 즉 하나는 물질적 영역에서, 다른 하나는 도덕적 영역에서 작동한다고 인정하는 것이다.[102] 다윈이 죽은 지 1년도 되지 않아, 마르크스가 1883년 3월 14일에 사망했다. 마르크스가 죽은 다음 날 엥겔스는 지인에게 편지를 써서, 마르크스가 에피쿠로스의 한 문구를 습관적으로 언급하곤 했다고 말했다. "그는 에피쿠로스를 인용하여, '죽음은 죽는 이가 아니라 살아있는 이에게 불행이다'라고 말하곤 했다네."[103] 예컨대 마르크스는 '죽음의 불멸성'이라는, 루크레티우스에게 전해진 에피쿠로스의 근본적 유물론 학설에 끝까지 충실했던 것이다. 마르크스가 에피쿠로스 철학과 다른 점은 그가 단순한 관조를 뛰어넘어 세계의 — 인간이 자연 및 사회와 맺는 물질적

102 Desmond and Moore, *Darwin*, 657-58; Edward Aveling, *Charles Darwin and Karl Marx: A Comparison* (London: Twentieth Century Press, n. d.), 12-13; Stephen Jay Gould, *The Rock of Ages* (New York: Ballantine, 1999).

103 Friedrich Engels, 「Letter to Friedrich Adolph Sorge」, in Philip Foner, ed., *Karl Marx Remembered* (San Francisco: Synthesis Publications, 1983), 28.

관계의—혁명적 변혁을 외쳤다는 데에 있다. "철학자들은 세계를 단지 다양하게 **해석**해왔을 뿐이다. 그러나 중요한 것은 세계를 **변화**시키는 것이다."

후기

> 우리는 오직 하나의 과학, 즉 역사의 과학을 알 뿐이다. 역사는 두 측면에서 살펴 볼 수 있다. 역사는 자연의 역사와 인간의 역사로 나눌 수 있다. 그러나 이 두 측면은 분리된 독립체로 간주될 수 없다. 인간이 존재하는 한, 자연과 인간은 상호 영향을 끼친다.
>
> —칼 마르크스, 프리드리히 엥겔스, 『독일 이데올로기』[1]

1937년 2월, 러시아 혁명의 지도자 중 한 사람으로, 레닌이 "혁명의 총아", "당 전체가 좋아하는 동지", "가장 중요한 이론가"라고 불렀던 니

1 Karl Marx and Friedrich Engels, *The German Ideology, in Karl Marx, Writings of the Young Marx on Philosophy and Society* (Indianapolis: Hackett, 1967), 408에서 발췌함. 이 문장은 수고에서 줄을 그어 삭제한 문장으로, 전집 판에는 포함되어 있지 않다.

콜라이 부하린(Nikolai Bukharin, 1888−1938)이 스탈린의 명령으로 체포되어 루비얀카 감옥에 갇혔다. 취조실에 있을 때를 제외하고, 그는 수개월을 희미한 전구 하나만 있는 작은 독방에 감금되었다. 그러나 한동안은 정보원 한 명과 함께 지내기도 했다. 그는 1년 넘게 재판과 처형을 기다렸으며 가족의 생존을 걱정했다. 1938년 3월, 그는 자신의 생명뿐 아니라 가족의 생명도 달려있는 공개재판을 받으며, 혁명의 비열한 적(敵)임을 시인하라고 강요받았다. 이틀 후 그는 비밀 처형장에서 총살을 당했다. 부하린의 일대기는 혁명의 역사에서 체계적으로 제거되었고, 그는 공식적으로 민중의 적대자로서만 기억될 뿐이었다.

부하린은 공포스러운 루비얀카 감옥 시절, 주로 밤에(낮에는 대부분 심문이 진행되었다) 4권 분량의 수고를 저술하면서 절망과 싸웠다. 여기에는 자전적 소설 『이 모든 것은 어떻게 시작했는가?』, 시집 『세계의 변혁』, 사회주의에 관한 논고 『사회주의와 사회주의 문화』, 광범위한 철학적이고 이론적 저작 『철학의 아라베스크』 등이 포함된다. 스탈린과 몇몇 교도관만이 4권의 원고가 존재한다는 사실을 알고 있었다. 사형집행이 임박했음을 인식한 부하린은 목숨을 빼앗더라고 원고만은 보존해달라고 탄원하는 편지를 스탈린에게 보낼 정도로 글을 보존하기 위해 노력했다. 결국 스탈린은 원고를 불태우지는 않았지만, 그 대신 공포(terror)시대의 가장 내밀한 저장소인 개인 서고에 보관했다. 이 원고들은 1980년대 말 고르바초프 시대에 와서야 재발견되었다. 원고의 실체는 1988년에 고르바초프의 측근을 통해 스티븐 코헨(Stephen Cohen)에게 처음 알려졌다. 그러나 1992년이 되어서야 코헨은 원고의 복사본을 얻을 수 있었다. 드디어 『이 모든 것은 어떻게 시작했는가?』와 『철학의 아라베스크』는 러시아에서 출판되었다.[2]

부하린은 『철학의 아라베스크』가 가장 중요하고 성숙한 지적 저작이라고 생각했다. 이 책에서 그는 변증법적 유물론의 입장과 과학의 발전에 견주어 철학을 재평가하고자 했다. 그의 목적은 기계적 유물론의 일부 조야한 요소들을 극복하는 동시에 유아론과 신비주의, 파시즘에 대항할 무기를 제공하기 위해, 마르크스의 실천적 유물론에 기초한 철학적으로 보다 발전한 인간주의적 마르크스주의를 구축하고자 했다. 부하린이 『철학의 아라베스크』에서 설명했듯이, 그는 유물론의 궁극적 토대가 생태학에서, 특히 베르나드스키가 제시한 "물, 토양, 대지에 존재하는 가장 작은 미생물부터 인간에 이르기까지 끝없이 다양한 생명으로 가득 찬 지구 생물권" 이론에서 발견된다고 보았다. "많은 사람들은 이러한 형태들의 엄청난 풍요로움, 혹은 이것들이 자연의 물리적, 화학적 과정에 직접 참여하고 있음을 상상하지 못한다." 이에 대해 부하린은 다음과 같이 말했다.

> 인간은 자연의 산물인 동시에 자연의 일부분이기도 하다. 인간이 사회적 존재라는 것을 설명에서 제외하면(이것은 절대 사라질 수 없다), 인간은 생물학적 토대를 갖는다. 인간은 그 자체로 자연의 정점이자 자연의 산물이다. 인간은 (인간이 아무리 특수한 사회적·역사적 생활조건들에 의해, 그리고 이른바 "미(美)적 환경"에 의해 자연으로부터 분리되어 있을지라도) 자연 속에서 살아간다. 그렇다면 인간이 자연의 리듬과 자연의 순환

2 Stephen F. Cohen, 「Introduction」, in Nikolai Bukharin, *How it All Began* (New York: Columbia University Press, 1998), vii–xxviii.

을 공유하고 있다는 사실에 놀랄 게 뭐가 있겠는가?[3]

지금이야 1930년대에 마르크스주의에서 이러한 말들이 나왔다는 사실을 듣고 놀랄 수도 있겠지만, 부하린의 저작은 생태학적 성격을 강하게 갖고 있었기 때문에, 『철학의 아라베스크』가 저술된 후 스탈린의 내밀하고 어두운 극비 서고에 처박히지 않고 곧장 출판되었다 하더라도 부하린을 잘 아는 독자들은 놀라지 않았을 것이다. 당시 주요한 마르크스주의 이론가 중 한 사람인 부하린은 자연과학과 가장 밀접한 관련을 맺고 있는 사람이었다. 1920년대에 나온 부하린의 중요 저작인 『역사 유물론』(*Historical Materialism*, 1921)에는 「자연과 사회 사이의 평형상태」라는 장이 포함되어 있다. 이 장은 "사회와 자연 사이의 '물질대사'적 물질 과정"을 분석했다. 그는 이 과정을 "환경과 체제 사이와, '외부 조건들'과 인간 사회 사이의 근본적 관계"로 보았다. 이 장에서 부하린은 마르크스의 자연과 사회 사이의 물질대사적 상호작용 개념에 관한 자신만의 분석을 수립했다. 코헨이 쓴 부하린의 획기적 전기는 고르바초프 시절 소련에서 정치적 해빙을 이끌어내는 데 역할을 했다. 그런데 코헨은 부하린의 이론을 일종의 "자연주의적 유물론"이라고 특징지었다.[4]

체포되기 6년 전인 1931년에 부하린은 이미 살아 숨 쉬는 현실의 인

3 Nikolai Bukharin, *Philosophical Arabesques*, Monthly Review Press(출간예정), 8장 영어 번역본 원고에서 인용함.

4 Nikolai Bukharin, *Historical Materialism: A System of Sociology* (New York: International Publishers, 1925), 108; Stephen F. Cohen, *Bukharin and the Bolshevik Revolution* (New York: Oxford University Press, 1980), 118.

간 주체는 비트겐슈타인과 여타 "유아론 추종자들"이 보는 것처럼 "'편리한' 속기 부호"를 제공하는 속기사가 아니라, "지구 전체의 모습을 변화시킨" 적극적이고 변혁적인 존재라고 주장했다. 그리고 "생물권에서 살아가고 노동하는 사회적 인간은 행성의 지표면을 근본적으로 개조했다."[5] 베르나드스키의 저서 『생물권』(*The Biosphere*, 1926)은 부하린에게 깊은 인상을 주었다. 부하린은 보다 폭넓은 생물권이라는 맥락 안에 인간 역사를 자리매김하는 것이 마르크스의 실천적 유물론을 최신화하는 데 있어서 핵심 요소라고 믿게 되었다.

부하린에게는 자연과 인간 사이의 관계에 대한 "정복주의적" 관점이 종종 나타나며, 기계론적 설명이 자연과 사회 사이의 "평형상태"에 관한 분석에 끼어든다. 그러나 부하린은 공진화, (특히 마르크스처럼 토지와의 관계에서) 생태학적 퇴보의 가능성, 자연적·물리적 존재 조건을 고찰하지 못하는 급진적 사회 구성주의를 회피해야 하는 필요성과 관련된 복잡하고 호혜적인 관계를 잘 인식하고 있었다. 그러나 ("변증법적 유물론"을 특징짓게 된 기계론이나 실증주의와는 구분되는) "변증법적 자연주의"로 규정할 수 있는 이러한 사유방식은, 훌륭한 러시아 생태학자들의 숙청과 함께 부하린이 몰락하면서 마르크스주의 안에서 대부분 사라졌다. 그러므로 부하린의 운명은 마르크스 이후 마르크스주의적 생태학 사유에 불어 닥친 거대한 비극을 상징한다고 할 수 있다.

5 Nikolai Bukharin, 「Theory and Practice from the Standpoint of Dialectical Materialism」, in Bukharin et al., *Science at the Cross Roads: Papers Presented at the International Congress of the History of Science and Technology, 1931* (London: Frank Cass, 1971), 17.

소비에트 마르크스주의 내에서는(그리고 1970년대 이전 서구의 마르크스주의 사회과학 내에서는) 생태학적 사고가 부재하는 것으로 보였다. 이것은 이 분야에서 마르크스의 유산이 기껏해야 매우 미약한 수준이라는 견해를 오랫동안 강화했다. 그러나 이러한 결론은 실제로 일어난 투쟁을 무시하는 것이다. 마르크스가 사망한 직후부터 수십 년에 걸쳐 마르크스의 생태학에서 일어난 이야기는 매우 복잡한 이야기이고, 마르크스주의 이론의 발전에서 가장 논란이 많은 무대이기도 하다. 이것은 "자연변증법"을 발전시키려는 엥겔스의 시도에서 시작하여, 엥겔스 사후 다양한 국면들을 거치며 "변증법적 유물론"이 발전하는 과정이 뒤따르며, (과학 및 자연과의 연관을 모두 거부하는 변증법적 쌍둥이가 서구에서 등장하는 것과 함께) 소비에트 이데올로기로 탈바꿈하는 상황으로 최종 마무리된다.

책의 짧은 후기에서는 이러한 발전 중 일부만을 거칠게 개괄할 것이다. 우선 마르크스의 유물론에 무슨 일이 발생했는지, 그리고 변증법적 유물론을 정교화해서 유물론적 자연관을 포괄하려는 엥겔스의 매우 중요하지만 결코 완성되지 못한 노력들이 후대의 이론가들에게 어떻게 전유되(고 남용되)었는지 이해하기 위해 시도할 것이다. 그리고 마르크스의 생태학적 사유를 보존해오는 데 있어서 모리스, 베벨, 카우츠키, 룩셈부르크, 레닌, 부하린이 행한 역할을 검토할 것이다. 또한 1920년대와 1930년대 초의 러시아 생태학의 놀라운 활력을 스탈린 치하에서 발생한 급격한 쇠퇴와 함께 고찰할 것이다. 마지막으로 1930년대의 서구의 어느 마르크스주의 이론가에 주목할 것이다. 그는 인식론적 분리를 변증법적으로 연결하고 마르크스와 다윈 모두에게 뿌리를 둔 인간 역사와 자연의 공진화 이론을 강조하는 분석을 가장 면밀하게 발전시켰다. 그러나 여기에도 비극이 존재한다. 크리스토퍼 코드웰, 그는 스페인 내전에서 29세의 나이에 전사했다.

만약 유물론적 자연관(과 자연 변증법)으로 무장한 마르크스주의가 결국 1970년대에 서구에서 다시 등장했다면, 그것은 오직 유물론적 자연관의 유산이 완전히 소멸하지 않는 자연과학이 존재했기 때문이라고 말할 수 있을 것이다.

변증법적 자연주의

마르크스 사후 마르크스의 통찰을 발전시킬 책임은 엥겔스에게 우선 돌아갔다. 마르크스주의와 과학 사이의 가장 직접적인 연관을 제공했던 사람이 바로 엥겔스였다. 더 나아가 철학과 마르크스주의의 관계를 최초로 규정했던 사람도 엥겔스였다. 마르크스의 가장 중요한 철학 저작인 1844년의 『경제학철학 수고』가 엥겔스에게조차도 알려져 있지 않았기 때문이다. 최근 들어, 훗날 마르크스 이론의 발달에 끼친 엥겔스의 기여를 언급하면서 보편적으로 주로 『자연 변증법』을 인용하지만, 이 저작은 **레닌이 죽은 다음인 1927년이 되어서야** 출판되었다는 사실에 주목하는 것이 중요하다. 그러므로 제2인터내셔널과 제3인터내셔널에서 이루어진 초창기 마르크스주의 이해는 이 저작이 아니라 엥겔스의 『반(反)뒤링론』(1877–1878)과 『포이에르바하와 독일 고전 철학의 종말』(1886)의 영향을 받았다. 마르크스는 엥겔스의 『반(反)뒤링론』을 모두 읽어주었고, 이 책의 전반적 주장을 명백하게 승인했을 뿐 아니라 이 책의 한 장을 쓰기도 했다. 『포이에르바하와 독일 고전 철학의 종말』에서 엥겔스는 (포이에르바하를 경유하는) 헤겔주의 체계에 대한 비판을 통해 마르크스주의의 기원을 설명하려고 했다. 그는 유물론적 자연관의 필요성을 주장하고 유물론에 대한 기계적 해석에 반대하여 변증법적 접근을 단언했다. 이 저작들이 실증주의로 훼손되어 있고 기계론적 가정들이 엥겔스의 분석 안에 내재되어 있다는 주장이 자주 제기되어왔지만, 면밀하게 분석한 결과 엥겔스가 변증법적 비판과 진화에 관한 지식에 기초해 기계론적 사유방식을 극복하려고 했다는 점이 확인된다. 여기서 진화에 관한 지식이 중요했다. (마르크스의 견해처럼) 엥겔스의 견해에서 자연을 변증법적으로, 즉 그것의 **발생**(emergence)이란 측면에서 이해할 수 있게 해준 것이 바로 다윈의 분석에서 비롯된 **자연사** 파악이었기 때문이다. 엥겔스가 생각하기에, 스스로 "유물론적 자연관"이라고 불렀던 것과 유물론적 역사관 사이의 관계를 이해하는 데 있어서 핵심이 바로 이 지식이었다.

그러나 엥겔스의 분석이 기본적으로 놓치고 있던 점은 에피쿠로스와 헤겔과 대결하는 과정에서 등장한 마르크스 자신의 유물론적 자연관의 철학적 토대를 이해하는 일이었다. 칸트가 에피쿠로스를 "가장 중요한 감각의 철학자라고 부를 수 있으며, 플라톤은 가장 중요한 지성의 철학자"로 다룬 반면, 우리가 보았던 마르크스는 자신의 대당에서 플라톤을 헤겔로 대체했고, 가장 중요한 유물론 철학자와 가장 중요한 관념론 철학자 사이의 내재적 변증법이 어떤 관계에 있는지 이해하기 위해 투쟁했다. 이러한 비판적 변증법적 탐구를 통해 마르크스는 유물론과 변증법의 종합을 이루어내었다. 이것은 당시 포이에르바하가 수행한 종합과 유사했지만, 순전히 관조적인 유물론에서 보다 실천적 유물론으로 이동했다는 점에서 포이에르바하(와 에피쿠로스)를 뛰어넘었다. 마르크스의 주장에 따르면, 에피쿠로스는 종교를 통해 인간의 자연관 속에 배태되어 있는 소외를 발견한 최초의 인물이었다. 헤겔은 노동의 소외를 발견한 최초의 인물이었다(그러나 노동의 소외를 사유의 소외로 오직 관념론적 방식으로만 보았다). **철학사 안에서** 마르크스의 목적은 헤겔과 관련된 실천 속에서의 소외 파악과 에피쿠로스에게서 발견되는 자연으로부터 인간의 소외에 관한 유물론적 파악을 보다 큰 변증법적 종합 속에서 결합시키는 것이었다.

엥겔스가 만년에 에피쿠로스를 주제로 한 마르크스의 박사학위 논문의 중요성을, 그리고 이 논문과 유물론적 변증법의 발전 사이의 관계를 인식하기 시작했다는 점은 확실해 보인다. 엥겔스는 자신과 이 문제를 토론했던 알렉세이 보덴이 러시아의 마르크스주의자인 게오르그 발렌디노비치 플레하노프(Georg Valentinovich Plekhanov, 1856-1918)에게 다음의 내용을 전달하길 기대했다. 다시 말해 프랑스의 기계론적 유물론자들이 아니라 바로 마르크스의 박사학위 논문에서 유물론에 대한 변증법적 접근(즉 유물론 자연관)의 토대를 발견할 수 있다는 것이었다. 프랑스 계몽주의의 유물론에 대한 비판적 분석에 의거하여 자신만의 유물론 파악을 발전시켰고, 다양한 실증주의적 덫에 걸렸던 플레하노프는 분명이 내용을 받아들이지 않은 것으로 보인다. 보덴은 다음과 같이 말했다. "엥겔스가 유물론자들인 데모크리토스와 에피쿠로스에 대해 말했다고 하자, 플레하노프는 '더욱 흥미로운' 18세기 프랑스 유물론자들에 관한 주제로 대화를 바꿨어야 했다는 견해를 피력했다. 그래서 나는 마르크스가 쓴 최초의 철학 저작에 대한 엥겔스의 평가를 듣는 즐거움을 포기할 수는 없었다고 말했다."[6]

6 Alexei Mikhailovich Voden, 「Talks with Engels」, in Institute of Marxism-Leninism, *Reminiscences of Marx and Engels* (Moscow: Foreign Languages Publishing

마르크스와 마찬가지로 엥겔스에게 유물론의 기원(과 자연적 토대)은 "오로지 기계적인" 유물론을 발전시킨 18세기 프랑스 유물론자들에게서가 아니라 고대 그리스에서 발견할 수 있다.

> 자연에 대한 유물론적 전망은 단지 자연을 어떤 외부 혼합물 없이 존재하는 그대로 인식하는 것이다. 그리고 이것 자체는 원래 그리스 철학자들 사이에서는 당연하게 이해되던 방식이었다. 그러나 과거 그리스인과 우리 사이에는 본질적으로 관념론적 세계관이 지배했던 2천 년 이상의 시간이 놓여있다. 따라서 자명한 방식으로 되돌아가는 일이 얼핏 볼 때보다 훨씬 더 어려운 것이다.[7]

이렇게 마르크스와 엥겔스 모두에게서 발견되는 유물론의 더 깊은 철학적 근원을 인식하지 못했기 때문에, 그 이후(엥겔스 사후) 마르크스주의 사상에 심각한 결과가 나타났다. 비록 기계론과 관념론을 모두 거부하는 변증법적 시각을 강조했을지라도 기계론적 사고와 지식에 대한 단순한 **반영적**(reflective) (혹은 대응적) 관점에 빠지는 일이 너무 빈번하게 일어났다. 그러므로 플레하노프와 같은 이론가들은 마르크스주의적 실증

House, n. d.), 333. 프랑스 유물론자들을 매우 세밀하고 매력적으로 독해했음에도 불구하고, 플레하노프는 고대 유물론의 가장 중요한 지류인 에피쿠로스와 루크레티우스에 대해 사실상 아무런 지식을 보여주지 못했다. Georgi Plekhanov, *Selected Philosophical Works* (Moscow: Progress Publishers, 1974), vol. 1, 482–94.

7 Karl Marx and Friedrich Engels, *Collected Works* (New York: International Publishers, 1975), vol. 25. 532; Friedrich Engels, *Ludwig Feuerbach and the Outcome of Classical German Philosophy* (New York: International Publishers, 1941), 68.

주의와 같은 최악의 형태들을 만들어냈다. 레닌의 유물론(특히 『철학노트』(*Philosophical Notebooks*)에서의 레닌)은 보다 철학적으로 섬세했지만 동일한 난관에 빠졌다. 이 난관은 변증법적 유물론이 발전하는 데 있어서 진짜 문제를 야기했다. 1920년대에 마르크스주의 안에서 실증주의의 영향은 더욱 더 분명해졌으며, 이것은 루카치, 코르쉬, 그람시와 같은 서구 마르크스주의자들의 반란을 불러일으켰다. 그러나 이러한 사상가들과 그 후 프랑크푸르트학파가 마르크스주의로 실증주의가 침투하는 것에 저항했다 하더라도, E. P. 톰슨이 강조했던 것처럼 이를 위해 그들은 "아주 비싼 대가"를 치러야 했다. 다시 말하면 그들은 "관념론식 이론적 실천에 갇혀있는 마르크스주의 인식론의 유행"을 위한 길을 열었다. 이것은 마르크스와 엥겔스뿐 아니라, 여전히 자연과 사회 사이의 필수적 상호연관에 대한 이해에 근거하면서 유물론적 역사관과 존재의 자연적·물리적 토대에 대한 실재론적 강조를 자신의 분석에 모두 통합시켰던 코드웰과 같은 인물과 비교했을 때에도, "심각한 후퇴"를 의미했다.[8]

앞에서 지적했듯이, 엥겔스는 그의 유물론이 기계론적이고 환원론적이라는 점과 헤겔에게서 끌어온 관념론적 자연철학을 과학에 부과하려고 했다는 점 때문에 서구 마르크스주의자들로부터 비판을 받았다.[9] 이러한 비판에 따르면, 한 가지 가능한 해석은 엥겔스가 헤겔의 『자연철학』과 『논리학』에 너무 지나치게 의존하여 기계론적 우주관 위에 정신을

8 E. P. Thompson, *Making History* (New York: New Press, 1994), 98.

9 이에 대한 탁월한 논의는 Helena Sheehan, *Marxism and the Philosophy of Science* (Atlantic Highlands, N. J.: Humanities Press, 1985), 53-64를 볼 것.

제거한 헤겔의 변증법을 덧붙여 놓았다는 것이다.[10] 엥겔스가 세 가지 일반법칙으로 이해되는 단순화된 변증법 개념을 자연현상에 곧장 적용시킨 점이 이러한 시각을 강화한 것으로 보인다.

그러나 엥겔스가 지향했던 종합을 이러한 식으로 해석하는 것은 여러 가지 이유에서 불충분하다. 첫째로 엥겔스가 관념론이라는 이유로 헤겔을 비판했고 기계론이라는 이유로 기계적 유물론을 비판하면서, 마르크스의 실천적 유물론을 명확하게 고수했기 때문이다. 둘째로 엥겔스는 칸트의 제3비판, 특히 "목적론적 판단 비판"을 강하게 강조했기 때문이다. 그는 이것이 목적론적 사유에 대한 비판뿐 아니라 이것이 어떻게 다윈주의와 결합될 수 있는지를 이해하기 위한 토대를 제공한다고 믿었다. 셋째로, 그리고 가장 중요한 점으로, 엥겔스가 **발생**에 관한 변증법을 발전시키려는 명백한 의도를 가지고 있었기 때문이다. 그것의 발전에는 다윈의 진화론이 중대한 역할을 수행했다. (마르크스와 마찬가지로) 엥겔스는 유물론적·변증법적 자연관이 가능할 뿐 아니라 사실상 상당 부분 다윈의 『종의 기원』에 따라 자연세계에 제공되었다고 파악했다.

엥겔스의 미완성 저작 『자연 변증법』을 독해할 때 겪는 어려움은, 그것이 미완성 저작이다 보니 여러 가지 해석을 가능하게 하며, 이 때문

10 이것은 내가 최근까지 지지했던 잠정 평가였다. 그러나 이 책을 위해 폭넓은 연구를 한 결과 지금은 이 평가가 너무 단순하다고 본다. John Bellamy Foster, 「Marx's Theory of Metabolic Rift: Classical Foundations for Environmental Sociology」, *American Journal of Sociology*, vol. 104, no. 2 (September 1999), 399. 이 논문을 쓰고 있을 당시, 나는 수정된 해석이긴 하지만 여전히 "자연 변증법"을 반대한 루카치 식의 금기를 고수했다. 그리고 이러한 금기를 마르크스 자신의 생각이라고 보았다. 이제 나는 자연 변증법의 문제를 다시 한 번 열어놓고 본다.

에 그 안에 풀기 힘든 긴장이 있다는 점이다. 이 긴장은 강한 자연 변증법과 약한 자연 변증법 사이의 긴장이다. 엥겔스는 때때로 변증법이 자연 자체의 존재론적 속성인 것처럼 기술한다. 다른 경우 그는 변증법은 자연 영역에서 인간이 자연을 추론하기 위해 필요한 학습도구라는 보다 방어하기 쉬운 비판적 공리로 기우는 모습을 보인다. 사실 두 주장은 양립가능하다고 볼 수 있다. 헤겔이 말한 것처럼, "진리는 총체적이다." 그러나 헤겔은 곧바로, 그렇기 때문에 진리는 오직 그것의 "발전"이라는 측면에서만 이해될 수 있다고 덧붙였다.[11] 따라서 우리는 이성(혹은 세계)을 오직 그것의 발생이라는 맥락에서만 이해할 수 있다. 마르크스는 우리가 자연을 우리의 감각들을 통해서 오직 "소멸"하는 것으로서, 즉 일시적 과정으로서 지각한다는 유물론적 파악을 에피쿠로스로부터 취했다. 따라서 우리가 자연의 일부이고 자연을 감각적으로 지각하는 한, 그리고 우리가 이러한 감각적 지각으로부터 추상한 개념들이 자연과 일치하는 한, "물질의 자유로운 운동"은 우리 인식의 일부이다. 그 결과 변증법적 추론은 우리 인식의 필수적 요소로, 우리가 지각하는 실재의 **발생적**, **과도적** 성격에서 비롯된 것으로 간주될 수 있다. 마르크스는 "물질의 자유로운 운동은 물질을 다루는 **방법**, 즉 **변증법적 방법**을 다르게 이르는 것에 불과하다"고 기술했다.[12] 이러한 이유에서 변증법적 방법은 제3비판과 관련된 칸트의 주장에 대해 보다 급진적 대안을 제시한다. 칸트에 따

11 Georg Wilhelm Friedrich Hegel, *The Phenomenology of Mind* (New York: Harper & Row, 1967), 81.

12 Marx and Engels, *Collected Works*, vol. 1, 65; Marx, *Letters to Kugelman* (New York: International Publishers, 1934), 112.

르면, 순수이성으로 보았을 때에는 목적론이 옹호될 수 없는 것이라 할지라도, 그럼에도 불구하고 **자연을 묘사하기 위해서는** 학습적 목적을 위해 목적론적(다시 말해 목적지향적) 설명을 이용하는 게 필요하다는 것이었다. 이때 변증법적 추론, **발생의 논리학**은 우리의 인식에서 칸트가 목적론이 하는 역할이라고 보았던 것과 동일한 필수적·학습적 역할을 한다. 그러나 마르크스와 엥겔스의 경우, 이때의 이성은 그 자체로 물질적인 것이고—인간 역시 포괄하고 있는—**유물론적 발생 존재론**에 근거하고 있다. 우리에게 주어진 물질세계, 객관적 현상 세계는 "시간이 구현된 것", 즉 mors immortalis(죽음의 불멸성)나 다름없다는 것이 마르크스의 생각이었다.[13]

이러한 식의 내재적인 유물론적 변증법이 목적론과 기계론에 대한 대안으로써 마르크스(와 엥겔스)가 제시했다는 사실에 비추어 볼 때, 다윈에게서 유래한 진화론적·생태학적 이해를 통해 엥겔스가 가장 정교한 자신만의 변증법적 **자연주의**를 제공했다는 점은 그리 놀랄 일이 아니다. 여기서 엥겔스의 진화에 대한 복잡한 이해를 보게 되는데, 이에 따르면 "다윈주의 이론"은 "필연과 우연 사이의 내적 관계에 대한 헤겔의 설명을 입증하는 실제 증거로서 설명될 수 있었다." 그래서 엥겔스는 다음과 같이 주장했다.

> **엄격한 구분선**은 진화론과 양립할 수 없다. 척추동물과 무척추동물 사

13 Marx and Engels, *Collected Works*, vol 1, 65; Lucretius, *On the Nature of the Universe* (Harmondsworth: Penguin Books, 1994), 88 (3.861–70); Karl Marx, *The Poverty of Philosophy* (New York: International Publishers, 1963), 110.

이의 경계선이 이제 더 이상 고정되어 있지 않으며, 물고기와 양서류 사이의 경계선도 약화되고 있다. 한편 새와 파충류 사이의 경계선도 날마다 점점 더 줄어들고 있다. …… **엄격한 구분선**도, 무조건적이며 보편적으로 타당한 "양자택일"도 알지 못하는 반면, 고정된 형이상학 차이들을 연결하고 "양자택일"에서 벗어나 올바른 위치에서 "이것이면서 저것"임을 인식할 뿐 아니라 대립물들을 화해시키려고 하는 변증법은 이러한 [과학 발전] 단계의 가장 높은 수준에 적합한 유일한 사유방식이다.[14]

『자연 변증법』의 집필 계획에서, 엥겔스는 생물학과 관련하여 "지식의 한계"에 대한 논의가 독일의 과학자(전기생리학자인)인 에밀 뒤 부아-레몽(Emil Du Bois-Reymond, 1818-1896)로부터 촉발되었다는 점을 지적했다. 1870년대와 1880년대에 뒤 부아-레몽은 진화론이 "생명의 기원"—초월적인 것이 아닌 충분히 설명 가능한 세계의 신비—에 대한 해답을 제공할 수 있다고 주장했다. 생명과 물질의 관계는 정확히 발생과 관련된 관계이기 때문이다. 이러한 점에서 뒤 부아-레몽은 에피쿠로스(와 더 거슬러 올라가면 엠페도클레스와 데모크리토스)로 거슬러 올라가는 전통을 따르고 있다. 엥겔스의 관점에서, 이것은 내재적인 유물론적 변증법의 핵심요소였다.[15] 무엇보다 발생의 철학은 단순히 유기체의 진화를 뛰어넘어 무기체의 영역—우주발생론과 우주론—에도 적용될 수 있다.

14 Marx and Engels, *Collected Works*, vol. 25, 492-93, 582.

15 같은 책, 314; Thomas S. Hall, *Ideas of Life and Matter: Studies in the History of General Physiology 600 B.C. to 1900 A.D.* (Chicago: University of Chicago Press, 1969), vol. 2, 279.

테드 벤턴은 (엥겔스의 생태학에 대해 보다 성숙한 평가를 내리면서) "엥겔스의 입장은 운동하는 물질 조직의 연속적 수준에 영향을 미치는 발생적 속성에 대한 최초의 대략적인 관점이라고 간주될 수 있다"고 기술했다.[16]

엥겔스의 주장에 따르면, 발생에 초점을 맞추는 이러한 변증법적 관점은 "결정론"에 대립하는 것이었다. 그는 결정론이 "우연을 완전히 부정하는 식으로 우연에 대처"하고자 한 프랑스 유물론자들과 연관되어 있다고 보았다. 헤겔의 가르침처럼 (그리고 마르크스가 에피쿠로스에게서 발견했던 것처럼), 오히려 필연은 우연(또는 우발성)에 기초하고 있었다. 이에 대해 엥겔스는 다음과 같이 기술했다.

> 다윈의 획기적 저작에서, 다윈은 우연에 대한 가장 광범위한 토대에서 시작했다. 단일 종 내의 개체들 사이에 존재하는 무한하고 우연적인 차이들, 그 종의 특징을 뛰어넘을 때까지 강화되며 극히 드문 경우에만 그것의 직접적 원인들을 설명할 수 있는(이런저런 시간동안 우연히 발생하여 축적된 물질들이 필연에 대한 낡은 관념을 억누르고 분쇄해왔다) 차이들이 다윈으로 하여금 과거 생물학에 존재하던 모든 규칙성의 토대, 다시 말해 형이상학적 고정성과 불변성에서 보아온 과거의 종의 개념에 의문을 제기하도록 했다. 그러나 종의 개념이 없다면 모든 과학은 존재할 수 없다. 모든 과학 분야들은 종의 개념을 토대로써 필요로 했다. 인간 해

16 Ted Benton, 「Engels and the Politics of Nature」, in C. J. Arthur, *Engels Today: A Centenary Appreciation* (New York: St. Martin's Press, 1996), 88. 이 논문에서 벤턴은 엥겔스의 생태학(과 마르크스의 생태학이 갖는 함의)에 대한 그의 초기 분석에 비해 상당히 급진적으로 이동했다. 엥겔스는 더 이상 협소한 "프로메테우스적" 사상가가 아니라 생태학적 한계를 깊이 인식한 변증법적 실재론자로 규정되었다.

부학, 비교 해부학, 발생학과 동물학, 고생물학, 식물학 등, 종의 개념 없이 이 학문들이 어떻게 존재할 수 있겠는가? 이 학문들의 결과물들은 모두 의문시되었을 뿐 아니라 곧장 무시되었을 것이다. 우연이 지금까지 인식되었던 식의 필연을 타도했다. 과거의 필연 관념은 무너졌다. 이것을 계속 유지하는 것은 그 자체와도 현실과도 대비되는 인간의 자의적인 결정을 하나의 법칙으로 자연에 독재적으로 부과하고자 하는 것에 불과했다. 따라서 이것은 살아있는 자연 속에 존재하는 모든 내적 필연을 부정하는 것을 의미한다.[17]

다윈이 우연으로부터 시작했다는 사실이 진화가 발생적 발전과 양립 가능한 필연을 낳는다는 사실을 전혀 부정하지 않는다. 엥겔스는 "유기체의 진화과정에서 일어나는 각각의 진전은 동시에 **일방향적** 진화로 고정되고 다른 많은 방향으로 진화할 가능성을 배제한다는 의미에서 퇴보이기도 하다"라고 기술했다. 엥겔스는 단언하길, 이러한 진화적 발달은 물질대사적 교환 이론과 같이 "유기적 자연의 조화적, 협력적 작동"이라는 입장과 자연 안에서의 생존투쟁이라는 측면에서 모두 살펴볼 필요가 있다.[18] 마르크스가 이해했던 것처럼, 바로 이 두 가지 요소가, 특히 인간 생태학의 성장과 더불어, 자연의 "균열" 가능성을 낳았다.

엥겔스의 후기 사상에 뛰어난 생태학적 통찰이 풍부하게 존재하는 이유를 설명해주는 것이 바로 자연을 "변증법의 증거"로 바라본 이런 복

17 Marx and Engels, *Collected Works*, vol. 25, 499–501.

18 같은 책, 583–85.

잡하고 변증법적인 자연주의였다.[19] 엥겔스에 따르면, 다윈주의 혁명과 선사시대의 발견은 "단순하고 조직이 없지만 자극에 반응하는 원형질에서부터, 낮은 유기체를 거쳐 사유하는 인간 두뇌에 이르기까지 다양한 진화단계들을 밟은 …… 인간 정신의 전사(前史)"에 대한 분석을 최초로 가능하게 만들었다. "이러한 선사(前史)가 없었다면, …… 사유하는 인간 두뇌의 존재는 불가사의로 남았을 것이다."[20] 영장류 조상으로부터 인간이 어떻게 진화했는지와 관련하여, 인간은 노동으로, 다시 말해 인간의 생존 조건들과 도구제작 수단의 변혁에 의해 생겨났다고 설명될 수 있었다. 쉽게 말해, 인간은 해당 수준에 맞추어, 생존을 위해 먹고 숨 쉬고 투쟁해야 하는 현실의 물질적 능동적 존재로서 자연과 상호작용했기 때문이다. 이러한 방식으로 엥겔스는 자신만의 유전자·문화 공진화 이론을 발전시켰다. 이 이론에 따르면, 선사시대 인간 종의 발전—직립자세, 인간의 손, 최종적으로 인간 두뇌—은 물질적 노동과정을 통해 변증법적으로 이루어졌으며, 인류는 도구제작과 생산을 통해 자신과 자연 사이의 관계를 변혁함으로써 자신의 생존에 필요한 욕구를 충족시켰다고 볼 수 있다.

인류가 **생산**을 시작한 순간부터, 동물의 역사와는 구별되는—이 지점에서도 어떤 엄격한 구분이 존재하는 것은 아니지만—인간의 역사가 시작한다. 동물 역시 공진화하는 방식으로 자연세계와 관계를 맺으며, 환경에 의해 영향을 받을 뿐 아니라 환경을 변화시킨다.

19 같은 책, 23.

20 Engels, *Ludwig Feuerbach*, 67.

> 우리는 그리스에서 염소들이 어떻게 삼림의 재생을 가로막는지 보았다. 헬레나 섬에서 최초의 이주자들이 가져온 염소와 돼지가 그곳의 토종식물들을 거의 완전히 먹어치웠다. 그래서 그 후 선원들과 식민지 개척자들은 자신들이 가져온 식물들을 그 땅에 심었다. 그러나 동물들은 그들의 환경에 아무런 의도 없이 지속적인 영향을 끼친다. 그리고 동물들 자체로만 보면 이것은 우연적으로 일어난 일이다.

동물들이 경우에 따라 자신들의 환경에 의도적으로 반(反)작용을 하려고 하지만, "모든 동물들의 의도된 행위는 지금까지 지구상에 자신의 의지를 각인시키는 데 전혀 성공하지 못했다. 그런 일은 인간의 몫이었다."[21]

그러나 자연에 자신의 각인을 남기는 인간의 능력은, 인간 역시도 그 일부인 자연 체계에 인간이 계속 의존하고 있다는 사실에 의해 제한된다. 그러므로 엥겔스에 따르면, 인간의 역사는 자연과 인간 사이의 관계에 모순이 있음을 의미하는 생태학적 문제들과 계속 부딪혀야만 한다.

21 Marx and Engels, *Collected Works*, vol. 25, 459–60. 엥겔스의 논의는 심지어 정신적 재능들에서조차, 심지어 이성의 힘으로 확장해도, 인류와 동물 사이에 유사성이 존재한다고 신중하게 강조하는 반면, 독특한 인간의 사회적 노동조직에서 비롯되는 질적 변화(이것은 인간의 진화에서 중심적 역할을 한다)에 초점을 맞춘다. 인간중심주의에서 벗어나 감정과 이성이 동물에게도 존재한다고 보는 시각은 19세기 후반에서 매우 인기 없는 것이었다. 이러한 관점은 신인동형(anthropomorphization)으로 비판받았다. 그러나 이것은 다윈이 채택한 일반적 입장이기도 했다. Charles Darwin, *The Expression of the Emotions in Man and Animals* (New York: Oxford University Press, 1998)를 볼 것.

이 모순은 오직 자연법칙을 이해하는 것을 통해 합리적으로 자연과 관계를 맺음으로써, 그리고 이에 맞추어 생산을 조직함으로써 해결될 수 있다.

> 그러나 자연에 대한 인간의 승리 때문에 지나치게 스스로 우쭐하지 말자. 이렇게 승리할 때마다 자연은 우리에게 복수하기 때문이다. 각각의 승리는 처음에는 우리가 기대했던 결과를 가져오지만, 두 번째, 세 번째에는 완전히 다른, 예기치 못한 결과를 가져 와서 최초의 승리도 앗아가는 경우가 빈번하다. 메소포타미아, 그리스, 소아시아, 그 밖의 다른 곳에서 경작 가능한 땅을 획득하기 위하여 삼림을 파괴시킨 사람들은, 숲과 함께 수분의 축적지나 저수지를 제거함으로써 그들이 그 나라의 현재 황무지 상태에 원인을 제공했다는 것을 꿈에도 생각하지 못했다. 알프스의 이탈리아 사람들이 북쪽 경사면에서는 그렇게 소중하게 다룬 소나무 숲을 남쪽 경사면에서는 모두 베어내었을 때, 그들은 자신들의 행동으로 인해 이 지역의 목축업을 뿌리째 뽑고 있다는 사실을 전혀 알아채지 못했다. 그리고 그들은 이를 통해 한 해의 상당기간 동안 산의 샘물이 메말라 있게 만들었고, 우기에는 산에서 평야지대로 보다 맹렬한 급류가 흘러내려가게 만들었다는 사실을 여전히 인식하지 못했다. …… 따라서 우리는 한 걸음 한 걸음 내딛을 때마다 다음을 상기해야 한다. 다시 말하면 우리가 타 민족을 지배하는 정복자처럼, 자연의 외부에 서있는 사람처럼 자연을 지배하는 것이 전혀 아니다. 오히려 우리는 살과 피와 머리를 포함하여 자연에 속해 있으며 자연의 한 가운데에 존재한다. 그리고 우리의 자연 지배는 우리가 다른 모든 피조물들보다 우수하게 자연의 법칙을 배우고 올바르게 적용할 수 있다는 사실에 있다.[22]

엥겔스 이후의 마르크스주의와 생태학

마르크스와 엥겔스 사후의 마르크스주의가, 적어도 1970년대 이전까지는 생태학 분석에 별다른 기여를 하지 못했고, 역사 유물론의 창시자들이 이 분야에 남긴 유산은 무엇이 되었든 간에 그 후 후속 세대의 마르크스 이론가들에게 전혀 영향을 주지 못했다는 주장이 종종 제기되었다. 그러나 진실은 이와 다르다. 엥겔스의 생태학적 비판뿐 아니라 마르크스의 생태학적 비판은 (비록 그것의 철학적 토대에 대해서는 분명하게 알려져 있지 않았지만) 상당히 잘 알려져 있었고, 마르크스가 사망한 직후부터 수십 년에 걸쳐 마르크스주의에 직접적인 영향을 끼쳤다. 마르크스의 생태학적 비판이 내버려진 것은 그 후의 일이었다. 특히 스탈린 치하 소련에서, 생산을 위한 생산의 팽창이 소비에트 사회의 압도적인 목표가 되면서였다. 이것은 마르크스(그리고 엥겔스)의 생태학적 비판으로부터 비롯된 두 가지 주요 주제와 관련하여 이해할 수 있다. 하나는 리비히와 결합된 지속가능한 발전 개념이고 다른 하나는 다윈으로부터 나온 공진화 분석이었다.

엥겔스가 살아 있을 당시에도, 윌리엄 모리스의 유토피아적 마르크스주의 파악을 살펴보면 그가 이미 마르크스의 공산주의 전망과 생태학적 지속가능성을 밀접하게 연관시키려고 했음이 명확하게 확인된다. 모

22 Marx and Engels, *Collected Works*, vol. 25, 460-61. 「Engels and the Politics of Nature」에서 내린 성숙한 평가에 따르면, 테드 벤턴은 엥겔스의 이 진술이 "때때로 마르크스와 엥겔스의 것으로 돌리곤 하는 적절치 못한 프로메테우스주의"와 모순이 된다고 보았다. Benton, 「Engels and the Politics of Nature」, 77-78, 92를 볼 것,

리스는 마르크스가 사망한 1883년에 『자본론』을 처음으로 읽었고, 같은 해 자신이 사회주의자임을 공개적으로 밝혔다. 그는 도시와 농촌 사이의 적대를 극복하기 위해 인구를 분산시켜야 하고 야생지역을 보호해야 한다고 주장했다(5장을 참고할 것). 이뿐 아니라 (환경 분석 분야에 있는 사람이라면) 모리스가 생산의 목적이 이윤이 아니라 예술이나 유용성이어야 한다고 강조했음을 기억해야 한다.[23]

모리스는 산업 노동자들이 노동 현장에서 불가피하게 노출되는 도시의 오염과 유해한 환경을 경고했다. 그는 1886년 『커먼윌』(*Commonweal*)에서 다음과 같이 썼다.

> 이번 주에 언론에 보도된 백연(白鉛) 중독 사례는 전반적으로 노동자들에게 별로 주목을 받지 못했다. 군말을 빼면 상황은 이렇다. 한 노동자가 백연이 공기 중에 가득 찬 장소에서 강제로 일하다가 사망했는데, 사망한 노동자의 염색 속도를 감소시키는 예방조치가 전혀 없었다. 주 1실링의 추가 수당은 이 가난한 사내에게는 꽤 큰 금액이어서 죽는 대신 살해되었던 것이다. 사내의 고용주들이 그가 더 빠른 죽음을 맞이할 위험이 있고 그가 조만간 중독될 것이라는 사실을 몰랐다는 것은 불가능하다. 그리고 배심원이 사건에 대해 감히 이야기한 모든 것은 레이커맨 씨(공장 관리자)가 이 사건과 관련하여 내무성에 진정을 내서 혼합공장들에서 일하는 사람들을 위해 추가적 예방조치들이 취해질 필요성이 있음을 보여

23 사용을 위한 생산 대 이윤을 위한 생산에 관한 모리스의 주장에 대한 논의에 대해서는, John Bellamy Foster, *The Vulnerable Planet: A Short Economic History of the Environment* (New York: Monthly Review Press, 1994), 67-68을 볼 것.

> 주길 바란다는 희망을 표하는 것이었다.
>
> 그러나 더 나아가, 이것은 노동자들의 생명을 도외시하는 습관의 과장된 예시일 뿐이다. 현재 조건에서 문명이 "하층계급들"에게 강요하는 노동은 거의 모두 몸에 해로운 것이다. 다시 말해 민중의 생명은 이 때문에 단축된다. 그러나 우리 눈앞에서 민중의 목이 잘려나가는 것을 보는 것은 아니기에, 우리는 이에 대해 전혀 생각하지 않는 것이다.[24]

「미래 공장」이란 논문에서 모리스는 공장이 정원 한가운데에 세워져 노동자들의 자발적 노동으로 운영되는 사회주의를 예견했다.

> 불가능하다고, 나는 사회주의에 반대하는 사람들이 이야기하는 것을 듣는다. 이 친구야 부디 오늘날 대부분의 공장들이 넓고 잘 정리된 정원들을 유지하고 있으며 이것이 왕왕 수 에이커 규모의 공원과 숲인 경우도 존재한다는 것을 기억하길 바란다. 높은 임금을 받는 스코틀랜드의 전문 정원사, 숲 관리인, 토지관리인, 사냥터지기 등등과 적절한 장비를 갖추고도, 생각할 수 있는 가장 낭비적인 방식으로 모든 것이 관리되고 있다. **다만** 상술한 정원 등등은 이를테면 **매연이 닿지 않은** 공장으로부터 20마일이나 떨어져 있고, 오직 공장의 한 사람, 즉 익명사원을 위해서만 유지된다. 사실 그는 (자신의 이윤을 위해) 노동을 조직함으로써 이 땅을 늘릴 수도 있다. 이 경우 그는 어처구니없게도 어울리지 않은 보수를 추가

24 William Morris, 「Notes on Passing Events」, *Commonweal*, vol. 2 (October 23, 1886), 122.

로 받는 것이다.[25]

모리스는 다음과 같이 이야기했다. 미래 공장이 "더러운 쓰레기를 만들어내지 않고, 물을 더럽히지 않으며 대기를 매연으로 악화시키지도 않아야 할 것이다. 나는 이 점과 관련하여 더 이야기할 것도 없다. '이윤'만 제쳐놓는다면 이것은 매우 쉬운 일일 것이다."[26]

그러나 모리스가 엘리노어 마르크스(Eleanor Marx)와 함께 설립하고 주 활동 무대로 삼은 '사회주의연맹'은 오래가지 못했고, 영국의 사회주의가 갖고 있던 기계론적·개량주의적·비(非)생태학적 잡동사니들에 압도당했다.

모리스와 같은 유토피아적 마르크스주의자만 마르크스 사상의 생태학적 요소들(사용가치와 교환가치 사이의 모순, 도시와 농촌 사이의 모순 등)에 의지했던 것이 아니다. 베벨, 카우츠키, 레닌, 룩셈부르크, 부하린과 같은 사상가들로 대변되는 마르크스주의 전통의 주요 흐름도 마찬가지였다.

1879년에 초판을 출간하고 1884년에 개정판을 낸 베벨의 『사회주의에서의 여성』(*Woman Under Socialism*)(나중에는 『여성의 과거, 현재, 미래』(*Woman in the Past, Present and Future*)로 제목을 변경했다)은 독일 사회민주주의와 마르크스주의의 가장 중요한 초기 저작들 중 하나였다. 베벨은 마르크스와 엥겔스의 절친한 동료였으며 독일 사회민주주의의 **창시자** 중 한 사람이었다. 『사회주의에서의 여성』은 그의 가장 영향력 있는 저작이었다. 이 책은 주로 여성들의 착취에 대한 비판적 논의를 전개하고 미래 사회주의

25 William Morris, *Selected Writings* (New York: Random House, 1934), 647.
26 같은 책, 648.

에서 여성해방의 중요성을 강조한 것으로 알려져 있다. 그러나 사회주의의 건설 전망에 대한 베벨의 논의에는, 자본주의 사회에서 발생한 생태학적 토양 위기에 대한 마르크스 분석의 여러 측면들과 사회주의에서 생산을 합리적으로 재조직하는 과정에서 이것을 치유할 필요성이 있다는 주장도 결합되어 있었다. 동시에 그는 맬서스의 과잉인구론에 대해 광범위한 비판을 하는 글을 썼다. 이렇듯 베벨의 작업은 중요한 생태학적 요소들을 포함했다. 그는 다음과 같이 기술했다.

> '이윤'을 위해 삼림을 미친 듯이 훼손한 일이 프로이센과 포메른, 슈타이어마르크, 이탈리아, 프랑스, 스페인 등의 지역에서 일어난 뚜렷한 기후 악화와 토양 비옥도 쇠퇴의 원인이라고 알려져 있다. 빈번한 홍수는 고지의 나무들을 벌채한 결과이다. 라인강과 비스툴라강의 홍수는 주로 스위스와 폴란드에서 이루어진 삼림훼손이 원인이다.

토양에서 가져간 영양분을 회복할 필요성에 대한 리비히(그리고 마르크스)의 분석을 인용하면서 베벨은 다음과 같이 주장했다.

> 거름과 땅의 관계는 인간과 음식과의 관계와 마찬가지다. 그리고 모든 종류의 음식이 인간에게 동일한 영양분을 제공하지 않는 것처럼, 모든 종류의 거름이 땅에 동일한 가치를 지니는 것이 아니다. 땅은 이전의 곡식이 땅에서 뽑아간 것과 동일한 화학 성분들을 보충 받아야 한다. 그리고 땅은 특히 그 다음에 뿌려질 곡식에 필요한 화학 성분을 보충 받아야 한다. …… 동물과 인간의 쓰레기와 배설물은 주로 인간의 식량을 생산하는 데 가장 적합한 화학 성분을 포함하고 있다. 따라서 이러한 거름을 가

> 능한 한 많이 확보하는 것이 바람직하다. 이 규칙은 오늘날, 특히 대도시에서 일상적으로 위배되고 있다. 대도시는 엄청난 양의 식량을 받아들이고 있지만, 가치 있는 쓰레기와 배설물 중 조그마한 부분만을 토지에 되돌리고 있을 뿐이다. 그 결과, 도시로부터 멀리 떨어져 있는 모든 농장들은 해마다 더 많은 생산물을 도시로 보내고 있지만, 거름의 부족으로 적잖은 어려움을 겪고 있다. 농장의 인부와 가축들로부터 얻는 거름으로는 불충분하다. 그것으로는 적은 양의 곡식만을 길러낼 수 있으며 파멸적 경작체제가 형성된다. 이에 따라 토양은 황폐화하고 수확은 감소하며 식량가격은 상승한다. 주로 땅에서 나오는 생산물을 수출하지만 거름이 될 물질을 되돌려 받지 못하는 나라들은 모두 점점 그러나 불가피하게 파멸의 길을 걷고 있다. 헝가리, 러시아, 다뉴브 공국, 미국 등이 이런 경우이다. 인공 거름, 특히 구아노가 인간과 가축에서 나오는 거름을 대체할 수 있으나, 소수의 농업가들만이 해당가격에 충분한 양을 살 수 있다. 그리고 어떤 경우에도 이것은 수천 마일이나 멀리 떨어진 곳에서 거름을 수입하면서도 가까운 곳에 있는 거름은 낭비하는 일이라는 점에서 자연 질서에 역행하는 것이다.[27]

카우츠키의 기념비적 저서인 『농업문제』(*The Agrarian Question*, 1899)는 이 주제를 보다 체계적으로 발전시켰다. 이 책에는 「도시에 의한 농촌의 착취」라는 절을 포함하는데, 여기서 그는 다음과 같이 논한다.

---

27 August Bebel, *Woman in the Past, Present and Future* (London: Zwan, 1988), 204, 207–8.

> 농촌에서 도시로의 순(純)가치 흐름은 농업가가 세금, 부채이자, 지대를 지불하기 위해 팔아야 하는 곡물, 고기, 우유 같은 형태로 지속적으로 손실되는 영양분과 비례한다. …… 이러한 흐름이 (자본주의의) 가치법칙상의 농업 착취를 의미하지는 않는다. 그럼에도 불구하고 이것은 …… 농업에 대한 물질적 착취, 땅의 영양분을 황폐화하는 것으로 이어진다.

비료 산업이 마르크스가 살았던 시대보다 더 크게 발전했던 시기에 논의를 진행했기 때문에, 카우츠키는 물질대사적 균열로 생겨난 비료 공장을 비판했다.

> 비료를 보조적으로 사용하면 … 토양 비옥도의 감소를 피할 수 있게 해주지만, 엄청난 양의 비료를 사용할 수밖에 없는 상황은 단지 농업에 더 큰 부담—자연에 의해 불가피하게 부과된 것이 아니라 현재의 사회 조직에 의해 생긴 직접적인 결과물—을 지울 뿐이다. 도시와 농촌 사이의 대립을 극복함으로써, …… 토양에서 손실된 물질이 충분히 되돌아올 수 있을 것이다. 그러므로 보조적 비료 사용은 토양의 황폐화를 막는 것이 아니라 토양을 비옥하게 하는 역할을 할 것이다. 경작방법의 발전은 인공 비료를 살포하지 않고서도 토양에 가용성 영양분의 양을 증가시키는 것을 의미할 것이다.[28]

28 Karl Kautsky, *The Agrarian Question* (London: Zwan, 1998), vol. 2, 214-15.

카우츠키는 마르크스 주장의 일반적 개요를 받아들여 다음과 같이 주장하는 데까지 이르렀다. "토양을 점점 고갈시키고, 토양의 고갈을 막는 데 필요한 비료 형태로 농업에 부담을 가중시킨 도시의 성장과 산업의 팽창은 이러한 성공에 만족하지 않는다. 그것은 또한 농업부문에서 **노동력**을 빼앗아 온다." 이러한 일은 "농촌의 인구감소"를 통해 일어난다."[29]

카우츠키는 농약 사용의 증가에 대해서도 논의했다. 그는 농약 사용이 증가한 이유로, 경작지 확대 때문에 곤충을 잡아먹는 새들이 죽으면서 해충이 증가한 점과 식물 재배에서 자연선택을 인위적 선택으로 대체한 점(질병과 해충에 대한 저항력을 감소시켰다), "근대 대규모 경영"이 갖는 특징들을 들었다. 예컨대 임업부문에서 삼림파괴가 "성장이 더딘 활엽수를 제거하고, 빠르게 성장하기 때문에 보다 빨리 벌채할 수 있는 침엽수로 대체하는 행위"를 통해 조장되었다. 따라서 "비료 비용에 농약 비용이 첨가된다."[30]

레닌의 저작에도 비슷한 관심사가 표현되었다. 『농업문제와 "마르크스의 비판자들"』(*The Agrarian Question and the "Critics of Marx"*, 1901)에서 그는 다음과 같이 설명했다.

> 천연 비료를 인공 비료로 대체할 수 있다고 해서, 그리고 이런 일이 이미 (**부분적으로**) 일어나고 있다고 해서, 천연 비료가 낭비되고 이 때문에 교외지역과 공장지대의 강과 공기가 오염되고 있다는 불합리한 사실이

29 같은 책, vol. 2, 217.

30 같은 책, 216-17.

논박되는 것은 전혀 아니다. 심지어 현재에도 대도시 근교에는 농업에 엄청난 이익을 가져다주는 도시 쓰레기를 활용하는 오수 활용 농장이 존재한다. 그러나 이러한 방법으로는 도시 쓰레기의 극미한 부분만이 활용될 뿐이다.[31]

1917년 5월, 감옥에 갇힌 로자 룩셈부르크 역시 이 분야에 대한 관심을 보여주었다. 그녀는 친구 소냐 리프크네히트에게 자신이 "자연과학"을 공부하고 있는 중이라고 전했다.

> 내가 무엇을 읽고 있는지 아니? 대부분 자연과학, 특히 동물과 식물의 지리학에 관한 것이야. 어제 막 휘파람새가 왜 독일에서 사라졌는지에 대해 읽었어. 체계적인 임업, 조경, 농업이 증가하면서, 텅 빈 구멍이 있는 나무, 휴경지, 관목 수풀, 정원에 떨어진 시든 낙엽 등 자연의 모든 보금자리와 서식지가 야금야금 파괴되었다고 해. 이 내용을 읽고 너무 고통스러웠어. 새들이 인간을 위해 지저귀는 노래 소리 때문이 아니었어. 이 무방비 상태의 작은 피조물들이 저항도 못하고 조용하게 멸종당하고 있다는 상황이 통곡할 만큼 상처가 됐어. 이러한 사실은 취리히에 있는 동안 읽었던 러시아 책을 떠올리게 했어. 이 책은 시버 교수의 책인데 북아메리카 인디언들의 파괴를 다루고 있어. 정확히 동일한 방식으로 인디언들은 야금야금 문명인들에 의해 자신의 땅에서 쫓겨났고 조용히 그리고 잔혹하게 살해당했어.[32]

31 V. I. Lenin, *Collected Works* (Moscow: Progress Publishers, 1961), vol. 5, 155–56.

32 Rosa Luxemburg, *Letters* (Atlantic Highlands, N. J.: Humanities Press, 1993), 202–

그러나 인간과 자연 사이의 물질대사적 상호작용이라는 마르크스의 개념을—적어도 일반적 수준에서—가장 적극적으로 적용한 사람은 바로 마르크스와 엥겔스의 초기 신봉자인 부하린이었다. 부하린은 『역사유물론』에서 다음과 같이 기술했다.

> 사회와 자연 사이의 '물질대사'적 물질 과정은 환경과 체제 사이의 근본적인 관계이며 "외부 조건들"과 인간 사회 사이의 근본적 관계이기도 하다. …… 살펴보았듯이, 인간과 자연 사이의 물질대사는 외부 자연으로부터 사회로 물질 에너지가 이전하는 것이다. …… 그러므로 사회와 자연 사이의 상호작용은 사회적 재생산 과정이다. 이 과정에서 사회는 인간의 노동 에너지를 사용하여 자연으로부터 일정한 양의 에너지(마르크스의 표현대로라면 자연의 물질)를 획득한다. 지출과 수입 사이의 **균형**은 여기서 분명히 사회의 성장을 위한 결정적인 요소이다. 만약 획득된 것이 노동으로 손실된 것을 초과한다면, 사회에 중요한 결과가 분명히 뒤따른다. 이 결과는 이 초과량에 따라 다양할 것이다.[33]

부하린에게 있어서, 이러한 물질대사적 교환의 주된 매개력이 바로 기술이었다. 그렇기 때문에 자연과 사회의 물질대사는 "불안정한 평형상태"에 있고, 사회적 입장에서 진보적이라고 할 수도 있고 퇴보적이라고 할 수도 있다는 것이다. 그는 "노동의 생산성"이 "사회와 자연 사이의 '균형'을 측정하는 분명한 척도"라고 기술했다. 이러한 관계로부터 발생한

3 (Luxemberg to Sonja Liebknecht, May 2, 1917).

33 Bukharin, *Historical Materialism*, 108-12.

사회적 생산성의 증가는 진보적 발전으로 간주된 반면, 거꾸로 잘못 적용된 물질대사적 관계 때문에 발생한 사회적 생산성의 감소는—여기서 부하린은 토양의 고갈을 가능성 있는 감소 원인으로 들었다—이러한 관계가 퇴보적임을 의미했다. 그의 주장에 따르면, 이러한 쇠퇴는 사회를 "야만상태"로 전락시킬 수 있다.[34]

"사회적 생산 과정" 전체는 "인간 사회가 외부 자연에 적응한 것"이라는 게 그의 주장이었다. 결과적으로 "인간은 천지만물의 주인이고 자연은 인간의 용도대로 창조된 것이며, 모든 사물은 인간의 욕구에 적응한 것이라는 목적론적 관점으로 자연을 조망하는 것보다 더 잘못된 것은 있을 수 없다." 실제로 인간은 적응을 위해 끊임없고 능동적인 투쟁을 전개해야 했다. "인간 사회뿐 아니라 동물의 한 형태인 인간은 자연의 산물이며 이 위대하고 무한한 총체의 일부이다. 인간은 자연으로부터 결코 벗어날 수 없으며, 심지어 인간이 자연을 '통제'하고 있을 때조차 그는 단지 자신의 목적에 맞게 **자연**의 법칙을 이용하고 있을 뿐이다."[35] 부하린은 인간 사회의 체계를 포함하여 "어떤 체제도 허공에서 존재할 수 없다"라고 강조했다. 다시 말해 "모든 체제는 그것의 모든 존재조건이 궁극적으로 의존하는 주위 환경에 둘러싸여 있다. 만약 인간 사회가 주위 환경에 적응하지 못한다면, 그것은 이 세상에 존재할 수 없을 것이다." 확실히 자연과 인간 사이의 관계는 다른 종들과 자연 사이의 관계보다 덜 직접적이다. 자연과 인간 사이의 관계는 사회에 의해 매개되고, 이는 인간이 직접적으로 접하는 환경은 사회이기 때문이다. 그

34 같은 책, 77, 111-13.
35 같은 책, 104, 111.

러나 사회는 그것의 환경으로 자연을 지니고 있다. 부하린이 이야기했듯이, "숲 속에 있는 나무의 환경은 다양한 속성을 지닌 모든 다른 나무들, 시내, 땅, 양치식물, 잔디, 관목이다. 인간의 환경은 인간이 살고 있는 사회이고, 인간 사회의 환경은 외부 자연이다."[36] 부하린이 1931년에 열린 런던 과학사 학술대회에서, 그리고 1937년에 『철학의 아라베스크』에서 재차 강조했던 내용은 인간이 "생물권에서 살며 노동하는" 존재로 인식되어야 한다는 점이다.

1920년대에 소련의 생태학은 주장컨대 세계에서 가장 선진적 학문분야였다. 서구의 생태학 모델이 여전히 자연 천이와 연결된 환원론적·단선적·목적론적 모델에 의존하고 있었던 반면, 소련의 생태학은 보다 변증법적으로 복잡하고 역동적이며 전체론적인 공진화 모델의 발전을 개척하고 있었다. 1920년대와 1930년대, 두 명의 위대한 러시아 생태학자가 있었다. 바로 V. I. 베르나드스키(V. I. Vernadsky, 1863–1945)와 N. I. 바빌로프(N. I. Vavilov, 1887–1943)였다. 베르나드스키는 생물권에 대한 분석과 지구화학(혹은 생물지구화학)의 창시자로 국제적 명성을 얻었다. 1926년, 베르나드스키는 『생물권』(*The Biosphere*)을 출판했다. 린 마굴리스(Lynn Margulis) 등이 이 책의 영어 번역본 서문에서 썼던 것처럼, 그는 "지구가 자기조절적 둥근 형태의 물체라는 사실의 진정한 함의를 역사상 최초로 이해한 인물이었다." 바로 전체론적 접근을 한 베르나드스키의 생물권 연구 결과를 통해서, 무생물의 물질로부터 생명이 어떻게 기원했는가라는 문제에 대한 해법을 과학적으로 찾는 것이 마침내 가능하

36 같은 책, 75, 89.

게 되었다(소련과 영국의 과학자들이 토론한 결과였다).[37]

베르나드스키보다 프롤레타리아트 혁명에 더 밀접하게 결합되어 있던 인물이 뛰어난 식물유전학자 바빌로프였다. 그는 레닌 농업 아카데미의 초대 회장이었고 소련의 지원에 힘입어 농업의 기원에 대한 문제에 유물론적 방법론을 적용했다. 1920년대에 대규모 식물의 유전적 다양성 중심지들—생식질이 가장 풍부하게 존재하는 저장소이자 인간의 모든 경작활동의 토대—이 다수 존재하며, 이 중심지들은 저발전 국가들의 "열대·아열대 산악지역"에 위치해 있다고 확신했던 사람이 바로 바빌로프였다. 변증법적 공진화 관점을 채택했던 바빌로프에 따르면, 이러한 식물의 유전적 다양성 중심지는 인간 문화의 산물이었다. 인간의 문화는 모든 중요 곡식들이 유래한 "7곳의 중요 중심지들"에서 발생했다. 그리고 결과적으로 수천 년간 이루어진 경작의 산물인 가장 풍부한 유전적 보고가 발견되는 장소가 바로 이 곳들이다. 그는 "경작 식물들의 중요한 발생 중심지들"이 "매우 빈번하게 놀랄 만큼 다양한 변종들이 축적되는 장소로서 역할을 했다"고 서술했다.[38] 바빌로프가 발견한 이래 오랜 시간 동안, 특히 서구의 과학자들은 상업적 변종의 품종 저항력을 키우는 데 이용할 새로운 생식질을 찾기 위해 이 유전적 "저장소"들(멕시코, 페루, 에티오피아, 터키, 티베트 같은 곳)을 다시 찾곤 했다. 오늘날에는 이러한

37 Lynn Margulis et al., 「Foreword to the English-Language Edition」, in V. I. Vernadsky, *The Biosphere* (New York: Copernicus, 1998), 15; Richard Levins and Richard Lewontin, *The Dialectical Biologist* (Cambridge, Mass.: Harvard University Press, 1985), 47.

38 N. I. Vavilov, 「The Problem of the Origin of the World's Agriculture in the Light of the Latest Investigations」, in Bukharin et al., *Science at the Cross Roads*, 97-106.

유전자원의 통제권을 놓고 자본주의 체제의 중심부와 (이러한 생식질의 원천이 위치해 있는) 주변부 국가들 사이에서 국제 분쟁이 일어나고 있다.[39]

부하린과 관계가 있던 다른 소련의 과학자들도 인간 사회의 생태학적 근원에 대한 부하린의 관점을 공유했다. 부하린이 서론을 쓴 『마르크스주의와 현대 사상』(*Marxism and Modern Thought*)이라는 책에서, V. L. 콤로프(V. L. Komrov)는 인간의 "자연 정복"을 환상으로 본 엥겔스의 『자연 변증법』에 나오는 긴 문단을 길게 인용하면서 다음과 같이 언급했다. "아무리 반드시 자연의 법칙에 입각하여 세계를 변화시켜야 한다고 할지라도, 사적 소유자나 고용주는 그렇게 할 수 없다. 그들의 목적은 이윤, 오로지 이윤이기 때문이다. 그들은 산업에서 위기에 위기를 낳음으로써, 농업에서는 자연적 부를 파괴하여 메마른 땅만 남기고, 산악지역에서는 황량한 바위와 자갈투성이의 돌산을 남긴다." 마찬가지로 Y. M. 우라노프스키(Y. M. Uranovsky)는 동일한 책에서 마르크스주의와 과학에 대해 논의하면서, 리비히에 대한 마르크스의 연구와 "토양 고갈 이론"을 매우 강조했다.[40]

이러한 생태학에 대한 기여들은 모두 초기 소비에트 시대의 산물이었고, 이 시대가 낳은 변증법적·혁명적 사유형태의 결과물이었다. 결국 비극으로 끝난 소련의 환경 관계는 최종적으로 "생태자살"(ecocide)이라고 규정할 수 있는 형태를 띠었고, 1920년대의 초기 소련 생태학이 보여주었던 엄청난 역동성과 자연보존을 장려한 레닌의 개인적 역할을 무색케

39 Foster, *The Vulnerable Planet*, 94-95.

40 Nikolai Bukharin et al., *Marxism and Modern Thought* (New York: Harcourt, Brace, 1935), 147, 230-32를 볼 것.

했다.[41] 레닌은 세밀한 유물론자였고, (특히 『철학노트』에서 발전시킨) 그의 유물론은 변증법적이고 비(非)환원적이었다. 레닌은 헤겔과 헤겔의 에피쿠로스 분석을 열심히 공부했고, 에피쿠로스 철학이 "천재적인 추측과, 성직자주의를 위해서가 아닌 과학을 위한 이정표"를 구현했다고 보았다.[42]

레닌은 저술들과 정치적 선언문들에서, 인간 노동은 자연의 힘을 쉽게 대체할 수 없으며 보존의 원리에 따른 환경의 "합리적 이용", 혹은 자연자원의 과학적 관리가 필수적이라고 주장했다. 레닌은 헌신적 환경론자인 아나톨리 바실레비치 루나차스키(Anatiolii Vasil'evich Lunacharskii)를 교육(계몽)인민위원회 수장으로 임명했다. 이 자리는 소비에트 러시아 전체의 환경을 보존하는 책임을 맡았다.[43] 레닌은 베르나드스키를 많이 존경심을 갖고 있었고, 『유물론과 경험비판론』(*Materialism and Empirio-Criticism*)에서 그를 호의적으로 언급했다. 베르나드스키와 광물학자 E. A. 퍼스만(E. A. Fersman)의 요구를 받아들여, 레닌은 1920년에 남부 우랄지역을 소련 최초의 자연보호지역―오로지 과학적 자연연구만을 목적으로 하는 최초의 정부 지정 보존지역―으로 지정했다. 이렇다보니 레닌의 보호 아래에서, 소련의 자연보호운동이 1920년대에, 특히 신경제정책 기간 동안(1921—1928)에 활발하게 전개되었다.

---

41 Murray Fessback and Arthur Friendly, Jr., *Ecocide in the U.S.S.R.* (New York: Basic Books, 1992); Foster, *The Vulnerable Planet*, 96-101.

42 Lenin, *Collected Works*, vol. 38, 294. 『유물론과 경험비판론』에서 레닌은 유물론과 관념론이 각각 데모크리토스와 플라톤에서 시작했다고 주장했다. Lenin, *Collected Works*, vol. 14, 130.

43 Douglas Weiner, 「The Changing Face of Soviet Conservation」, in Donald Worster, ed., *The Ends of the Earth* (New York: Cambridge University Press, 1998).

그러나 1924년에 레닌이 일찍 사망하면서, 그리고 그 후 스탈린주의가 승리하면서, 환경보호론자들은 "부르주아"라는 공격을 받게 되었다. 설상가상으로 트로핌 데니소비치 리센코(Trofim Denisovich Lysenko)가 생물과학의 권위자로 등장한 사건은 생태학과 유전학에 대한 "과학적" 비판이 개시될 것임을 의미했다.[44] 1930년대 말에 이르러 소련의 자연보호운동은 완전히 사라졌다. 부하린, 바빌로프, 우라노프스키 등을 포함한 많은 생태학적인 사상가들이 숙청당했다. 생태학적 요인들이 궁극적으로 소련의 경제성장률이 가파르게 하락하고 1970년대부터 정체가 시작되게 만드는데 중요한 역할을 했다는 점은 최고의 역설이 아닐 수 없다.[45]

코드웰의 변증법

1920년대에 등장한 독특한 전통인 서구 마르크스주의는 사회과학 내에서 실증주의에 대한 무자비한 비판을 한 것으로 특징지을 수 있다. 이것은 불행히도 매우 커다란 비용을 치렀다. 자연과 사회 사이에 균열을 야기했으며, 생태학과 관련된 존재의 모든 측면들을 소홀히 하고 인류와 자연의 공진화를 무시하는 결과를 낳았기 때문이다. 그래서 루카

44 소련의 리센코주의에 관한 복잡한 이야기에 대해서는 Levins and Lewontin, *The Dialectical Biologist*, 163-96을 볼 것. Sheehan, *Marxism and the Philosophy of Science*, 220-28.

45 Foster, *The Vulnerable Planet*, 96-101을 볼 것.

치와 그람시가 모두 부하린의 『역사 유물론』을 격렬하게 비판했던 것이다. 루카치에 따르면, 부하린의 약점은 그가 "자연과학에 몰두했던 점"에 있었다. 이것은 "잘못된 방법론"을 초래하여, 그보다 앞서 엥겔스가 그러했던 것처럼 그도 "변증법으로부터 '과학'을 구성하려고 하는 시도"에 빠져들었다. 실제로 루카치는 "부하린의 이론과 부르주아 자연과학적 유물론 사이의 밀접성이 그가 '과학'을 …… 하나의 모델로 이용하려고 한 데에서 비롯한다"고 기술했다. 부하린은 변증법을 자연에 적용함으로써 실증주의가 사회 연구에 침입하도록 만들었다는 것이다.[46]

부하린의 『역사 유물론』과 그 후에 나온 『갈림길에 놓인 과학』(*Science at the Cross Roads*) 서론(그의 1931년 논문은 런던에서 개최된 국제 과학기술사 학술대회에서 발표되었다)은 모두 그람시의 『옥중수고』(*Prison Notebooks*)에서 비판받았다. 옥중수고에서 부하린은 여러 면에서 그람시의 주요한 표적이 되었다. 그람시는 "과학을 삶의 토대"로 만들고 "과학은 상부구조"라는 사실을 경시하는 그 어떤 시도도 거부했다. 이러한 관점은 실천철학이 "그것의 외부에서 철학적 지지"를 얻어야 할 필요가 있음을 시사하는 것이었다.[47] 그나마 그람시는 변증법을 자연에서 배제하는 데 있어서 루카치보다 다소 소극적이었다. 그람시는 루카치를 다음과 같이 비판했던 것이다.

> 루카치는 자연에 관해서가 아니라 오직 인간의 역사에서만 변증법을 이야기할 수 있다고 했다. 그는 옳았을 수도 틀렸을 수도 있다. 그의 단언

46 Georg Lukies, *Tactics and Ethics* (New York: Harper & Row, 1972), 136–40.

47 Antonio Gramsci, *Further Selections from the Prison Notebooks* (Minneapolis: University of Minnesota Press, 1995), 293.

이 자연과 인간 사이의 이원론을 전제하는 것이라면, 그는 틀린 것이다. 그가 종교와 그리스 기독교 철학뿐 아니라 관념론에 적합한 자연관으로 추락했기 때문이다. 이것들은 말로서가 아니라 실제로 인간과 자연을 서로 통일시키고 관계 맺게 하는 데 성공하지 못했다. 그러나 만약 인간의 역사가 자연사로도 (또한 과학사에 의하여) 인식되어야만 한다면, 어떻게 변증법이 자연으로부터 분리될 수 있겠는가? 아마도 루카치는 대중적 입문서[부하린의 『역사 유물론』]의 기괴한 이론들에 반발하다가 정반대의 오류인 관념론 형태에 빠졌을 것이다.[48]

그러나 루카치와 마찬가지로, 그람시도 부하린의 분석에 명백하게 존재하는 (약점뿐 아니라) 강점을 인지하지 못했다. 이것의 강점은 유물론적 역사관을 유물론적 자연관에 연결시키려고 했던 시도라는 점에서 비롯된다. 부하린의 분석에 기계론이 일정정도 침입하는 게 사실이며, 그것의 명확한 특징 중 하나는 "평형상태" 언급이다. 그러나 자주 나타나는 공진화적 시각을 포함한 생태학적 연관성에 대한 깊은 이해는 부하린의 종합이 가진 중요한 측면이었고, 서구 마르크스주의 전통 안에서는 사라진 것이었다. 이러한 점에서 루카치를 추종했던 프랑크푸르트학파는 거의 전적으로 문화주의적 형태를 띤 "생태학" 비판을 발전시켰고, 생태학에 대한 지식(혹은 일말의 생태학적 내용)을 결여하고 있었으며, 일반적으로 자연으로부터 인간의 소외를 과학과 계몽주의의 탓으로 돌렸다. 이와 같은 분석은 마르크스의 것이라기보다는 오히려 낭만주의적 근원

48 Antonio Gramsci, *Selections from the Prison Notebooks* (New York: International Publishers, 1971), 448.

을 가진 것이고 베버의 합리성 비판과 세계의 "탈(脫)주술화"에서 나온 것이었다.[49] 이러한 관점에서, 소외는 자연이란 관념의 소외라는 식으로 **일면적으로** 파악되었다. 그렇지만 여기에는, 예컨대 마르크스의 물질대사적 균열론과 같은 자연의 현실적·물질적 소외에 대한 어떠한 분석도 결여되어 있었다.

알프레트 슈미트의 매우 영향력 있는 책 『마르크스의 자연 개념』(1962)은 루카치와 프랑크푸르트학파의 이와 같은 일면적 시각을 확장한 것이다. 슈미트의 분석에 만연해 있는 중심 모순은 유물론과 변증법이 "양립할 수 없다"는 그의 반복되는 주장에 있었다.[50] 비록 슈미트가 계속해서 마르크스의 "물질대사" 개념의 의미를 강조했다 하더라도, 이 주장에는 노동을 제외한 모든 자연적·물질적 조건들과의 관계가 제거되어 있었고, 노동 자체는 **가장 추상적 형태**로, 즉 지구와의 물질대사적 관계가 완전히 빠진 채로 묘사되었다. 결국, 그의 책에서는 토양 영양분 순환에서 일어난 물질대사적 균열이나 자본주의 농업에 대한 마르크스와 리비히의 비판이 거의 언급되지 않는다. 이러한 것들이 마르크스의 물질대사적 교환 개념이 발전하는 **실질적 맥락**이었다는 사실에도 불구하고 말이다. 예컨대 슈미트는, 마르크스의 물질대사 개념이 마르크스가 자본주의 농업과 같은 진정한 지상의 문제들에 실제 적용했던 방식이었음을

49 Max Horkheimer, *The Eclipse of Reason* (New York: Oxford University Press, 1947), 92–127; Max Horkheimer and Theodor W. Adorno, *Dialectic of Enlightenment* (New York: Herder & Herder, 1972).

50 Alfred Schmidt, *The Concept of Nature in Marx* (London: New Left Books, 1971), 59, 166.

이해하는 데 실패했고, 때문에 마르크스의 유물론적 변증법(그의 사유가 진정으로 공진화하게 만든 토대)을 놓치게 되었다. 이렇다보니, 슈미트는 마르크스가 결국에는 자신의 유물론에, 따라서 자연의 지배를 강조하는 "프로메테우스주의적" 관점에 희생당했다고 쉽사리 결론내리고 말았다.[51]

그러므로 제대로 된 생태학 분석은 1930년대 말부터 레이첼 카슨의 『침묵의 봄』(*Silent Spring*)이 출간되어 환경투쟁에 다시 불을 붙였던 1960년대까지, 마르크스주의 사회과학에서 거의 존재하지 않았다(물론 단지 몇몇 예외가 있지만, 사회과학 전반이 마찬가지였다). "동구"에서 일어난 소련 생태학의 파괴는, "서구"에서 마르크스주의 분석의 변증법적 방법을 자연과학에 적용하려는 시도를 일체 거부하는 것과 함께 나타났다.

이제 우리는 1930년대에 서구 마르크스주의의 한 인물이 이러한 모순들을 상당 부분 극복하려고 했다는 사실을 알고 있다. 그는 바로 크리스토퍼 세인트 존 스프리그(Christopher St. John Sprigg)였다(그는 크리스토퍼 코드웰이라는 필명으로 잘 알려져 있다). 코드웰은 스페인 내전에 참전하여 국제여단 영국인대대에 소속되어 싸우다가, 1937년 2월 12일에 퇴각하는 전우를 엄호하던 중 기관총 옆에서 29살의 나이로 전사했다. 코드웰은 매우 짧은 시기인 1935년과 1936년 사이에 놀랄만한 지적 업적을 달성했다. 그의 주요 저작들은 이 시기에 모두 쓰였고, 문화적·과학적 영역에 광범위하게 분포해있다. 그는 『환상과 현실』(*Illusion and Reality*), 『사멸하는 문화에 대한 연구 및 추가 연구』(*Studies and Further Studies in a*

51 슈미트의 주장에 대한 체계적 비판으로는 Paul Burkett, 「Nature in Marx Reconsidered: A Silver Anniversary Assessment of Alfred Schmidt's Concept of Nature in Marx」, *Organization & Environment*, vol. 10, no. 2 (June 1997), 164-83.

Dying Culture), 『물리학의 위기』(*The Crisis in Physics*), 『낭만과 복고』(*Romance and Reaction*), 한 권의 『시집』(*Poems*), 『유전과 발달』(*Heredity and Development*)과 같은 (다소 거칠지만) 뛰어난 저작들을 남겼다. 이 책들은 대부분 사후에 출간되었다. 그의 전체적 관점은 『사멸하는 문화에 대한 연구 및 추가 연구』 서문에 있는 유명한 진술을 통해 가장 잘 표현되었다. "악마가 우리 사이에서 위대한 힘을 갖게 된 것이다. 그게 아니라면 경제학, 과학, 예술에서 공통적으로 발생한 질병에 대한 인과적 설명이 존재할 것이다."[52] 그는 핵심 문제를 자연과 사회 사이의, 관념론과 기계론 사이의, 과학 내에서 기계론과 생기론 사이의 변증법적 균열로 특징지을 수 있는, 원자화되고 소외된 세계로 존재하는 부르주아적 과학과 문화로 보았다. 그의 시각에서 보았을 때, 이러한 이원론과 부르주아 사회를 특징짓는 편파적이고 일면적인 합리성은 사멸하는 문화를 옹호해야 하는 불가피성에서 생겨났다.

톰슨이 쓴 것처럼, 코드웰에게 부르주아 문화란 "관념론과 기계적 유물론의 반복된 발생"으로 규정할 수 있었다. 이것은 "참된 적대가 아니라 동일한 파악 요소 속에 존재하는 쌍둥이에 다름 아닌 가짜 대립이라고, 혹은 차라리 균열이 생긴 동일한 사유 요소의 긍정적 측면과 부정적 측면"이라고 할 수 있다."[53] 그러나 코드웰이 단지 이와 같은 이원론에 반대만 한 것이 아니었다. 그는 인식 속에서 주체·객체 관계에 대한 조야한 "반영적" 관점을 채택함으로써, 단지 이 적대를 부정했을 뿐인

52 Christopher Caudwell, *Studies and Further Studies in a Dying Culture* (New York: Monthly Review Press, 1971), xix.

53 Thompson, *Making History*, 95.

실증주의 형태에 대해서도 반대했다. 그러므로 코드웰은 당시 지배적이었던 변증법적 유물론 학파의 조야한 "인식론적" 입장에 공격을 퍼부었던 것이다.

코드웰의 사유에서 중심적인 요소는, 오히려 **발생으로서의 변증법**을 강조하며 현재는 "비판적 실재론" 입장이라고 불릴 수 있는 주체·객체의 상호 결정(혹은 조건지움)이었다. 이것은 구체적으로 인간과 자연 사이의 관계가 지니는 공진화적 특성을 일관되게 강조하는 형태를 취했다. 코드웰이 볼 때, 초기의 기계론적·환원론적·사변적 유물론 형태에 대해 능동적이고 변증법적인 성격을 갖고 있었던 마르크스의 유물론이 승리한 것은, 과학 자체 내부에서 진화론이 발전하면서 더욱 더 유물론적이고 변증법적인 일관성이 등장한 결과로 일정 부분 설명될 수 있었다. 그러므로 "[다윈주의 혁명에 앞서] 1750년과 1850년 사이에 이루어진 진화 과학의 성장은 마르크스와 엥겔스의 변증법적 유물론으로 하여금 콩디악, 홀바흐, 디드로의 기계론적 유물론을 대체하고, 관념론에 의해 발전한 주체·객체 관계의 능동적 측면을 모두 포괄할 수 있게 해주었다."[54]

만약 이후의 분석가들이 코드웰의 사상을 관통하는 이와 같은 중심 주제를 쉽게 인식하지 못했다면, 그 이유는 분명히 코드웰의 비판적 생물학 연구인 『유전과 발달』이 출판되지 않아서이다. 코드웰은 『사멸하는 문화에 대한 연구 및 추가 연구』, 『물리학의 위기』를 구성하는 다른 연구들과 함께, 이 책이 출판되기를 바랐다. 그러나 『유전과 발달』은, 그가 이 책을 탈고한지 반세기가 지난 1986년 중반이 되어서야 비로소 출

54 Christopher Caudwell, *Illusion and Reality* (New York: International Publishers, 1937), 184-85.

판되었다.[55]

이 놀라운 저서에서, 코드웰은 "생물학의 위기"와 연관된 인식론적·이데올로기적 문제를 다루고자 했다. 이 위기는, 라마르크주의가 부활하고 유전학이 성장하던 시기에 직면한 다윈주의 이론의 위기이기도 했다. 그의 분석은 때때로 오류를 노정하고 있다. 이것은 신다윈주의적 종합이 발전하기 직전 생물학 자체 내부에서 발생한 위기와 혼란의 산물이었다. 그러나 그의 분석은 대체로 이후에 등장하는 가장 세련된 생태학적, 생물학적 분석 중 많은 부분을 앞지르는 복잡한 공진화적 종합을 발전시켰다. 코드웰은 생태학이라는 새로운 분야가 생물학 자체와 마찬가지로 유기체와 환경 사이의 관계를 이분법적으로 파악하는 특징을 갖고 있다고 보았다. 그것이 주체·객체의, 유기체와 환경의 상호결정을 부정했기 때문이다.

코드웰은 목적론이 주관적 기계론("우주는 신의 기계이다")의 한 형태이며, 보통 실증주의와 연결되는 객관적 기계론의 대응물이라고 주장했다. 목적론의 변증법적 쌍둥이인 실증주의는 목적론을 단순히 거부한 것이 아니라 어찌 보면 그것을 자연화했다고 할 수 있다. 실증주의는 이를 통해 진화에 대한 일면적이고 목적지향적인 파악을 만들어냈다. 과학은 유물론적이고 변증법적인 한, 목적론에 반대한다. 그리고 "어떠한 과학자

55 본문에서 나는 『유전과 발달』이 별도의 저작인 것처럼 언급했다. 그러나 사실 이 책은 코드웰의 『사멸하는 문화에 대한 연구 및 추가 연구』의 일부(심지어 절정이)였다. 그러나 『유전과 발달』은 결국 Christopher Caudwell, *Scenes and Actions: Unpublished Manuscripts* (New York: Routledge & Kegan Paul, 1986), 163-204에 포함되어 출간되었다.

도 신에 의한 현상의 결정론을 방법론적 규칙으로 삼지 않는다. 그렇지만 과학자는 여전히 오늘날에도—생물학의 '진부한' 일부처럼—생명 자체의 목적에 대한 의식이나 물질의 필연성이라는 의미의 목적이 아니라 이 둘의 외부에 존재하는 목적, 혹은 도안, 혹은 계획, 혹은 생기로 현상이 결정될 가능성을 인정한다." 그 결과 과학이 유물론과 변증법을 유지하는 데 실패한 사실은 "개인과 환경의 관계에 대한 부르주아적 자기모순—기계에 대한 신화로 표현된다—"으로 분명히 나타난다. 이것은 "우리에게 데카르트주의적 유물론, 즉 기계론이라는 기본적 생물학적 형이상학을 제공한다. 이것은 궁극적으로 겉으로는 모순되지만 실제로는 쌍둥이 형태인 생기론적 관념론, 즉 목적론 속에서 재등장한다."[56]

코드웰에 따르면 다윈의 연구가 가치있는 이유는, 그것이 이러한 일면적 관점을 충분히 피하면서 공진화적 관점을 지향했다는 점이다. 다윈주의는 사람들로 하여금 최초로 자연을 **역사적으로** 볼 수 있게 가르쳐주었다. 코드웰은 (다소 단선적 진보라는 은유에 빠져) 다음과 같이 기술했다.

> 생명을 일련의 단계들로 도식적으로 본다면, 각 단계에서 환경은 상이했을 것이다. 모든 일련의 단계들에는 차이 외에도 일정한 보편적 문제들과 법칙들, 장애물들이 공통되게 존재했을 테지만, 각각의 단계에는 상이한 문제들, 상이한 법칙들, 상이한 장애물들이 존재한다. 각각의 새로운 진화 단계는 그 자체로 새로운 특질을 가지며, 이것은 두 측면—유기체와

56 같은 책, 202-3.

환경—에 모두 영향을 주는 새로움이라 하겠다.[57]

코드웰은 환경을 단순히 "유해한 것"으로, 과잉인구의 자연적 발생과 종 내부/사이에서 발생하는 생존투쟁이라는 측면에서 일면적으로만 이해하는 조야한 관념을 거부했다. 오히려 환경을 한계만이 아닌 가능성으로도 이해해야 했다. 그는 인류학적 발견에 의존하여, "초기 사회는 자연을 전체 생명 세계가 상호 원조 속에서 협력하는 체계로 보았다"고 지적했다. 비록 여러 면에서 환상적인 것처럼 보일지라도(목적론적 사고를 채택했기 때문에 더욱 그렇게 보일지라도), 이러한 협력적 자연관은 고삐 풀린 경쟁과 적자생존으로 세계를 바라보는 조야한 다윈주의 자연관—다윈 자신의 연구나 헉슬리와 같은 그와 가까운 신봉자들의 연구와 혼동해서는 안 된다—이 너무 자주 놓치곤 하는 현실의 일면을 포착했다.

코드웰은 확신을 가지고 위와 동일한 변증법과의 단절이 부르주아적 경제학 접근법의 특징인 동시에, 생물학(과 생태학) 이해뿐 아니라 이것을 적용한 동일한 일반적 비판 유형의 특징이기도 하다고 주장했다. 다시 말해, (1) "환경과 유기체를 서로 별개의 대립물로 분리하는 것은 불가능하다. 생명은 대립극들 사이의 관계이다. 이 대립극들은 현실 속에서 스스로를 분리시키지만, 생성의 망을 통해 관계 속에 계속 남아 있다." (2) "생명의 진화는 생물의 의지에 의해서나 무생물의 방해에 의해서만 결정되지 않는다." (3) "환경의 법칙들은 생명의 작용을 제약하는 한, 환경으로만 존재하는 것이 아니라 환경과 생명 사이의 관계로 존재

57 같은 책, 174-76, 187.

한다." (4) "생명의 발달은 생명의 경향성에 의해 결정된다. 그러나 역사는 개체들의 의지를 실현하는 것이 아니다. 단지 역사는 개체들에 의해 결정되고, 역으로 개체들을 결정한다." (5) "종 내부나 종들 사이의 관계는, 개체들이 제한된 식량 공급을 개별적으로 확보하기 위해 서로 싸운다는 의미를 갖는 적대적 관계인 것만은 아니다. 식량 공급은 그 자체로 생명체와 자연 사이에 존재하는 특수한 관계의 결과물이다. …… 이와 마찬가지로 어떤 종이 다른 종의 먹잇감이라면, 그 종의 증식은 다른 종에게 적대시되지 않는다. 또는 새들이 씨앗을 뿌리고 벌들이 수분하며 산호 폴립이 암초에 착생되는 것처럼, 종들 사이의 관계가 간접적이지만 유익할 수도 있다."[58]

코드웰에 따르면, 유기체와 환경 사이의 관계가 **관계**라는 사실 자체는, 모든 관계들처럼 그것이 "**물질** 변화"와 연결된 상호 결정하는 관계임을 의미했다. 사실 "현실 자체가 물질의 생성이다."[59] 이렇게 복잡한 유물론적·변증법적·공진화적 시각은 생태학적 세계관의 본질을 포착했다. E. P. 톰슨이 코드웰이 사망한지 40년이 지난 후 주장한 것처럼, 코드웰은 1920년대 이후 "서구 마르크스주의"가 범한 것과 같은 "커다란 비용"을 치루지 않으면서 실증주의를 극복하고자 했다. 서구 마르크스주의는 유물론을 그것이 원래부터 기계적이라는 이유를 들며, 다시 한 번 거부한 반면, 본질적으로 관념론적인 변증법적 접근을 받아들였다.[60] 이와 같은 방식으로 코드웰은, 마르크스주의 변증법의 해체와 인간 영역과 자

58 같은 책, 170-72.

59 같은 책, 173.

60 Thompson, *Making History*, 98.

연 영역의 분리를 피하면서, 비판적·변증법적 실재론과 자연주의의 가능성을 견지했다.

변증법적 생태학자

지금까지 살펴보았듯이, 코드웰의 위대한 공헌 역시 이 기간 동안 마르크스주의 생태학 분석을 괴롭힌 비극을 피하지는 못했다. 코드웰은 서른이 되기도 전에 죽었으며, 공진화적·생태학적 성향의 저서인 『유전과 발달』은—『사멸하는 문화에 대한 연구 및 추가 연구』에 포함된 다른 연구들과 달리—출판되지 않았다. 그의 원고에는 리센코에 대한 노골적인 비판이 담겨 있었는데, 이것은 그 당시 코드웰의 원고 출간을 책임지고 있던 영국 공산주의자들의 이데올로기에 반(反)하는 것이었기 때문이다.[61]

그러나 1930년대와 1970년대 사이의 마르크스주의 사회이론 내에서 생태학적 논의가 사실상 실종했음에도 불구하고, 모든 것이 사라지지는 않았다. 생태학적 이해는 레이몬드 윌리엄스와 E. P. 톰슨에 의해 대변되던 문화적 유물론 전통에 스며들었다. 특히 톰슨은 코드웰의 유물론뿐 아니라 윌리엄 모리스의 생태학적 사회주의에 깊은 영향을 받았다.[62] 일부 마르크스주의 정치경제학 학파들, 특히 『먼슬리 리뷰』 학파

61 Sheehan, *Marxism and the Philosophy of Science*, 367에 있는 분석을 볼 것.

62 E. P. Thompson, *William Morris* (New York: Pantheon, 1977)와 *Customs in Common* (New York: New Press, 1991)을 볼 것. Raymond Williams, *Resouces of Hope*

속에서도 생태학적 문제에 대한 일정한 인식이 유지되었다. 『먼슬리 리뷰』 학파는 (대부분의 "서구 마르크스주의" 전통과 달리) 강력한 유물론적 지향을 유지하고 있었다. 1940년대에 이미 폴 스위지의 분석은 독점자본 체제 안에서 일어나는 경제적 낭비에 대한 비판을 강조했는데(교환가치와 사용가치 사이의 모순과 관련이 있다), 이러한 분석은 생태학적 성격을 갖고 있었다. 이 주제는 1960년대부터 1990년대에 이르기까지 그의 연구 속에서 계속 강화되었다.[63]

그러나 더 중요한 사실이 존재한다. 마르크스주의적 생태학 사고에 있어서 제2의 토대가 바로 서구의 과학계(특히 생물학) 내부에 존재했다. 마르크스주의의 영향을 받은 주요 과학자들이 유물론과 변증법 모두

(New York: Verso, 1989), 210-26과 *Problems in Materialism and Culture* (New York: Verso, 1980), 67-85.

63 스위지의 생태학적 경제학 분석은 저작 전반에 걸쳐 분명히 나타난다. 그는 "질적 가치문제" 및 사용가치와 교환가치 사이의 구분을 강조했다. 이 두 가지는 모두 그가 수행한 독점 자본주의 안에서의 낭비적 생산 분석과 연결되어 있었다(사용을 위한 생산체제와 비교할 때 낭비적이라는 의미이다). 다음을 참조할 것. Paul M. Sweezy, *The Theory of Capitalist Development* (New York: Monthly Review Press, 1972), 「Cars and Cities」, *Monthly Review*, vol. 24, no. 11 (April 1973), 1-18, 「Capitalism and the Environment」(co-authored with Harry Magdoff), *Monthly Review*, vol. 41, no. 2 (June 1989), 1-10, and 「Socialism and Ecology」, *Monthly Review*, vol. 41, no. 4 (September 1989), 1-8. 또한 Paul A. Baran and Paul M. Sweezy, *Monopoly Capital* (New York: Monthly Review Press, 1966)을 볼 것. 사용가치/교환가치의 의의, 그리고 자본주의 안에서 발생하는 낭비와 그것 사이의 관계는 다음의 책에서 더 논의했다. John Bellamy Foster and Henryk Szlajfer, eds., *The Faltering Economy* (New York: Monthly Review Press, 1984)과 John Bellamy Foster, *The Theory of Monopoly Capitalism* (New York: Monthly Review Press, 1986).

에 대해 깊이 헌신하고 있었던 것이다. 심지어 어떤 경우에는 이것이 그들이 이뤄낸 과학적 발견들의 중요한 철학적 토대가 되었다. 1930년대에 영국에서 강력한 좌파 과학자들의 전통이 등장했다. 여기에는 J. D. 버날(J. D. Bernal), J. B. S. 홀데인, 조셉 니담(Joseph Needham) 등이 포함된다. 버날과 니담의 경우, 1931년 런던에서 개최된 제2차 국제 과학기술사 학술대회에서 부하린, 바빌로프, 보리스 헤센(Boris Hessen)을 포함한 소련 대표단이 진행한 발표가 이들의 관점 형성에 중요한 영향을 미쳤다. 버날은 주로 과학사를 다뤄 유명해졌다. 그의 가장 주목할 만한 책으로는 네 권으로 된 『과학의 역사』가 있다. 이 책에서 그는 종종 기계론적 관점을 내비쳐서 비판을 받기도 하지만, 확고한 유물론적 입장을 취했다. 버날에게 있어서, 현존하는 유물론의 가장 위대한 고전적 표현은 루크레티우스의 『사물의 본성에 대하여』였다.

> 그 책은 주류 질서에 대해 힘과 위협을 모두 보여준다. 그것은 본질적으로 대상과 대상의 운동에 관한 철학이며, 자연과 사회에 대한 위로부터가 아닌 아래로부터의 설명이다. 그것은 무한히 운동하는 물질세계의 지칠 줄 모르는 안정성과, 물질세계의 규칙을 배움으로써 물질세계를 변화시키는 인간의 힘을 강조한다. 고전 유물론자들은 더 이상 나아갈 수 없었다. 우리가 알게 되듯이, 그들이 수공기술과 결별했기 때문이다. 훗날 유물론을 재건한 위대한 베이컨 역시 마찬가지였다.

마르크스가 『포이에르바하에 관한 테제』에서 관조적 유물론을 비판했을 때 염두에 두었던 사람이 포이에르바하만이 아니라 "그가 좋아한 옛사람 에피쿠로스"이기도 했다는 점을 처음으로 제시한 사람이 바로 버

날이었다.[64]

케임브리지 대학의 생화학자이자 영국 왕립협회 회원인 조셉 니담은 변증법적 시각을 채택하면서, "마르크스와 엥겔스가 그것[변증법]이 진화하는 자연 자체에서 일어난다고 단언할 정도로 대담했다"고 주장했다. 더욱이 "그것이 자연에 대한 우리의 사고 속에서도 일어난다는 부동의 사실은 우리와 우리의 사고가 자연의 일부라는 점에서 기인한다."[65] 니담은 명확하게 기계론적 관점과 생기론적 관점을 모두 거부했고 변증법적·유물론적 접근을 선호했다.

버날이나 니담보다 더 중요한 인물이 홀데인이었다. 그 역시 왕립협회 회원이었고 생물학 분야에서 신다윈주의적 종합을 발전시킨 선도적 인물이었다. 홀데인은 1929년(소련을 여행하고 온지 1년 후)에 우리가 4장에서 살펴본 바 있는, 무기적 세계에서 생명이 있는 유기체가 발생하는 과정에 대한 제대로 된 유물론적 설명을 최초로 "공동발견"한 학자였다. 그는 소련의 생화학자 A. I. 오파린(A. I. Oparin)과 유사한 내용의 연구를 독자적으로 진행했다. 현재에는 오파린-홀데인 가설로 알려진 이 가설은 베르나드스키의 생물권 분석에 일정 부분 빚지고 있다. 버날은 그의 기념비적 저서 『생명의 기원』(*The Origins of Life*, 1967)에서, 생명의 기원에 관한 이러한 유물론적 이론(오늘날 과학계에서 광범위하게 지지되고 있다)을 논평하면서 다음과 같이 주장했다. "비코가 최초로 강조했고 그 후 마르크스와 그의 동료들이 실천에 옮긴 **인간을 만든 것은 바로 인간 자신**

64 J. D. Bernal, *Science in History* (Cambridge, Mass.: MIT Press, 1969), vol. 1, 53-54, 191.

65 Sheehan, *Marxism and the Philosophy of Science*, 333에서 Needham을 인용함.

이다(man makes himself)라는 언명에 따른, 인간 정신과 그 실현의 위대한 해방은 이제 생명의 기원과 생명의 자기창조적 본성 실현에 관한 새로운 지식을 주된 철학적 내용으로 삼으며 확대될 것이다."[66]

홀데인 자신은 엥겔스의 변증법적 자연주의의 강력한 신봉자였으며 『자연 변증법』의 서문을 썼다. 홀데인에 따르면, "엥겔스의 사유방식에 더 친숙했더라면, 지난 30년 동안에 물리학에서 발생한 사고의 변혁은 훨씬 더 부드럽게 이루어졌을 것이다. 다윈주의에 대한 그의 언급이 널리 알려졌더라면, 나 하나만 보더라도 크게 갈팡질팡하지 않고 생각을 정리할 수 있었을 것이다."[67]

비록 많은 불연속성이 존재할지라도, 생명과학 분야에서 마르크스주의의 영향을 받은 사상가들의 유물론적이고 변증법적 연구 전통은 지속되었고, 심지어 1970년대부터 1990년대까지 리처드 르원틴, 스티븐 제이 굴드, 리처드 레빈스(모두 하버드 대학교 교수들)와 같은 중요한 학자들의 연구를 통해 새로운 자극을 받았다. 이 사상가들의 유물론은 마르크스에게서 영향을 받은 것이기도 했지만, 다윈으로부터 더 많은 영향을 받았다. 그러나 마르크스의 영향은 분명했다. 중요한 점을 들자면, 이제는 철학자들에게도 전반적으로 잊힌 유물론과 목적론에 관한 오랜 논쟁의 이해가 이 사상가들의 저작 속에 보존되고 있다. 이것은 철저한 생태학적 유물론의 토대를 제공해준다. 사실 이 과학자들—고생물학과 자연사 분야의 굴드, 유전학 분야의 르원틴, 생태학 분야의 레빈스—의 탁월함

66 J. D. Bernal, *The Origins of Life* (New York: World Publishing Co., 1967), 182.
67 J. B. S. Haldane, 「Preface」, in Friedrich Engels, *The Dialectics of Nature* (New York: International Publishers, 1940), xiv.

이야말로 광범위한 생태학적 현상에 대한 분석에서 마르크스, 다윈, 유물론, 변증법적 추론이 갖는 변치 않는 중요성을 보여준다.

이제는 고전이 된 레빈스와 르원틴의 저서인 『변증법적 생물학자』(*Dialectical Biologist*, 1985)에서 새로운 변증법적 자연주의의 윤곽을 제시하려는 개략적 시도가 진행되있다. 다름 아닌 ("많은 부분에선 틀렸지만 정말 중요한 부분에서는 옳았던") 엥겔스에게 헌정한 이 책의 특징은 복잡한 비(非)목적론적, 공진화적 시각에 있었다. 레빈스와 르원틴은 "진화적 세계관에 헌신하는 것은 과거, 현재, 미래 속에서 체계가 변화하기 쉽고 끊임없이 운동한다는 믿음에 헌신하는 것이다. 이러한 운동은 그것의 본질적 특징으로 나타난다"고 주장했다. "유기체는 진화의 주체이자 객체"라는 사고가 (엥겔스나 코드웰과 동일하지만 훨씬 견실한 과학적인 토대 위에서) 레빈스와 르원틴의 분석에서 핵심을 이루고 있다. 이것이 의미하는 바는 이렇다. 유기체는 단지 자신의 환경에 적응하기만 하는 것이 아니다. 또한 유기체는 환경을 변화시킨다. "토양은 그것 위에서 성장하는 식물의 직접적 활동 결과로 지속되는 커다란 진화적 변화를 겪으며 이러한 변화는 유기체의 존재조건들에 역으로 영향을 준다. 이러한 점에서 묘목은 토양의 '환경'인데도, 이것을 자주 망각한다." 게다가 이렇게 본질상 변증법적인 관점은 상당수의 생태학을 지배하고 있는 생태학적 환원론을 비판하는 데 이용된다. 생태학적 환원론으로 클레멘트식 생태학의 전통적 관점을 들 수 있는데, 그것은—마치 "초(超)유기체"가 실제로 존재하는 것처럼—생태계를 다양성과 안정성, 복잡성이 증가하는 속성을 가지고 있고 여러 개의 천이 단계를 거치는 것으로 설명한다. 이와 반대로 레빈스와 르원틴은 이것의 모든 분석이 "관념론적"이고 비(非)변증법적이라고 본다.[68]

『인간과 자연: 생태학과 과학, 사회』(*Humanity and Nature: Ecology, Science and Society*, 1992)에서 이리외 헤일라(Yrjö Haila)와 리처드 레빈스는 이러한 관점을, 마르크스주의 시각에서 볼 수 있는 "자연의 사회사"를 포괄하는 생태학의 여러 문제들에 대한 광범위한 분석과 통일시켰다. 이 책에서 그들은 자연과 인간의 공진화 관계의 복잡하고 변화무쌍한 특수성을 설명하기 위해 "생태·역사적 시대"라는 개념을 도입했다. 이러한 연구들은 인간과 자연 사이의 지속가능한 관계가 갖는 중요성을 강조했지만, 이러한 강조는 정적인 틀 속에서가 아니라 자연과 사회가 모두 갖고 있는 변화과정들에 초점을 맞추고자 하는 더 넓은 전망 속에서 이루어졌다.[69]

스티븐 제이 굴드는 과학 및 과학의 발전을 이해하는 데 영감을 주었던 유물론의 원리들과 변증법적 추론을 저술들에서 꾸준히 반영했다. 그의 연구는 주로 다윈에 근거한 것이었지만 이따금 엥겔스, 심지어 마르크스를 끌어오기도 했다. 그 결과, 주제가 무엇이든 그가 쓴 모든 글은 자연과 인간 역사를 **자연사적 과정**으로 다루는 역동적인 유물론적·변증법적 논리를 명백하게 보여주었다. 우연/우발성과 "단속평형"에 관한 그의 논법이 가장 중요한 내용이다.[70]

다윈과 마르크스의 관계가 르원틴, 레빈스, 굴드 같은 사상가들의

68 Levins and Lewontin, *The Dialectical Biologist*, 11, 73, 85-106, 134-35.

69 Yrjö Haila and Richard Levins, *Humanity and Nature: Ecology, Science and Society* (London: Pluto Press, 1992). 헤일라와 레빈스의 "생태학적 구성체" 개념을 역사에 적용시키려고 한 시도로는, Foster, *The Vulnerable Planet*, 34를 볼 것.

70 특히 Stephen Jay Gould, *Ever Since Darwin* (New York: W. W. Norton, 1977)을 볼 것.

연구에서 분명하게 나타난다면, 리비히와 마르크스의 관계는 과학계의 최신 연구에서 분명하게 나타난다. 이 분야에서 마르크스의 분석이 20세기 말에 등장한 훨씬 발전된 생태학 분석의 일부를 앞서 예견했다는 사실은 그리 놀랄만한 일이 아니다. 토양생태학에 관한 최근의 중요한 과학 연구 중 일부, 특히 프레드 맥도프(Fred Magdoff), 레스 레니온(Less Lanyon), 빌 리브하르트(Bill Liebhardt) 등의 연구는 영양분 순환의 연속적인 역사적 파괴에 초점을 두었다. 이 분석에 따르면, 제2차 농업혁명으로 거슬러 올라가는 최초의 파괴는 대개 리비히와 마르크스가 처음으로 논했던 것과 동일한 내용으로 이해된다. 그 내용으로, 인류가 토지로부터 물리적으로 제거된 것, 이와 관련하여 물질대사 순환에 균열이 생긴 것, 수백수천 마일이나 떨어진 곳으로 유기적 생산물(식량과 섬유)이 운반되어서 토양 영양분이 최종적으로 상실된 것을 들 수 있다. 결국 이러한 영양분을 대체하기 위해 농업 경제 외부에 존재하는 비료산업이 형성되었다.

> 그 이후의 파괴는 제3차 농업혁명(농업관련산업의 출현)과 더불어 발생했다. 제3차 농업혁명은 초기 단계에서 농장에서 몸집이 큰 가축을 없애는 것, 집중화된 비육시설을 발전시키는 것, 가축 견인력을 트랙터로 대체하는 것과 관련이 있었다. 더 이상 반추 동물을 먹이기 위해 콩과식물을 키울 필요가 없었다. 콩과식물은 자연적으로 토양에 질소를 고정시키는 역할을 했다. 따라서 비료 산업의 생산물인 질소 비료에 대한 의존이 증가했고, 때문에 온갖 종류의 부정적 환경 효과들이 생겨났다. 여기에는 지하수의 오염, 호수의 "죽음" 등이 포함된다. 이러한 발전과 이와 밀접하게 연관된 그 밖의 과정들은 이제 자본주의(그리고 소련 체제와 같이 이

러한 발전경로를 모방한 다른 사회체제들)를 규정하는 왜곡된 발전경로와 연결되어 있는 것으로 간주된다. 이것은 더욱 극단화되어 가는 도시와 농촌 사이의—기계화된 인간과 이에 대립하는 기계화된 자연 사이의—균열이란 형태를 취한다.[71]

최근 사회과학에서 마르크스주의적 생태학 사유가 부활하고 있고, 이것은 주로 생태학적 관계의 정치경제학에 집중되어있다. 그러나 불행히도, 이것은 과학계의 급진적 유물론자들이 왕왕 견지하고 있는 더 깊이 있는(과학적 입장에서뿐 아니라 철학적 입장에서 더 깊이 있는) 유물론과 보다 발전된 **생태학적** 유물론에 대해 거의 알고 있지 못하다.[72] 마르크스주의 정치경제학 내에서 이룬 생태학적 사유의 거대한 진보에도 불구하고, 그리고 마르크스의 주장 중 상당수를 재발견했음에도 불구하고, 유물론적 자연관과 유물론적 역사관 사이의 관계(다시 말해 노동 소외와 자연 소외 사이의 관계)라는 주제는 거의 논의의 대상이 되고 있다.[73] "자연 변증

71 Fred Magdoff, Less Lanyon, and Bill Liebhardt, 「Nutrient Cycling, Transformations and Flows」, *Advances in Agronomy*, vol. 60 (1997), 1-73.

72 레빈스와 르원틴이 『자본주의, 자연, 사회주의』(*Capitalism, Nature, Socialism*)에 칼럼—항상 생태학적 사유와 연구에 대한 놀랄만한 통찰들로 가득 찬 칼럼—을 정기적으로 쓰고 있는 것은 사실이다. 그렇지만 『변증법적 생물학자』, 『인간과 자연』과 같은 저작으로 대변되는, 이 분야에서 그들의 쌓아 올린 체계적 공헌들은 아직까지 이 중요한 저널의 기고자들에게서 확인될 수 있을 정도의 영향을 별로 주지 못했다. 환경 위기에 관한 "생태학적 마르크스주의" 분석이 과학적 토대를 제시하는 경우, 그것은 대개 에너지학에 근거하는 반면 진화론을 무시한다.

73 예를 들면, James O'Connor, *Natural Causes* (New York: Guilford, 1998)를 볼 것. 이 책은 외부 자연을 포괄하는 마르크스의 "생산조건"을 자본의 변증법에 가져온

법"에 대한 지배적인 철학적 비판이 만든 장벽이 마르크스주의 사회이론 자체 내에서 여전히 건재하다. 따라서 이와 같은 방향에서 이루어지는 창조적 탐구는 모두 처음부터 방해받지 않을 수 없다. (이에 대한 한 가지 예외 사례는 "체현된 자연"(embodied nature)이라는 개념을 제시한 아리엘 살레(Ariel Salleh)와 메리 멜러(Mary Mellor)와 같은 사회주의 생태여성주의자들의 연구이다.[74]) 또한 환경사회주의자들의 경우, 단순히 자본주의 경제에 초점을 맞추는 경우가 너무나 빈번했다. 그들은 생태학적 문제들을 볼 때, 지구에서 사는 종과 "지구의 운명"이라는 더 큰 문제를 중심에 놓기 보다는, 자본주의 경제가 이 문제들에 어떤 영향을 끼치는가 하는 일면적인 입장을 취했다. 이러한 분석은 과학과 연결되는 접점으로 종종 열역학 분야, 즉 에너지학과 그것이 경제에 미치는 영향을 들었다. 반면 신기하게 진화생물학의 모든 주제는 생태학적 주제들과 별개인 것으로 비춰졌다. 그리고 다윈은 거의 언급조차 되지 않았다.

획기적 시도였다. 그러나 그의 논의는 이 물질적 생산조건이 어떻게 마르크스의 유물론적 자연관(및 역사관)뿐 아니라 자연과 사회의 물질대사 분석과 관련되어 있는지 이해할 수 없었다. 마르크스의 복잡한 변증법적 분석에서, 자연의 소외는 노동의 소외 뒤편에 존재하는 배경 이상의 존재였다. 이와 반대로 폴 버킷은 마르크스 자신의 자연적·사회적 관계에 대한 변증법적 파악을 논의의 출발점으로 삼았기 때문에(이것을 주로 자본의 순환과 관련지었다), 보다 변증법적 논법을 제시할 수 있었다. Paul Burkett, *Marx and Nature: A Red and Green Perspective* (New York: St. Martin's Press, 1999)를 볼 것.

74 Meira Hanson and Ariel Salleh, 「On Production and Reproduction, Identity and Nonidentity in Ecofeminist Theory」, *Organization & Environment*, vol. 12, no. 2 (June 1999), 207–18; Mary Mellor, *Feminism and Ecology* (Cambridge: Polity, 1997).

이러한 점에서, 우리가 세계를 이해하고자 할 뿐 아니라 인간의 자유와 생태학적 지속가능성이라는 필요에 맞게 세계를 변화시키고자 한다면, 우발성 및 공진화와 연관된 변화과정을 다루는 더 폭넓은 생태학 이론이 필요하다. 헤일라와 레빈스는 이렇게 말한다. “중요한 것은 우리가 자연을 변경시킬 수 있고 없고가 아니라, 어떻게 그리고 어떤 목적에서 우리는 자연을 변경시키는가이다.”[75] 중요한 것은 자연이 협소한 인간의 목적을 위해 일방적으로 지배당해야 할 것인가 하는 점이고, 또는 연합된 생산자들의 사회가 되면 자연으로부터 인간의 소외와 인간들 사이의 소외가 더 이상 인간 실존의 **전제조건**이 되지 않을 뿐 아니라 다음의 사실이 인식될 것인가 하는 점이다. 그 사실은 모든 소외는 인간의 문제라는 것이다.

보존의 원리

에피쿠로스가 말한 것처럼, 어떠한 것도 무(無)로부터 오지 않으며 어떠한 것도 파괴되었다고 무(無)로 되돌아 갈 수 없다. 디오게네스 라에르티우스가 전하는 바에 따르면, 에피쿠로스는 “가장 다작하는 저자였으며 저서들의 수를 보면 이전의 모든 사람을 무색케했다. 그 수는 대략 두루마리 300개에 달했다.” 그럼에도 불구하고 에피쿠로스의 수많은 저술들 중에서 단지 몇 개의 단편들만 오늘날까지 전해 내려오고 있다. 여

75 Haila and Levins, *Humanity and Nature*, 11.

기에는 디오게네스 라에르티우스에 의해 보관된 에피쿠로스 체계의 개요를 담고 있는 세 편의 서신들, (또 라에르티우스가 보관한) 『주요 학설들』(*Principal Doctrines*), 에피쿠로스의 사유체계를 충실히 묘사했던 루크레티우스의 시, 그리고 다른 저자들의 저작들 속에서 등장한 여러 인용들이 있다. 헬레니즘 시대와 로마 시대에 널리 퍼진 에피쿠로스주의의 영향에도 불구하고, 에피쿠로스와 그의 추종자들이 남긴 저작물은 대부분 그의 사상이 17세기에 부활할 때까지 오랫동안 사라졌거나 파괴되었다. 18세기에 (서기 79년에 베수비오 화산의 폭발로 묻혔던) 헤르클라네움의 필로데무스 서고에서 숯이 된 단편들이 발견되었다. 이것은 에피쿠로스의 저술들 중 일부가 복원될 것임을 시사하는 듯 했다. 그러나 숯이 된 유고를 복원하는 과정은 매우 더디고 고된 일이어서 헤겔은 『철학사』(*History of Philosophy*)에서 다음과 같은 결론을 내렸다. "헤르클라네움에서 수년 전에 발견되어 오렐리가 번각(飜刻)한 에피쿠로스 저술들의 일부 단편은 …… 우리 지식을 확장시키지도 풍요롭게 하지도 않았다. 따라서 진정 우리는 유고의 발견을 크게 신경 쓰지 말아야 한다."[76] 마르크스가 논문을 쓸 때에도 헤겔이 활용할 수 있던 저술들 외에 참고할 수 있는 저술들이 더 존재하지는 않았다.

이러한 복원 노력이 19세기와 20세기에 걸쳐 계속 진행되었다. 숯이 된 유고들은 에피쿠로스의 『자연에 대하여』의 중요한 절들을 구성하는

76 Georg Wilhelm Friedrich Hegel, *Lectures on the History of Philosophy* (Lincoln: University of Nebraska Press, 1995), vol. 2, 280-81; Diogenes Laertius, *Lives of Eminent Philosophers* (Cambridge, Mass.: Harvard University Press/Loeb Classical Library, (925), vol. 2, 555 (X, 25-17).

단편들로 탈바꿈했다. 이 엄청난 저작은 최근 복원된 37권 분량의 더 큰 저술에 관한 대강의 개요이다. 이것은 헤겔과 마르크스 이후에 등장한 발견들과 결합되어 있다. 마르크스가 사망한지 1년 후, 오이노안다의 디오게네스가 만든 거대한 벽이 발견되었다. 이 벽에는 오랜 시대동안 내려온 에피쿠로스의 저술들이 새겨져 있었다. 그 후 에피쿠로스의 진술들이 담긴 바티칸의 수고(手稿)가 발견되었다.

이러한 모든 발견으로부터 알게 된 내용은, 에피쿠로스의 관점이 이전에 생각했던 것과 많이 상충한다는 것이었다. 에피쿠로스는 이제 인간의 자유라는 주제와 관련이 있고 변증법적 시각을 구현한 비(非)환원론적·비(非)기계론적·비(非)결정론적 사상가였던 것으로 드러났다. 일반적으로 지난 세기에 걸쳐 부각된 에피쿠로스의 모습은 놀랍게도 마르크스가 주장했던 (그리고 칸트가 추측했던) 내용과 부합한다. 이에 따르면, 에피쿠로스는 우발성과 자유의 공간을 확보하기 위해 기계론적 물리학의 결정론과 관념론 철학의 목적론 모두에 맞서, 따라서 플라톤뿐 아니라 데모크리토스에 맞서 투쟁했던 사상가이다.

무엇보다 에피쿠로스는 비판적 유물론의 입장에서 이러한 투쟁을 전개했다. 그는 유물론적 기초를 유지하면서도, "예취"(혹은 선개념)이라는 자신의 개념을 통해 감각으로부터 직접 유래하는 지식이 아닌 일정한 선험적 지식의 중요성을 인식했다. 최근에 복원된 에피쿠로스의 『자연에 대하여』는 이 저작에 관한 핵심 권위자인 세들리의 언급에 따르면, 방법론적으로 엄격하고 "변증법적"이라고 한다.[77] 에피쿠로스의 유물론은 자

---

77 David Sedley, *Lucretius and the Transformation of Greek Wisdom* (Cambridge: Cambridge University Press, 1998), 133, 190-97; David Sedley, 「Epicurean Anti-

유와 우발성을 인간과 모든 자연에까지 확장시키면서도, 물질적 필연성의 영역을 잊지 않았다. 이러한 방식으로 이것은 인간주의적, 생태학적 세계관을 위한 토대를 제공했다. 롱과 세들리는 (헤르쿨라네움의 필로데모스 서고에서 복원한 유물들을 설명하면서) 다음과 같이 서술했다. "이와 같은 모든 증거를 충분히 고려할 때, 에피쿠로스주의는 종종 이야기되는 것처럼 정치적 무관심한 입장이라기보다는 오히려 당대 정치에 대한 급진적이지만 선택적인 비판을 하고 있는 것이라고 생각하는 것이 더 적절할 것이다."[78]

마르크스는 에피쿠로스의 비(非)결정론적 유물론을 자신이 발견했다고 생각했을 뿐 아니라 이로부터 큰 영향을 받았다(그러나 당시에는 이것을 입증할 수 있는 자료가 없었다). 마르크스는 헤겔, 정치경제학, 프랑스의 사회주의, 19세기 진화 과학 역시 포괄하는 자신의 더 넓은 변증법적 종합 속으로 에피쿠로스의 유물론을 흡수하면서도 그것의 관점을 변형했다. 마르크스에 따르면, 에피쿠로스는 자연으로부터의 소외를 발견했다. 그러나 헤겔은 인간이 자신의 노동으로부터 소외되고 있음을 폭로했고, 이를 통해 인간이 사회로부터, 그리고 인간과 자연 사이의 고유한 관계들로부터 소외되고 있음을 밝혔다. 마르크스는 이러한 통찰을 리카도의 경제학, 리비히의 화학, 다윈의 진화론에서 얻은 비판적 지식과 결합시켜

Reductionism」, in Jonathan Barnes and Mario Mignucci, eds., *Matter and Metaphysics: Fourth Symposium Hellenisticum* (Naples: Bibliopolis, 1988), 297-327.

78 A. A. Long and D. N. Sedley, eds., *The Hellenistic Philosophers: Translation of the Principal Sources with Philosophical Commentary* (Cambridge: Cambridge University Press, 1987), 137.

혁명적 철학을 단조해 냈다. 이 혁명적 철학의 목적은 모든 측면에서 소외를 극복하는 것, 다시 말해 지상의 토대 위에 수립된 합리적 생태학과 자유로운 인간의 세계—연합한 생산자들의 사회—를 만드는 것이었다.

찾아보기

ㅎ

마르크스의 생태학
–유물론과 자연

발행일 1쇄 2016년 4월 30일
지은이 존 벨라미 포스터
옮긴이 김민정 · 황정규
펴낸이 여국동

펴낸곳 도서출판 인간사랑
출판등록 1983. 1. 26. 제일-3호
주소 경기도 고양시 일산동구 백석로 108번길 60-5 2층
물류센타 경기도 고양시 일산동구 문원길 13-34(문봉동)
전화 031)901-8144(대표) | 031)907-2003(영업부)
팩스 031)905-5815
전자우편 igsr@naver.com
페이스북 http://www.facebook.com/igsrpub
블로그 http://blog.naver.com/igsr
인쇄 인성인쇄 **출력** 현대미디어 **종이** 세원지업사

ISBN 978-89-7418-584-8 93300

이 도서의 국립중앙도서관 출판시도서목록(CIP)은 서지정보유통지원시스템 홈페이지(http://seoji.nl.go.kr)와 국가자료공동목록시스템(http://www.nl.go.kr/kolisnet)에서 이용하실 수 있습니다.(CIP제어번호: CIP2016009257)